Veröffentlichungen des
HWWA-Institut für Wirtschaftsforschung – Hamburg

Band 15

Axel Borrmann/Bernhard Fischer/Rolf Jungnickel/
Georg Koopmann/Hans-Eckart Scharrer

Regionalismustendenzen im Welthandel

Erscheinungsformen, Ursachen und Bedeutung für
Richtung und Struktur des internationalen Handels

 Nomos Verlagsgesellschaft
Baden-Baden

Die Deutsche Bibliothek – CIP-Einheitsaufnahme

Regionalismustendenzen im Welthandel: Erscheinungsformen, Ursachen und Bedeutung für Richtung und Struktur des internationalen Handels / Axel Borrmann ... – 1. Aufl. – Baden-Baden: Nomos Verl.-Ges., 1995
(Veröffentlichungen des HWWA-Institut für Wirtschaftsforschung – Hamburg; Bd. 15)
ISBN 3-7890-3700-1
NE: Borrmann, Axel; HWWA-Institut für Wirtschaftsforschung <Hamburg>:
Veröffentlichungen des HWWA-Institut ...

1. Auflage 1995

VORWORT

Regionale wirtschaftliche Zusammenschlüsse liegen im Trend der Zeit. Die Europäische Gemeinschaft, seit langem Vorreiter der regionalen Integration, befindet sich nach dem Inkrafttreten des Maastricht-Vertrages über die Europäische Union und dem Abschluß der Beitrittsverhandlungen mit Österreich und den skandinavischen Ländern auf dem Wege zur weiteren ökonomischen und politischen Vertiefung, verbunden mit einer erneuten räumlichen Expansion. EG und EFTA sind seit Anfang 1994 im Europäischen Wirtschaftsraum vereinigt, die Reformländer Mittel- und Osteuropas durch "Europa-Abkommen" mit der Gemeinschaft verbunden. In Amerika ist mit der Verabschiedung des nordamerikanischen Freihandelsabkommens NAFTA aus der bilateralen Freihandelszone zwischen den USA und Kanada ein den ganzen nördlichen Subkontinent umfassender Wirtschaftsraum entstanden. In der längerfristigen Perspektive könnte er auch auf andere Länder Lateinamerikas ausgedehnt werden. Im asiatisch-pazifischen Raum intensiviert sich ebenfalls die Diskussion um verstärkte regionale Zusammenarbeit, zum Beispiel im Rahmen der ASEAN sowie - regionenübergreifend - unter dem Dach der APEC. Auch in anderen Regionen werden alte Integrationsvorhaben wiederbelebt oder neue initiiert, so vor allem in Mittel- und Südamerika, aber auch in Afrika und im Nahen und Mittleren Osten.

Die Forcierung regionaler Zusammenschlüsse in Verbindung mit der Häufung von Handelskonflikten zwischen den USA, der EG und Japan hat Zweifel an dem Fortbestand und der künftigen Akzeptanz der internationalen Handelsordnung hervorgerufen, die den Rahmen für die Wohlstandssteigerungen in der Nachkriegszeit bildete. Der Abschluß der Uruguay-Runde hat zwar das Interesse aller Welthandelsländer an der multilateralen Ordnung noch einmal unterstrichen und der Zusammenarbeit im GATT neue Impulse gegeben. Das Spannungsverhältnis zwischen Multilateralismus und Regionalismus (und seiner Konsequenz, dem handelspolitischen Bilateralismus) ist damit aber keineswegs aufgelöst.

Die vorliegende Studie befaßt sich mit der ökonomischen Rationalität regionaler Zusammenschlüsse und ihrer Vereinbarkeit mit multilateralen Prinzipien. Dabei wird *Regionalisierung* als ein empirisch beobachtbarer Vorgang regionaler Verdichtung wirtschaftlicher Aktivitäten verstanden, wobei die Abgrenzung von Regionen nach geographischen

Gesichtspunkten erfolgt. *Regionalismus* impliziert hingegen ein politisch gewolltes und somit aktives Betreiben solcher Verdichtungen. Die Abgrenzung der Regionen richtet sich in diesem Fall nach der Mitgliedschaft in regionalen Handels- und Integrationsvereinbarungen.

In Kapitel I soll die These von der zunehmenden Regionalisierung des Welthandels statistisch überprüft werden. Kapitel II befaßt sich mit den Determinanten der Regionalisierung in allgemeiner Form und Kapitel III mit den treibenden Kräften und konkreten Entwicklungstendenzen in den wichtigsten weltwirtschaftlichen Regionen. Kapitel IV versucht eine Abschätzung der möglichen regionalen und weltwirtschaftlichen Auswirkungen des Regionalismus. Kapitel V fragt danach, ob die Globalisierung der Produktion regionalen Abschottungstendenzen entgegenwirkt. Im abschließenden Kapitel VI erfolgt eine wirtschaftspolitische Bewertung, insbesondere eine Erörterung der Frage, welche Konsequenzen sich für das Welthandelssystem und die internationale Wettbewerbsordnung ergeben.

Die Studie wurde vom HWWA-Institut für Wirtschaftsforschung-Hamburg im Auftrag des Bundesministeriums für Wirtschaft (BMWi) erstellt. Den zahlreichen Gesprächspartnern im GATT, in der OECD, der UNCTAD und der EG-Kommission, im ITC, in Ministerien, Behörden und Verbänden sowie in wissenschaftlichen Institutionen sei an dieser Stelle für ihre Unterstützung ebenso gedankt wie dem BMWi für die Finanzierung des Forschungsprojektes und die Genehmigung zur Veröffentlichung. Zu danken ist ferner Herrn Dr. Wolfgang Henne sowie Herrn cand.rer.pol. Michael Kaeß für ihre ökonometrischen Beiträge zu dieser Studie, ferner Herrn Dr. Christian Langer für die Datenerschließung und methodische Beratung und nicht zuletzt unseren Sachbearbeiterinnen, Sekretärinnen und studentischen Mitarbeitern für die technische Fertigstellung.

Bernhard Fischer
Hans-Eckart Scharrer

Inhaltsverzeichnis

Tabellenverzeichnis

Schaubilderverzeichnis

Verzeichnis der Anhänge

I. REGIONALE VERDICHTUNG IM WELTHANDEL

A. KONZENTRATION IM WELTHANDEL

Die Entwicklung des Welthandels verlief in der Nachkriegszeit außerordentlich dynamisch (Schaubild I.1 und Anhang I-3) Die Weltexporte nahmen zwischen 1950 und 1992 real[1] um durchschnittlich 6% pro Jahr zu. Der Handel mit Industriegütern expandierte dabei mit 8% p.a. besonders stark. Ein Vergleich mit der Entwicklung des Bruttoinlandsproduktes zeigt, daß sich der Welthandel erheblich stärker ausweitete als die Produktion (4% p.a.). Die Exportwirtschaft gehört offensichtlich zu den wachstumsträchtigsten Wirtschaftszweigen. Sie bewirkte eine immer tiefere weltweite Arbeitsteilung und Spezialisierung und trug nachhaltig zur Steigerung des Lebensstandards bei.

Schaubild I.1: Dynamik im Welthandel
Reale Wachstumsraten von Weltexport und Weltproduktion
1950-1992, in % p.a.

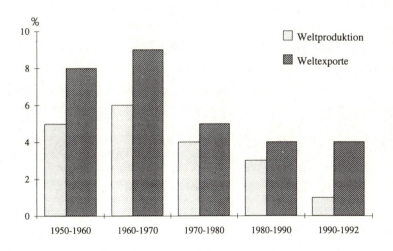

Quelle: GATT, International Trade, versch. Jg.

---

1   Größere Wechselkursausschläge, wie sie z.B. in den 80er Jahren auftraten, können Zeitreihen- und interregionale Vergleiche beeinträchtigen.

Tabelle I.1: Die 40 bedeutendsten Exportländer, 1991

Land	Mrd US$ 1991	Rang 1991	Rang 1965	% 1991	% 1965	% kumuliert 1991	Land	Mrd US$ 1991	Rang 1991	Rang 1965	% 1991	% 1965	% kumuliert 1991
Welt*	3.505,2			100,0	100,0	100,0	Welt*	3.505,2			100,0	100,0	100,0
USA	421,8	1	1	12,0	16,8	12,0	Österreich	40,5	21	20	1,2	0,8	80,4
Deutschland	403,2	2	2	11,5	10,6	23,5	Mexiko	38,9	22	28	1,1	0,7	81,5
Japan	314,9	3	5	9,0	4,9	32,5	Dänemark	35,1	23	15	1,0	1,4	82,5
Frankreich	216,5	4	4	6,2	5,9	38,7	Malaysia	34,4	24	30	1,0	0,6	83,5
Großbritannien	185,0	5	3	5,3	8,1	43,9	Norwegen	33,4	25	19	1,0	0,8	84,4
Italien	169,6	6	7	4,8	4,2	48,8	Brasilien	32,4	26	16	0,9	0,9	85,4
Niederlande	133,1	7	9	3,8	3,8	52,6	Indonesien	29,1	27	37	0,8	0,4	86,2
Kanada	126,2	8	6	3,6	4,7	56,2	Thailand	27,6	28	43	0,8	0,4	87,0
Belgien/Lux.	117,7	9	8	3,4	3,8	59,5	Südafrika	26,6	29	17	0,8	0,9	87,8
Hongkong	98,6	10	26	2,8	0,7	62,3	VAR	24,3	30	47	0,7	0,2	88,5
Taiwan	75,7	11	45	2,2	0,7	64,5	Irland	24,1	31	42	0,7	0,4	89,2
China	72,0	12	25	2,1	0,3	66,6	Finnland	23,1	32	27	0,7	0,7	89,8
Korea	69,5	13	49	2,0	0,1	68,5	Indien	20,5	33	18	0,6	0,9	90,4
Schweiz	61,4	14	11	1,8	1,8	70,3	Portugal	16,2	34	44	0,5	0,3	90,9
Singapur	59,2	15	48	1,7	0,1	72,0	Jugoslawien	16,2	35	41	0,5	0,4	91,3
Spanien	59,0	16	31	1,7	0,5	73,7	Iran	15,9	36	23	0,5	0,8	91,8
Schweden	55,0	17	10	1,6	2,3	75,2	Polen	15,8	37	33	0,5	0,5	92,2
Saudi-Arabien	51,7	18	24	1,5	0,7	76,7	Venezuela	15,7	38	12	0,4	1,7	92,7
ehem. UdSSR	46,6	19	14	1,3	1,4	78,0	Türkei	13,3	39	46	0,4	0,2	93,1
Australien	42,0	20	13	1,2	1,7	79,2	Argentinien	13,2	40	22	0,4	0,8	93,4

Anmerkung: * Weltexporte 1965: 163 Mrd. US$.
Quelle: IMF, Direction of Trade Statistics, Yearbook, versch. Jg.

Der Welthandel wird - wie auch die Weltwirtschaft - von einer kleinen Gruppe entwickelter Länder getragen (Tabelle I.1). Etwa 60% des gesamten Weltexports entfallen heute auf die gleichen neun Industrieländer (USA, Kanada, Japan, Deutschland, Frankreich, Großbritannien, Italien, Niederlande und Belgien/Luxemburg), die schon Mitte der 60er Jahre die Export-Spitzenpositionen einnahmen. Ihr kumulierter Welthandelsanteil ist aber seitdem zurückgegangen.

Einer der Gründe ist das Nachrücken neuer und äußerst dynamischer Handelsnationen. Insbesondere die weltmarktorientierten ostasiatischen Schwellenländer, China und die ASEAN-Länder Thailand, Malaysia und Indonesien haben sich deutlich in den Vordergrund geschoben. In Lateinamerika, wo lange Zeit die Importsubstitution Vorrang vor einer exportorientierten Entwicklungsstrategie genoß, liegen die Verhältnisse eher umgekehrt: hier verzeichnet nur Mexiko einen kräftigen Anstieg seines Welthandelsanteils, während die anderen großen Länder der Region (insbesondere Argentinien, Brasilien und Venezuela) erhebliche Einbußen erlitten. Zu den Absteigern in der Rangliste der größten Exporteure zählen auch die skandinavischen Länder, Australien, Südafrika und Indien. Bemerkenswerte Verbesserungen ihrer Exportposition haben andererseits Spanien und Portugal, die jüngsten EG-Mitglieder, sowie die der EG assoziierte Türkei erzielt.

B.   ZUNEHMENDE VERDICHTUNG AUF GROSSREGIONEN

Das Resultat dieser Verschiebungen ist eine gewandelte Regionalstruktur des Welthandels (Schaubild I.2 und Anhang I-4)[2,3]. *Westeuropa* ist weiter die gewichtigste Welthandelsregion, mit einem Welthandelsanteil von 46% im Jahre 1990. Es konnte seine Position aber in den letzten Jahren nicht weiter ausbauen. Mit nunmehr bereits 23% ist die *asiatisch-pazifische Region* inzwischen die zweitgrößte regionale Gruppe. Das mag überraschen, hätte man doch an dieser Stelle vielleicht eher Nordamerika vermutet. Der Aufstieg Japans zu einer der führenden Volkswirtschaften und Welthandelsnationen, aber auch die konsequente und äußerst dynamische Weltmarktintegration der asiatischen Schwellenländer haben *Nordamerika* zu Beginn der 80er Jahre auf Platz 3 verdrängt.

---

2   Zur Definition der hier verwendeten Regionen s. Anhang I-1.
3   Zu bisherigen Untersuchungen über Regionalisierungstendenzen im Welthandel und den dabei verwendeten Methoden vgl. Anhang I-2.

**Schaubild I.2:   Regionalstruktur des Welthandels 1950-1991 in % der
Weltexporte**

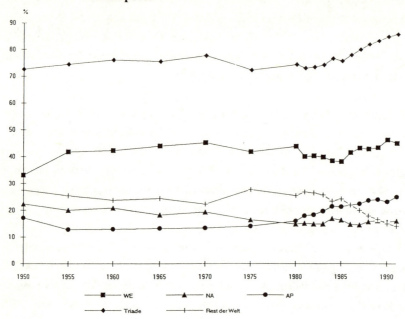

Quelle: UNCTAD, Handbook of International Trade and Development Statistics, versch. Jahre.

Faßt man diese drei führenden Welthandelsregionen zur "Triade"[4] zusammen, so ergibt
sich für die Gruppe insgesamt ein Welthandelsanteil von 85%. Allein der Handel
innerhalb der Triade, also der Handel innerhalb der drei Großregionen und der
Warenaustausch zwischen ihnen, beträgt heute rd. drei Viertel des Welthandels
(Schaubild I.3). Die Verdichtung auf diese drei Großregionen nimmt seit Kriegsende
nahezu kontinuierlich zu. Die treibenden Kräfte sind nicht Westeuropa oder
Nordamerika, sondern die dynamischen asiatisch-pazifischen Länder. Die Dominanz der
Triade ist noch deutlicher im Handel mit Industriegütern, neben den Dienstleistungen der
dynamischste Teil des Welthandels (Anhang I-5). Auf die Triade entfallen z.Zt. allein
93% der industriellen Weltexporte. Die hervorragende Bedeutung der Triade im
Industriegüterhandel folgt einerseits aus der konsequenten Industrialisierungsstrategie
sowohl in Japan als auch in den asiatischen Schwellenländern, andererseits aus den
Problemen der Entwicklungsländer, ihre Wirtschaftsstruktur zu diversifizieren und mit
der enormen Dynamik in der asiatisch-pazifischen Region Schritt zu halten.

---

4   Unter der "Triade" im engeren Sinne werden vielfach nur die USA, die EG und Japan verstanden.

Schaubild I.3: **Die Triade und der Rest der Welt:**
Intra- und interregionale Handelsverflechtung 1960 und 1990
in % der Weltexporte

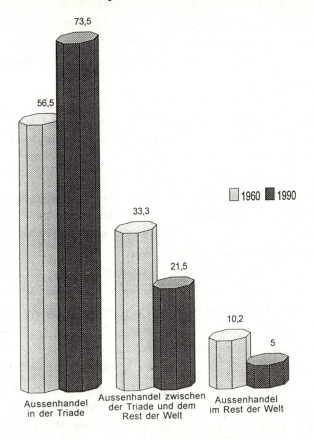

Quelle: UNCTAD, Handbook of International Trade and Development Statistics, versch. Jg.

Es kann daher nicht mehr überraschen, daß die restlichen am Welthandel beteiligten Länder - und hier handelt es sich ausschließlich um Entwicklungsländer - einen permanenten Bedeutungsverlust haben hinnehmen müssen. Ihr Weltmarktanteil liegt z.Zt. bei rd. 15%. Die ölexportierenden Länder, die zum sog. "Rest der Welt" gehören, verdecken das dramatische Zurückfallen Lateinamerikas sowie der afrikanischen Entwicklungsländer. Positiv heben sich in dieser Gruppe einige wenige Länder ab, wie z.B. Mauritius, Jemen und die Türkei; ihr Exportwachstum betrug in den 80er Jahren durchschnittlich mehr als 10% p.a.

19

C. BILATERALE HANDELSSTRÖME UND REGIONALE VERDICHTUNG

Angesichts der starken Verdichtung des Welthandels auf die Triade drängt sich die Frage nach den wechselseitigen Handelsbeziehungen dieser Länder und nach einer möglicherweise weiteren Konzentration auf den intraregionalen Austausch auf. Dies ist der Kern der Regionalisierungsthese und der Befürchtung regionaler Abkapselung mit all ihren Wohlfahrtskonsequenzen.

In der Rangfolge der bilateralen Austauschbeziehungen fällt in der Tat die Häufung *intra*regionaler Handelsströme auf, wobei im Zeitablauf deutliche Verschiebungen eingetreten sind (Tabelle I.2). In den Jahren 1988-90 sind unter den 20 größten bilateralen Strömen erstmals auch zwei intraregionale Ströme aus Ostasien vertreten, nämlich China/Hongkong und Japan/Korea. Beherrscht wird das Bild des intraregionalen Handels aber von den innereuropäischen Transaktionen. Hier dominiert unverändert der deutsch-französische Austausch, die größte Dynamik weist im 20-Jahres-Vergleich aber der deutsche Handel mit Großbritannien auf. Zugleich ist ein relativer Bedeutungsverlust des Handels dieser beiden Länder mit den USA zu konstatieren. Relativ rückläufig ist auch der Handel Italiens mit den USA; in der Liste der 20 größten bilateralen Ströme ist er 1988-90 nicht mehr enthalten. Von den verzeichneten bilateralen transatlantischen Strömen hat lediglich der französisch-amerikanische Handel an Bedeutung gewonnen. Wesentlich dynamischer haben sich hingegen die bilateralen Handelsströme über den Pazifik entwickelt. Dies gilt sowohl für den japanisch-amerikanischen Handel, den zweitgrößten bilateralen und größten interregionalen Handelsstrom, als auch - und in noch stärkerem Maße - für den Handel der USA mit Korea und Taiwan. Bisher noch nicht vertreten unter den größten 20 sind bilaterale Handelsströme zwischen westeuropäischen und ostasiatischen Ländern.

D. HANDELSINTENSITÄT UND REGIONALE VERDICHTUNG

Die bilateralen Handelsströme bieten einen guten Ansatzpunkt, den Welthandel auf *intra*regionale Verdichtung hin zu untersuchen. Statt sie jedoch nach dem verbreiteten Vorverständnis von geographischen und politischen Regionen sogleich in intra- und extraregionale Ströme aufzuteilen, sollen sie hier zunächst mit Hilfe eines möglichst "objektiven" Verfahrens auf Intensität, Zusammengehörigkeit bzw. Verdichtung hin untersucht werden. Danach wird geprüft, ob sich dieses Muster mit dem bekannten geographisch-politischen Vorverständnis deckt.

Tabelle I.2:   Die bedeutendsten bilateralen Handelsströme 1970, 1990

		1990 *)			
Rang	zwischen	und	in Mio $	in %	Kumul.%
1	Kanada	USA	164.357	5,3	5,3
2	Japan	USA	135.364	4,4	9,7
3	Deutschland	Frankreich	76.002	2,5	12,2
4	Deutschland	Niederlande	60.743	2,0	14,1
5	Deutschland	Italien	59.394	1,9	16,1
6	Deutschland	Großbritannien	51.408	1,7	17,7
7	Belgien/Lux	Deutschland	46.713	1,5	19,2
8	Frankreich	Italien	45.519	1,5	20,7
9	Deutschland	USA	43.244	1,4	22,1
10	Großbritannien	USA	41.529	1,3	23,5
11	VR China	Hongkong	41.195	1,3	24,8
12	Mexiko	USA	40.757	1,3	26,1
13	Belgien/Lux	Frankreich	37.346	1,2	27,3
14	Taiwan	USA	34.813	1,1	28,5
15	Frankreich	USA	33.753	1,1	29,5
16	Korea	USA	33.378	1,1	30,6
17	Deutschland	Schweiz	32.973	1,1	31,7
18	Österreich	Deutschland	32.417	1,1	32,7
19	Belgien/Lux	Niederlande	30.969	1,0	33,7
20	Japan	Korea	29.078	0,9	34,7
		1970 **)			
1	Kanada	USA	20.296	6,6	6,6
2	Japan	USA	10.290	3,3	10,0
3	Deutschland	Frankreich	8.039	2,6	12,6
4	Deutschland	Niederlande	7.419	2,4	15,0
5	Deutschland	USA	5.767	1,9	16,9
6	Deutschland	Italien	5.764	1,9	18,7
7	Belgien/Lux	Deutschland	5.618	1,8	20,6
8	Großbritannien	USA	4.776	1,6	22,1
9	Belgien/Lux	Frankreich	4.275	1,4	23,5
10	Belgien/Lux	Niederlande	3.878	1,3	24,8
11	Frankreich	Italien	3.743	1,2	26,0
12	DDR	UdSSR	3.608	1,2	27,2
13	Deutschland	Schweiz	2.813	0,9	28,1
14	Italien	USA	2.678	0,9	28,9
15	Polen	UdSSR	2.581	0,8	29,8
16	Deutschland	Großbritannien	2.487	0,8	30,6
17	CSSR	UdSSR	2.445	0,8	31,4
18	Mexiko	USA	2.379	0,8	32,2
19	Frankreich	USA	2.311	0,8	32,9
20	Frankreich	Niederlande	2.275	0,7	33,7

Anmerkung: *) Periodendurchschnitte 1988-1989-1990
                **) Periodendurchschnitte 1969-1970-1971

Quellen: IMF, Direction of Trade, versch. Jg.;
            UNCTAD, Handbook of International Trade an Development Statistics versch. Jg.

Der Handel zwischen zwei Ländern kann dann als überdurchschnittlich intensiv bezeichnet werden, wenn der Anteil des Partnerlandes an den Gesamtausfuhren eines Exportlandes die Bedeutung des Partnerhandels im Weltimport übersteigt (zur Methode siehe Anhang I-1). Mit Hilfe eines hierarchischen Cluster-Verfahrens werden Länder mit den höchsten bilateralen Handelsintensitäten (Delta-Koeffizienten) zusammengefaßt. Einbezogen wurden 46 Länder, die über 90% des Welthandels repräsentieren. Die Ergebnisse sind graphisch in Schaubild I.4 wiedergegeben.[5]

Die Cluster-Analyse bestätigt die verbreitete Vorstellung von der Verdichtung des Welthandels auf geographisch, wirtschaftlich und/oder politisch zusammenhängende Gruppen. Deutlich schälen sich heraus:

> Europa
> Amerika
> Mittlerer Osten und Südasien (Indien)
> Südostasien (einschl. China) und Pazifik (Asien-Pazifik)

Aufgrund ihrer sehr engen bilateralen Handelsbeziehungen werden im *europäischen Cluster* zunächst die westeuropäischen Länder zusammengeführt. Es fällt auf, daß EG und EFTA keine eigenständigen Gruppen bilden, sondern daß ihre Mitgliedsländer untereinander eng querverflochten sind. Ausgeprägt ist der Zusammenhang in den Komponenten Benelux/Niederlande, Deutschland/Österreich/Schweiz, Spanien/Portugal sowie in der Gruppe der skandinavischen Länder. Die skandinavischen Länder bilden einen relativ eigenständigen Block, der erst auf einer späteren Stufe in das EG/EFTA-Cluster einbezogen wird.

Im *amerikanischen Cluster* werden zunächst die USA und Kanada und im Anschluß auch Mexiko zusammengeführt. Zu diesem nordamerikanischen Cluster treten die restlichen, in dieser Länderauswahl noch vertretenen lateinamerikanischen Länder Brasilien und Venezuela hinzu. Auch die in diese Untersuchung einbezogenen *asiatisch-pazifischen Länder* stehen in engen Beziehungen zueinander. Es fallen besonders die starken Komponenten Australien/Neuseeland und Japan/Taiwan sowie Hongkong/China und Malaysia/Singapur auf. Letztere sind insofern interessant, weil diese Paare aus Ländern sehr unterschiedlichen Entwicklungsstandes bestehen. Hier übt das jeweils fortgeschrittenere Land eine intermediäre Funktion im Bereich Vermarktung und Verteilung für seinen Nachbarn aus (Amelung 1992, S. 144).

---

5   Die Einzelheiten der stufenweisen Zusammenfassung bilateraler Handelsströme für den Gesamthandel sowie für Agrargüter und Industrieprodukte finden sich in den Anhängen I-7, I-8 und I-9.

Schaubild I.4: **Regionale Verdichtung im Welthandel:**
Ergebnisse einer Clusteranalyse
Dendrogramm 1990

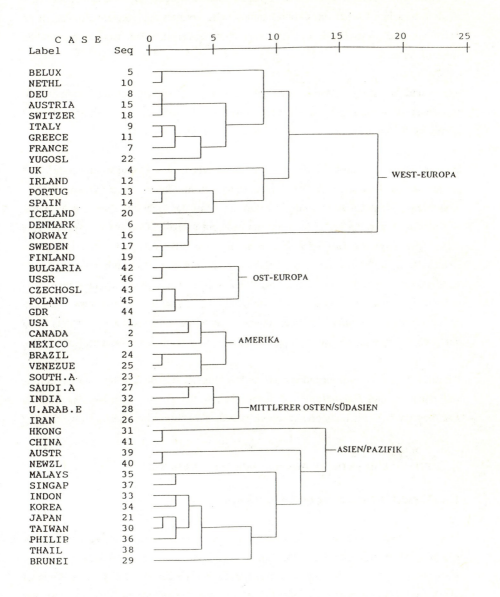

Quelle: Eigene Berechnungen nach IMF, Direction of Trade Statistics, Washington, D.C. (Magnetbanddaten)

Im Verlauf der letzten 20 Jahre haben geographisch-politische Faktoren für die Handelsverflechtung noch an Bedeutung gewonnen (Anhang I-7). So gehörten Großbritannien und Irland sowie Spanien und Portugal 1970 noch nicht dem westeuropäischen Cluster an. Großbritannien hatte vormals noch engere Bindungen zu Australien und Neuseeland. Letztere sind heute fester mit den asiatisch-pazifischen Ländern verflochten.

Agrar- und Industriegüterhandel weichen nur wenig von diesem Muster geographisch-politischer Zusammengehörigkeit ab (Anhänge I-8 und I-9). Im Agrarhandel ist allerdings die Anbindung Brasiliens an das europäische Cluster auffällig.

Die Ergebnisse der Cluster-Analyse sollten aus methodischen Gründen vorsichtig interpretiert werden (Anhang I-1). Die Cluster-Analyse führt Länder nach der *Intensität* ihrer bilateralen Außenhandelsbeziehungen zusammen. Aus der Sicht einzelner Handelsnationen mögen andere Partnerländer aber durchaus ein größeres Gewicht im Außenhandel haben (gemessen als *Im- oder Exportanteil*), wie z.B. an der Clusterbildung von Deutschland mit Österreich und der Schweiz (nicht: mit Frankreich) unmittelbar deutlich wird. Die Zugehörigkeit eines einzelnen Landes zu einem Cluster bedeutet auch nicht notwendigerweise, daß zu Ländern "entfernterer" Cluster keine oder nur schwache Handelsbeziehungen bestehen. Die Intensität der Handelsbeziehungen kann durchaus überdurchschnittlich sein, wie das Beispiel USA/Japan zeigt (Deltakoeffizienten: 1,56/1,99).

Als Verfahren der beschreibenden Statistik konzentriert sich die Cluster-Analyse auf die Untersuchung und *Darstellung* von Ähnlichkeiten und Zusammengehörigkeit. Für die *Erklärung* von Verdichtungen müssen indes andere Verfahren herangezogen werden.

E. INTRA- UND EXTRAREGIONALE HANDELSBEZIEHUNGEN

1. Handel innerhalb der großen Regionen

Das hohe und zunehmende Gewicht des intraregionalen Handels verdeutlicht die regionale Verdichtung und bestätigt die Regionalisierungs- und Tripolarisierungsthese (Schaubild I.5). Allein der interne Warenaustausch innerhalb der drei großen Regionen Westeuropa, Nordamerika und Asien-Pazifik macht mittlerweile rd. 50% des gesamten Welthandels aus (Anhang I-10). Das Ausmaß "introvertierter" regionaler Handelsbeziehungen ist jedoch in den drei Regionen sehr unterschiedlich.

Schaubild I.5: **Wachsender intraregionaler Warenaustausch im Welthandel 1955-1991, in % der Weltexporte**

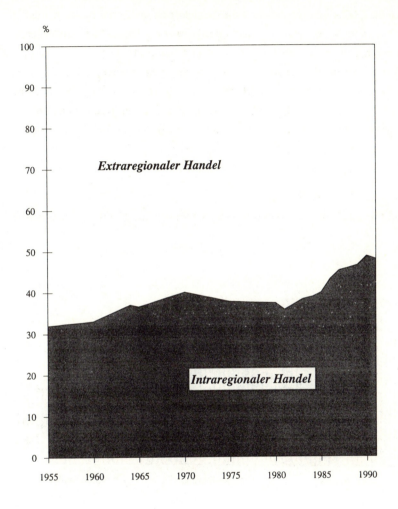

Anmerkung: Intraregionaler Warenaustausch = Summe des intraregionalen Handels von:
Nordamerika (ohne Mexiko), Westeuropa und Asien-Pazifik
Ab 1980 jährliche Werte

Quelle: UNCTAD, Handbook of International Trade and Developments Statistics, versch. Jg.

Besonders ausgeprägt ist der intraregionale Handel in Westeuropa (Schaubild I.6 und Anhang I-11). Westeuropa wickelt fast drei Viertel seines Handels innerhalb seiner Grenzen ab. Auch in der asiatisch-pazifischen Region macht der Intra-Handel bereits annähernd die Hälfte des gesamten Außenhandels aus. In Nordamerika beträgt der Warenaustausch zwischen den USA und Kanada rund ein Drittel ihres Außenhandels. Diese gravierenden Unterschiede im Gewicht des intraregionalen Handels sind angesichts der völlig unterschiedlichen Länderstrukturen und Integrationstiefen (vgl. Teil III) nicht überraschend. Was als Binnenhandel der USA überhaupt nicht in der Außen-handelsstatistik erscheint, wird in der EG und im asiatisch-pazifischen Raum als Intra-Handel verbucht. Der niedrige Anteil des Intra-Handels in der EFTA muß vor dem Hintergrund der engen Verflechtung mit der EG gesehen werden; der Intra-Handel Gesamt-Westeuropas ist daher noch höher als derjenige der EG.

Schaubild I.6:   Intrahandel in den Regionen 1965-1991 in % ihres Außenhandels

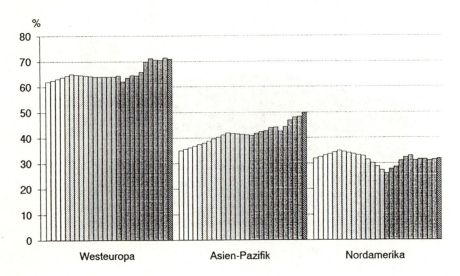

Anmerkung: Nordamerika ohne Mexiko
1965-1980: 5-Jahres-Werte; Zwischenjahre interpoliert
ab 1980 jährliche Werte
Außenhandel = Mittelwert der gesamten inter- und intraregionalen Im- und Exporte

Quelle: UNCTAD Handbook of International Trade and Development Statistics, versch. Jg.

Westeuropa und Asien-Pazifik verstärken ihre internen Handelsbeziehungen, während Nordamerika seinen intra- und extraregionalen Handel seit Kriegsende nicht grundlegend verändert hat.

Der Handel mit Agrarprodukten und mit Industriegütern zeigt einige bemerkenswerte Besonderheiten (Anhänge I-12 und I-13). So hat sich der *westeuropäische* Agrarhandel besonders tiefgreifend regionalisiert, was angesichts der betont regionalistischen EG-Agrarpolitik auch nicht überrascht. Der Intra-Handel nahm zwischen 1960 und 1990 um fast 30 Prozentpunkte zu. Im Industriegüterhandel, dem dynamischsten Teil auch des westeuropäischen Außenhandels, waren bereits 1960 die innereuropäischen Austauschbeziehungen mit 62% sehr stark ausgebildet; sie lagen 1990 mit 72% um 10 Prozentpunkte darüber.

Während im Agraraußenhandel *Nordamerikas* keine regionale Strukturverschiebung festzustellen ist, zeichnet sich im Außenhandel mit Industriegütern gegenüber den 70er Jahren eine zunehmende extraregionale Orientierung ab.

Hervorzuheben ist der anhaltende Trend zur Regionalisierung in der *Asien-Pazifik-Region*. Sie ist sich inzwischen selbst der wichtigste Handelspartner geworden - trotz starker Weltmarktorientierung auch bei Industriegütern, bei denen der intraregionale Austausch bereits über 60% beträgt. Die asiatisch-pazifische Region wächst also spürbar zusammen. Allerdings konzentriert sich der intraregionale Austausch sehr stark auf Japan und die vier Schwellenländer Korea, Taiwan, Hongkong und Singapur. Umfangreich ist auch der Handel zwischen der VR China und Hongkong. Hongkong fungiert als Drehscheibe für die stark expandierenden Im- und Exporte der Volksrepublik. Trotz Präferenzabkommens spielt der Handel der ASEAN-Länder untereinander im regionalen Kontext bisher keine nennenswerte Rolle.

2.   Handel zwischen den großen Regionen

Trotz starker und wachsender Bedeutung des Intra-Handels bleiben die Mitglieder der Triade eng miteinander verflochten. Der Anteil ihrer Exporte in jeweils andere Teile der Triade ist - unter Schwankungen - relativ stabil geblieben, im Falle der asiatisch-pazifischen Region zuletzt allerdings deutlich gewachsen (Schaubild 1.7 sowie Anhang I-14). Mit jeweils über 40% (1990) ihrer Gesamtexporte ist die *Verflechtung Nordamerikas und der asiatisch-pazifischen Region* mit anderen Teilen der Triade besonders ausgeprägt. Relativ "selbstgenügsam" erscheint demgegenüber *Westeuropa*.

Schaubild I.7: **Interregionale Verflechtung 1960-1991:**
Exporte der Regionen in andere Teile der Triade, in % ihrer
Gesamtexporte

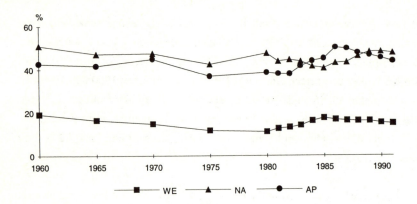

Anmerkung: NA ohne Mexiko.
Quelle: UNCTAD, Handbook of International Trade and Development Statistics, versch. Jg.

Schaubild I.8: **Interregionale Verflechtung 1960-1991:**
Die Entwicklung des transatlantischen, transpazifischen und
eurasischen Handels in % der Weltexporte

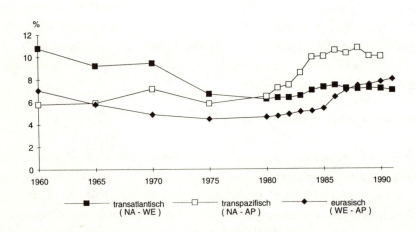

Anmerkung: NA ohne Mexiko.
Quelle: UNCTAD, Handbook of International Trade and Development Statistics, versch. Jg.

28

Seine Anbindung an die übrigen Mitglieder der Triade ist zwischen 1960 und 1980 schwächer geworden, liegt jedoch heute mit rd. 16% wieder auf einem deutlich höheren Niveau.

Der Aufstieg Japans und der asiatischen Schwellenländer hat die Gewichte der interregionalen Handelsströme im Welthandel nachhaltig verändert (vgl. Schaubild I.8). Dominierte bis Mitte der 70er Jahre noch der *transatlantische Handel*, so liegt heute mit rd. 10% des Welthandels der Schwerpunkt eindeutig auf dem *transpazifischen* Warenaustausch. Ebenfalls zu Lasten des transatlantischen Handels haben sich die *eurasischen* Beziehungen ausgeweitet; sie betragen heute rd. 8% des Welthandels, und auch sie haben den transatlantischen inzwischen überholt.

3. Handel im und mit dem Rest der Welt

Dem zunehmenden Intra-Handel und der wachsenden Vernetzung in der Triade entspricht das Zurückfallen des Restes der Welt (Osteuropa und übrige Entwicklungsländer einschl. OPEC). Diese Gruppe erlitt im vergangenen Jahrzehnt hohe relative Weltmarktverluste (vgl. Schaubild I.2 und Anhang I-4). Ihr Anteil fiel innerhalb der letzten 30 Jahre von 24% (1960) auf 15% (1990) zurück. In den Exporten dieser Länder dominiert der Handel mit der Triade, der 1990 68% ihrer Ausfuhren erreichte. Westeuropa nimmt traditionell rd. ein Drittel ihrer Exporte auf, Nordamerika und Asien-Pazifik je um 15%. Auf die gesamte Triade entfielen somit 1990 über zwei Drittel ihrer Exporte, das letzte Drittel wird innerhalb des Rests der Welt abgewickelt.

Im folgenden soll die reine außenhandelsstatistische Analyse verlassen und die Regionalisierungsthese in einen gesamtwirtschaftlichen Kontext gestellt werden. Der interregionale Handel mit immerhin noch rd. 30% des Gesamthandels in Westeuropa, 55% in der asiatisch-pazifische Region und 60% in Nordamerika stellt für die Volkswirtschaften dieser Regionen unter Wachstums- und Beschäftigungsaspekten nämlich alles andere als eine quantité négligeable dar.

F. HANDELS- UND PRODUKTIONSENTWICKLUNG

In der gesamten Nachkriegszeit hat der dynamisch expandierende Welthandel ganz offensichtlich als "Lokomotive" des allgemeinen Produktionswachstums fungiert. Die Exportzuwachsraten lagen weit über den Wachstumsraten der gesamten Warenproduktion. In besonderem Maße gilt dies für den Verarbeitenden Sektor; hier ist der Export-

Schaubild I.9:   **Entwicklung von Weltexport und Weltoutput nach Sektoren 1950-1992, Index 1950 = 100**

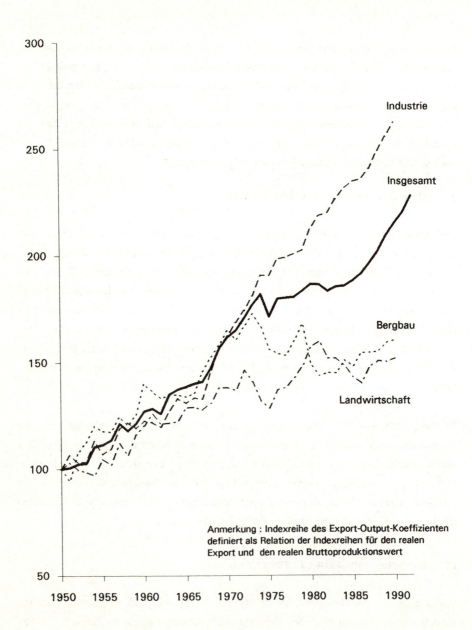

Anmerkung : Indexreihe des Export-Output-Koeffizienten definiert als Relation der Indexreihen für den realen Export und den realen Bruttoproduktionswert

Quelle: GATT, International Trade, versch. Jg.

Output-Koeffizient[6] überdurchschnittlich hoch, und hier war der Export auch nach der weltwirtschaftlichen Zäsur der frühen 70er Jahre ein kräftiger Wachstumsmotor, während im Agrar- und Rohstoffsektor die Entwicklung heftig schwankte (Schaubild I.9).[7] In dieser Entwicklung wird die Wachstumsrelevanz der internationalen Arbeitsteilung deutlich, die sich in den vergangenen Jahrzehnten erheblich vertieft hat. Es ist jedoch zu fragen, ob - angesichts der festgestellten regionalen Verdichtung im Welthandel - diese Fortschritte in der Arbeitsteilung und Spezialisierung primär auf die Zunahme des intraregionalen Handels zurückzuführen oder nicht auch der Expansion des extraregionalen Warenaustausches zu verdanken sind.

Bringt man den intra- und extraregionalen Außenhandel mit der gesamtwirtschaftlichen Wertschöpfung in Beziehung[8], so zeigt sich ein klarer Trend zu verstärkter intraregionaler Arbeitsteilung (Tabelle I.3). Die gesamtwirtschaftliche Bedeutung des intraregionalen Außenhandels nimmt weltweit seit Jahrzehnten fast stetig zu und erreichte 1990 durchschnittlich 17%, in Europa sogar ein Drittel der Bruttowertschöpfung. Der extraregionale Außenhandel ist mit durchschnittlich 16% des BIP dennoch gesamtwirtschaftlich kaum weniger wichtig.

Sehr aufschlußreich sind die Verhältnisse in den einzelnen Regionen. Es zeigt sich, daß sich die Mitglieder der Triade hinsichtlich ihrer extraregionalen Offenheit nicht wesentlich unterscheiden. Zwar sind die Volkswirtschaften in der Asien-Pazifik-Region mit rd. 15% etwas stärker extraregional ausgerichtet; der Abstand zu Nordamerika (12%) und Westeuropa (13%) ist aber gering. Damit relativiert sich der Eindruck von der Abschließung und Blockbildung Westeuropas, den der hohe und nahezu kontinuierlich zunehmende Anteil seines intraregionalen Warenaustausches vermittelt. Allerdings ging in den beiden anderen Polen der Triade, anders als Westeuropa, eine wachsende intraregionale Verflechtung mit weiter zunehmender Integration in die Weltwirtschaft einher. Das gilt einmal für Nordamerika, wo die sprunghafte Zunahme

---

6   Der Koeffizient errechnet sich als Relation der Indexreihe für den realen Export zur Indexreihe für den realen Bruttoproduktionswert.
7   Für den Dienstleistungssektor liegen keine zuverlässigen preisbereinigten Daten über einen längeren Zeitraum vor.
8   Vgl. *Norheim, Finger, Anderson* (1993, S. 472f.) Dieses Maß hat den Vorteil, daß der Einfluß großer Binnenmärkte auf das Meßergebnis ausgeschaltet wird. Dies ist besonders für den Fall USA wichtig, in dem - bei einer rein außenhandelsstatistischen Analyse - umfangreiche binnenwirtschaftliche Handelsströme zwischen den Einzelstaaten unberücksichtigt bleiben. Anderson und Norheim (1993) stellen mit der Berechnung eines Maßes für die "propensity to trade intra- (or extra-) regionally" ebenfalls diesen gesamtwirtschaftlichen Bezug her, wobei sie jedoch die Intensität des Handels statt seines Volumens zum BIP in Relation setzen (vgl. Anhang I-17).

des extraregionalen Außenhandels in den siebziger Jahren besonders auffällt. Es gilt aber vor allem für die asiatischen Entwicklungs- und Schwellenländer (als Untergruppe der Asien-Pazifik-Region), deren Außenhandel mit der Region 1990 26%, mit dem Rest der Welt 31% ihres BIP ausmachte. Die starke und wachsende arbeitsteilige Einbindung dieser Länder in Bezugs- und Absatzmärkte innerhalb und außerhalb der Region erweist sich als eine wesentliche Quelle ihrer wirtschaftlichen Dynamik.

Tabelle I.3: Gesamtwirtschaftliche Bedeutung des intra- und extraregionalen Außenhandels: Außenhandelsvolumen in % des regionalen Bruttoinlandsproduktes, 1948-1990

Intraregionaler Außenhandel								
	1948	1958	1963	1968	1973	1979	1983	1990
WE	14,8	17,7	19,2	21,3	28,9	31,5	28,0	33,0
NA	3,8	3,5	2,9	3,9	5,0	6,7	5,8	7,9
USA, Kanada	2,9	2,9	2,5	3,5	4,6	5,8	5,1	6,0
AP	9,6	10,8	10,1	7,8	9,7	11,2	11,6	14,0
Japan	5,2	6,7	5,1	5,0	6,6	6,1	6,9	6,2
Australien / Neuseeland	6,6	7,7	8,6	7,7	12,0	14,3	12,6	15,0
Asiatische Entw.länder	11,0	13,3	14,6	11,0	12,5	17,8	16,7	26,2
WELT	7,3	8,8	9,3	10,3	13,8	15,9	13,8	17,4
Extraregionaler Außenhandel								
	1948	1958	1963	1968	1973	1979	1983	1990
WE	20,6	15,8	12,2	12,5	13,8	16,1	15,3	12,8
NA	7,1	5,8	5,5	5,8	8,0	12,6	10,5	11,9
USA, Kanada	7,8	6,3	5,7	6,0	8,5	13,6	11,0	13,2
AP	15,1	15,5	11,4	13,5	13,6	16,1	15,4	15,2
Japan	2,8	11,8	11,3	11,5	13,8	13,8	15,3	11,6
Australien/Neuseeland	44,7	29,0	27,1	23,2	26,9	27,2	22,4	28,0
Asiatische Entw.länder	15,8	18,9	12,9	20,4	18,9	27,1	24,0	31,2
WELT	14,9	12,9	11,8	11,6	14,2	18,8	17,4	16,1

Quelle: Norheim, Finger, Anderson (1993, S. 472f.).

Mit Lawrence (1991) kann geschlossen werden, daß nicht nur Amerika und Ostasien, sondern auch die westeuropäischen Staaten, trotz Dominanz ihres intraregionalen Handels von über 70%, davor zurückschrecken müßten, geschlossene Handelsblöcke zu bilden. Der extraregionale Handel ist offensichtlich für alle Großregionen von erheblicher Bedeutung. So sehr zumindest Westeuropa und Nordamerika in jüngster Zeit auch die regionale Integration vorantreiben und davon möglicherweise auch profitieren, so wenig kann sich eine Region eine Vernachlässigung ihrer externen Beziehungen leisten. So gesehen müßten sich die Regionen und ihre führenden Volkswirtschaften USA, EG und Japan allesamt eher als globale denn als regionale Handelsnationen verstehen. Die Vehemenz, mit der sie die regionale Integration vorantreiben, und die Häufigkeit interregionaler Handelskonflikte lassen jedoch Zweifel aufkommen, ob dem tatsächlich so ist. Im folgenden ist nach den treibenden Kräften des Regionalismus zu fragen.

II. DETERMINANTEN DER REGIONALISIERUNG DES HANDELS UND MOTIVE FÜR REGIONALISMUS

A. REGIONALISIERUNG UND TRANSAKTIONSKOSTEN

Die Regionalisierung des Welthandels wird in der gegenwärtigen Diskussion vor allem mit handelspolitischen Praktiken in Verbindung gebracht, also mit Präferenzvereinbarungen, der Bildung von Freihandelszonen, Zoll- und Wirtschaftsunionen, insbesondere mit dem damit möglicherweise einhergehenden Einsatz protektionistischer und diskriminierender Maßnahmen der Außenhandelspolitik gegenüber Drittländern. Eine nähere Betrachtung zeigt indes, daß diese Erklärung der Regionalisierung zu kurz greift, weil sie eine Vielzahl anderer Determinanten der regionalen Verdichtung von Handelsströmen nicht mit einbezieht.

Dazu gehört vor allem die *räumliche Nähe* von Außenhandelspartnern. Sie bringt *regionale Präferenzen im Außenhandel* mit Gütern und Dienstleistungen mit sich, weil sich die Transaktionskosten im grenzüberschreitenden Beschaffungs- und Absatzprozeß begrenzen lassen. Räumliche Nähe ist auch bei *grenzüberschreitenden Investitionen* eine wichtige Determinante. Unternehmen können eine Präferenz für die räumliche Verbundenheit ihrer Produktionsstandorte entwickeln, weil sich auch hier die Möglichkeit bietet, Transaktionskosten bei der Beschaffung betrieblicher Vorleistungen und bei der Vermarktung zu begrenzen. Die Neigung von Unternehmen, die Anzahl ihrer Produktionsstandorte zwecks Ausnutzung von Skalenerträgen zu beschränken (Krugman 1991, S. 98), kann regionale Austauschbeziehungen intensivieren.

Es ist das Verdienst der *Theorie der Transaktionskosten,* die vielfältigen Einflußgrößen regionaler Orientierung aus dem Blickwinkel im- und exportierender Unternehmen erfaßt und sie als betriebliche Kostengrößen interpretiert zu haben. Diese Sichtweise führt zu einer Aufwertung der Determinante "Entfernung", die in der Diskussion über Regionalisierung oft unterschätzt wird. Dies mag daran liegen, daß ein ausdrücklicher Hinweis auf die Bedeutung der geographischen Entfernung für die Intensität von Handelsbeziehungen als trivial empfunden wird. Vielleicht kommt darin jedoch auch eine Geringschätzung des Gewichts "natürlicher" Determinanten im Vergleich zur Rolle der Handelspolitik zum Ausdruck. Der Beitrag der Transaktionskostentheorie besteht zum einen darin, diese verzerrte Perspektive wieder etwas zurückzurücken; zum anderen überwindet sie die Schwammigkeit des Begriffs "Entfernung" durch eine sehr konkrete mikroökonomische Interpretation.[1]

---

1   Vgl. zum folgenden besonders *Amelung* (1990).

1. Kommunikations- und Informationskosten

Anbahnung und Entwicklung grenzüberschreitender Wirtschaftsbeziehungen sind mit Informations- und Kommunikationskosten verbunden. So entstehen Kosten bei der Beschaffung von Informationen über Drittlandsmärkte, bei der Versorgung ausländischer Märkte mit Firmen- und Produktinformationen sowie bei Geschäftsverhandlungen und -abschlüssen. Unterschiede in der Höhe dieser Kosten resultieren u.a. aus der Entfernungsabhängigkeit von Kosten der Informationsbeschaffung und -verbreitung:

So ist der Zugang zu inländischen Informationsquellen aufgrund der Vertrautheit mit den institutionellen Gegebenheiten leichter und vielfach auch preiswerter. Eine große Anzahl von Informationen steht überdies kostenfrei zur Verfügung, wozu insbesondere staatliche Einrichtungen beitragen.

Informationen vom und für das Ausland implizieren dagegen i.d.R. höhere Reise-, Transport- und Kommunikationskosten. Jedoch mindert kulturelle Affinität zwischen Heimat- und Partnerland Schwellen- und Kontaktprobleme zwischen Geschäftspartnern und reduziert deren Informations- und Kommunikationskosten. Kulturelle Affinität ist u.a. geprägt von historischen, religiösen und ethnischen Bindungen sowie sprachlichen Gemeinsamkeiten.

Diese Faktoren bestimmen in erheblichem Maße Reihenfolge, Intensität und Stabilität von Außenwirtschaftsbeziehungen: So beginnt grenzüberschreitender Handel meist zwischen benachbarten Staaten. Dieser Handel intensiviert und verfestigt sich zu traditionellen und dominanten Beziehungen; die regionale Außenhandelsstruktur ändert sich nur allmählich, weil sich kulturelle Barrieren zu entfernteren Ländern nur unter hohem Ressourceneinsatz überwinden lassen. Technischer Fortschritt beschleunigt diesen Prozeß jedoch durch Reduzierung von Informations- und Kommunikationskosten; es entstehen zunehmend günstigere Voraussetzungen für die Aufnahme von Außenwirtschaftsbeziehungen zu Ländern anderer Kulturkreise. Informations- und Kommunikationskosten sind aber weiterhin in nicht unerheblichem Maße entfernungsabhängig.

2. Transportkosten

Transportkosten bestimmen die maximale, wirtschaftlich vertretbare Transportweite und beeinflussen von daher die Intensität bilateraler Handelsbeziehungen und somit auch ihre räumliche Struktur.

Transportkosten werden von zahlreichen Faktoren determiniert. Relevant sind u.a.: Quantität und Qualität der physischen und administrativen Transportinfrastruktur im Versender- und Empfängerland sowie international; Art des verfügbaren bzw. eingesetzten Transportmittels; die Transportweite; Umschlagskosten; Gesamttransportdauer und die damit verbundene Kapitalbindung; die Kosten der Abdeckung von Transportrisiken. Die ökonomische Entfernung wird schließlich nicht zuletzt von der Transportkostenempfindlichkeit der Handelsgüter bestimmt, die u.a. vom Anteil der Transportkosten an der gesamten Wertschöpfung abhängt.

Der geographischen Entfernung dürfte nach wie vor eine erhebliche Bedeutung bei der Erklärung räumlicher Verdichtungen im Welthandel zukommen. Kulturelle und geographische Nähe hängen zudem häufig eng zusammen. Die geographische Entfernung ist jedoch nur eine von vielen und durchaus nicht immer die prägende Determinante der Transportkosten. Zum Beispiel können Mängel in der intraregionalen Verkehrsinfrastruktur grenzüberschreitenden Handel, selbst mit unmittelbar benachbarten Ländern, stark verteuern und behindern, u.U. sogar verhindern. So kann es, wie im post-kolonialen Afrika, dazu kommen, daß Fernhandel (Nord-Süd-Handel) intensiver ist als Nahhandel. Entscheidender ist daher letztlich die ökonomische und nicht alleine die geographische Entfernung für die Intensität bilateraler Handelsbeziehungen und für mögliche räumliche Verdichtungen.

3. Finanzierungskosten

Die finanzielle Abwicklung von Außenhandelsgeschäften impliziert ihre eigenen Transaktionskosten. Es entstehen u.a. Kosten des Zahlungsverkehrs, der Kreditfinanzierung, der Absicherung von Zahlungsrisiken durch Garantien, Bürgschaften sowie von Wechselkursrisiken. Es darf angenommen werden, daß einige dieser Kosten durchaus entfernungsabhängig sind. So läßt kulturelle Affinität benachbarter Länder gewisse Ähnlichkeiten in den Geschäftspraktiken und Rechtsauffassungen sowie persönliche Beziehungen erwarten, die Wechselkurs- und Kreditausfallrisiken sind vielfach kleiner, die Transportzeiten - und damit die Finanzierungskosten - bei räumlicher Nähe geringer. Die Kosten des Zahlungsverkehrs dürften allerdings immer weniger entfernungsabhängig werden, berücksichtigt man die großen technischen Fortschritte im internationalen Bankgeschäft.

B. WIRTSCHAFTSPOLITISCHE BEEINFLUSSUNG VON TRANSAKTIONSKOSTEN

Die oben erwähnten Transaktionskosten erscheinen prima facie als "natürliche" Determinanten regionaler Verdichtung. Sie sind indes beeinflußbare Größen. So werden z.B. die *Kommunikations- und Informationskosten* positiv durch Bemühungen um die Verbesserung bilateraler Beziehungen zu bestimmten Ländern (Erhöhung der kulturellen Affinität) beeinflußt und negativ durch Vernachlässigung, Abgrenzung oder Diskriminierung. Schon in der Präferenz, die staatliche Stellen bei der Bereitstellung von Informationen inländischen Märkten und für wichtig erachteten Drittländern einräumen, liegt ein diskriminierendes Element gegenüber anderen.

Auf Richtung und Struktur der Kontakte zur übrigen Welt und die damit verbundenen Kommunikations- und Informationskosten wirken sich auch die staatlichen Aktivitäten zur Verbesserung der *Telekommunikationseinrichtungen* aus. Die Verknüpfung von Informations- und Kommunikationsnetzen benachbarter Länder war und ist vielfach prioritär, weil technisch einfacher, kostengünstiger und politisch gewünscht. Ferner können staatliche Monopole bei Telekommunikationseinrichtungen sowie öffentliche Kontrolle oder Einflußnahme auf die Preise von Telekom-Dienstleistungen räumlich verzerrend und damit regionalisierend wirken.

Die geographische Entfernung ist zwar ein gegebenes, natürliches Handelshemmnis; die übrigen Determinanten der *Transportkosten* sind jedoch durchaus beeinflußbare Größen. So kommt vor allem der staatlichen Infrastrukturpolitik entscheidende Bedeutung für die Anbahnung und den Ausbau von Außenhandelsbeziehungen zu. Die Anbindung an benachbarte Länder und die regionale Vernetzung genießen dabei meist politische Priorität. Wie im Telekom-Bereich, so kann auch hier der staatliche Einfluß auf die Transportpreise die Regionalstruktur des Außenhandels beeinflussen.

Dies gilt ebenfalls für die *Finanzierungskosten*. Staatliche Fazilitäten zur Exportfinanzierung können erhebliche Bedeutung für das Zustandekommen, die Kosten und letztlich auch für die regionale Struktur von Außenhandelsgeschäften haben. Das gilt auch für die Bereitschaft am Außenhandel beteiligter Länder, zwischenstaatliche Vereinbarungen mit dem Ziel zu treffen, Außenhandelsrisiken zu mindern.

Erhebliche Auswirkungen auf Umfang, Struktur und vor allem auch die Richtung des Außenhandels können schließlich *handels- und integrationspolitische Beschränkungen* des Marktzugangs haben, die sich mikroökonomisch für Unternehmen aus Drittländern als (relative) Erhöhung ihrer Transaktionskosten und für solche aus Partnerländern als

Transaktionskostenentlastung niederschlagen. Dazu gehören Regelungen, die den Grenzübertritt von Waren und Dienstleistungen tangieren, also Zölle, mengenmäßige Beschränkungen und sonstige nicht-tarifäre Handelshemmnisse, aber ebenso binnenwirtschaftliche Maßnahmen, die eine Bevorzugung inländischer und eine Diskriminierung ausländischer Produzenten zur Folge haben (z.B. Subventionen, Niederlassungsregelungen, Verbrauchs- und Verwendungsvorschriften und sonstige Regulierungen).

Nicht nur Einführung und Verstärkung solcher Marktzutrittsbarrieren gegenüber ausländischen Anbietern, sondern umgekehrt auch die interne *Liberalisierung und Deregulierung* können erhebliche Implikationen für die Regionalstruktur des Außenhandels haben. Zunächst betonen solche Maßnahmen die "Fühlungsvorteile" der Partnerländer. Sie kommen jedoch bei nicht-diskriminierender Ausgestaltung auch Drittländern zugute. Regionale Integrationspolitik hat somit nicht zwangsläufig abschließenden Charakter.

C.   MOTIVE FÜR REGIONALISMUS

1.   Ökonomische Motive

Das *originäre Ziel* regionaler Integration ist die Steigerung der *Wohlfahrt* der Teilnehmerländer durch den Abbau der zwischen ihnen bestehenden Hindernisse für den freien Wirtschaftsverkehr. Aus der Sicht der Integrationsländer verspricht der Ansatz eine zwar räumlich begrenzte, dafür aber inhaltlich weitergehende, verläßlichere und stärker auf die einzelnen nationalen Interessen zugeschnittene gegenseitige Marktöffnung, als sie im multilateralen Rahmen in der Praxis kurz- und mittelfristig durchsetzbar ist. Gegenüber dem theoretischen Idealbild des multilateralen Freihandels stellt sich die regionale Integration damit als "zweitbeste" Lösung dar: die Wohlfahrtseffekte sind geringer als im Modell, bei entsprechender Ausgestaltung aber dennoch substantiell. Die Integrationsländer können im übrigen durchaus um die weltwirtschaftliche Unbedenklichkeit ihres Zusammenschlusses bemüht sein und sich gleichzeitig an multilateraler Liberalisierung beteiligen. Ebensogut kann jedoch rigoros eine regionale Wohlfahrtssteigerung auf Kosten Dritter angestrebt werden. Prioritär ist indessen stets die Verbesserung der eigenen, regionalen Wohlfahrt und zwar durch Verstärkung des intraregionalen Austausches von Waren, Dienstleistungen und Kapital.

a. Erwartete Wohlfahrtseffekte

Erwartungen knüpfen regional sich zusammenschließende Länder an statische und dynamische Wohlfahrtseffekte des Freihandels.[2],[3]

Statische Handels- und Wohlfahrtseffekte:

Der interne Abbau von Zöllen und anderen Marktzugangsbeschränkungen wirkt *handelsschaffend*, wenn bisherige Inlandsproduktion zugunsten von kostengünstigeren Importen aus Partnerländern aufgegeben wird (trade creation). Die Wohlfahrtssteigerung resultiert zum einen aus der *Reallokation von Produktionsfaktoren* aus bisher geschützten in produktivere Bereiche, wobei jedes Land seine komparativen Vorteile realisiert. Dies ist mit Produktions- und Einkommenszuwächsen verbunden. Auch intraregionale Faktorbewegungen sind möglich. Ebenso profitieren die *Konsumenten* vom innergemeinschaftlichen Zollabbau. Das Güterangebot erweitert sich durch neue Importmöglichkeiten, Monpolrenten entfallen, und Preissenkungen setzen Kaufkraft frei. Dieser *Einkommenseffekt* ermöglicht in der Folge die Schaffung weiterer, bzw. die Ausweitung bestehenden Handels (trade expansion), tendenziell auch mit Drittländern.

Neben handelsschaffenden Wirkungen ist jedoch auch mit *handelsablenkenden* bzw. *-unterdrückenden Effekten* zu rechnen (trade diversion/trade suppression): Bei Aufrechterhaltung oder Verschärfung der Handelshemmnisse gegenüber dem Rest der Welt werden kosten- und preisgünstigere Importe aus Drittländern durch innergemeinschaftliche Einfuhren bzw. Produktion ersetzt. Daher drohen Drittländern und der Welt in ihrer Gesamtheit bei Handelsumlenkung und -unterdrückung Wohlfahrtseinbußen. Bei Freihandelszonen können diese negativen Effekte c.p. weniger stark ausfallen als bei Zollunionen, da kein gemeinsamer Außenzoll vereinbart wird.

Handelsumlenkung kann auch positive Effekte für die sich zusammenschließenden Länder haben, z.B. eine Verbesserung der Terms of Trade: Entfällt auf die Integrationsgemeinschaft ein wesentlicher Teil des Welthandels und führt die Handelsumlenkung zu einem spürbaren Rückgang des Im- und Exporthandels mit Drittländern, dann sind c.p. sinkende Weltmarktpreise für Import- und steigende für Exportgüter der Gemeinschaft denkbar (de la Torre 1992, S. 3.).

---

2   Zur sehr umfangreichen Literatur über statische und dynamische Handelseffekte vgl. u.a. *Balassa* (1961), *Viner* (1959), *Lipsey* (1960), *Meade* (1955), Gehrels (1956), *Kemp, Wan* (1976). Im folgenden werden die Integrationswirkungen - wie üblich - vor allem aus der Zollunionstheorie abgeleitet.

3   Eine vertiefte Analyse der theoretischen und empirischen Handelseffekte enthält Kapitel IV.

Ferner kann an die Verlagerung der Produktion bestimmter Güter vom Ausland in die Integrationszone die Erwartung von Impulsen für die Industrialisierung geknüpft werden. Der interne Abbau von Handelshemmnissen wird dann ergänzt durch konsequente Protektion gegenüber Nicht-Mitgliedsländern. Handelsumlenkung bzw. Importsubstitution werden die erklärten Ziele der Integrationspolitik. Liegt eine solche soziale Präferenz für Industrialisierung vor oder können davon positive externe Effekte erwartet werden (Balassa 1987), dann sind langfristig - zumindest theoretisch - Wohlfahrtsgewinne selbst bei Handelsumlenkung denkbar (Cooper, Massel 1965). Diese Vorstellungen gehen jedoch über den Rahmen der statischen Effekte hinaus.

Dynamische Wohlfahrtseffekte:

Die erwarteten dynamischen Integrationseffekte beruhen auf dem Zusammenhang von Marktgröße, Produktivität und Wachstum. Die Integration kann zu einer Ausweitung der Märkte beitragen und Chancen zur Verbesserung der gesamtwirtschaftlichen Produktivität eröffnen. Dies wird möglich durch die Realisierung von Skalenvorteilen (economies of scale), durch Spezialisierungsgewinne, durch die Intensivierung des Wettbewerbs und durch zunehmende grenzüberschreitende Investitionen. Von diesen Effekten gehen positive Wachstumsimpulse aus, die, anders als die statischen Effekte, nicht einmaliger, sondern dauerhafter Natur sind.

Skalenerträge:

Die zunehmende Marktgröße erlaubt die Ausnutzung der Stückkostendegression bei zunehmendem Produktionsvolumen. Durch den regionalen Zusammenschluß wird auch die kritische Marktgröße angestrebt, die für die Aufnahme bestimmter Produktionen technologisch und unter Wettbewerbsgesichtspunkten erforderlich ist. Dieser Effekt kann besonders für kleine (Entwicklungs-) Länder mit engen Inlandsmärkten von Bedeutung sein. Außerdem spielt er in besonders kapitalintensiven Produktionszweigen eine Rolle. Skalenerträge können ebenfalls bei Nutzung existierender bzw. gemeinsam zu errichtender Infrastruktur realisiert werden (Verkehr, Telekommunikation, Forschung und Entwicklung, Ausbildung etc.).

Spezialisierung/Verflechtung/Ausbreitung des technischen Fortschritts:

Die Markterweiterung kann ferner eine Verbesserung der intraregionalen Arbeitsteilung durch Aufspaltung der Produktion in spezialisiertere Fertigungsbetriebe ermöglichen, die eigene Skalenerträge nutzen können. Es kommt zu einer engeren inter- und intraindustriellen Verflechtung und damit verbunden zu einer intensiveren Diffusion des technischen Fortschritts (***Spill-Over Effekte***).

Wettbewerb:

Der Abbau intraregionaler Hemmnisse im Handels-, Dienstleistungs- und Kapitalverkehr kann weiterhin zu einer Intensivierung des Wettbewerbs im Integrationsraum führen. Monopolistische Marktstrukturen werden aufgebrochen, Grenzanbieter zum Ausscheiden und die verbleibenden Produzenten zu effizienterem Verhalten und zur Durchsetzung von Produkt- und Prozeßinnovationen gezwungen.

Investitionstätigkeit:

Die Anpassungskonsequenzen aus verstärktem Wettbewerb können, ebenso wie die Chancen zur Spezialisierung und Nutzung von Skalenerträgen, verstärkte Investitionstätigkeit auslösen. Gelingt die Schaffung eines insgesamt positiven Wirtschaftsklimas, dann verbessern sich auch die Bedingungen für die heimische Kapitalbildung und für die Investitionsfinanzierung ebenso wie für intra- und interregionale Auslandsinvestitionen, was u.a. hinsichtlich Kapitalausstattung und Technologie wie auch unter Einkommens- und Beschäftigungsaspekten wünschenswert ist.

Internationale Wettbewerbsfähigkeit:

Das Ziel regionaler Integration ist nicht nur die Steigerung der internen Effizienz des Faktoreinsatzes und die Ausschöpfung des darin liegenden Wachstumspotentials; es kann ebenso mittel- und langfristig auf das Erreichen oder die Sicherung internationaler Wettbewerbsfähigkeit gerichtet sein. Insbesondere für neue Industrien wird dazu manchmal temporär Außenschutz (infant industry protection) für notwenig erachtet. Der durch die Integration erweiterte Markt wird als Übungsfeld angesehen. Entwicklungsländer beschreiten diesen Weg im Rahmen einer nachholenden Industrialisierung ebenso wie Industrieländer bei ihren Versuchen, Schlüsselindustrien (sunrise industries) zu entwickeln. Für etablierte und unter internationalem Wettbewerbsdruck stehende Branchen (sunset industries) wird in Industrieländern in ähnlicher Weise vorgegangen (senescent industry protection).Erfolgversprechend ist diese Politik nur bei strikter Befristung des Marktschutzes.

b. Erfolgsbedingungen

Trotz der Unmöglichkeit, die Aussichten für den Erfolg regionaler Zusammenschlüsse a priori einzuschätzen, zeigt die Integrationstheorie doch sehr klar, wie stark die positiven Erwartungen sich zusammenschließender Länder - seien sie nun statischer oder dynamischer Natur - von der Erfüllung zahlreicher und zum Teil äußerst restriktiver *Bedingungen* abhängen. Wohlfahrtsgewinne für die beteiligten Länder dürften tendenziell um so höher ausfallen, je (vgl. u.a. Siebert, 1982, S. 672; Langhammer, Hiemenz 1990, S. 13ff)

- höher die **Zolltarife** zwischen den Mitgliedsländern vor dem Zusammenschluß sind, denn um so größer sind die handelsschaffenden Effekte;

- niedriger der Außenzoll gegenüber Drittländern vor und nach Zusammenschluß ist, denn um so geringer ist die Handelsumlenkung;

- größer der **Integrationsraum** ist, denn um so eher überwiegen die handelsschaffenden Effekte;

- größer die **räumliche Nähe** und je stärker die infrastrukturelle Verbindung der Integrationspartner ist;

- größer die **gesellschaftlichen Gemeinsamkeiten** sind (Geschichte, Kultur, Sprache, menschliche Bindungen, Lebensstil, Konsumgewohnheiten);

- ähnlicher und stabiler die **ordnungspolitischen Rahmenbedingungen** sind, (politisches System, Rechtsordnung, Wirtschaftsordnung);

- je weniger ungelöste territoriale, ethnische, wirtschaftliche und politische **Konflikte** zwischen den Integrationspartnern in der Ausgangslage bestehen,

- mehr ein regionaler Zusammenschluß über die reine Liberalisierung des Außenhandelsregimes, also den Abbau von Handelshemmnissen an der Grenze, hinausgeht und in **tiefere Integrationsbereiche** vorstößt, z.B. die Beseitigung von Hindernissen im Dienstleistungs- und Kapitalverkehr in Angriff nimmt und eine Koordinierung bzw. Harmonisierung der Wirtschaftspolitik beginnt;

- besser es gelingt, ein effizientes Gleichgewicht zwischen der Harmonisierung nationaler Rechtsvorschriften (Senkung von Transaktionskosten) und dem **Wettbewerb** zwischen alternativen Politikkonzeptionen und Normen (im Sinne eines permanenten Suchprozesses uns die "bessere" Lösung) zu finden;

- stärker **der Konsens und die Konvergenz der Wirtschaftspolitik** im Verlaufe des Integrationsprozesses ist.

Sowohl komplementäre als auch substitutive **Wirtschaftsstrukturen** der Integrationspartner bieten Chancen für eine Ausweitung des intra-regionalen Handels. Bei unterschiedlicher Ressourcenausstattung expandiert im Integrationsraum der interindustrielle Handel (und dies eher zu Lasten von Drittlandsanbietern), bei ähnlicher Faktorausstattung der intraindustrielle Warenaustausch.

c. *Beurteilung*

Der Abstraktionsgrad der Integrationstheorie ist sehr hoch und ihre praktische Relevanz entsprechend eingeschränkt. Die Beurteilung regionaler Zusammenschlüsse bleibt daher weitgehend der empirischen Forschung überlassen. Die traditionelle Integrationstheorie hat ihre Aufmerksamkeit allzusehr auf die statischen Effekte konzentriert (Lloyd 1992; Julius 1990; Kowalczyk 1990). Dies hat die empirische Forschung wie auch die wirtschaftspolitische Debatte um den Regionalismus lange Zeit geprägt, in der die Besorgnis um handelsumlenkende Effekte regionaler Zusammenschlüsse eine große Rolle spielte. Die Debatte um die Handelsumlenkung hat dazu geführt, daß intra- und extraregionale Handelsanteile zum bevorzugten Beurteilungskriterium für Integrationswirkungen gemacht wurden: Partnerländer messen daran den Erfolg ihres Zusammenschlusses, Drittländer ihren Schaden. Jedoch hat sich die Auffassung durchgesetzt, daß sich regionale Integration nicht in einer einmaligen Umschichtung von Handelsströmen erschöpft. In der neuen Welle regionaler Zusammenschlüsse, die seit Anfang der 80er Jahre zu beobachten ist, stehen die dynamischen Implikationen für das Wirtschaftswachstum wie auch die politischen Zielvorstellungen im Vordergrund. Die dynamischen Effekte bilden für Integrationsländer heute den Kern ihrer ökonomischen Erwartungen. Diese Effekte vermögen die aus Handelsumlenkung entstehenden Nachteile durchaus in den Hintergrund zu drängen und wirken vor allem längerfristig und nachhaltiger. Hinzu kommt, daß die Integrationsmaßnahmen heute vielfach weit über den Abbau von Zöllen und mengenmäßigen Handelshemmnissen hinausgehen, die seit Jahrzehnten die integrationstheoretische und wirtschaftspolitische Debatte beherrschen. Die außenwirtschaftliche Liberalisierung wird ergänzt durch Maßnahmen zur binnenwirtschaftlichen Deregulierung und Strukturanpasssung (deeper integration) (Lawrence 1992), oder umgekehrt: eine wirtschaftspolitische Neuorientierung wird durch das Eingehen regionaler Bindungen flankiert und ihre Glaubwürdigkeit dadurch erhöht (Spanien, Portugal, Mexiko). Auch hierin wird deutlich, daß die Vertiefung der Integration wachstumsorientiert ist.

Selbst wenn es unter den oben erwähnten, restriktiven Bedingungen gelingen sollte, regionale Zusammenschlüsse wohlfahrtsfördernd zu konzipieren und effektiv zu implementieren, so ist damit keineswegs der Einwand ausgeräumt, daß ein solcher Erfolg unter Umständen mit hohen *Opportunitätskosten* erkauft wird, denn multilaterale Liberalisierung ist - zumindest aus theoretischer Sicht - nach wie vor das überlegene Konzept und zwar für alle Beteiligten. Hinzu kommt die Tatsache, daß Integrationsmaßnahmen, die allzu stark auf Kosten Dritter gehen (beggar-my-neighbour policy), u.U. von diesen mit *Gegenmaßnahmen* beantwortet werden mit dem Ergebnis,

44

daß letztendlich alle Beteiligten Wohlfahrtsverluste hinnehmen müssen (Scitovsky 1941; Johnson 1953; Srinivasan 1992, S. 3; Lloyd 1992, S. 28).

Mit der Entwicklung allgemeiner Gleichgewichtsmodelle und spieltheoretischer Ansätze hat die Integrationstheorie und die auf ihr aufbauende, empirische Forschung inzwischen die wirklichkeitsferne Prämissenstruktur der älteren Integrationstheorie verlassen und versucht, die Realität unvollkommener Märkte und strategischer Verhaltensweisen zu berücksichtigen (Lloyd 1992, S. 25ff). Die Ergebnisse sind jedoch auch hier sehr sensibel gegenüber Veränderungen zentraler Variablen, deren empirische Absicherung noch nicht befriedigt. Besonders die spieltheoretischen Ansätze liefern noch keine verläßlichen Aussagen darüber, ob sich bestimmte Integrationserwartungen erfüllen können bzw. mit welchen Reaktionen bei Drittländern zu rechnen ist.

2. Politische Motive

Die politischen Motive für Initiativen zur regionalen Wirtschaftsintegration sind vielfältig. Die Integrationsbestrebungen können zunächst darauf gerichtet sein, eine allgemeine politische Annäherung zwischen den Teilnehmerländern vorzubereiten (Theorie des "Funktionalismus") oder zu flankieren. Politische *Stabilität* in der Region und regionale *Friedenssicherung* sind hier die übergeordneten Ziele. In der Tat setzt ökonomische Zusammenarbeit, soll sie auf Dauer erfolgreich sein, ein gemeinsames politisches Wertesystem und die Bereitschaft zur politischen Kooperation voraus. Die gemeinsame *Bewältigung grenzüberschreitender Aufgaben*, einschließlich das "Management der Interdependenz", mit Hilfe eines stabilen institutionellen Ordnungsrahmens ist ein weiteres politisches Motiv, das regionalen Integrationsansätzen zugrundeliegt.

Beitrittsinteressierte Länder mögen, unabhängig von den erwarteten Wohlfahrtseffekten einer regionalen Integration, *innenpolitische* Vorteile erwarten, bietet sich doch eine günstige Gelegenheit, überfällige aber unpopuläre *Wirtschaftsreformen* und Strukturanpassungsprozesse abzusichern und durchzusetzen. Verbunden damit ist ein Gewinn an internationaler *Reputation*, der ökonomisch seinen Niederschlag in niedrigeren Finanzierungskosten am internationalen Kapitalmarkt oder dem Zufluß von ausländischen Investitionskapital finden kann. Ganz ähnliche Motive können etablierte Integrationspartner haben. Politiker neigen dazu, unbequeme wirtschaftspolitische Aufgaben (dirty jobs), die ihnen innenpolitisch eher "Kosten" (Verluste an Wählerstimmen) als "Gewinne" einbringen, auf die regionale Ebene zu verlagern und dort entscheiden zu lassen; mit dem Hinweis auf die übergeordnete Zuständigkeit fällt es ihnen generell leichter, sich aus der Verantwortung für unangenehme Konsequenzen zu ziehen (Langhammer 1990, S. 11).

Auch die gemeinsame Vertretung von *Interessen* nach außen - gegenüber einzelnen Ländern und Länderblöcken oder dem Rest der Welt - ist ein wesentliches Motiv dafür, sich regional zusammenzuschließen, weitere Länder der Region zu assoziieren oder in den Kreis der Mitgliedsländer aufzunehmen und die Integration im Wege stärkerer politischer Koordinierung und Harmonisierung voranzutreiben. Es geht hier um die Wahrung und Verbesserung der *Verhandlungsposition* gegenüber anderen Ländern oder Ländergruppen sowie in internationalen Gremien. Die Verhandlungsmacht hängt unmittelbar mit der wirtschaftlichen Größe des Integrationsraums relativ zu Drittländern, besonders zu den wichtigsten Handelspartnern, zusammen (de Melo, Panagariya, Rodrik 1992, S. 19). Vor allem in bilateralen handelspolitischen Auseinandersetzungen ist das von der Wirtschaftskraft abhängige *Sanktionspotential* bedeutsam. Regionale Integration ist geeignet, durch Bündelung der nationalen Potentiale ausreichende Gegenmacht (countervailing power) zu entwickeln und zu sichern. Wirtschaftliche Macht spielt auch in multilateralen Verhandlungen, die das Welthandelssystem und seine Regeln zum Gegenstand haben, eine zentrale Rolle.

Multilaterale Verhandlungen sind - nicht zuletzt durch die große Anzahl von Teilnehmern - komplex. Regionale Integrationsbemühungen erhalten hierdurch insofern Auftrieb, weil Liberalisierungsfortschritte im kleineren und überschaubareren regionalen Rahmen eher erreichbar und die damit verbundenen Anpassungskosten besser kalkulierbar erscheinen. Neben der erleichterten Verhandlungstechnik bietet sich zudem die Möglichkeit, auch solche wirtschaftspolitischen Bereiche einzubeziehen, die multilateral schwierig zu regeln sind (z.B. Normen und Standards, Geld- und Währungspolitik, Wettbewerbs-, Umwelt- und Sozialpolitik) *(deeper integration)*.

Ob sich in der momentanen Verstärkung regionaler Integrationsbemühungen eine Abkehr vom multilateralen Prozeß andeutet, bedarf im folgenden einer Analyse der Vorgänge in den einzelnen Regionen.

III. ERSCHEINUNGSFORMEN UND URSACHEN REGIONALER ZUSAMMENSCHLÜSSE

Anhaltspunkte dafür, ob Handelsverdichtungen Ergebnisse wirtschaftlicher Regionalisierungstendenzen oder eines aktiven Regionalismus sind, können von einer Analyse der Erscheinungsformen und Ursachen der wichtigsten Handels- und Integrationsabkommen in ausgewählten Wirtschaftsregionen erwartet werden. Ausgehend von der Handelspolitik der EG, der USA und Japans werden im folgenden die wichtigsten regionalen und subregionalen Handels- und Kooperationsabkommen für folgende Wirtschaftsgebiete analysiert:

- Europa (A)
- Amerika (B)
- Asien-Pazifik (C)

Abschließend wird die jüngste Entwicklung in der wirtschaftlichen Zusammenarbeit der übrigen Regionen und Subregionen skizziert.

Die Handels- und Wohlfahrtseffekte regionaler Zusammenschlüsse variieren mit dem Grad der Integration, also mit Form, Breite und Tiefe der intraregionalen Liberalisierung, Koordinierung und Harmonisierung. Eine idealtypische Systematik der Integrationsformen befindet sich in der folgenden Box. Die Einordnung konkreter regionaler Zusammenschlüsse in diese idealtypische Systematik kann wegen der fließenden Übergänge regionaler Integration in der Realität allerdings nur annäherungsweise erreicht werden.

STUFEN REGIONALER INTEGRATION

Präferenzsystem

Es stellt die loseste Form der regionalen Integration dar. Es wird die Verminderung des Protektionsgrades durch partielle Reduzierung tarifärer und/oder mengenmäßiger Hemmnisse im Warenhandel zwischen zwei oder mehreren Staaten vereinbart. Das Warenspektrum ist begrenzt und es gibt weder einen einheitlichen Binnen- noch einen harmonisierten Außenzoll.

Nicht-reziprokes Präferenzsystem:
Es erfolgt eine bewußt einseitige und selektive Handelsliberalisierung zugunsten schwächerer Partner; Gegenleistungen werden von diesen nicht erbracht.
Beispiele: Allgemeine Zollpräferenzsysteme der Industrieländer zugunsten der Entwicklungsländer; AKP-Präferenzen der EG.

Reziprokes Präferenzsystem:
Es wird eine gegenseitige und selektive Handelsliberalisierung vereinbart.
Beispiele: Global System of Trade Preferences ähnlich dem Allgemeinen Zollpräferenzsystem, jedoch exklusiv für den Handel der Entwicklungsländer untereinander; ASEAN-Präferenzen

Freihandelszone

Hier kommt es zu einer weitgehenden oder vollständigen internen Liberalisierung des Warenhandels *zwischen* den Integrationspartnern. Eine gemeinsame Handelspolitik *gegenüber Drittländern* wird indes nicht vereinbart. Daher bleiben die nationalen tarifären und nicht-tarifären Regelungen der Mitgliedsländer gegenüber Drittländern bestehen. Ursprungsregeln sollen Umgehungseinfuhren verhindern.
Beispiel : EFTA

Zollunion

Die nächsthöhere Integrationsform sieht einen vollständigen internen Abbau der tarifären und nicht-tarifären Protektion im Warenhandel, die Schaffung eines einheitlichen Zollgebietes, eine harmonisierte Handelspolitik gegenüber Drittländern sowie die Aufteilung der Zolleinnahmen unter den Mitgliedsländern vor.

Gemeinsamer Markt

Auf dieser Integrationsstufe ist neben dem freien Warenverkehr auch Freizügigkeit für Dienstleistungen, Arbeitskräfte und Kapital sowie Niederlassungsfreiheit für Unternehmen gegeben.

Wirtschaftsgemeinschaft, Wirtschaftsunion

Hier kommt es zusätzlich zu einer Harmonisierung oder Vereinheitlichung von Teilen der Wirtschaftspolitik sowie zur Rechtsangleichung in einem supra-nationalen System mit starken gemeinschaftlichen Institutionen.
Beispiel: EG

A. EUROPA

Europa ist diejenige Wirtschaftsregion in der Welt, wo in der zweiten Hälfte dieses Jahrhunderts die ökonomische Regionalisierung und der wirtschaftspolitische Regionalismus am weitesten getrieben und am erfolgreichsten praktiziert wurde.[1] Von allen bisher getätigten regionalen Zusammenschlüssen kann man nur bei der Europäischen Gemeinschaft von einer wirklichen Blockbildung mit innerer Kohärenz und einheitlicher Außenwirkung sprechen. Während die Integrationsdynamik der Gemeinschaft wesentliche Impulse von außen erfahren hat, gaben umgekehrt die Integrationsschübe in der EG immer wieder Anstöße für Regionalismustendenzen in anderen Teilen Europas und in der ganzen übrigen Welt.

1. Europäischer Regionalismus als Schrittmacher weltwirtschaftlicher Reintegration: OEEC und EZU

Die ersten Impulse zur regionalen Integration in Westeuropa[2] fanden in der Nachkriegszeit in der 1948 gegründeten Organisation für europäische wirtschaftliche Zusammenarbeit (OEEC) und ihrer 1950 errichteten monetären Unterorganisation, der Europäischen Zahlungsunion (EZU/EPU), ihren institutionellen Niederschlag. Diese erste Regionalisierungsphase ist durch folgende Merkmale gekennzeichnet:

- Die Vereinigten Staaten übernehmen mit dem Marshall Plan (European Recovery Program) die Rolle des Schrittmachers im europäischen Integrationsprozeß, ohne jedoch der OEEC formell beizutreten.

- Strategische Ziele sind der Wiederaufbau (West-)Europas, die Schaffung der Voraussetzungen für eine regionale Marktintegration der europäischen Volkswirtschaften durch Abbau der administrativen Handelsschranken (insbesondere der mengenmäßigen Beschränkungen sowie der Beschränkungen der "laufenden" Zahlungen) und letztlich die Reintegration der - bereits in den dreißiger Jahren zerbrochenen - Weltwirtschaft. Diese Ziele werden in der verhältnismäßig kurzen Zeit von einem Jahrzehnt erreicht.

- Die wichtigsten Mittel dabei sind - neben der Marshallplanhilfe - Stufenpläne für die Liberalisierung (Liberalisierungskodices), Kreditfazilitäten zur Finanzierung vorübergehender Zahlungsbilanzdefizite und die wirtschaftspolitische Regelbindung beim multilateralen Saldenausgleich. Auf supranationale Elemente wird verzichtet.

---

1 Der Regionalismus der europäischen Staatshandelsländer (Rat für gegenseitige Wirtschaftshilfe, RGW) wird, da nur noch von historischem Interesse, nicht behandelt.

2 Zur Entwicklung seit 1928 siehe *Thorbecke* (1960).

Anders als mit der Europäischen Gemeinschaft wurden mit OEEC und EZU keine weitergehenden europäischen Integrationsziele verfolgt. Folgerichtig wurde die OEEC nach Erfüllung ihrer Aufgaben 1961 in die OECD als wirtschaftspolitisches Konsultations- und Kooperationsorgan der Industrieländer umgewandelt; die EZU ging bereits Ende 1958 in dem - in der Praxis bedeutungslosen - Europäischen Währungsabkommen (EWA) auf. Parallel zur zunehmenden Reintegration Westeuropas in die Weltwirtschaft vollzog sich die Stärkung der multilateralen Handels- und Währungsinstitutionen GATT (gegründet 1947) und Internationaler Währungsfonds (gegründet 1945), die damit überhaupt erst in die Lage versetzt wurden, ihre Funktionen wirksam wahrzunehmen. Regionalismus war in diesem Falle der Schrittmacher für den Multilateralismus.

2. Institutionelle Formen des Regionalismus in Europa: EG, EFTA und CEFTA

Parallel zur Renaissance des Multilateralismus begann in West-Europa eine Epoche des dynamischen Regionalismus. Er stützt sich auf zwei institutionelle Säulen, die unterschiedliche Konzeptionen der regionalen Integration repräsentieren: die Europäische Gemeinschaft als supranational organisierter Zusammenschluß von Ländern mit weitreichender europapolitischer Zielsetzung ist die Triebkraft und das Gravitationszentrum im regionalen Integrationsprozeß; das Europäische Freihandelsabkommen (EFTA) bildet das auf ausschließlich handelspolitische Ziele gerichtete, reaktive Gegenmodell der Staaten mit hoher Souveränitätspräferenz.

Der am 25. März 1957 zwischen Belgien, Deutschland, Frankreich, Italien, Luxemburg und den Niederlanden geschlossene und am 1. Januar 1958 in Kraft getretene Vertrag über die *Europäische Wirtschaftsgemeinschaft* bildet den vertraglichen Kern, die "Magna Charta" (Läufer 1992, S. 7), des europäischen Einigungswerks. Der Vertrag enthält bereits alle wesentlichen Rechtsvorschriften für die Errichtung eines Binnenmarktes, dessen Verwirklichung mit der Einheitlichen Europäischen Akte (EEA) vom 28. Februar 1986 (in Kraft getreten am 1. Juli 1987) noch einmal bekräftigt, auf den 31. Dezember 1992 terminiert, durch geeignete Verfahrensvorschriften erleichtert und einer stärkeren parlamentarischen Kontrolle unterworfen wurde. Das am 7. Februar 1992 unterzeichnete Maastricht-Abkommen regelt die Fortentwicklung der Gemeinschaft zur Europäischen Union (EU) mit den drei Säulen EG-Vertrag (dem früheren EWG-Vertrag), Gemeinsame Außen- und Sicherheitspolitik (GASP) und Zusammenarbeit in der Innen- und Justizpolitik. Im Mittelpunkt des geänderten EG-Vertrages steht dabei die Schaffung einer Wirtschafts- und Währungsunion noch in diesem Jahrzehnt; darüber hinaus erhält die Gemeinschaft Kompetenzen auf zahlreichen zusätzlichen Feldern der Wirtschaftspolitik.

Der Integrationsprozeß in der Gemeinschaft zeichnet sich von Anfang an durch seine ehrgeizige Zielsetzung, die Errichtung einer Wirtschaftsgemeinschaft (vgl. Kasten), gegenüber anderen regionalen Integrationsinitiativen in Europa und der Welt aus. Die wesentlichen Komponenten der Wirtschaftsgemeinschaft sind (vgl. Tabelle III.1):

- der Gemeinsame Markt (Binnenmarkt) mit seinen fünf Grundfreiheiten: dem freien Waren-, Dienstleistungs- und Kapitalverkehr, der Freizügigkeit der Arbeitnehmer und der Niederlassungsfreiheit. Die Gemeinschaft geht damit weit über eine bloße Freihandelszone (interner Zollabbau) oder eine Zollunion (gemeinsamer Außenzoll) für Industriegüter hinaus;

- die Harmonisierung oder gegenseitige Anerkennung der für das Funktionieren des gemeinsamen Marktes relevanten nationalen Rechts- und Verwaltungsvorschriften sowie technischer Normen und Produktstandards;

- die gemeinsame Wirtschaftspolitik auf einer großen und wachsenden Zahl von Tätigkeitsfeldern, unter Übertragung materieller Regelungskompetenzen von den Mitgliedstaaten auf die Gemeinschaft;

- die Finanzhoheit mit - seit 1970 - eigenen Einnahmen (keine Finanzbeiträge);

- der solidarische Finanzausgleich zwischen reichen und weniger wohlhabenden Mitgliedstaaten über erhebliche Strukturfonds (Regional-, Sozial-, Kohäsionsfonds);

- eine ausgebildete supranationale Organstruktur aus Kommission, Rat, Parlament und Gerichtshof mit Gesetzgebungs-, Verwaltungs- und Rechtsprechungskompetenzen unter regelmäßiger Anwendung von Mehrheitsentscheidungen.

Durch diese Merkmale wird die Gemeinschaft im Innern zunehmend zu einem harmonisierten Wirtschaftsraum mit hoher Regelungsdichte, nach außen präsentiert sie sich - ungeachtet fortbestehender kultureller Unterschiede - immer mehr als "Block" mit einheitlich geregeltem Marktzugang für Waren und Dienstleistungen und Kapital (z.Zt. noch weniger für Direktinvestitionen).

Tabelle III.1: Die wichtigsten Ziele und Instrumente regionaler Zusammenschlüsse in Europa

	EG	EFTA	FHA EG/EFTA	EWR	EG-Assoziierungs- u. Europa-Abkommen	CEFTA u. FHA EFTA/ Osteur.
Wirtschaftliche "Grundfreiheiten"						
Beseitigung d. Binnenzölle						
für Industriegüter	o	o	o	o	o	o
für Agrargüter	o					
Gemeinsamer Außenzoll	o					
Ursprungsregeln		o	o	o	o	o
Abbau mengenmäßiger Beschränkungen	o	o	o	o	o	o
Ausnahme- oder Übergangsregelungen f. "sensible" Güter		o			o	o
Abbau sonst. nicht-tarifärer Handelshemmnisse	o	a)		o		
Handelspolit. Schutzklauseln gegenüber Mitgliedern des Abkommens		o	o	o	o	o
Dienstleistungsfreiheit	o			o		
Freizügigkeit d. Arbeitnehmer	o			o		
Niederlassungsfreiheit	o			o	o	
Freiheit des Kapitelverkehrs	o			o		
Gemeinsame Politiken						
Handelspolitik	o					
Wettbewerbspolitik	o	b)		o	o	
Agrarpolitik	o					
Sozial- u. Regionalpolitik	o					
Steuerharmonisierung	o					
Rechtsangleichung	o				c)	c)
Sonst. Wirtschaftspolitiken	o				o	d)
Eigene Einnahmen	o					
Außen- u. Sicherheitspolitik	o					
Justiz und Inneres	e)					
Gemeinsame Organe						
Supranat. Kommission	o					
Sekretariat		o				
Gemischter Ausschuß			o	o	o	o
Rat	o	o		o	o	
Parlament	o				f)	f)
Gerichtshof	o	g)		o		

...

52

	EG	EFTA	FHA EG/ EFTA	EWR	EG-Asso- ziierungs- u. Europa-Ab- kommen	CEFTA u. FHA EFTA/ Osteur.
Kompetenzen						
Empfehlungen	o	o	o	o	o	o
Entscheidungen	o	h)	h)	o	o	
Mehrheitsentscheidungen	o	i)				
Gesetzgebung	o					
Rechtsprechung	o	g)		o		
Streitschlichtung	o	j)	j)	o	o	
Evolutionsklauseln	o	o	o	o	o	

a) Normenharmonisierung.
b) Empfehlungen. Gemäß EWR-Vertrag Errichtung einer EFTA-Kartellaufsichtsbehörde.
c) Angleichung an EG-Recht.
d) Zusammenarbeit.
e) Zusammenarbeit in bestimmten Bereichen.
f) Gemischter Parlamentarischer Ausschuß.
g) Neu aufgrund des EWR-Vertrages, nur für Teilnehmerländer am EWR.
h) Nur in wenigen Fällen.
i) Nur Genehmigung von nationalen Schutzmaßnahmen.
j) Nicht bindend.

Quelle: Eigene Zusammenstellung.

Die europäische Freihandelszone *EFTA* ist der Versuch, die Vorteile der regionalen Handelsintegration mit dem größtmöglichen Maß an nationaler (wirtschafts-)politischer Souveränität zu vereinen. Rechtliche Grundlage der Beziehungen zwischen den Mitgliedstaaten ist die am 4. Januar 1960 unterzeichnete und am 3. Mai 1960 in Kraft getretene "Stockholmer Konvention". Sie ist im wesentlichen ein Rahmenabkommen, das in nur 44 Artikeln vor allem Ziele, Grundsätze und Verfahrensregeln formuliert, deren Interpretation und Anwendung im Einzelfall "pragmatisch" erfolgen soll (EFTA 1987, S. 24). Im Detail geregelt ist nur der Kern der Vereinbarungen: der Abbau der internen Zölle und mengenmäßigen Beschränkungen, der im Gleichschritt mit der Handelsliberalisierung in der EG erfolgen sollte (und später, unter dem Eindruck eines zügigeren Vorgehens in der EG, ebenfalls beschleunigt wurde), sowie die Bestimmungen über den Warenursprung.

Zu den wesentlichen Merkmalen der EFTA zählen:

- Die EFTA ist eine Freihandelszone: im Verkehr zwischen den Mitgliedstaaten sind die Zölle und mengenmäßigen Beschränkungen abgeschafft, die nationale Handelspolitik gegenüber Drittländern ist nicht harmonisiert (wichtigste Ausnahmen: die Freihandelsabkommen der EFTA-Staaten mit der EG von 1972/73 sowie die Abkommen über den Europäischen Wirtschaftsraum EWR und in jüngster Zeit die Freihandelsabkommen mit Staaten Mittel- und Osteuropas).

- Die Freihandelszone bezieht sich grundsätzlich nur auf Industriegüter; Agrargüter sind - von Ausnahmen abgesehen - vom Freihandel ausgeschlossen; hinsichtlich unsichtbarer Transaktionen (Dienstleistungen) und Transfers verweist das Abkommen auf multilaterale Regelungen.

- Dem Charakter einer Freihandelszone entsprechend, sieht das Abkommen keine Bestimmungen über die Freizügigkeit der Arbeitnehmer oder den Kapitalverkehr vor. Hinsichtlich der Niederlassungsfreiheit enthält das Abkommen eine "weiche" Regelung.

- Die EFTA besitzt keine supranationalen Kompetenzen. Der EFTA-Rat als einziges Entscheidungsorgan beschließt in der Regel einstimmig (gegebenenfalls bei Stimmenthaltung) über die Fragen, die ihm unter dem Abkommen übertragen sind. Er ist im wesentlichen ein Konsultations- und Kooperationsorgan für die Mitgliedstaaten, sein bevorzugtes Rechtsinstrument ist die Empfehlung (auch in Fällen der - seltenen - Streitschlichtung).

Parallel zur (Nord-)Erweiterung der EG am 1. Januar 1973 trat das *Freihandelsabkommen zwischen EG und EFTA* in Kraft. (Formal handelt es sich dabei um im wesentlichen gleichlautende Abkommen zwischen der EG und den einzelnen EFTA-Staaten). Inhaltlich lehnt sich das Abkommen stark an das EFTA-Abkommen an: es sieht die Schaffung einer Freihandelszone für Industriegüter im Laufe von vier Jahren, d.h. bis 1977 vor (für einige "sensible" Produkte galten verlängerte Fristen). In den Genuß der Zollfreiheit kommen Waren mit Ursprung in der Region; für die Bestimmung der Ursprungseigenschaft ist die kumulative Anrechnung aller Bearbeitungen innerhalb des gemeinsamen Wirtschaftsraums zulässig. Das Abkommen enthält ferner Bestimmungen zur Wettbewerbs- und Beihilfenpolitik sowie Streitschlichtungs- und Schutzklauselregelungen.

Das Abkommen über den *Europäischen Wirtschaftsraum (EWR)* stellt die logische Fortschreibung des Freihandelsabkommens EG/EFTA und seine Anpassung an die Bedingungen des EG-Binnenmarktes dar. Im Ergebnis bedeutet es einen innovativen Quantensprung zu einem "Freihandelsabkommen Plus" (oder einer "Wirtschaftsgemeinschaft Minus"). Im Kern sieht das Abkommen vor, wesentliche Elemente des EG-Binnenmarktes auf die gesamte westeuropäische Region auszudehnen:

- die Freizügigkeit von Arbeitskräften, den freien Dienstleistungs- und Kapitalverkehr und die Niederlassungsfreiheit (zusätzlich zum bereits realisierten freien Warenverkehr für Industriegüter),

- das umfangreiche Regelwerk über den Marktzugang und die Vermeidung von Wettbewerbsverzerrungen (Harmonisierung technischer Normen und Produktstandards, Gesundheits- und Umweltvorschriften, Banken- und Versicherungsaufsicht, öffentliches Auftragswesen, Beihilfenpolitik etc.) und

- eine Reihe gemeinsamer Politiken (Forschung und Technologie, Umwelt, Soziales etc.).

Die Tabellen III.1 und III.4 machen den "Quantensprung" gegenüber dem Freihandelsabkommen von 1973 im einzelnen deutlich. Die EFTA-Länder übernehmen im Rahmen des Abkommens fast das gesamte Binnenmarkt-Sekundärrecht der Gemeinschaft (rd. 1.700 Rechtsakte = 12.000 Seiten). In die Fortentwicklung dieses Rechts werden sie durch einen ständigen Informations- und Konsultationsprozeß einbezogen (Krenzler 1992). Die Entscheidungskompetenz für die Binnenmarktgesetzgebung liegt jedoch unverändert ausschließlich bei der Gemeinschaft. Die Übertragung neuer EG-Rechtsnormen auf den EWR erfolgt nicht automatisch sondern durch Konsensentscheidung im Gemischten Ausschuß, in dem EG und EFTA je über eine Stimme verfügen (Krenzler 1992).

Die Verhandlungen über den EWR wurden am 19. Juni 1990 aufgenommen und mit der Unterzeichnung des Abkommens am 11. Mai 1992 zunächst abgeschlossen. Der negative Ausgang des Schweizer Referendums am 6. Dezember 1992 machte eine Anpassung des Vertrages erforderlich; die vier Anpassungsprotokolle wurden am 17. März 1993 unterzeichnet. Am 1. Januar 1994 trat der EWR in Kraft. Ihm gehören auf Seiten der EFTA Finnland, Island, Norwegen, Schweden und Österreich an, der Beitritt Lichtensteins ist zu einem späteren Zeitpunkt vorgesehen. Allerdings ist die Zukunft des EWR ungewiß: Vier der sechs Unterzeichner (Finnland, Norwegen, Schweden und Österreich) haben die EG-Mitgliedschaft beantragt. Die Beitrittsabkommen wurden am 24. Juni 1994 unterzeichnet. Die Beitritte sollen zum 1. Januar 1995 wirksam werden.

Die Ausdehnung des westeuropäischen Präferenzraums auf Mittel- und Osteuropa wurde am 16. Dezember 1991 mit der Unterzeichnung von spezifischen Assoziierungsabkommen, den sog. *"Europa-Abkommen"*, zwischen der EG und Polen, Ungarn sowie der (damals noch existierenden) CSFR eingeleitet. Interimsabkommen zur Überbrückung der Zeit bis zur Ratifizierung traten am 1. März 1992, die Europa-Abkommen mit Polen und Ungarn traten am 1. Februar 1994 in Kraft. Am 1. Februar 1993 wurde ein gleichartiges Abkommen mit Rumänien (Interimsabkommen ab 1. Mai 1993), am 8. März 1993 mit Bulgarien (Interimsabkommen ab 31. Dezember 1993) unterzeichnet.

Die Europa-Abkommen

- sehen die Schaffung einer Freihandelszone für Industriegüter zwischen der EG und den einzelnen Ländern Mittel- und Osteuropas innerhalb von 10 Jahren vor. Das Zeitprofil ist dabei asymmetrisch: die Gemeinschaft geht beim Zollabbau voran;

- erlauben bei (eingetretenen oder drohenden) schwerwiegenden Marktstörungen durch Importe beiden Seiten die Entliberalisierung durch Rückgriff auf eine Schutzklausel; die osteuropäischen Partner dürfen darüber hinaus zum Schutz junger Industrien und alter, in Umstrukturierung befindlicher Industriezweige befristet höhere Zollsätze einführen;

- regeln die reziproke Gewährung der Niederlassungsfreiheit und setzen Normen für die Wettbewerbs- und Beihilfenpolitik;

- enthalten eine Fülle von Absichtserklärungen über die wirtschaftliche, wissenschaftliche, soziale, kulturelle und finanzielle Zusammenarbeit;

- stellen (in der Präambel) eine spätere EG-Mitgliedschaft in Aussicht.

Die mittel- und osteuropäischen Länder bekunden vertraglich ihre Absicht, ihre Rechtsvorschriften auf zahlreichen Bereichen dem Gemeinschaftsrecht anzugleichen. Die Gemeinschaft setzt damit weit über ihre eigenen Grenzen - und die Grenzen des EWR - hinaus europäisches Wirtschaftsrecht. Dieses Ergebnis ist im Hinblick auf die institutionelle Absicherung des marktwirtschaftlichen Reformprozesses ebenso bedeutsam wie im Hinblick auf die Beurteilung des "expansiven" Regionalismus der EG.

Wie die Gemeinschaft, hat auch die *EFTA* mit den sechs mittel- und osteuropäischen Reformländern 1992 und 1993 Abkommen geschlossen. Sie sehen ebenfalls die Errichtung einer Freihandelszone für Industriegüter, jedoch ohne die weitergehenden Kooperationsregelungen, vor. Die Verknüpfung der EG- und EFTA-Abkommen gegenüber Osteuropa, insbesondere auf dem Gebiet der Ursprungsregelungen, steht noch aus.

Das am 21. Dezember 1992 in Krakau unterzeichnete und am 1. März 1993 in Kraft getretene *Mitteleuropäische Freihandelsabkommen (CEFTA)* zwischen den sog. Visegrad-Ländern Polen, Ungarn, der Tschechischen und der Slowakischen Republik lehnt sich inhaltlich an das Abkommen über die EFTA an. Es sieht den Abbau der Zölle und mengenmäßigen Beschränkungen im gegenseitigen Handel mit Industriegütern im Laufe einer Übergangszeit bis 1. Januar 2001 vor, wobei der Zollschutz für die "am wenigsten empfindlichen Produkte" bereits mit dem Inkrafttreten des Abkommens weggefallen ist und für "mittelmäßig empfindliche Waren" am 1. Januar 1997 ausläuft (Svehlik 1993). Das Abkommen beseitigt ein handelspolitisches Ungleichgewicht: die Freihandelsabkommen mit EG und EFTA hatten eine Diskriminierung des Handels innerhalb der osteuropäischen Region gegenüber dem Handel mit Westeuropa zur Folge.

3. Von der Zollunion der Sechs zum gesamteuropäischen Wirtschaftsraum der 24: Dynamische Integrationsprozesse zwischen EG und EFTA

a. Die politische Dimension der EG

Die am 1. Januar 1958 in Kraft getretene Europäische Wirtschaftsgemeinschaft ist - zusammen mit Euratom, der gleichzeitig gegründeten Europäischen Atomgemeinschaft (EAG), und der bereits am 23. Juli 1952 realisierten Montanunion (Europäische Gemeinschaft für Kohle und Stahl, EGKS) - der Versuch, das durch blutige Kriege immer wieder zerrissene Europa über die Wirtschaft politisch zu einigen, die "Erbfeindschaft" zwischen Frankreich und Deutschland dauerhaft zu überwinden und durch Bündelung der Kräfte den europäischen Mittelmächten einen Platz gegenüber den Supermächten USA und Sowjetunion zu sichern.[3] In der Präambel des EGKS-Vertrages und im ersten und letzten Erwägungsgrund der EWG-Präambel kommen diese übergeordneten politischen Ziele zum Ausdruck (s. Kasten.).

Die politische Dimension - und Vision - unterscheidet die Europäische Gemeinschaft von allen folgenden Regionalisierungsansätzen in anderen Teilen der Welt und macht sie zu einer Union sui generis. Zugleich erweist sich die politische Begründung der Gemeinschaft - ungeachtet der Tatsache, daß ihre politische und verfassungsrechtliche Finalität (Bundesstaat oder "Europa der Vaterländer") im Zeitablauf sowie von Land zu Land (Deutschland/Frankreich vs. Großbritannien/Dänemark) unterschiedlich bewertet

---

3   *Weidenfeld* (1992, S. 11f.) nennt fünf Motive der europäischen Integration: (1) den Wunsch nach einem neuen Selbstverständnis, (2) den Wunsch nach Sicherheit und Frieden, (3) den Wunsch nach Freiheit und Mobilität, (4) die Hoffnung auf wirtschaftlichen Wohlstand, (5) die Erwartung gemeinsamer Macht. Vgl. auch *Harbrecht* (1984, S. 10ff.), *Weinstock* (1973, S. 11ff.), *Schneider* (1977, S. 321 ff.).

wird - immer wieder als Motor der institutionellen Integration. Die stärksten Anstöße gingen dabei seit den frühen fünfziger Jahren von dem deutsch-französischen Tandem, seit Errichtung der EWG auch von der EG-Kommission aus.

Politische Ziele dominierten die Integrationsinitiativen der Sechs in den fünfziger Jahren von der Montanunion über die gescheiterten Versuche einer Europäischen Verteidigungsgemeinschaft und einer Europäischen Politischen Gemeinschaft (1952-54) bis hin zu den Verhandlungen über EWG und Euratom (1956-57). Sie führten letztlich zur Vernachlässigung der - vorübergehend gegebenen - Option einer westeuropäischen Freihandelszone zugunsten der "kleineuropäischen", dabei jedoch inhaltlich anspruchsvolleren Lösung einer Wirtschaftsgemeinschaft. Großbritannien, Dänemark, Norwegen, Schweden, Österreich, die Schweiz und Portugal schlossen daraufhin das Europäische Freihandelsabkommen, das am 3. Mai 1960, knapp zweieinhalb Jahre nach der EWG, in Kraft trat.[4]

Das Muster der europäischen Integrationsdynamik wird dabei bereits erkennbar:

- Die Aufnahme der Verhandlungen über die EWG zwischen den Sechs (andere Länder waren zur Teilnahme eingeladen) provoziert - auf Vorschlag Großbritanniens - Beratungen in der OEEC über eine größere westeuropäische Freihandelszone.

- Der erfolgreiche Abschluß der EWG-Verhandlungen und das damit verbundene Scheitern der OEEC-Initiative Ende 1958 löst als Reaktion die Gründung der EFTA aus.

- Auf der internationalen Bühne führt der europäische Integrationsschub zu amerikanischen Initiativen für multilaterale Zollsenkungen in der Dillon-Runde (1961-62) und der Kennedy-Runde (1964-67) des GATT.

---

[4]   Zu der europäischen Interessenkonstellation in den Verhandlungen über die Römischen Verträge s. *Weidenfeld* (1992, S. 17), zu den Motiven für die Gründung der EFTA s. EFTA (1987, S. 11f.)

Präambel des Vertrages über die Gründung der Europäischen Gemeinschaft für Kohle und Stahl vom 18. April 1951

Der Präsident der Bundesrepublik Deutschland, ...,

In der Erwägung, daß der Weltfriede nur durch schöpferische, den drohenden Gefahren angemessene Anstrengungen gesichert werden kann,

In der Überzeugung, daß der Beitrag, den ein organisiertes und lebendiges Europa für die Zivilisation leisten kann, zur Aufrechterhaltung friedlicher Beziehungen unerläßlich ist,

In dem Bewußtsein, daß Europa nur durch konkrete Leistungen, die zunächst eine tatsächliche Verbundenheit schaffen, und durch die Errichtung gemeinsamer Grundlagen für die wirtschaftliche Entwicklung aufgebaut werden kann,

In dem Bemühen, durch die Ausweitung ihrer Grundproduktionen zur Hebung des Lebenstandards und zum Fortschritt der Werke des Friedens beizutragen,

Entschlossen, an die Stelle der jahrhundertealten Rivalitäten einen Zusammenschluß ihrer wesentlichen Interessen zu setzen, durch die Errichtung einer wirtschaftlichen Gemeinschaft den ersten Grundstein für eine weitere und vertiefte Gemeinschaft unter Völkern zu legen, die lange Zeit durch blutige Auseinandersetzungen entzweit waren, und die institutionellen Grundlagen zu schaffen, die einem nunmehr allen gemeinsamen Schicksal die Richtung weisen können,

Haben beschlossen, eine Europäische Gemeinschaft für Kohle und Stahl zu gründen ...

Auszug aus der Präambel des Vertrages zur Gründung der Europäischen Wirtschaftsgemeinschaft vom 25. März 1957

Seine Majestät, der König der Belgier, ...,

In dem festen Willen, die Grundlagen für einen immer engeren Zusammenschluß der europäischen Völker zu schaffen,

...

Entschlossen, durch diesen Zusammenschluß ihrer Wirtschaftskräfte Frieden und Freiheit zu wahren und zu festigen, und mit der Aufforderung an die anderen Völker Europas, die sich zu dem gleichen hohen Ziel bekennen, sich diesen Bestrebungen anzuschließen,

Haben beschlossen, eine Europäische Wirtschaftsgemeinschaft zu gründen ...

- Zugleich bewerben sich mehrere europäische Länder bei der EG um Assoziierung (Griechenland und Türkei 1959) oder Mitgliedschaft (Irland, Dänemark, Großbritannien 1961, Norwegen 1962); Finnland schließt sich 1961 der EFTA als assoziiertes Mitglied an (1986 Vollmitgliedschaft).

Dieses dialektische Muster von EG-Aktion und rest-europäischer/amerikanischer Reaktion wird sich mit gewissen Variationen noch häufiger wiederholen.

b. Integration unter Wachstumsbedingungen: die sechziger Jahre

Wie in den Gründerjahren der Gemeinschaft (und der EFTA) wurde der regionale Integrationsprozeß in Europa auch in den folgenden Jahrzehnten von internen und externen Triebkräften bewegt - oder auch gebremst.

Nach der Aufbruchstimmung am Ende der fünfziger und Anfang der sechziger Jahre stürzt französischer Unilateralismus die Gemeinschaft um die Mitte des Jahrzehnts in eine Krise: am 14. Januar 1963 lehnt General de Gaulle den britischen Beitritt kategorisch ab, vom 1. Juli 1965 bis 28. Januar 1966 betreibt die französische Regierung eine grob gemeinschaftswidrige Politik des "leeren Stuhls" in den Gemeinschaftsorganen und kehrt erst nach der faktischen Suspendierung des vertraglich vorgesehenen Übergangs zu Mehrheitsentscheidungen ("Luxemburger Kompromiß") an den Verhandlungstisch zurück. Ungeachtet dieser Blockaden kommt der wirtschaftspolitische Integrationsprozeß in den sechziger Jahren voran (vgl. Tabelle III.2):

- die letzten mengenmäßigen Beschränkungen im innergemeinschaftlichen Handel mit Industriegütern fallen - lange vor dem Ende der Übergangszeit - bereits Ende 1961;

- auch der Abbau der Binnenzölle und der Übergang zum gemeinsamen Zolltarif gegenüber Drittländern vollziehen sich zügiger als vertraglich vorgesehen. Am 1. Juli 1968, achtzehn Monate vor der Zeit, ist die Zolltarifunion vollendet;

- die Gemeinsame Agrarpolitik wird mit der Einigung über die Grundsätze und erste Marktordnungen (Januar 1962), die Gründung des Ausrichtungs- und Garantiefonds für die Landwirtschaft (EAGFL) und die Festsetzung einheitlicher Getreidepreise (1964) auf den (Irr-)Weg gebracht;

- die Freizügigkeit der Arbeitnehmer wird realisiert;

- mit Griechenland und der Türkei sowie mit 18 afrikanischen Staaten (Abkommen von Yaoundé) werden in den Jahren 1962/63 Assoziierungsabkommen geschlossen.

Tabelle III.2: Zeittafel zur EG-Integration: Vertiefung und Erweiterung

18.04.51	Unterzeichnung und
23.07.52	Inkrafttreten des Vertrages über die Europäische Gemeinschaft für Kohle und Stahl (EGKS) zwischen Belgien, Deutschland, Frankreich, Italien, Luxemburg und den Niederlanden
25.03.57	Unterzeichnung und
01.01.58	Inkrafttreten der Verträge über die Europäische Wirtschaftsgemeinschaft (EWG) und die Europäische Atomgemeinschaft (EAG)
14.01.62	Einigung über Einführung der Gemeinsamen Agrarpolitik
29.01.66	Siebenmonatige Politik des leeren französischen Stuhls wird durch "Luxemburger Kompromiß" (de facto-Verzicht auf Mehrheitsentscheidungen im Rat) beendet
01.07.67	Vertrag zur Einsetzung eines gemeinsamen Rates und einer gemeinsamen Kommission der Europäischen Gemeinschaften (Fusionsvertrag) tritt in Kraft
01.07.68	Vorzeitige Verwirklichung der Zollunion
15.11.68	Freizügigkeit der Arbeitnehmer realisiert
31.12.69	Ende der Übergangszeit der EWG. Kompetenz für die Handelspolitik geht auf Gemeinschaft über
21.04.70	Ratsbeschluß und (22.04.70) Vertragsänderung über eigene Einnahmen der Gemeinschaft
22.03.71	Ratsentschließung über die Verwirklichung der Wirtschafts- und Währungsunion bis 1980
21.03.72	Einführung der "Währungsschlange"
01.01.73	Beitritt Dänemarks, Großbritanniens und Irlands (Anträge: 1961 und 1967). Freihandelsabkommen mit EFTA tritt in Kraft
10.03.75	Erste Sitzung des Europäischen Rates
18.03.75	Errichtung des Regionalfonds
13.03.79	Europäisches Währungssystem (EWS) tritt in Kraft
10.06.79	Erste Direktwahl des Europäischen Parlaments
01.01.81	Beitritt Griechenlands (Antrag: 1975)
01.01.86	Beitritt Portugals und Spaniens (Anträge: 1977)
28.02.86	Unterzeichnung und
01.07.87	Inkrafttreten der Einheitlichen Europäischen Akte
14.04.87	Beitrittsantrag der Türkei
12.02.88	Verabschiedung des Delors-Pakets (Eigenmittel und Haushaltsdisziplin, Agrarfinanzierung, Strukturpolitik)
17.07.89	Beitrittsantrag Österreichs
09.12.89	Verabschiedung der Gemeinschaftscharta der sozialen Grundrechte der Arbeitnehmer (Sozialcharta)
01.07.90	Beginn der ersten Stufe der Wirtschafts- und Währungsunion
07.90	Beitrittsanträge Zyperns und Maltas
14.12.90	Beginn der Regierungskonferenzen über die Wirtschafts- und Währungsunion und die Politische Union
01.07.91	Beitrittsantrag Schwedens
07.02.92	Unterzeichnung des Vertrages über die Europäische Union (Maastricht-Abkommen)
92	Beitrittsanträge Finnlands (18.03.), der Schweiz (26.05.), Norwegens (25.11.)
01.01.93	Eintritt der EG in den Binnenmarkt
01.11.93	Inkrafttreten des Vertrages über die Europäische Union
01.01.94	Beginn der 2. Stufe der Wirtschafts- und Währungsunion
04.94	Beitrittsanträge von Polen und Ungarn
24.06.94	Unterzeichnung der Beitrittsabkommen mit Norwegen, Schweden, Finnland und Österreich

Quelle: Eigene Zusammenstellung.

Der rasche Abbau der innergemeinschaftlichen Zölle und nicht-tarifären Handelsbeschränkungen veranlaßt auch die EFTA, den Abbau der Handelsbarrieren zwischen den Mitgliedstaaten zu beschleunigen: bereits 1966 ist die Freihandelszone verwirklicht. Für die weltwirtschaftliche Entwicklung bedeutsamer ist, daß die USA - wie bereits erwähnt - auf den Abbau der Binnenzölle in Europa, die Errichtung eines gemeinsamen Außenzolls in der EG, die Verwirklichung der gemeinsamen Agrarpolitik und den Abschluß von regionalen Präferenzabkommen der EG mit einer multilateralen Handelsinitiative im GATT reagieren (Berg 1976, S. 74). In der Kennedy-Runde (1964-67) des GATT erklärt sich die EG zur Senkung ihres Außenzolls auf Industriegüter um rund ein Drittel auf durchschnittlich 6,7 Prozent bereit (Berg 1976, S. 75). Im Ergebnis heißt das, daß der gemeinsame Außenzoll etwa auf das Niveau gesenkt wird, das in den Niedrigzollländern (Deutschland, Benelux) vor Gründung der Gemeinschaft bestand - ein erhebliches Zugeständnis der ursprünglichen Hochzolländer Frankreich und Italien (Koopmann/Menck/Sandelius 1993, S. 99). Dagegen gelingt es nicht, den Agrarprotektionismus der Gemeinschaft bereits im Ansatz einzudämmen.

Zu den Erfolgsbedingungen für die Liberalisierung nach innen und außen gehören auf Seiten der EG:

- der bereits mit dem EWG-Vertrag geschaffene institutionelle Rahmen mit einem eindeutigen Zeitplan für die Verwirklichung der Zollunion und hinreichend konkreten Zielvorgaben für die Wirtschaftspolitik (Freizügigkeit, Agrarmarktordnung);

- der Interessenausgleich zwischen Frankreich und Deutschland: das wettbewerbsfähige Industrieland Deutschland erhält die gewünschte Liberalisierung im Industriegüterhandel, Frankreich gesicherten Marktzugang und Marktschutz für landwirtschaftliche Erzeugnisse in der Gemeinschaft und Exportsubventionen für seine Ausfuhren nach Drittländern sowie Handelspräferenzen für seine ehemaligen Kolonien;

- eine günstige wirtschaftliche Entwicklung in allen EG-Ländern: hohes Wirtschaftswachstum, starke Expansion der Exporte, Vollbeschäftigung (Nachfrage nach "Gastarbeitern"!), kräftig steigende Realeinkommen. Der rasche Strukturwandel trifft daher auf hohe Akzeptanz.

Abgesehen von der Entwicklung der Gemeinsamen Agrarpolitik, die freilich nur den nationalen Agrarprotektionismus europäisiert (und perfektioniert), besteht in dieser Periode kein Widerspruch zwischen regionaler und weltwirtschaftlicher Entwicklung. Im Gegenteil: der europäische Integrationsprozeß fördert die weltwirtschaftliche Integration (Koopmann/Menck/Sandelius 1993, S. 99) und trägt, nicht zuletzt dank der "positiven" amerikanischen Reaktion auf die europäische Herausforderung, dazu bei, die multilaterale Zusammenarbeit im GATT voranzutreiben (Berg 1976, S. 73 f.).

Tabelle III.3: Zeittafel zur EG-Integration: Außenbeziehungen

01.01.58	Inkrafttreten des EWG-Vertrages (EG-6)
29.05.61	Beginn der Dillon-Runde des GATT
09.07.61	Unterzeichnung des Assoziierungsabkommens mit Griechenland
31.07.61- 30.04.62	Beitrittsanträge Irlands, Großbritanniens, Dänemarks und Norwegens
16.07.62	Abschluß der Dillon-Runde des GATT
20.07.63	Unterzeichnung des 1. Yaoundé-Abkommens mit 18 afrikanischen Staaten
12.09.63	Unterzeichnung des Assoziierungsabkommens mit der Türkei
04.05.64	Beginn der Kennedy-Runde des GATT (Abschluß: 01.07.64)
03.67	Unterzeichnung von Assoziierungsabkommen mit Tunesien und Marokko
30.06.70	Eröffnung der Beitrittsverhandlungen mit Dänemark, Großbritannien, Irland und Norwegen
05.12.70	Unterzeichnung des Assoziierungsabkommens mit Malta
01.01.71	Inkrafttreten des Arusha-Abkommens mit drei ostafrikanischen Staaten
01.07.71	Inkrafttreten der Allgemeinen Zollpräferenzen (GSP) gegenüber 91 Entwicklungsländern (heute: rd. 130 Entwicklungsländer)
22.07.72	Unterzeichnung des Freihandelsabkommens mit den "Rest-EFTA"-Staaten
19.12.72	Unterzeichnung des Assoziierungsabkommens mit Zypern
01.01.73	Beitritt Dänemarks, Großbritanniens und Irlands (EG-9). Freihandelsabkommen mit EFTA tritt in Kraft
12.09.73	Beginn der Tokio-Runde des GATT
28.02.75	Unterzeichnung des 1. Lomé-Abkommens mit 46 (heute: 69) AKP-Staaten
12.06.75	Beitrittsantrag Griechenlands
75- 76	Kooperationsabkommen mit Israel, Ägypten, Algerien, Jordanien, Libanon, Marokko, Syrien, Tunesien (Mittelmeer-Abkommen)
77	Beitrittsanträge Portugals (28.03) und Spaniens (28.07)
17.12.79	Abschluß der Tokio-Runde des GATT
01.01.81	Beitritt Griechenlands als 10. EG-Mitglied
01.01.86	Beitritt Spaniens und Portugals (EG-12)
15.09.86	Beginn der Uruguay-Runde des GATT
14.04.87	Beitrittsantrag der Türkei
25.06.88	Unterzeichnung eines Rahmenabkommens mit dem RGW. In der Folge Handels- und Kooperationsabkommen mit einzelnen RGW-Ländern
17.07.89	Beitrittsantrag Österreichs
19.12.89/ 19.06.90	Beginn der Verhandlungen mit der EFTA über einen Europäischen Wirtschaftsraum (EWR)
07.90	Beitrittsanträge Zyperns und Maltas
01.07.91	Beitrittsantrag Schwedens
16.12.91	Unterzeichnung der "Europa-Abkommen" mit Polen, Ungarn und der CSFR (Interimsabkommen ab 01.03.92)
92	Beitrittsanträge Finnlands (18.03), der Schweiz (26.05), Norwegens (25.11)
02.05.92	Unterzeichnung des Abkommens und
17.03.93	des Anpassungsprotokolls über den EWR (EFTA-Länder ohne Schweiz)
01.02.93	Unterzeichnung von "Europa-Abkommen" mit Rumänien (Interimsabkommen ab 01.05.93) und
08.03.93	Bulgarien (Interimsabkommen ab 01.01.94)
15.12.93	Einigung über Ergebnisse der Uruguay-Runde
01.01.94	Inkrafttreten des Europäischen Wirtschaftsraums (EWR)
01.02.94	Inkrafttreten des Europa-Abkommen mit Polen und Ungarn
04.94	Beitrittsanträge von Polen und Ungarn
15.04.94	Unterzeichnung der Schlußakte der Uruguay-Runde

Quelle: Eigene Zusammenstellung.

c. **Erweiterung als Triebkraft der Vertiefung: die siebziger Jahre**

Das Ende der vertraglichen Übergangszeit am 31. Dezember 1969 löst einen neuen Integrationsschub in Europa aus. Nach der herrschenden Meinung bedeutet Stillstand Rückschritt, und einen Integrationsrückschritt will niemand: er müßte den erreichten Wohlstand, der weithin der EG zugeschrieben wird, gefährden. Auf dem Haager Gipfel vom 1./2. Dezember 1969 setzen die Staats- und Regierungschefs der Gemeinschaft neue Ziele: die Vollendung, Vertiefung und Erweiterung.

Vier Gruppen von Motiven stehen hinter dem neuen Integrationsschub:

(1) *Politische Interessen:* In Frankreich ist Präsident de Gaulle, erklärter Gegner eines "föderalen" Europa, im Frühjahr 1969 zurückgetreten. Sein Nachfolger, Georges Pompidou, sucht außenpolitische Erfolge und will sein Land aus der selbstgewählten Isolierung in der EG befreien; auch braucht er die anderen EG-Länder, um die dauerhafte Finanzierung der Gemeinsamen Agrarpolitik zu sichern, an der Frankreich als Agrarüberschußland ein vitales Interesse hat. In der Bundesrepublik betreibt die Regierung Brandt eine aktive Entspannungspolitik gegenüber der Sowjetunion, der DDR und Osteuropa. Sie sucht dafür - auch aus innenpolitischen Gründen - den Rückhalt ihrer EG-Partner. Diese streben ihrerseits danach, die Bundesrepublik noch fester in das westliche Bündnissystem einzubinden. Die Aufgabe des französischen Widerstandes gegen den EG-Beitritt Großbritanniens ist wohl auch vor diesem Hintergrund zu sehen.

(2) Ein wichtiges *außen(wirtschafts)politisches* Motiv für die angestrebte Vertiefung der Gemeinschaft ist die monetäre Hegemonie und der technologische Vorsprung der Vereinigten Staaten. Auf der monetären Ebene geht es der Gemeinschaft mit der geplanten (freilich nicht verwirklichten)[5] Schaffung einer Europäischen Wirtschafts- und Währungsunion - wie erneut, und erfolgreicher, am Ende des Jahrzehnts bei der Errichtung des Europäischen Währungssystems (EWS) - wesentlich um die "Abkopplung" vom Dollar, dessen Rolle als Leitwährung infolge der amerikanischen Wirtschafts- und Sicherheitspolitik (Vietnamkrieg) einer zunehmenden Erosion unterliegt. Zugleich erscheint der Dollar in seiner Funktion als "Ankerwährung" mit dem wachsenden europäischen Selbstbewußtsein immer weniger vereinbar. Die Besorgnisse von der "technologischen Lücke" (technological gap) zwischen den USA und Europa und der "amerikanischen Herausforderung" (Jean-Jacques Servan-Schreiber) finden ihren politischen Widerhall in der - ebenfalls auf dem Haager Gipfel beschlossenen

---

5   Zu den Gründen siehe *Scharrer* (1973).

(Krägenau/Wetter 1993, S. 97) - gemeinschaftlichen Förderung der industriellen Forschung und Entwicklung.

(3) Ein *binnenwirtschaftspolitisches* Motiv für die geplante Vertiefung der Wirtschafts- und Währungsunion erwächst aus der Logik des vorangegangenen Integrationsprozesses: der Gemeinsame Agrarmarkt stützt sich auf die Prämisse fester Wechselkurse, die das Bretton-Woods-System nicht mehr zu garantieren vermag. Die Paritätsänderungen am Ende der sechziger und Anfang der siebziger Jahre unterwerfen den Agrarmechanismus einer Zerreißprobe. Auch der gemeinsame Markt für Industriegüter erscheint durch divergierende makroökoonomische Entwicklungen innerhalb der Gemeinschaft gefährdet.

(4) Schließlich erweist sich die *Erweiterung* der Gemeinschaft, seit Sommer 1969 im Grundsatz auch von Frankreich akzeptiert, als eine Triebkraft für die "Vollendung" der EG und die Vertiefung der regionalen Integration. In der Gemeinschaft sollen rechtzeitig vor der Erweiterung um Großbritannien, Irland und Dänemark noch Fakten geschaffen, soll der - von den Beitrittskandidaten zu übernehmende - "acquis communautaire" ausgebaut werden. Angesichts der abweichenden agrarpolitischen Konzeptionen der Beitrittsländer, vor allem Großbritanniens, erscheint den Gründerstaaten die unwiderrufliche Verankerung sowie die Stärkung der Gemeinsamen Agrarpolitik als vordringlich. Dazu gehört auch, daß die Gemeinschaft über eigene Einnahmen verfügt und von Finanzbeiträgen der Mitgliedstaaten unabhängig wird. Dies zieht wiederum eine Stärkung der Haushaltsbefugnisse des Europäischen Parlaments nach sich.

Zugleich hat die Erweiterung der Gemeinschaft auch eine Ausdehnung des europäischen Präferenzraumes zur Folge. Um zu vermeiden, daß mit dem Beitritt der drei ehemaligen EFTA-Länder neue Handelsbarrieren zwischen ihnen und den "Rest-EFTA"-Staaten Norwegen, Schweden, Island, Österreich, Schweiz, Portugal und Finnland (assoziiert) entstehen, wird die Bildung einer Freihandelszone zwischen EG und EFTA vereinbart. Die Abkommen mit den meisten EFTA-Ländern treten gleichzeitig mit der EG-Erweiterung am 1. Januar 1973 in Kraft, die Abkommen mit Norwegen und Finnland wenig später. Sie legen vor allem den vollständigen Abbau der Zölle und mengenmäßigen Handelsbeschränkungen für Industriegüter in einer Übergangszeit bis 1977 fest. Damit wird eine Freihandelszone geschaffen, die - zunächst außer Spanien - ganz Westeuropa umfaßt. Gegenüber Drittländern erhalten die EFTA-Staaten aber ihre individuellen Zölle aufrecht (vgl. Tabelle III.1).

Der Präferenzhandel Großbritanniens mit seinen ehemaligen Kolonien wird ebenfalls "vergemeinschaftet". 1975 werden die Verhandlungen über das erste Lomé-Abkommen mit (inzwischen) 69 Staaten Afrikas, der Karibik und des Pazifik (AKP-Staaten) abgeschlossen; es tritt an die Stelle der vorangegangenen Yaoundé-Abkommen mit 46 außereuropäischen Staaten und sieht einen einseitigen Zollabbau der Gemeinschaft gegenüber den Erzeugnissen dieser Länder sowie Finanzhilfen vor.

Bereits am 1. Juli 1971 hatte die Gemeinschaft ein System Allgemeiner Zollpräferenzen (GSP) mit 91 Entwicklungsländern vereinbart, das aber inhaltlich hinter dem Lomé-Abkommen zurückbleibt. Außerdem werden in den siebziger Jahren Kooperationsabkommen mit einer Reihe von Mittelmeerländern abgeschlossen. Die Gemeinschaft entfaltet zudem eine erhebliche Sogwirkung (Zentripetaleffekt) auf weitere europäische Länder, die Beitrittsanträge stellen: Griechenland (1975), Portugal und Spanien (1977). Mit wachsender Größe und Handelsmacht der Gemeinschaft wird es zunehmend attraktiv, "drinnen" zu sein; die Hinwendung der Gemeinschaft zur Sozial- und Regionalpolitik, die in den siebziger Jahren ebenfalls stattfindet, macht eine Mitgliedschaft gerade für europäische Länder mit Entwicklungsrückstand auch finanziell lohnend.

Die Gemeinschaft entwickelt sich damit in den siebziger Jahren immer mehr zu einem Handelsblock, der zum einen - in der Gruppe seiner (noch) neun Mitglieder - nach außen geschlossen auftritt (gemeinsamer Außenzoll, Gemeinsame Agrarpolitik, Handelspolitik), andererseits einen zunehmenden Teil der Welt (Europa, Mittelmeerraum, AKP-Staaten) durch Kooperations-, Freihandels- und Assoziierungsabkommen an sich bindet und Produzenten anderer Länder den Zugang (auch) zu diesen Märkten - relativ - erschwert. Die USA reagieren auf diese handelspolitische Bedrohung ihrer Exportmärkte wiederum, wie bereits in den sechziger Jahren, mit einer Handelsinitiative im GATT: die Tokio-Runde (1973-79) führt zu einer weiteren Zollsenkung für Industriegüter um rund ein Drittel (Koopmann/Menck/Sandelius 1993, S. 100 ff.). Dennoch ist in den siebziger Jahren der Wendepunkt in der Handelsliberalisierung erreicht: an die Stelle der weitgehend bedeutungslos gewordenen Zollschranken treten zunehmend nicht-tarifäre Handelshemmnisse, vielfach in der Form von Grauzonenmaßnahmen.

Insgesamt erfährt die Gemeinschaft, nicht zuletzt unter dem Eindruck der ersten Erweiterungsrunde, in den siebziger Jahren eine zunehmende Vertiefung, auch wenn das ehrgeizige Ziel der Wirtschafts- und Währungsunion schon im Ansatz scheitert. Vor allem außenhandelspolitisch wächst die EG durch den Abschluß zahlreicher Freihandels-, Assoziierungs- und Präferenzabkommen in eine neue Dimension hinein. Mit dem

Freihandelsabkommen zwischen EG und EFTA wird eine westeuropäische Freihandelszone für Industriegüter ohne Zölle und mengenmäßige Beschränkungen geschaffen. Mit ihrer expansiven Handelspolitik provoziert die Gemeinschaft erneut eine konstruktive amerikanische Reaktion, die in der Tokio-Runde des GATT ihren Niederschlag findet. Die GATT-Verhandlungen reduzieren sich dabei immer mehr auf bi- oder trilaterale Verhandlungen zwischen USA, EG und Japan.

Tabelle III.4: Freihandels- und Präferenzabkommen der EG, Stand Frühjahr 1993

Abkommenstyp/Partnerländer	Wesentliche Elemente
"Freihandelsabkommen Plus" EWR-Länder (Unterzeichnung 1992/93): Finnland, Island, Norwegen, Österreich, Schweden; Liechtenstein nach besonderem Beschluß	Wie Freihandelsabkommen mit EFTA (s.u.). Zusätzlich: Freizügigkeit für Arbeitnehmer, Dienstleistungs- und Niederlassungsfreiheit, freier Kapitalverkehr. Gegenseitiger Zugang zu öffentlichen Aufträgen. Gemeinsame Regeln für die Wettbewerbs- und Beihilfenaufsicht. Geltung der meisten sekundären Rechtsvorschriften der EG; Mitwirkung der EFTA-Länder an Vorbereitung neuer Binnenmarkt-Rechtsakte der EG. Flankierende Politiken.
Freihandelsabkommen EFTA-Länder (1973/74): Finnland, Island, Norwegen, Österreich, Schweden, Schweiz, Liechtenstein	Gegenseitiger Freihandel für Industriegüter; Landwirtschaft weitgehend ausgenommen. Regionale Kumulierung der Ursprungseigenschaft (EG und alle EFTA-Länder).[a]
Israel (1975)	Gegenseitiger Freihandel für Industriegüter seit Anfang 1985. Bilaterale Kumulierung der Ursprungseigenschaft
Assoziierungsabkommen Türkei (1963), Malta (1970), Zypern (1972)	Freier Zugang zum EG-Markt für Industriegüter; Freihandelszone vorgesehen (Türkei und Malta: 1995; Zypern: 1998). Bilaterale Kumulierung der Ursprungseigenschaft.[b]
Tschechische und slowakische Republik, Polen, Ungarn (Interimsabkommen seit März 1992). Rumänien und Bulgarien (Interimsabkommen ab Mai bzw. Ende 1993)	Schaffung einer Freihandelszone für Industriegüter im Laufe von 10 Jahren; begrenzte Einbeziehung landwirtschaftlicher Produkte (Unterschiede zwischen einzelnen Abkommen). Kumulierung der Ursprungseigenschaft zwischen den osteuropäischen Ländern und zwischen ihnen und der EG.

Abkommenstyp/Partnerländer	Wesentliche Elemente
Kooperationsabkommen Mittelmeerländer (1975/76): Ägypten, Algerien, Jordanien, Libanon, Marokko, Syrien, Tunesien	Freier Zugang zum EG-Markt für Industriegüter, Rohstoffe und traditionelle landwirtschaftliche Exportprodukte; keine Reziprozitätsverpflichtung. Kumulierung der Ursprungseigenschaft zwischen der EG und dem Maghreb (Algerien, Marokko und Tunesien). Bilaterale Kumulierung mit jedem der übrigen Länder.
Lomé-Abkommen (1990): 69 Entwicklungsländer (Afrika, Karibik, Pazifik)	Freier Zugang zum EG-Markt für Industriegüter und landwirtschaftliche Produkte, die nicht einer EG-Marktordnung unterliegen. Günstigere Behandlung als Meistbegünstigung für andere Agrargüter. Garantierte Exporte von Rohrzucker (1,3 Mio. t pro Jahr) für Teilnehmer am Zuckerabkommen (18 AKP-Länder); Garantien für dauerhaft begünstigten Marktzugang unter dem Bananenprotokoll. Kumulierung der Ursprungseigenschaft zwischen der EG und der Gesamtheit der AKP-Staaten. Größere Flexibilität bei der Anwendung der Ursprungsregeln als in anderen Abkommen.
Allgemeines Präferenzsystem Rd. 130 unabhängige Entwicklungsländer und 20 abhängige Gebiete	Einseitige Präferenzen auf temporärer Basis (Jährliche Verlängerung). Zollfreiheit für eine große Zahl von Fertig- und Halbwaren im Rahmen von Zollquoten oder abhängig von Schutzklauseln. Präferenzen für Textilerzeugnisse im Rahmen bilateraler Vereinbarungen unter dem Multifaserabkommen oder vergleichbaren Verpflichtungen gegenüber der EG (außer für die am wenigsten entwickelten Länder). Begrenzte Präferenzen für Agrargüter. Kumulierung der Ursprungseigenschaft unter Mitgliedern bestimmter regionaler Gruppierungen (Andengruppe, ASEAN, CACM)

Anmerkung: Die Ursprungsregeln für die Gewährung von Präferenzbehandlung orientieren sich an dem Kriterium der ausreichenden Bearbeitung, gemessen als Änderung der Zolltarifnummer. Produktspezifische Abweichungen sind in den Anhängen zu den Abkommen niedergelegt oder, im Falle des Allgemeinen Präferenzsystems, in einer besonderen Kommissionsverordnung.

a) Inputs aus der EG und allen EFTA-Ländern, die die Ursprungsregeln erfüllen, werden behandelt, als wären sie inländische Produkte des Landes, das sie zuletzt in die EG exportiert.
b) EG-Inputs werden behandelt, als hätten sie ihren Ursprung in dem begünstigten Land.

Quelle: GATT, Trade Policy Review Mechanism: European Communities, Vol. B (Tables and Appendices), 1993; eigene Ergänzungen.

d. Vom Binnenmarkt zu einem gesamteuropäischen Wirtschaftsraum: Europäischer Regionalismus seit Mitte der achtziger Jahre[6]

Die derzeitige Welle des Regionalismus in Nord- und Lateinamerika (vgl. Abschnitt III.B), aber auch - wenngleich schwächer ausgeprägt - in Asien (vgl. Abschnitt III.C), hat eine seiner Ursachen zweifellos in Europa. Das Ereignis, das die Welle auslöste, läßt sich recht genau identifizieren: es ist die 1985 mit dem Weißbuch der EG-Kommission und den (kurzen) Regierungsverhandlungen über die Einheitliche Europäische Akte (EEA) gestartete Initiative, die um drei "Südstaaten" auf 12 Mitglieder erweiterte Gemeinschaft bis Ende 1992 zu einem Binnenmarkt zu vertiefen. Verstärkt wird diese Initiative durch das im Maastrichter Vertrag von 1992 niedergelegte Programm zur Fortentwicklung der Gemeinschaft zu einer Europäischen Union, mit der Wirtschafts- und Währungsunion als einem wesentlichen Grundpfeiler.

Gegenstand des Binnenmarktprogramms ist die Schaffung eines einheitlichen Wirtschaftsraums ohne Binnengrenzen, in dem der freie Waren-, Personen-, Dienstleistungs- und Kapitalverkehr und die Niederlassungsfreiheit gewährleistet ist. Grundlage der Binnenmarktstrategie bildete ein von der EG-Kommission entworfenes Aktionsprogramm mit einem genauen Zeitplan für die Vorlage, Beratung und Verabschiedung von 282 Maßnahmen der Rechtsangleichung (Kommission der EG 1985).

Inhaltlich umfaßt das Binnenmarktprogramm:

- den Abbau noch bestehender nicht-tarifärer Handelshemmnisse im Warenverkehr (Beseitigung der Grenzformalitäten und -kontrollen; Harmonisierung bzw. gegenseitige Anerkennung nationaler Rechtsnormen, Produktstandards und Prüfverfahren),

- die Verwirklichung eines gemeinsamen Marktes für Dienstleistungen (insbesondere Finanz- und Verkehrsdienstleistungen),

- die Öffnung der staatlichen Beschaffungsmärkte für den gemeinschaftsweiten Wettbewerb,

- den Abbau der innergemeinschaftlichen Steuerschranken (insbesondere die Harmonisierung der indirekten Steuern),

- die Schaffung effizienter (Mehrheitsentscheidungen) und demokratischer (Mitentscheidung; Zusammenarbeit) Verfahren für die Rechtsetzung und Verwaltung im Binnenmarkt.

---

6   Dieser Abschnitt ist z.T. angelehnt an *Scharrer* (1993).

Durch flankierende Politiken sollen die Anpassung vor allem der weniger wohlhabenden Mitgliedstaaten an die Erfordernisse des Binnenmarktes finanziell unterstützt ("Kohäsion"), die "soziale Dimension" der Gemeinschaft ausgebaut, die technologische Leistungskraft der europäischen Industrie gesteigert, Umweltstandards verbessert werden.

Wie schon die Initiative für eine Vertiefung der Gemeinschaft zu Beginn der sechziger Jahre, wurde auch die Binnenmarktinitiative - Integrations- und Deregulierungsprogramm zugleich - durch das Zusammenwirken mehrerer Impulse ausgelöst:

- die (Süd-)Erweiterung der Gemeinschaft verlangte nach neuen Zielen und wirkungsvolleren Entscheidungsverfahren;

- die technologische und unternehmensstrategische Herausforderung durch Japan und die USA forderte eine "positive", auf Revitalisierung der europäischen Wirtschaft gerichtete, gemeinsame Antwort;

- im Zeichen der "supply-side economics" rückten die strukturellen Marktrigiditäten in das Blickfeld der Wirtschaftspolitik.

Den Weg für die Initiative hatte auf dem Gipfel von Fontainebleau (25./26. Juni 1984) die Einigung über die Lösung des Haushaltskonflikts mit Großbritannien freigemacht. Zugleich bewährte sich auch beim Anstoß des Binnenmarktprogramms auf dem ein Jahr später stattfindenden Mailänder Gipfel wieder das deutsch-französische Tandem (Weidenfeld 1992).

Die Grundphilosophie und Motivation des Binnenmarktprogramms ist keinesfalls neo-merkantilistisch. Ziel war vielmehr, die Stagnation im Integrationsprozeß zu überwinden, interne Schwächen, Fehlentwicklungen und Selbstbeschränkungen gemeinsam zu korrigieren, Eurosklerose und Europessimismus zu durchbrechen. Ökonomisch ging und geht es darum, dynamische Effizienzgewinne für die europäische Wirtschaft durch die Schaffung eines großen, einheitlichen Marktes von der Dimension der USA zu erzielen, die internationale Wettbewerbsfähigkeit europäischer Unternehmen zu steigern und das Wachstum von Produktion und Beschäftigung über das Status-quo-Niveau hinaus zu beschleunigen.

Der sog. Cecchini-Bericht (1988)[7] bezifferte den mittelfristig zu erwartenden Produktions- und Einkommenszuwachs auf insgesamt 4,5 Prozent, bei einem Anstieg der Be-

---

7   Vgl. auch *Emerson* (1988).

schäftigung in der Gemeinschaft um 1,8 Millionen und einem (relativen) Rückgang des Preisniveaus um 6,1 Prozent. Bei Flankierung des Binnenmarktprogramms durch öffentliche Investitionen und eine Senkung der direkten Steuern könnten - so die Prognose - die Produktions- und Beschäftigungswirkungen noch gesteigert werden.

Daß die Vision von Europa '92 innerhalb und außerhalb der Gemeinschaft Befürchtungen von einer "Festung Europa" geweckt hat, läßt sich auf mehrere Faktoren zurückführen:

- Jeder Abbau nicht-tarifärer Handelsschranken in der Gemeinschaft - durch rechtliche oder technische Harmonisierung, die gegenseitige Anerkennung nationaler Standards und Prüfungen und die Öffnung des Zugangs zu früher geschlossenen Produktmärkten - ist von Natur aus diskriminierend gegenüber Drittländern.

- Auf den Märkten für Dienstleistungen und öffentliche Beschaffungen (in den vier "ausgeschlossenen" Sektoren Wasser, Energie, Transport, Telekommunikation), Märkten, die noch nicht der Regulierung durch das GATT unterliegen, genießen ausländische Anbieter nicht automatisch gleichen Marktzugang. Die Gemeinschaft besteht hier (mit Einschränkungen) auf der Gewährung reziproker Zugangsrechte für Anbieter aus der EG (Erbe u.a. 1991).

- Der Abbau der Kontrollen an den innergemeinschaftlichen Grenzen hat nationale Handelsbeschränkungen obsolet gemacht. Während die meisten dieser Beschränkungen inzwischen abgebaut wurden, wurden andere in gemeinschaftliche Beschränkungen überführt. Die bekanntesten Beispiele sind die Handelsbeschränkungen gegen japanische Automobile und - in jüngster Zeit - gegen "Dollarbananen".

Zusätzlich spielt eine Rolle, daß die Gemeinschaft schon seit Beginn der achtziger Jahre, d.h. lange vor der Einleitung der Binnenmarktinitiative, Befürchtungen über einen zunehmend protektionistischen Kurs erregt hat. Seit 1982 wurden die handelspolitischen Instrumente der Gemeinschaft gegen "unfaire" Handelspraktiken immer mehr verschärft. In jenem Jahr wurde die revidierte Gemeinsame Einfuhrregelung (VO 288/82) angenommen, 1984 eine verschärfte Antidumping- und Antisubventionsverordnung (VO 2176/84) verabschiedet und im gleichen Jahr das Neue Handelspolitische Instrument (VO 2641/84) nach dem Muster der Section 301 des U.S. Trade Act geschaffen. 1987 wurde die Antidumping- und Antisubventionsverordnung erneut geändert, um die Umgehung von Antidumping-Zöllen durch die Errichtung sogenannter Schraubenzieher-Fabriken zu verhindern.

Die handelspolitische Aufrüstung ging einher mit vermehrtem Rückgriff auf das Waffenarsenal. Die Zahl der Antidumping-Verfahren - das bevorzugte handelspolitische Instrument der EG - stieg nach 1977 scharf an. Die durchschnittlichen Strafzölle in der ersten Hälfte der achtziger Jahre beliefen sich auf 23 Prozent (Messerlin 1989). Während bis Mitte des Jahrzehnts die größere Zahl der Fälle durch Preisverpflichtungen der Anbieter beigelegt wurde, kam es seit 1987 regelmäßig zur Verhängung von Strafzöllen. Und während die meisten Verfahren sich gegen Importe aus Japan, ostasiatischen Schwellenländern und Staatshandelsländern richteten, signalisierte die EG mit dieser Praxis der Welt insgesamt, daß der Zugang zum Binnenmarkt schwieriger werden könnte.

Vor dem Hintergrund des neuerlichen Integrationsschubs der EG und der davon befürchteten Außenwirkungen wird das Interesse der EFTA-Länder und - nach der Auflösung des Sowjetimperiums - der mittel- und osteuropäischen Volkswirtschaften an engen institutionellen Bindungen zur Gemeinschaft besonders deutlich. Umgekehrt zeigte auch die Gemeinschaft ein politisches und wirtschaftliches Interesse daran, ihre Beziehungen zu den Ländern West- und Osteuropas fortzuentwickeln, ihre Einflußsphäre zu konsolidieren und auszuweiten.

Die *EFTA-Länder* sind bereits seit 1973 durch ein reibungslos funktionierendes Freihandelsabkommen für Industriegüter mit der Gemeinschaft verflochten. Sie tätigen 60 Prozent ihres Gesamtexports mit der Gemeinschaft (1992:136 Mrd. Dollar), von dem Gesamtexport der EG nach Drittländern gehen rund ein Viertel in die EFTA. Auf der gemeinsamen Ministertagung von EG und EFTA in Luxemburg am 9. April 1984 sprachen sich beide Organisationen konsequenterweise für die Schaffung eines "homogenen und dynamischen europäischen Wirtschaftsraums" aus. Erst das Binnenmarktprogramm der EG gab dieser Deklaration freilich die notwendigen Inhalte und erlaubte es, von der Vereinbarung von Teilregelungen (Beteiligung von EFTA-Ländern an Forschungsprogrammen der EG; Zusammenarbeit bei der Normung, etc.) zu einer umfassenden Regelung der Beziehungen zu gelangen. Am 10. Juni 1990 wurden die Verhandlungen über den Europäischen Wirtschaftsraum aufgenommen, am 21./22. Oktober 1991 mit der Einigung auf einen Vertragstext vorläufig beendet und am 25. Februar 1993 mit der Unterzeichnung des - wegen der Nichtteilnahme der Schweiz am EWR notwendig gewordenen - Anpassungsprotokolls abgeschlossen. Am 1. Januar 1994 ist der EWR in Kraft getreten.

Mit dem EWR-Abkommen wurden wesentliche Teile des Binnenmarktprogramms der EG auf die EFTA (ohne Schweiz und - zunächst - Liechtenstein) übertragen[8]; allerdings bleiben die Grenzkontrollen zwischen der EG und den EFTA-Staaten bestehen. In den EWR-Verhandlungen ging es für die EFTA-Länder vor allem darum,

- die bestehenden handelspolitischen Beziehungen zur EG zu festigen und abzusichern,

- an den Wohlfahrtsgewinnen aus der Einbeziehung neuer Sektoren und Tätigkeitsbereiche (Finanz- und Verkehrsdienstleistungen, öffentliches Auftragswesen) teilzuhaben und

- auf die künftige Entwicklung der Binnenmarkt-Gesetzgebung - allerdings im Ergebnis nur beratend - Einfluß zu nehmen.

Die EG verspricht sich vom EWR eine Vertiefung ihrer Wirtschaftsbeziehungen mit den hochentwickelten EFTA-Staaten und damit wohlfahrtsteigende Effekte. Die marktgetriebene Regionalisierung hat die Wirtschaftsgrenzen zwischen der EG und den EFTA-Ländern "banalisiert". Nach den USA sind die Schweiz, Österreich und Schweden die wichtigsten nationalen Absatzmärkte in Drittländern. Hinzu kam allerdings ein weiteres Motiv (Wessels/Welz 1992): die Herstellung des EWR sollte eine EG-Mitgliedschaft durch eine "strukturierte Partnerschaft" (Jacques Delors) überflüssig machen. Da die Gemeinschaft nicht bereit war, ihren Anspruch auf alleinige Entscheidungskompetenz über die Binnenmarkt-Regulierungen - und damit die EWR-Regulierungen - zugunsten echter Mitentscheidungsrechte der EFTA-Länder aufzugeben, konnte diese Rechnung nicht aufgehen. Im Gegenteil: es war nicht zuletzt dieses Element des EWR-Vertrages, das eine neue Welle von Beitrittsanträgen von EFTA-Ländern ausgelöst hat. Wenn diese Länder schon - anders als unter dem Freihandelsabkommen von 1973 - fast das gesamte derzeitige und künftige EG-Sekundärrecht zum Binnenmarkt übernehmen und sich außerdem an den Kosten der "Kohäsionspolitik" beteiligen sollen, dann spricht aus ihrer Sicht alles für eine volle, gleichberechtigte Mitwirkung an der Rechtsetzung, wie sie nur die Mitgliedschaft zu bieten vermag.

Binnenmarkt und EWR erweisen sich damit als dynamische Triebkräfte im Prozeß des expandierenden EG-Regionalismus. Bis 1995 könnten vier (Finnland, Norwegen, Schweden, Österreich) der z.Zt. noch sieben EFTA-Staaten der Gemeinschaft angehören. Dies würde das ökonomische Gewicht der Gemeinschaft weiter vergrößern und zugleich - so ist jedenfalls nach der bisherigen handelspolitischen Orientierung der

---

8   Vgl. zum Inhalt des Abkommens im einzelnen Tab. III.1 und III.4.

Kandidaten zu erwarten - die Fraktion der für eine liberale Außenhandelspolitik eintretenden Länder stärken.

Für die Reformländer *Mittel- und Osteuropas* bedeutet der Abschluß von Assoziierungsabkommen mit der EG ("Europa-Abkommen") und den EFTA-Ländern zunächst eine außenpolitische Absicherung ihrer neu errungenen Unabhängigkeit von der Sowjetunion bzw. Rußland und einen Schritt zur Einbindung in das westliche Bündnissystem. Das überragende wirtschaftspolitische Motiv ist, daß nur der vertraglich gesicherte Zugang zum großen westeuropäischen Markt die industriellen (Direkt)-Investitionen verspricht, die eine Voraussetzung für die rasche ökonomische Entwicklung sind; der Zollabbau tritt dahinter an Bedeutung zurück. Allerdings ist der Marktzugang angesichts der Ausnahmeregelungen für "sensible" Produkte lückenhaft, und er ist auch für die übrigen Produkte wegen der Möglichkeit der Gemeinschaft, bei Marktstörungen auf Schutzklauseln zurückzugreifen, nicht garantiert. Immerhin versprechen sich die Reformländer von der vertraglichen Bindung ein höheres Maß an Planungssicherheit als das GATT sie gewähren könnte - vermutlich zu Recht. Zugleich sehen sie in den Abkommen eine Etappe auf dem Weg zur Vollmitgliedschaft.

Aus Sicht der Gemeinschaft (und der EFTA-Länder) sind Europa-Abkommen geeignete Instrumente, um die demokratische Entwicklung und den marktwirtschaftlichen Neubeginn im unmittelbaren Hinterland Westeuropas zu unterstützen. Zugleich profitieren die westeuropäischen Wirtschaften mittelfristig von dem reziproken - wenn auch zeitlich gestreckten - Zollabbau dieser Länder. Auch ist es ihnen gelungen, ihre Märkte gerade gegenüber denjenigen Produkten teilweise abzuschirmen, bei denen osteuropäische Anbieter traditionell besonders wettbewerbsfähig sind: Agrargüter, Kohle, Stahl, Textilien. Die 1993 zu beobachtende zunehmend Desillusionierung der Reformländer über die Handelspolitik der EG hat - mindestens in den sog. Visegrad-Ländern (Polen, Ungarn, Tschechische und Slowakische Republik) - dazu beitragen, Wünschen nach baldiger Vollmitgliedschaft Auftrieb zu geben: Anfang April 1994 haben Polen und Ungarn Beitrittsanträge gestellt.

Die Europa-Abkommen begründen eine "Nabe- und Speichen"-Beziehung: der Außenhandel der mittel- und osteuropäischen Volkswirtschaften wird einseitig auf Westeuropa ausgerichtet, der ohnehin geringe (im RGW bedeutsame) Handel zwischen ihnen zusätzlich diskriminiert. Die Gründung der Mitteleuropäischen Freihandelszone CEFTA zwischen den vier Visegrad-Ländern am 1. März 1993 ist eine Antwort auf die "Lücke" im Netz der europäischen Präferenzabkommen. Das Fehlen eines durchsetzungsfähigen Föderators schlägt sich allerdings deutlich in dem eher zögerlichen Zollabbau nieder, für den - wie in den "Europa-Abkommen" - ein Zeitraum bis 2001 vereinbart wurde.

4. Bewertung

Am Anfang der neunziger Jahre umfaßt die Europäische Gemeinschaft einen Raum mit einer Bevölkerung von 346 Millionen und einem aggregierten Bruttoinlandsprodukt von 6,2 Bill. Dollar (Tabelle III.5). Sie übertrifft damit die Vereinigten Staaten nach der Größe der Bevölkerung (USA: 253 Millionen) um 37%, nach der Höhe des BIP (USA: 5,6 Bill. Dollar) um 11%. Im gesamten europäischen Freihandelsraum (EG, EFTA, Visegrad-Länder, Bulgarien und Rumänien) leben 475 Millionen Menschen, sie erwirtschaften ein Bruttoinlandsprodukt von 7,2 Bill. Dollar (bei starken Unterschieden im BIP pro Kopf). Zum Vergleich: die nordamerikanische Freihandelszone NAFTA hat eine Bevölkerung von 363 Millionen (-23%) und ein BIP von 6,4 Bill. Dollar (-11%).

Is Big Beautiful - genauer: ökonomisch effizient? Die empirische Evidenz ist nicht eindeutig, zumal ein Referenzmaßstab (Gegenwelt) fehlt, an dem die Differenzen zwischen der tatsächlichen Entwicklung und einer hypothetischen Entwicklung "ohne EG" zuverlässig gemessen werden könnten. De Melo u.a. (1992) können in einer Querschnittsanalyse der Periode 1960-85 und der zwei Subperioden 1960-72 und 1973-85 keinen signifikanten Einfluß der Integration auf das Wachstum in der EG und EFTA nachweisen. Winters (1992) zeigt, daß die EG-12 ihren Anteil am Welt-BSP zwischen 1965 und 1989 von 22,5% auf 23,5%, die EG-6 von 15,9% auf 17,0% gesteigert hat, warnt aber zugleich vor einer Überinterpretation dieser Ergebnisse.

Tatsächlich ist das reale BIP der Länder der heutigen EG (EG-12) in der "Aufholperiode" 1961-70 zwar mit durchschnittlich 4,8% p.a. um einen Prozentpunkt rascher gewachsen als das BIP der USA (vgl. Tabelle III.6); 1971-80 ging die Wachstumsrate aber auf durchschnittlich 3,0%, der Vorsprung gegenüber den USA auf 0,2% zurück. 1981-90 konnte die EG-12 nur noch eine Expansionsrate von 2,3 p.a. aufweisen, 0,2% weniger als die USA - trotz Einkommensrückstand (gemessen am BIP pro Kopf). Im Vergleich zu Japan ist die Wachstumsperformance der EG-12 in allen Perioden deutlich schlechter, obwohl Japan im BIP pro Kopf bereits in den siebziger Jahren mit der Gemeinschaft gleichgezogen ist und sie in der Mitte der achtziger Jahre - gemes-

Tabelle III.5: Statistische Basisdaten für den europäischen Freihandelsraum 1991

	Bevölke-rung	BIP	BIP pro Kopf	Export nach Westeuropa		nach Rest der Welt	
	Mio	Mio US$	US$	Mio US$	% v. BIP	Mio US$	% v. BIP
Belgien/Luxemburg	10,2	210.472	20.604	95.289	45	25.374	12
Dänemark	5,2	112.084	21.555	27.095	24	7.996	7
Deutschland	80,1	1.686.532	21.055	281.015	17	122.193	7
Frankreich	57,0	1.199.286	21.040	148.065	12	68.447	6
Griechenland	10,3	57.900	5.621	6.001	10	2.670	5
Großbritannien	57,6	876.758	15.221	118.211	13	66.749	8
Irland	3,5	39.028	11.151	19.159	49	4.893	13
Italien	57,8	1.150.516	19.905	115.157	10	54.437	5
Niederlande	15,1	290.725	19.253	110.750	38	22.326	8
Portugal	9,9	65.103	6.576	13.829	21	2.416	4
Spanien	39,0	527.131	13.516	44.927	9	14.064	3
EG 12	345,7	6.215.535	17.979	979.498	16	391.565	6
Finnland	5,0	110.033	22.007	16.562	15	6.517	6
Island	0,3	6.484	21.613	1.155	18	388	6
Norwegen	4,3	105.929	24.635	26.476	25	6.950	7
Österreich	7,8	163.992	21.025	30.406	19	10.105	6
Schweden	8,6	206.411	24.001	40.243	19	14.761	7
Schweiz	6,8	232.000	34.118	40.030	17	21.350	9
EFTA	32,8	824.849	25.148	154.872	19	60.071	7
Westeuropa	378,5	7.040.384	18.600	1.134.370	16	451.636	6
Bulgarien	9,0	7.909	879	937	12	1.222	15
CSRF	15,7	33.172	2.113	5.393	16	5.528	17
Polen	38,2	78.031	2.043	8.242	11	7.562	10
Rumänien	23,0	27.619	1.201	1.680	6	2.513	9
Ungarn	10,3	30.795	2.990	5.425	18	5.089	17
Mittel- u. Osteuropa	96,2	177.526	1.845	21.677	12	21.914	12
Europäischer Freihandelsraum	474,7	7.217.910	15.205	1.156.047	16	473.550	7
nachrichtlich:				(a)	(a)		
USA	252,7	5.610.800	22.203	118.422	2	303.333	5
Kanada	27,3	510.835	18.712	95.960	19	30.200	6
Mexiko	83,3	282.526	3.392	31.099	11	7.769	3
NAFTA	363,3	6.404.161	17.628	245.481	4	341.302	5
Japan	123,9	3.362.282	27.137			314.892	9

a) NAFTA-Länder: Export in den NAFTA-Raum.

Quelle: IMF, Direction of Trade Statistics, Yearbook 1992; World Bank, World Development Report 1993; World Bank, World Tables; Statistisches Bundesamt, Wiesbaden, Fachserie 18, Reihe 3, 1. Vj. 1993.

sen zu laufenden Wechselkursen - um rd. 50% (!) übertroffen hat (zu Kaufkraftparitäten: um 6%). Auch der Binnenmarkt-Effekt, von Buigues und Sheehy (1993) in einer Ex-post-Rechnung für die Periode 1988-92 auf insgesamt 2,7-3,4% beziffert, hat allenfalls verhindert, daß das Wachstumsgefälle noch größer ausgefallen ist.

Tabelle III.6: Wirtschaftsindikatoren: EG, USA, Japan - in v.H. -

	EG-12	USA	Japan
Wachstum des realen BIP			
1961-70	4,8	3,8	10,5
1971-80	3,0	2,8	4,5
1981-90	2,3	2,5	4,2
Wachstum der Industrieproduktion			
1961-70	5,8	4,9	13,6
1971-80	2,8	3,2	4,1
1981-90	1,7	2,6	4,0
BIP zu Marktpreisen pro Kopf			
(Index, lfd. Wechselkurse)			
1960	100	270,5	44,9
1970	100	215,4	85,0
1980	100	120,5	92,1
1990	100	117,7	129,5
Arbeitslosenquote			
1964-70	2,3	4,2	1,2
1971-80	4,1	6,4	1,8
1981-90	9,6	7,1	2,5

Quelle: EG-Kommission.

Noch schlechter ist das Leistungsergebnis der Gemeinschaft gemessen an der Beschäftigung. Im Periodenvergleich ist die Arbeitslosenquote der EG-12 von 4,1% in den siebziger Jahren auf 9,6% in den achtziger Jahren emporgeschnellt, in den USA stieg sie von 6,4 auf 7,1%, in Japan von 1,8 auf 2,5%. Schließlich ist die Gemeinschaft im internationalen Wettbewerb technologisch zurückgefallen (Winters 1992): Zwischen 1965 und 1986 hat der Anteil der EG am Weltexport von Industriegütern deutlich abgenommen, wobei die Marktanteilsverluste bei "komplexen", technologisch anspruchsvollen Produkten am größten waren.

Zwar wäre es sicher verfehlt, die ökonomischen und wirtschaftspolitischen Fehlentwicklungen in den Mitgliedstaaten, die in ihrer Summe das Gemeinschaftsergebnis ausmachen, einseitig der EG anzulasten: Trotz zunehmender Kompetenzübertragung an die

Gemeinschaft handeln die Mitgliedstaaten auf den für die Standortqualität und Wettbewerbsfähigkeit entscheidenden Politikfeldern - Löhne, Arbeitsmarkt- und Sozialpolitik, Unternehmensteuern und Subventionen, Infrastruktur, Forschung, Bildung und Ausbildung - noch immer weitgehend autonom. Dennoch besteht die Vermutung, daß Erweiterung und Vertiefung der Gemeinschaft nicht nur zu den erwarteten Effizienzgewinnen (vgl. Kapitel II und IV), sondern zugleich auch zu einer Lähmung der Wettbewerbskräfte, zu "Eurosklerose" und Verlangsamung des wirtschaftlichen Strukturwandels und damit zu wachsender Neigung zu protektionistischen Abwehrreaktionen beigetragen haben.

Die wiederholte *Erweiterung* der Gemeinschaft hatte notwendig eine ständige Vergrößerung des "Binnenmarktes", des "eigenen" Marktes, zur Folge, während die Bedeutung des Exports nach Drittländern (mindestens relativ) zurückging. Von den Gesamtexporten der EG-Länder fließen heute 72% nach Westeuropa ("Binnenhandel"), nur 28% in den Rest der Welt ("Außenhandel"). Zwar beläuft sich der Anteil der Exporte nach Drittländern noch immer auf rd. 6% des BIP (vergleichbar den USA, s. Tabelle III.5), und ihr Anteil an der industriellen Wertschöpfung erreicht immerhin 14%; jeder 7. Arbeitsplatz in der Industrie hängt also unmittelbar vom Export in Drittländer ab. Der Export nach Westeuropa macht aber 16% des BIP und annähernd 40% der industriellen Wertschöpfung aus.

Die Veränderung des Seins zieht eine Veränderung des Bewußtseins nach sich: Unternehmen und Wirtschaftspolitiker werden zunehmend "inward looking", ihr Blickwinkel verengt sich tendenziell auf die Aufrechterhaltung der Konkurrenzfähigkeit im innereuropäischen, nicht im internationalen Wettbewerb. Der Wettbewerb verlagert sich *in* den "Club" und verliert dabei an Intensität. Überlegene Anbieter aus Drittländern gelten als Störenfriede, die mit modernerer Technologie, niedrigeren Preisen (denunziert als Dumping), besseren Standortbedingungen (denunziert als Sozialdumping) die Wettbewerbsregeln des Clubs verletzen und den sozialen Frieden stören, und denen mit handelspolitischen Schutzmaßnahmen oder mit Subventionen zu begegnen ist. Mit der Süderweiterung der EG ist zudem in den Beitrittsländern ebenso wie in arbeitsintensiven Sektoren der "alten" Mitglieder (zusätzlicher) Anpassungsdruck entstanden, der einer Handelsliberalisierung gegenüber Drittländern tendenziell im Wege steht. Zugleich hat die Süderweiterung die protektionistische Fraktion in der Gemeinschaft gestärkt: sie kann nicht nur den Abbau von Handelsbeschränkungen verhindern oder von

Kompensationsleistungen der liberalen EG-Partner oder der begünstigten Drittländer[9] abhängig machen, sondern auch - z.T. im Wege von Paketlösungen - Maßnahmen zur Beschränkung des Zugangs zum EG-Markt durchdrücken.[10] Schließlich nimmt mit wachsender Größe und Verhandlungsmacht der Gemeinschaft auch das Interesse an einer Stärkung des multilateralen Systems zugunsten einseitiger oder bilateraler Ansätze ab.

Die *Vertiefung* der Gemeinschaft hat einerseits zu einer - ökonomisch erwünschten - Senkung der Informations- und Transaktionskosten (s. Kapitel II) durch zunehmende Harmonisierung der Rechtsvorschriften und technischen Normen geführt. Zugleich wurden im Zuge des Binnenmarktprogramms zahlreiche bisher geschlossene nationale Märkte - insbesondere die Märkte für Dienstleistungen (Finanz-, Versicherungs-, Verkehrsdienstleistungen) und öffentliche Aufträge sowie durch Netzmonopole geschützte Bereiche (Strom und Gas, Schiene, Telekommunikation) - aufgebrochen und dem europäischen Wettbewerb geöffnet. Sie hat damit Effizienzgewinne induziert und Produktions- und Einkommenssteigerungen ermöglicht (vgl. Kapitel IV).

Allerdings hat die Vertiefung auch eine Reihe wachstumshemmender Fehlentwicklungen gefördert. Der politische Preis für die Zustimmung der "Südländer" zu Binnenmarktprogramm und Maastrichtvertrag war eine Aufblähung der gemeinschaftlichen Strukturfonds und damit eine Stärkung der Umverteilungs- zu Lasten der Wachstumskomponente der Gemeinschaft. Die -politisch gewollte und geförderte - grenzüberschreitende Zusammenarbeit zwischen Unternehmen (Stichwort: Synergieffekte) bei Normung, Forschung und Entwicklung sowie in der Fertigung hat dazu beigetragen, die Wettbewerbsintensität zu verringern. Wettbewerb wird ersetzt, oder doch überlagert, durch das gemeinsame Lobbying in Brüssel um Forschungssubventionen oder Schutzmaßnahmen gegen "unfaire" Handelspraktiken von Anbietern in Drittländern, die Verantwortung für den Markterfolg wird von den Unternehmen auf die politische Ebene der Gemeinschaft abgewälzt. Die Verlagerung von handels-, industrie-, regional- und sozialpolitischen Kompetenzen auf die EG hat zudem den Trend zum Interventionismus verstärkt. Das Angebot der Gemeinschaft zur Technologieförderung und zur Gewährung von Marktschutz

---

9   So haben sich die strukturschwachen Südstaaten der EG ihre Zustimmung zum EWR-Vertrag mit Finanzzuschüssen der EFTA-Länder von 500 Mill ECU und zinsbegünstigten Darlehen von 1,5 Mrd. ECU abkaufen lassen.

10   Beispiele hierfür sind die politische Verknüpfung der gemeinschaftlichen Typgenehmigung für Kraftfahrzeuge mit Marktzugangsbeschränkungen für japanische Pkw und die Verknüpfung des Abbaus nationaler Einfuhrbeschränkungen im Zuge des Binnenmarktes mit der Änderung des Entscheidungsverfahrens bei der Einführung handelspolitischer Schutzmaßnahmen. Auch der Abschluß der Uruguay-Runde wurde auf Druck der protektionistischen Fraktion mit einer handelspolitischen "Aufrüstung" der Gemeinschaft gekoppelt.

schafft sich selbst seine Nachfrage. Mit wachsender wirtschafts- und sozialpolitischer Harmonisierung und Vereinheitlichung geht zudem die Fähigkeit der Mitgliedstaaten, auf ökonomischen Anpassungsdruck flexibel und differenziert zu reagieren, tendenziell zurück. Mit der Verwirklichung des Binnenmarktes sind die letzten Möglichkeiten einer (wenn auch begrenzten) Differenzierung in der Einfuhrpolitik weggefallen, mit dem Übergang zur Währungsunion wird auch das Instrument der Wechselkursänderung nicht mehr zur Verfügung stehen.

Vertiefung und Erweiterung der Gemeinschaft sind deshalb nicht nur als positive Entwicklungen zu sehen. Mit wachsender Größe der EG und zunehmender Vertiefung dürfte sich auch der Hang zum Protektionismus tendenziell weiter verstärken. Negativ betroffen davon wären nicht zuletzt die Mitgliedstaaten selbst, die mit nachlassender Wirtschaftsdynamik und zunehmenden Beschäftigungsproblemen einen hohen Preis für die Verringerung der Wettbewerbsintensität zu bezahlen hätten. Die Gemeinschaft bedarf deshalb eines funktionsfähigen multilateralen Handelssystems: als Wettbewerbspeitsche und außenwirtschaftlicher Hebel gegen eigene Erstarrungstendenzen.

B.   AMERIKA

In den letzten zwei Jahrzehnten ist Amerikas Anteil am Welthandel um über 4% zurückgegangen (Tabelle III.7). An diesem Rückgang war nicht nur der von Schulden- und Wirtschaftskrisen erschütterte südamerikanische Kontinent (-1,6%) sondern vor allem die beiden nordamerikanischen Industrieländer, die USA und Kanada (-3,1%), beteiligt. Lediglich Mexiko konnte seinen Welthandelsanteil von 0,8% auf 1,2% erhöhen.

Im gleichen Zeitraum ist der intraregionale Handel gemessen als Anteil intraregionaler Exporte am Gesamtexport z.B. für die USA und Kanada von 32,8% auf 34,0% und für Lateinamerika (Südamerika und Mexiko) von 9,9% auf 10,6% angestiegen (Quelle wie Tabelle III.7). Der Verlust an internationaler Wettbewerbsfähigkeit konnte somit zumindest teilweise durch intensiveren regionalen Handel kompensiert werden. Anhaltspunkte dafür, ob Handelsverdichtungen Ergebnisse wirtschaftlicher Regionalisierungstendenzen oder eines aktiven Regionalismus sind, können von einer Analyse der Erscheinungsformen und Ursachen der wichtigsten Handels- und Integrationsabkommen in der Region erwartet werden.

Tabelle III.7: Amerikas Anteile am Welthandel, 1970 und 1990 (%)

	1970	1990
Nordamerika	20,7	18,1
USA	14,7	13,3
Kanada	5,3	3,6
Mexiko	0,8	1,2
Südamerika	5,8	4,2
Amerika insgesamt	26,5	22,3

Quelle: IMF, Direction of Trade Statistics, Washington, D.C., versch. Ausg.

1.   Eine neue Handelspolitik der USA?

Verfolgen die USA eine neue handelspolitische Strategie, die weniger als früher auf multilaterale Verhandlungen im Rahmen des GATT setzt und statt dessen auf die Gründung von regionalen Freihandelszonen unter amerikanischer Führung (auf dem amerikanischen Kontinent und mit Ländern der asiatisch-pazifischen Wirtschaftsregion) und auf eine Politik des agressiven Bilateralismus? Als Indizien für eine Umorientierung können angeführt werden:

- der Abschluß des USA-Kanada Freihandelsabkommens (CUSTA);

- die Gründung der nordamerikanischen Freihandelszone (NAFTA);

- die auf dem APEC-Gipfeltreffen in Seattle 1993, demonstrierte amerikanische Unterstützung für die asiatisch-pazifische Kooperation;

- die Realisierung der "Super 301"-Klausel des amerikanischen Handelsgesetzes, die es erlaubt, gezielt und beschleunigt Vergeltungsmaßnahmen gegen einzelne Handelspartner zu treffen;

- Androhungen von Strafzöllen und anderen Handelssanktionen gegenüber Japan, Europa und weiteren Ländern zur Durchsetzung handelspolitischer Foderungen.

Als Beweggründe werden unterstellt, daß die multilateralen GATT-Verhandlungen aufgrund der neuen und undurchsichtigen Protektionspraktiken, des Rückgangs der amerikanischen Hegemonialmacht und der Vertiefung sowie Verbreiterung der Integration Europas an Durchschlagskraft verloren haben (Stehn 1993). Der Verlust der Hegemonialmacht der Vereinigten Staaten müsse zwangsläufig durch die Gründung regionaler Freihandelszonen mit der USA an der Spitze kompensiert werden. Auch war ein Nachlassen des amerikanischen Interesses am GATT-Prozeß der multilateralen Liberalisierung nicht auszumachen vermag und in dem aggressiven Bilateralismus eher eine Fortsetzung "alter" Politik als den Beginn einer "neuen" Strategie sieht, wird den substantiellen Wandel in den Handelsbeziehungen mit Kanada und Lateinamerika nicht übersehen können. Die USA haben sich damit eine zusätzliche handelspolitische Option eröffnet, die je nach Bedarf und Interessenlage genutzt werden kann - auch wenn dies nicht zwingend mit einer zunehmenden Tendenz zum Regionalismus verbunden ist. Tatsächlich sind die rigorosen Wirtschaftsreformen in vielen lateinamerikanischen Ländern, das Ende des kalten Krieges und der Konlfikte in Zentralamerika wichtige Faktoren, die vor allem Lateinamerika als Wirtschaftsraum für die USA jetzt attraktiver machen. Das erste regionale Freihandelsabkommen wurde freilich mit einem hochentwickelten Industrieland, mit Kanada, geschlossen.

2. Das USA-Kanada-Freihandelsabkommen (CUSTA)

Das 1988 zwischen den USA und Kanada vereinbarte Freihandelsabkommen (CUSTA) enthält als Kernelemente einen bilateralen Abbau von Zöllen über eine Periode von 10 Jahren (mit Sonderbestimmungen für Kleidung und Textilien), neue Schlichtungsverfahren für Streitigkeiten bezüglich Straf- und Antidumpingzöllen sowie eine Reihe von Bestimmungen und Ausnahmeregelungen für bestimmte Sektoren und Bereiche (Landwirtschaft, Fahrzeuge, Investitionen, Dienstleistungen und andere). Der Vertrag enthält 21 Artikel, auch zu Bereichen außerhalb des reinen Warenhandels. Er weist damit über das GATT hinaus. Zu Einzelheiten des Vertragswerkes siehe Whalley (1992).

Die Beweggründe für den Abschluß des Abkommens waren für die beiden Vertragspartner unterschiedlich (Fishlow, Haggard 1992). Von den USA wurde CUSTA als ein Mittel angesehen, um ihre Verhandlungsposition gegenüber den europäischen Handelspartnern in der Erreichung des multilateralen Liberalisierungszieles zu stärken. Gleichzeitig wiesen die offiziellen Beauftragten der amerikanischen Handelspolitik vor allem auf die rechtliche Vereinbarkeit von CUSTA mit dem GATT hin (insbesondere mit Artikel XXIV) und betonten, daß der mit Kanada angestrebte Freihandel keineswegs ein verringertes Engagement für eine multilaterale Handelsliberalisierung bedeute und in einigen Bereichen (Dienstleistungen und Investitionen) sogar Modellcharakter für die Diskussionen in der Uruguay-Runde haben könnte. Die kanadische Regierung verband mit CUSTA vor allem die Absicht, die Abhängigkeit des kanadischen Handels von diskretionären Handelssanktionen des amerikanischen Kongresses zu verringern, indem klare Regeln für den Handel und die Streitschlichtung mit den USA festgelegt werden.

Der Einfluß des Handelsabkommens auf die tatsächlichen Handelsströme zwischen den USA und Kanada mußte bescheiden bleiben, da bereits vor dem Vertragsabschluß der Handel weitgehend zollfrei und die Zölle sehr niedrig waren sowie Handelsbarrieren in Schlüsselsektoren vom Abkommen überwiegend unberührt blieben. So betrug z.B. zum Zeitpunkt des Vertragsabschlusses der durchschnittliche Zoll für kanadische Exporte in die USA etwa 1%, und nahezu 80% des bilateralen Handels waren bereits zollfrei. Auch wenn die Anwendung von Handelssanktionen zunahm, war der Umfang des hiervon betroffenen Handels relativ gering (Whalley 1992).

Alle Anzeichen sprechen dafür, in CUSTA nicht den Beginn eines nordamerikanischen Regionalismus zu sehen. Das Abkommen folgte einer bereits vollzogenen wirtschaftlichen Integration beider beteiligten Länder und sollte vor allem einen Konfliktregelmechanismus bei Handelsstreitigkeiten etablieren. Allerdings wurde mit CUSTA ein Abkommen abgeschlossen, das für alle Verhandlungen der USA mit anderen Ländern in der westlichen Hemisphäre als Vorbild dienen muß, da substantielle Abweichungen hiervon das mit Kanada vereinbarte Handelsabkommen beeinträchtigen würden.

3. Handelsabkommen und Integrationsinitiativen der USA mit Lateinamerika

a. Der Nordamerikanische Freihandelsvertrag (NAFTA)

Am 17. Dezember 1992 unterzeichneten die USA, Kanada und Mexiko den NAFTA-Vertrag, der zu den umfassendsten regionalen Freihandelsabkommen zählt und der erstmals reziproke Vereinbarungen zur Handelsliberalisierung zwischen Nordamerika und einem Entwicklungsland enthält. Nach der Ratifizierung durch die Parlamente ist das 1100 Seiten starke Abkommen am 1. Januar 1994 in Kraft getreten.

Bereits mit dem Inkrafttreten des Abkommens entfielen die Zölle für 50% der US-Exporte nach Mexiko und für 70% der mexikanischen Exporte in die USA. Die meisten verbleibenden Zölle[11] und sonstigen Handelshemmnisse[12] sollen im Laufe von 10 Jahren

---

11 Vor dem Inkrafttreten des Abkommens betrugen Mexikos Zölle auf US-Produkte durchschnittlich 10%, die US-Zölle auf mexikanische Güter durchschnittlich 4%.

12 Z.B. unterweist Mexiko die Produktion und den Außenhandel mit Automobilen und Teilen stark restriktiven Bestimmungen über den Anteil der Eigenfertigung (local content) und engen, aus Exportauflagen gekoppelten Einfuhrrestriktionen.

abgebaut werden, für einige "sensible" Güter gilt eine Frist von 15 Jahren. Gemeinsame Ursprungsregeln legen die Bedingungen fest, die den "nordamerikanischen" Ursprung eines Produkts begründen und ihm damit den präferentiellen Marktzugang eröffnen. Diese Regeln sind z.T. restriktiver als unter CUSTA; so wird für den Fahrzeug(teile)bau ein Mindestanteil an nordamerikanischen Eigenfertigung (local content) von 62,5% gefordert.

NAFTA ist freilich mehr als ein Freihandelsabkommen für den Warenverkehr. Es enthält, z.T. im Vorgriff auf die Ergebnisse der - erst später abgeschlossenen - Uruguay-Runde des GATT und in gewisser Parallelität zum EWR-Abkommen, Regelungen auf zahlreichen anderen Gebieten: Marktöffnung für Dienstleistungen (insbesondere Finanzdienstleistungen), Niederlassungsfreiheit und Inländerbehandlung, Schutz des geistigen Eigentums, Verfahren bei der Standardisierung und Normensetzung u.a. In Nachverhandlungen wurden ferner 1993 Ziele und Verfahren für die Zusammenarbeit und die Streitschlichtung beim Umweltschutz und bei den Arbeitsbestimmungen vereinbart. Den Bezugsrahmen bilden dabei die nationalen Rechtsvorschriften in den jeweiligen Partnerländern, deren Einhaltung und Durchsetzung im Einzelfall von interessierten Parteien (z.B. Gewerkschaften, Umweltschutzverbänden) eingefordert werden kann. NAFTA ist damit bereits der Vorreiter der nächsten GATT-Runde. Nicht vorgesehen sind öffentliche Finanztransfers, die Öffnung der nationalen Arbeitsmärkte oder die Harmonisierung von Löhnen und Sozialkosten, ein gemeinsamer Außenzoll oder die Verwirklichung einer Währungsunion.

Für *Mexiko* gibt es eine Reihe von Beweggründen für den Abschluß von NAFTA (Lustig 1991). Nachdem das Land Ende der 80er Jahre eine Vielzahl von Handelssanktionen von seiten der USA hinnehmen mußte, soll das Abkommen den Zugang zum US-Markt sichern und einen bilateralen Konfliktlösungsmechanismus etablieren. Interner politischer Anlaß war, daß Präsident Salinas die von seinem Vorgänger Miguel de Madrid initiierte Wirtschaftsreform fortsetzen und konsolidieren wollte und er in NAFTA die Möglichkeit einer institutionellen Verankerung des liberalen Wirtschaftsmodells sah. Gleichzeitig sollten (und sollen) die Einschätzungen und Erwartungen des in- und ausländischen Privatsektors positiv beeinflußt werden.

Die *USA* verfolgen mit NAFTA hiervon abweichende Absichten (Fishlow, Haggard 1992). Es gibt offensichtlich ein außenpolitisches Interesse an der Stabilität des mexikanischen politischen Systems, das - trotz der Umsetzung weitreichender Wirtschaftsreformen und der Einführung des politischen Pluralismus - als labil und von finanziellen Instabilitäten bedroht gilt. Eine Systemsicherung war umso wichtiger, als Mexiko im Verlauf seines rigorosen Stabilitätskurses und strukturellen Wandels für die USA ein immer bedeutenderer Exportmarkt wurde. Die US-Exporte nach Mexiko vervierfachten sich seit 1983 auf etwa 43 Mrd. US$ (1992). Außerdem wird erwartet, daß durch das Abkommen sich die wirtschaftliche Lage Mexikos nachhaltig verbessert und dies zu einer drastischen Eindämmung der illegalen Migration in die USA führt, die sich zur Zeit auf etwa 1 Million Personen pro Jahr beläuft, von denen schätzungsweise jede Zehnte dauerhaft ansässig wird. NAFTA wird auch als Antwort oder Warnsignal der USA gegenüber protektionistischen Tendenzen der EG interpretiert. Andere sehen mit NAFTA eine Gefahr für protektionistische Tendenzen gegenüber japanischen und südostasiatischen Exporten in die USA. Schließlich erscheint es plausibel, daß die USA nach den wiederholten Verzögerungen im Abschluß der Uruguay-Runde ihre Verhandlungsposition dadurch stärken wollten, daß sie die Durchführbarkeit einer regionalen Option zur Demonstration stellten (Brown, Deardorff, Stern 1992).

Kanadas Hauptmotiv zum NAFTA-Beitritt ähnelt dem Mexikos: die bereits mit CUSTA begonnene Sicherung des Zugangs zum US-Markt und die Verbesserung der Absatzchancen in Mexiko, einem bisher relativ kleinen Exportmarkt (weniger als 1 Mrd.US$). Bei der kanadischen Bevölkerung genießt der Vertrag allerdings wenig Popularität, weil er mit dem bereits seit 1989 gültigen Freihandelsabkommen mit den USA (CUSTA) identifiziert wird, das von vielen als wichtigste Ursache für die wirtschaftliche Misere des Landes angesehen wird.

NAFTA unterscheidet sich von anderen Freihandelszonen (wie etwa der EG) vor allem dadurch, daß es sich um ein Abkommen zwischen zwei fortgeschrittenen Industrieländern und einem im Vergleich noch unterentwickelten Schwellenland handelt. Die Einkommensunterschiede - 1991 betrug Mexikos Pro-Kopf-BIP 3.400 US$ gegenüber 22.200 US$ für die USA - spiegeln die Unterschiede in der Verfügbarkeit von Sach- und Humankapital und anderer Ressourcen der technischen Entwicklung und Infrastruktur wider. NAFTA dürfte somit vor allem als Katalysator für Kapitalbewegungen, Technologietransfer und Verlagerungen von Produktionsstandorten wirken und somit die Produktionsverflechtung zwischen den USA und Mexiko vertiefen. Mit etwa 370 Millionen Verbrauchern und einem Bruttosozialprodukt von rund 6.500 Mrd. US$ entsteht mit NAFTA ein Markt, der gewichtiger als der EG-Markt ist. Die durch NAFTA stimulierten Effizienz- und Wachstumsgewinne werden für Mexiko und die USA auf 15 Mrd US$ pro Jahr geschätzt (Hufbauer, Schott 1992). Über die Wirkungen auf Beschäftigung und Löhne klaffen die Schätzungen auseinander (Anhang

III.2). Mexikos Aufschwung der letzten Jahre, und vor allem der Zufluß von Auslandskapital in Höhe von 30 Mrd. US$ seit dem Regierungsantritt Salinas (Ende 1988), war jedenfalls zum großen Teil eine vorweggenommene Reaktion auf den zu erwartenden Modernisierungsschub, den NAFTA in Mexiko auslösen würde.

b. Die "Enterprise for the Americas Initiative" (EAI)

Die EAI wurde von Präsident Bush am 27. Juni 1990 als Vorschlag angekündigt, um marktwirtschaftlich orientierte Reformen in Lateinamerika zu stärken sowie langfristig eine Freihandelszone von Alaska bis Feuerland zu schaffen. Die EAI strebt einerseits den Abschluß von Freihandelsabkommen an, denen Vereinbarungen über Rahmenbedingungen vorausgehen sollten, und beinhaltet andererseits Vorschläge zur Intensivierung der Direktinvestitionen, zum Schuldenabbau und zum Umweltschutz. Die EAI enthält eine Vielzahl von Zielen für die Verhandlungen von Freihandelsabkommen und eine Reihe von Vorbedingungen (Nogués, Quintanilla 1992, S. 31). Da die EAI bevorzugt Verhandlungen mit Ländergruppen anstrebt, hat diese Initiative der USA die Regionalismustendenzen in Lateinamerika sicherlich gefördert. Bis Ende 1991 hatte die USA 16 Rahmenvereinbarungen getroffen, an denen alle lateinamerikanischen Länder (ohne Haiti, Surinam und Kuba) beteiligt waren. Allerdings wurden nur zwei Abkommen mit subregionalen Gruppen (MERCOSUR und CARICOM) unterzeichnet.

c. Die "Caribbean Basin Initiative" (CBI)

Die CBI geht auf einen Vorschlag Reagans (Februar 1982) zurück und beinhaltet eine ausgeweitete Entwicklungshilfe für die Länder des karibischen Beckens, Investitionsanreize und zollfreien Zugang zum amerikanischen Markt für Erzeugnisse aus der Region. Die Handels- und Investitionskomponenten waren in diesem Paket explizit verknüpft. Die Investitionsanreize nahmen die Form von Steuersubventionen für US-Investoren an, um die Entwicklung exportorientierter Aktivitäten in der Region zu fördern. Die Handelszugeständnisse waren nicht das Ergebnis eines bilateralen Freihandelsabkommens sondern eine einseitig gewährte Entwicklungshilfeleistung. Entsprechend waren die Beweggründe weniger wirtschaftlich als politisch, indem die zentralamerikanische Allianz gestärkt und das Regime der Sandinisten in Nicaragua isoliert werden sollte.

Eine detaillierte Bewertung der CBI könnte nur länderspezifisch erfolgen. Die gesamten US-Importe von CBI Ländern fielen von 8,8 (1983) auf 6,1 Mrd US$ (1988) (Fishlow, Haggard 1992), wobei dieser Rückgang auf einen drastischen Verfall der Ölimporte von

5 auf 1 Mrd US$ zwischen 1983 und 1988 zurückzuführen ist. Die Importe von Nicht-Öl-Produkten expandierten hingegen um 30% in diesem Zeitraum, und die Importe nicht-traditioneller Erzeugnisse stiegen sogar um 75% an. Die Hauptnutznießer der CBI waren vor allem die fortgeschritteneren Länder der Region, insbesondere Jamaika, die Dominikanische Republik und Costa Rica.

4. Handelspolitik und Integrationsansätze in Lateinamerika

a. *Unilaterale versus multilaterale Handelsliberalisierung*

Eine unilaterale Handelsliberalisierung, die durch makroökonomische Stabilisierungs-politiken und strukturelle Wirtschaftsreformen unterstützt wurde, war in den 80er Jahren die effizienteste Strategie, um die Wachstumsaussichten in Lateinamerika zu verbessern. Auch wenn die Radikalität der Reformen in den meisten Ländern der Region nicht so ausgeprägt war wie etwa in Chile und Mexiko, sind die Liberalisierungsfortschritte im Außenhandel seit Ausbruch der Schuldenkrise 1982 nicht zuletzt als Reflex einer ideologischen Wende hin zu mehr Marktwirtschaft beträchtlich gewesen. Dies gilt für den Abbau bürokratischer Verfahren für Handelsaktivitäten, die Eliminierung nicht-tarifärer Hemmnisse sowie die Abschaffung spezieller Regime, von Sonderbestimmungen und Ausnahmeregelungen für bestimmte Sektoren und Produkte (Anhang III.3). Im Hinblick auf die Zölle gab es in vielen Ländern Lateinamerikas eine Tendenz, nur wenige Zollkategorien anzuwenden sowie die durchschnittlichen und maximalen Zölle kräftig zu reduzieren (Tabelle III.8).

Gleichzeitig wurden in der vergangenen Dekade eine wachsende Anzahl lateinamerikanischer Länder GATT-Mitglied: Kolumbien (1981), Belize (1983), Mexiko (1986), Bolivien (1990), Costa Rica (1990), Venezuela (1990), El Salvador (1991), Guatemala (1991), Honduras (1994) und Paraguay 1994 führen derzeit Beitrittsverhand-lungen. Dominica (1993), St. Lucia (1993), St. Vincent und die Grenadinen (1993), Paraguay (1994), Grenada (1994), St. Kitts und Nevis (1994), und Honduras (1994).

Obwohl die Industrieländer im Vergleich zu den fünfziger und sechziger Jahren höhere Zugeständnisse in den Beitrittsverhandlungen verlangten, waren diese häufig bereits durch unilaterale Liberalisierungen verwirklicht. Insofern stellten diese internationalen Verpflichtungen vor allem eine Art institutionalisierte Bestandsgarantie für die unilateralen Liberalisierungsschritte dar (Nogués, Quintanilla 1992). Weitere Formen der institutionellen Verankerung der Handelsreformen sind in den verschiedenen Freihandels- und Integrationsschemata zu sehen, die in der vergangenen Dekade etabliert bzw.

angekündigt wurden. Im folgenden werden die Erscheinungsformen und Ursachen von Regionalisierungstendenzen in Lateinamerika dargestellt und die Erfolgswahrschein-lichkeit der verschiedenartigen Handelsabkommen abgeschätzt.

Tabelle III.8: Trend der Nominalzölle in ausgewählten Ländern Lateinamerikas, 1980-91 (%)

| Land | Durchschnittlicher Zoll | | | Höchster Zoll | | |
	1980-84[a]	1985-89[b]	1990-91[b]	1980-84[a]	1985-89[b]	1990-91[b]
Argentinien	(e)	n.v.	d)	(e)	50	22
Bolivien	n.v.	20	10	n.v.	20	10
Brasilien	43 (e)	39	32	73 (e)	50	40
Chile [c]	35	20	11	35	20	11
Kolumbien	42	27	21	87	74	n.v.
Mexiko	27 (e)	10	n.v.	80 (e)	40	20
Peru	(e)	43	(d)	(e)	100	50
Venezuela	(e)	40	n.v.	(e)	80	50

a) Höchster Wert in der Periode.
b) Minimaler Wert in der Periode.
c) Flache Zollstruktur.
d) 3 Zollkategorien = 0-11-22 für Argentinien und 15-25-50 für Peru.
e) quantitative und nicht-tarifäre Handelshemmnisse überwiegen.

Quelle: Meller (1993, Tabelle 1.3).

b.   *Übersicht der Handelsabkommen*

Bereits seit mehr als drei Dekaden gibt es in Lateinamerika Bemühungen, den regionalen bzw. subregionalen Handel zu fördern und die wirtschaftliche Integration voranzutreiben. Die Lateinamerikanische Freihandelsgemeinschaft (LAFTA) wurde bereits in den 60er Jahren initiiert. Sie ging durch den Vertrag von Montevideo (1980) in der Lateinamerikanischen Integrationsgemeinschaft (LAIA) auf. Der neue Vertrag zielte weniger als der frühere auf eine gleichzeitige Liberalisierung des Handels zwischen allen Mitgliedstaaten ab, sondern strebte eine (sub-)regionale Integration an. Die Gründung des Lateinamerikanischen Gemeinsamen Marktes (CACM) im Jahr 1960, der Anden-Gruppe (AG) im Jahr 1969 und der Karibischen Gemeinschaft (CARICOM) im Jahr 1973 waren subregionale Versuche, Freihandelszonen einzurichten.

Tabelle III.9: Übersicht: Regionale, Subregionale und Bilaterale Handelsabkommen in Lateinamerika, Juni 1993

Gruppierung — Länder	Regionale LAFTA/LAIA[b]	Subregionale[a] MERCOSUR	Subregionale[a] G-3	Subregionale[a] AG	Subregionale[a] CACM	Bilaterale Argentinien	Bilaterale Bolivien	Bilaterale Brasilien	Bilaterale Chile	Bilaterale Costa Rica	Bilaterale Kolumbien	Bilaterale Mexiko	Bilaterale Uruguay	Bilaterale Venezuela
Argentinien	o	o					o	o	o		o	o		o
Bolivien	o			o		o			o		o	o		o
Brasilien	o	o				o						o		o
Chile	o			(c)		o	o					o	o	o
Costa Rica					o							(d)		
Ecuador	o			o										
El Salvador					o							(d)		
Guatemala					o							(d)		
Honduras					o									
Kolumbien	o		o	o		o	o					(d)		o
Kuba	o													
Mexiko	o		o			o	o	o	o	(d)	(d)		o	(d)
Nicaragua					o							(d)		
Paraguay	o	o												
Peru	o			o			o	o			o	o		
Uruguay	o	o							o			o		
Venezuela	o		o	o		o	o	o	o		o	(d)		CARICOM

(a) Nicht aufgeführt: CARICOM (Antigua und Barbuda, Bahamas, Barbados, Belize, Grenada, Guyana, Jamaica, Montserrat, St. Kitts und Nevis, St. Lucia, St. Vincent, die Grenadinen sowie Trinidad und Tobago).

(b) Mexiko und alle südamerikanischen Länder (ohne Guyana, Französisch Guyana und Surinam).

(c) Bis 1976.

(d) In Verhandlung oder geplant.

Quelle: Eigene Zusammenstellung.

Die regionalen und subregionalen Integrationsbemühungen der 60er und 70er Jahre waren weitgehend erfolglos (Hiemenz, Langhammer 1990; Langhammer 1992a; IRELA 1992; IRELA 1993a). Die Gründe hierfür waren vielfältig. Eine Integration, die Importsubstitutionsstrategien auf regionaler Ebene umzusetzen versuchte, war von vornherein zum Scheitern verurteilt, da diese die Region von den Weltmärkten und damit vom Wettbewerb abschottete und die Modernisierung des Produktionsapparates durch den fehlenden Technologietransfer verhinderte. Hinzu kam, daß die Vorstellungen eines dirigistischen Produktionsplanes auf regionaler Ebene sich als nicht realisierbar erwiesen. Außerdem verdrängten kurzfristige Verteilungskonflikte mittel- und langfristige allokative Effizienzgewinne und es fehlte eine führende Wirtschaftsmacht, die Interesse daran gehabt hätte, Nettoimporteure für ihre kurzfristigen Einkommensverluste zu kompensieren. Schließlich ließen nationale Interessen, ideologische und politische Gegensätze sowie die hohen makroökonomischen Instabilitäten regionale Verpflichtungen in den Hintergrund treten. Erst die wirtschaftliche Krise in den 80er Jahren schuf seit Mitte des Jahrzehnts neue und flexiblere Mechanismen der Zusammenarbeit, die mit einer Wende zu offeneren und stärker marktorientierten Wirtschaften einhergingen, sowie mit neuen politischen Konstellationen, die durch den einsetzenden Demokratisierungsprozeß geschaffen wurden. In den letzten Jahren hat sich neben den bereits diskutierten Handelsabkommen mit den USA über Lateinamerika ein kaum mehr zu überschauendes Netz regionaler, subregionaler und bilateraler Handelsabkommen gezogen (Tabelle III.9), deren wichtigste Erscheinungsformen und Ursachen im folgenden analysiert werden.

c. Regionale und subregionale Handelsabkommen

Die wichtigsten Ziele und Instrumente regionaler und subregionaler Handelsabkommen in Lateinamerika vermittelt Tabelle III.10.

Tabelle III.10: Die wichtigsten Ziele/Instrumente regionaler und subregionaler Handelsabkommen in Lateinamerika

	LAFTA/ LAIA	MERCO -SUR	G-3	CACM	AG	CARI- COM
Zollabbau	o	o	o	o	o	o
Reduktion nicht-tarifärer Handelshemmnisse		o		o	o	o
Gemeinsamer Außenzoll		o	o		o	o
Spezifizierter Zeitplan für die Liberalisierung		o	o		o	o
Freier Handel von Dienstleistungen		o				
Freizügigkeit von Personen		o		o		
Freizügigkeit von Kapital		o		o		
Förderung der Industriali- sierung	o			o	o	o
Andere handelsunter- stützende Maßnahmen		o				
Gemeinsamer Investitions- fonds		o			o	
Begleitende Zahlungs- vereinbarungen	o			o		o

Quelle: Eigene Zusammenstellung.

Die Lateinamerikanische Integrationsgemeinschaft (LAIA)

LAIA wurde am 12. August 1980 durch den Vertrag von Montevideo gegründet. Mitgliedsländer sind Mexiko und die südamerikanischen Staaten. Nach dem Scheitern der Vorgängerorganisation LAFTA, eine Freihandelszone in der Region zu verwirklichen, war es Ziel von LAIA, ein wirtschaftliches Präferenzgebiet zu schaffen, allerdings ohne die Instrumente und den Zeitplan zu präzisieren, mit denen ein gemeinsamer lateinamerikanischer Markt etabliert werden sollte. Wichtigste Maßnahme war 1984 die Einführung einer regionalen Zollpräferenz von 5% zwischen den Mitgliedstaaten gegenüber Drittländern, die bis 1990 auf 20% erhöht wurde. Die lange Liste von für den regionalen Wettbewerb als "sensibel" eingestuften Produkten, die hiervon ausgenommen wurden, begrenzte jedoch die Wirksamkeit dieser Maßnahme. Neben den Vereinbarungen zur Vereinfachung des intraregionalen Zahlungsverkehrs und über regionale Kreditabkommen für kurz- und mittelfristige Zahlungsbilanzhilfe (Fischer 1983) ist bei diesem Abkommen noch die im Vertrag von Montevideo verankerte Meistbegünstigungsklausel von Bedeutung. Sie legt fest, daß LAIA-Staaten ihre gegenüber Drittländern eingeräumten Konzessionen und Handelspräferenzen auch den Mitgliedsländern der Gemeinschaft gewähren müssen. Insgesamt hat die Bedeutung von LAIA als multilaterale regionale Organisation angesichts der jüngsten Dynamik subregionaler und bilateraler Initiativen stark abgenommen.

Der Gemeinsame Markt im Süden (MERCOSUR)

MERCOSUR wurde durch den am 26. März 1991 von Argentinien, Brasilien, Paraguay und Uruguay unterzeichneten Vertrag von Asunción mit dem Ziel geschaffen, bis Dezember 1994 einen gemeinsamen Markt zu realisieren. MERCOSUR ist das Ergebnis eines Integrationsprozesses, der von Argentinien und Brasilien 1985 auf sektoraler Ebene initiiert wurde (für Einzelheiten siehe IRELA 1993). Motivation hierfür waren vor allem: das Scheitern von ECLA und LAIA, den intraregionalen Handel auszuweiten, das für den Abbau der externen Schuldenlast erforderliche Exportwachstum sowie der Beginn einer demokratischen Ära in der Region. Mitte 1992 erklärte Bolivien die Absicht, dem MERCOSUR beizutreten, während Chile seine Bereitschaft bekundete, weiterhin eng mit der Gemeinschaft zusammenzuarbeiten.

Im Prinzip werden ein Handel von Gütern und Dienstleistungen ohne Zölle und nicht-tarifäre Handelshemmnisse sowie freie Mobilität von Arbeit und Kapital zwischen den Mitgliedsländern angestrebt. Der Zollabbau soll automatisch nach einem festgelegten Zeitplan erfolgen, wobei nach anfänglich starkem Zollabbau graduelle Tarifreduktionen vorgesehen sind (Tabelle III.11). Außerdem verspricht die Gründungsurkunde eine untereinander abgestimmte Agrar-, Industrie-, Steuer- und Geldpolitik.

Ein gemeinsamer Außenzoll für Einfuhren aus Drittländern soll ab 1995 in Kraft treten, und zwar mit einer Spannbreite von 0-20% für die meisten Produkte. Eine begrenzte Auswahl von "sensiblen" Produkten soll weiterhin einen Zollschutz von 35% beibehalten, der jedoch bis zum Jahr 2000 auf 20% reduziert werden soll.

Tabelle III.11: Fahrplan für den Zollabbau im MERCOSUR (%)

30/6/91	31/12/91	30/6/92	31/12/92	30/6/93	31/12/93	30/6/94	31/12/94
47	54	61	65	75	82	89	100

Quelle: Nogués, Quintanilla (1992, S. 22).

Im Hinblick auf die Beseitigung nicht-tarifärer Handelshemmnisse und den Abbau von Subventionen gibt es in einzelnen Mitgliedsländern noch einen erheblichen Bedarf, die unilaterale Handelsliberalisierung beschleunigt voranzutreiben und zu verbreitern.

MERCOSUR ist die bedeutendste Wirtschaftsregion Lateinamerikas. Hier leben 45% der lateinamerikanischen Bevölkerung, über die Hälfte des Bruttosozialproduktes der Region wird dort erwirtschaftet, und der Anteil am Welthandel beträgt 1,2%. Die MERCOSUR-Länder haben - mit Ausnahme Paraguays - ähnliche Pro-Kopf-Einkommen, unterscheiden sich jedoch erheblich in der Größe der Wirtschaften (Anhang III.4). So ist das Bruttosozialprodukt Brasiliens viermal so groß wie das von Argentinien und vierzigmal größer als das von Uruguay und Paraguay. Entsprechend ist MERCOSUR für die beiden kleinen Staaten (Paraguay und Uruguay) wichtiger als für Argentinien und Brasilien. Angesichts des Auseinanderklaffens der wirtschaftlichen Leistungskraft dieser Partnerstaaten muß der Liberalisierungsfahrplan des MERCOSUR als unrealistisch angesehen werden. Dies gilt insbesondere im Hinblick auf die großen Unterschiede in den Stabilitätserfolgen sowie die sich abzeichnenden Handelsungleichgewichte. So stiegen Brasiliens Exporte in die Partnerländer von 1,3 Mrd. US$ (1989) auf 4,1 Mrd US$ (1992), während die Importe unverändert blieben (2,2 Mrd. US$). Dabei ist der Handelsüberschuß gegenüber Argentinien vor allem auf eine unterbewertete Währung zurückzuführen, was die Gefahr von Handelssanktionen hervorrufen dürfte.

Die Gruppe der Drei (G-3)

Am 30. September 1990 kündigten Kolumbien, Mexiko und Venezuela in ihrer New York-Erklärung an, die wirtschaftliche und politische Integration ihrer Länder durch eine Freihandelszone zu fördern und diese Zusammenarbeit auf Zentralamerika und die Karibik auszuweiten. Ursprünglich verpflichteten sich die G-3 Mitgliedsländer zu einem völligen Abbau ihrer Zölle bis zum 31. Dezember 1994. Darüber hinaus wurde für mehr als 500 zentralamerikanische Produkte ein nicht-reziprokes Abkommen unterzeichnet, das zollfreien Zugang zu den Märkten Kolumbiens und Venezuelas garantiert, während für die anderen Produkte ein einheitlicher Zoll von 20% angewendet wird. Bei dem letzten Gipfeltreffen im Februar 1993 wurde das Implementierungs-Datum um ein Jahr vorverlegt. Aufgrund unterschiedlicher Auffassungen über die Ursprungsregeln, des Regierungswechsels in Venezuela und der Konflikte zwischen Mexiko und Venezuela bezüglich sektoraler Ausnahmeregelungen (Textilindustrie und Chemische Industrie) scheiterte jedoch dieser Zeitplan. Nach mehrjährigen Verhandlungen konnte das Abkommen einer Freihandelszone schließlich am 12.5.1994 abgeschlossen werden. Die Freihandelsvereinbarung mit einem Markt von 150 Millionen Menschen und einem Sozialprodukt von fast 400 Mrd. US$ soll am 1.1.1995 in Kraft treten. Schrittweise sollen in den kommenden Jahren die Handelszölle gesenkt und möglichst ganz abgebaut werden.

Triebkräfte für das G-3 Abkommen waren vor allem die gemeinsame Vermittlerrolle der Mitgliedsländer in der Krise Zentralamerikas in den 80er Jahren durch die Contadora-Gruppe, aber auch ihre große Bedeutung als Öllieferanten für Zentralamerika und die Karibik; unter dem Abkommen von San José verkauften Mexiko und Venezuela Öl an 11 Länder unter Vorzugsbedingungen. Hinzu kamen für Kolumbien und Venezuela Schwierigkeiten in der Andengruppe, die deren Konvergenz zu Mexiko förderten. Falls - wie Beobachter vermuten - auch Ecuador der G-3 beitritt, würde diese Gruppe alle wichtigen Ölproduzenten Lateinamerikas einschließen. Ein weiterer Grund für die Annäherung war, daß alle Mitgliedstaaten dem Wirtschaftsdirigismus abgeschworen und eine Politik der Öffnung und Modernisierung betrieben haben. Schließlich eröffnet das Drei-Länder-Abkommen für Kolumbien und Venezuela zugleich den teilweisen Zutritt zur nordamerikanischen Freihandelszone. Mexiko andererseits kommt in den Genuß von Handelsvergünstigungen mit den Staaten des Andenpaktes.

Die Anden-Gruppe (AG)

Mit dem Vertrag von La Paz (November 1990) begann nach über zwei Jahrzehnten relativer Stagnation die Wiederbelebung des Anden-Vertrages und die Wende von einem binnenmarkt-orientierten zu einem liberaleren regionalen Abkommen zwischen Bolivien, Kolumbien und Venezuela. Im Vertrag von Barahona (Dezember 1991) wurde zusätzlich vereinbart, daß sich Ecuador und Peru ab 1. Juli 1992 dieser Freihandelszone anschließen. Außerdem wurde für alle Mitgliedsländer eine gemeinsame Außenzollstruktur von 5, 10, 15 bzw. 20% spezifiziert, wobei Bolivien seine Zollstruktur beibehält (5 bzw. 10%). Ausnahmen sind für Ecuador, Kolumbien und Venezuela für Agrarprodukte, Fahrzeuge (40%) und solche Produkte vorgesehen, die nur in geringen

Mengen von den Mitgliedsländern hergestellt werden (Null-Tarif). Im Mai 1994 haben die Mitgliedsländer einen gemeinsamen Außenzoll beschlossen, womit die Subregion zu einer Zollunion wird. Der Zollsatz für Rohstoffe und Vorprodukte aus Drittländern soll dann bei 5-10%, für Fertigerzeugnisse bei 15-20% liegen. Ecuador präsentierte jedoch eine Liste mit 600 Ausnahmegütern. Peru kündigte an, sich voraussichtlich Ende 1994 wieder der Anden-Gruppe anzuschließen, nachdem das Land 1992 vorübergehend seine Mitgliedschaft suspendiert hat.

Der intraregionale Handel der AG (einschl. Peru) erreichte 1992 über 2 Mrd. US$; dies entsprach einer Steigerung von 17% im Vergleich zum Vorjahr. Hauptnutznießer der Integration war Kolumbien, dessen Exporte in die Paktstaaten sich auf 1,0 Mrd. US$ beliefen (NFA vom 16.2.1993). 1993 legte der Handel zwischen den Mitgliedsländern nochmals um über 30 vH zu.

Die Anden-Gruppe ist sehr heterogen. Dies gilt für die Größe der Volkswirtschaften und das Pro-Kopf-Einkommen. Der intraregionale Handel spielt mit etwa 6% (1991) des Außenhandels eine untergeordnete Rolle, konzentriert sich auf Kolumbien und Venezuela (70%) und hat den kleinsten Anteil von allen subregionalen Handels-vereinbarungen in Lateinamerika (Anhang III.5c). Als die wichtigsten Gründe hierfür werden angeführt (Nogués, Quintanilla 1992):

- relativ ähnliche Faktorausstattung, hohe Exportkonzentration bei mineralischen Erzeugnissen und binnenmarkt-orientierte Wirtschaftspolitiken;

- höhere Transportkosten innerhalb der Region als in Drittländer (z.B. in die USA); und

- hohe Unsicherheit bei den Produzenten der Region über die Anwendung der komplizierten Regelungen des Anden-Paktes.

Hindernisse für weitere Fortschritte in der Schaffung von gegenseitigem Freihandel stellen die unterschiedlichen Grade unilateraler Handelsliberalisierung dar. Bolivien ist mit seinen Reformen am fortgeschrittensten, Ecuador liegt noch weit zurück. Kolumbien und Venezuela konnten für eine Übergangszeit Ausnahmeregelungen für bestimmte geschützte Industrien durchsetzen. Peru hat in jüngster Zeit drastische unilaterale Schritte für einen Zollabbau unternommen. Der Erfolg der Erneuerung des Anden-Vertrages hängt entscheidend davon ab, ob sich die reformfreudigen Länder, Bolivien und Peru, gegenüber den protektionistischen Ländern durchsetzen können.

Der Zentralamerikanische Gemeinsame Markt (CACM)

Die Wiederbelebung des CACM wurde mit der Erklärung von Antigua (Juni 1990) eingeleitet. Dessen Rahmenbedingungen wurden durch drei weitere Erklärungen geschaffen: Punta Arenas (Dezember 1990), San Salvador (Juni 1991) und Tegucigalpa (1991). Die wichtigsten Ziele sind:

- die Erneuerung des institutionellen und gesetzlichen Rahmens für die wirtschaftliche Integration Zentralamerikas;

- Wiederherstellung und Belebung des Intrahandels in Zentralamerika;

- Einrichtung einer gemeinsamen Außenzollstruktur von 5, 10, 15 und 20% bis 31. Dezember 1992, wobei diese 97% aller Zollpositionen umfassen soll und Ausnahmeregelungen bis 31. Dezember 1994 gelten können; und

- Harmonisierung aller anderen Instrumente der Außenhandelspolitik (z.B. gemeinsame Agrarpolitik, Ursprungsregeln und Antidumping-Regulierungen).

Zentrale Beweggründe für die Aktivierung des CACM waren die Notwendigkeit wirtschaftlicher Anpassungsprogramme, die neben fiskalischer und monetärer Disziplin vor allem eine Liberalisierung des Außenhandels anstrebten sowie der Wunsch, Frieden in der Region zu etablieren und abzusichern. Für die relativ kleinen Wirtschaften des CACM, deren Pro-Kopf-Einkommen sich zwischen 590 und 1.900 US$ (Anhang III.4) bewegen, spielt der Außenhandel eine bedeutende Rolle, wobei der intraregionale Handel lediglich für Costa Rica, El Salvador und Guatemala signifikant ist (Anhang III.5d). Wichtigster Handelspartner für die traditionellen Exportprodukte (Kaffee, Bananen, Zucker und Baumwolle) ist die USA.

Die Aussichten für ein stabiles liberales Handelsabkommen in der Region werden durch die unilateralen Maßnahmen der Handelsliberalisierung der einzelnen Mitgliedsländer gestützt. Allerdings erschweren fortbestehende restriktive Ursprungsregeln und die Anwendung von nicht-tarifären Maßnahmen weiterhin den Freihandel. Der Erfolg der Wiederbelebung des CACM wird letztlich vom Reformeifer der einzelnen Länder insbesondere im Hinblick auf fiskalische und monetäre Disziplin sowie deren Konsistenz mit Wechselkursregimen abhängen.

Die Karibische Gemeinschaft (CARICOM)

Auf dem 10. und 12. Präsidenten-Gipfel der CARICOM-Mitgliedstaaten in Granada/Spanien (Juli 1989) bzw. auf St. Kitts and Nevis (Juli 1991) wurde der Beschluß erneuert, die Bedingungen für eine Freihandelszone (bis 1994) zu schaffen und den Integrationsprozeß so schnell wie möglich voranzutreiben. Außerdem wurde einem 6-Punkte-Plan zur Liberalisierung des Handels und der Freizügigkeit von Personen zugestimmt. Schließlich sollten die Möglichkeiten überprüft werden, bis 1995 eine Währungsunion zu etablieren. Aufgrund der bescheidenen Implementierungserfolge dieser Beschlüsse wurde auf dem 13. CARICOM-Gipfel auf Trinidad und Tobago (Juni/Juli 1992) der Plan einer Währungsunion auf das Jahr 2000 vertagt und im Oktober 1992 der Zeitpunkt für einen gemeinsamen Außenzoll auf einen späteren Zeitpunkt verschoben. Der maximale gemeinsame Außenzoll soll bis 1995 auf 25-30% sowie bis 1997 auf 20-25% reduziert werden.

CARICOM ist mit nur 5,5 Millionen Einwohnern die kleinste subregionale Gruppierung Lateinamerikas und umfaßt 13 Länder und Territorien der englischsprachigen Karibik (Tabelle III.9). Der geringe intraregionale Handel (7% der gesamten CARICOM-Exporte im Jahr 1992) läßt sich vor allem auf die Ähnlichkeit der wichtigsten Exportprodukte der Mitgliedstaaten zurückführen. Besondere Schwierigkeiten bereitet es, für die vier größten Länder und die sieben kleinsten, am wenigsten entwickelten Länder einen gemeinsamen Außenzoll festzulegen. Nachdem letztere am 18. Juni 1981 die OECS (Organisation of Eastern Caribbean States) gegründet und 1983 eine gemeinsame Währung, den Ostkaribischen Dollar, eingeführt haben, koordinieren sie seither ihre Geldpolitik durch die Ostkaribische Zentralbank.

Diese Asymmetrie zwischen den beiden Untergruppen im CARICOM impliziert einen Integrationsprozeß mit zwei Geschwindigkeiten, was zu erheblichen Koordinationsproblemen führt. Diese würden sicherlich bei einer zur Zeit diskutierten Erweiterung von CARICOM mit Surinam, der Dominikanischen Republik und Haiti (bisher Beobachterstatus) noch intensiviert.

Sonstige Kooperations- und Integrationsabkommen

Neben den bereits erwähnten Abkommen zur Handelsförderung in Lateinamerika wurden in den letzten Jahren eine Vielzahl von Verträgen geschlossen, welche die Förderung der subregionalen Kooperation und Integration zum Ziele haben (Anhang III.6). Neben einer intensiveren politischen und kulturellen Zusammenarbeit werden auf sektoraler Ebene gemeinsame Projekte zum Ausbau des Umweltschutzes, der Energieversorgung und des Transportwesens angestrebt.

d.   Bilaterale Handelsabkommen

Die wichtigsten Ziele und Instrumente ausgewählter bilateraler Handelsabkommen sind in Tabelle III.12 zusammengefaßt.

Mexiko hat sich Anfang der 90er Jahre am aktivsten bemüht, ein Netzwerk bilateraler Handelsabkommen zu schaffen. Mit Chile wurde am 22. September 1991 - nach nur acht-monatigen Verhandlungen - die erste bilaterale Handelsvereinbarung abgeschlossen. Die Unterzeichner streben an, das Zollniveau von 10% (seit 1. Januar 1992) auf Null % (1996) zu reduzieren sowie alle administrativen und nicht-tarifären Handelshemmnisse automatisch abzubauen. Ausgenommen sind jedoch Öl und Mineralien aus Mexiko sowie Agrarprodukte aus Chile. Außerdem wurde vereinbart, die Investitionsvorschriften zu harmonisieren, ein Doppelbesteuerungsabkommen abzuschließen und den Transport zwischen Chile und Mexiko zu liberalisieren. Seither ist der bilaterale Handel um über 90%, allerdings von einem geringen Niveau, angestiegen.

Weitere - aber weniger umfassende - Abkommen wurden mit Argentinien, Uruguay und Brasilien abgeschlossen. Am 28. Januar 1993 unterzeichnete Mexiko ein Freihandelsab-kommen mit Bolivien, wobei 400 Produkte als zollfrei erklärt wurden, was für weitere 200 Produkte ab 1998 erreicht sein soll. Mit Costa Rica wird am 1.1.1995 ein Vertrag in Kraft treten, nach dem 92 vH des Warentausches von Zöllen befreit wird. In 10 Jahren soll 99prozentige Zollfreiheit herrschen (NfA vom 14.4.94). Mexiko will ein entspre-chendes Abkommen auch mit Nicaragua. Geplant ist ferner, mit El Salvador, Guatemala und Honduras vergleichbare Freihandelsabkommen wie mit Chile treffen zu können.

Eines der wichtigsten bilateralen Abkommen zur Handelsliberalisierung besteht seit dem 28. September 1990 zwischen Argentinien und Venezuela. Vorgesehen ist die vollstän-dige Beseitigung von Handelsbarrieren bis Ende 1995 auf der Basis einer anfänglichen Präferenz von 40% des bestehenden Zolls für Drittländer. Argentinien hat außerdem mit Kolumbien und Bolivien sogenannte "Wirtschaftliche Ergänzungsabkommen" (Economic Complementary Agreements) unterzeichnet, die den bilateralen Handel begünstigen sol-len.

Tabelle III.12: Die wichtigsten Ziele/Instrumente sowie Implementierungs-grad/Zeitplan bilateraler Handelsabkommen seit Oktober 1992

Ziele/ Instrumente	Vertrags- datum	Beteiligte Länder	Maßnahmen
Zollabbau	13.10.92	Venezuela-CARICOM	einseitiger Zollabbau Venezuelas bis 1993
	25.10.92	Kolumbien - Peru	Eliminierung der Zölle für zahlreiche Rohstoffe und Waren
	12.11.92	Bolivien - Peru	umfassender Zollabbau
	14.12.92	Argentinien - Chile	Handelsliberalisierung auf 12.94 verschoben
	25.3.93	Argentinien-Bolivien	zollfreier Handel mit PKW und PKW-Teilen bis Ende 1993
	04.93	Chile-Venezuela	weitreichendes Zollsenkungs-programm bis 1993
	04.93	Chile-Bolivien	Zollbefreiung für etwa 80 Punkte und einseitige Zollfreiheit für 12 Erzeugnisse aus Bolivien
Freizügigkeit von Personen	28.11.92	Kolumbien - Panama	Behandlung von Migrationsfragen
Freizügigkeit von Kapital	15.10.92	Kolumbien - Venezuela	Erleichterungen des Kapitalverkehrs
	28.11.92	Kolumbien - Panama	Kommission für finanzielle Integration
Förderung anderer Handelsziele	20.09.92	Kolumbien - Kuba	allgemeine Handelsförderung
	13.10.92	Venezuela - CARICOM	gemeinsame Investitionen und joint ventures
	20.10.92	Chile - Paraguay	institutionelle Zusammenarbeit bei der Export- und Investitionsförderung
	01.11.92	Argentinien - Paraguay	allgemeine Zusammenarbeit
	05.11.92	Bolivien - Chile	Infrastrukturprojekt (Öl-Pipeline)
	06.11.92	Kuba - Venezuela	allgemeine Handelsförderung
	17.02.93	Bolivien - Brasilien	Infrastrukturprojekt (Gas-Pipeline)
Begleitende Zahlungs-vereinbarungen	06.10.92	Honduras - Mexiko	Kreditvergabe Mexikos an Honduras über Mittelamerikanische Investitions-bank

Quellen: Comercio Exterior, Mexico City, 10/1992-4/1993; Nachrichten für Außenhandel, Eschborn, versch. Ausgaben.

Chile hat sich von subregionalen Abkommen weitgehend zurückgehalten und sich um eine Handelsintegration in die Weltwirtschaft bemüht. Außer mit Mexiko gibt es lediglich mit Argentinien und Venezuela erwähnenswerte Handelsabkommen. Bis Ende 1994 will

Chile alle Zölle im Handel mit Mexiko und Venezuela abbauen. Priorität in der Außenpolitik genießt das Anstreben eines Freihandelsabkommens mit den USA als wichtigstem Handelspartner.

Venezuelas Bemühungen um die Mitgliedschaft im CARICOM endeten am 21. Oktober 1992 mit der Unterzeichnung eines Abkommens, das in den nächsten fünf Jahren einen (einseitigen) stufenweisen Zollabbau vorsieht, bis eine zollfreie Einfuhr von karibischen Gütern erreicht ist. Erst danach sollen die karibischen Regierungen - ebenfalls über einen fünfjährigen Zeitraum - ihre Außentarife bis zur vollständigen Zollfreiheit reduzieren (The Financial Times vom 21.10.1992).

5. Abschließende Bewertung

Zum gegenwärtigen Zeitpunkt ist kaum abschätzbar, in welche Richtung die derzeitige Integrationsdynamik in Amerika läuft. Auf jeden Fall wird vieles vom Erfolg (oder Miß- erfolg) von NAFTA, MERCOSUR und G-3 abhängen, in denen die bevölkerungsreich- sten, wirtschaftlich stärksten und dynamischsten Länder Lateinamerikas vertreten sind. Wird NAFTA erfolgreich implementiert, könnte dieser Freihandelsvertrag auch für die reformfreudigen Länder im Süden des Kontinents (v.a. Chile und Argentinien) als Alter- native zum MERCOSUR an Anziehungskraft gewinnen. NAFTA enthält eine Zutritts- klausel, die im Prinzip für alle Länder die Mitgliedschaft offen hält. Damit sollte der Ein- druck vermieden werden, daß es sich bei NAFTA um eine amerikanische "Festung" han- delt. Die einzige Beitrittsbedingung ist, daß neue Mitglieder von allen Vertragspartnern akzeptiert werden müssen, d.h. jedes Land ist mit einem Vetorecht ausgestattet. Es wird jedoch als unwahrscheinlich angesehen, daß der amerikanische Kongreß dem US-Präsi- denten das Mandat erteilt, ein Freihandelsabkommen mit so starken Wettbewerbern wie etwa Japan und Korea zu verhandeln (Hufbauer, Schott 1993). Aber auch in der westli- chen Hemisphäre dürfte derzeit außer Chile kaum ein Land bereit und in der Lage sein, mit den USA ein umfassendes reziprokes Freihandelsabkommen zu vereinbaren und durchzuhalten.

Wie die schmerzvollen Erfahrungen der EG über drei Jahrzehnte zeigen, dürften über die Errichtung von Freihandelszonen hinausgehende Integrationsbestrebungen schon viel schwieriger zu realisieren sein. So bestehen in Lateinamerika große Unterschiede zwischen Partnerländern im Hinblick auf die makroökonomische Stabilität und in der Intensität struktureller Reformen. Die Freizügigkeit von Dienstleistungen, Kapital und Arbeit erfordert eine Harmonisierung von politisch sensiblen Politikbereichen, wie etwa der Steuersysteme. Nicht zuletzt müßten nationale Souveränität in wichtigen

Politikbereichen aufgegeben und supra-nationale politische Institutionen geschaffen werden. Die EG liefert genügend Anschauungsmaterial für die Schwierigkeiten bei der Realisierung einer wirtschaftlichen, sozialen und politischen Union und den hierfür erforderlichen Zeitbedarf. Schließlich ist zu berücksichtigen, daß mit wachsender Anzahl von Mitgliedern in (sub)regionalen Gruppierungen die Schwierigkeiten, nationale Interessen zu berücksichtigen, exponentiell zunehmen.

Da viele lateinamerikanische Länder ihre Handelsregime bereits weitgehend liberalisiert haben, werden die Effizienzgewinne weiterer Liberalisierungen - ob unilateral oder im Zusammenhang mit einem regionalen Abkommen - begrenzt sein. Allerdings haben die USA mit ihrer "Enterprise for the Americas Initiative" ein klares Signal gegeben: sie ziehen es vor, Freihandelsabkommen mit jenen Ländern abzuschließen, welche die Abschaffung von Handelsbarrieren unter sich beschlossen und organisiert haben. Die Aussicht, Freihandelsabkommen mit den USA abschließen zu können, dürfte den Abschluß subregionaler Vereinbarungen zur Handelsliberalisierung deshalb beflügeln. Für die lateinamerikanischen Länder ist ein bevorzugter und permanenter Zugang zum nordamerikanischen Markt ein sehr attraktiver Anreiz, obwohl sich hieraus für einzelne lateinamerikanische Länder mehr Vorteile ergeben als für andere. Bereits jetzt ist zu erkennen, daß ausländische Direktinvestitionen überwiegend Mexiko begünstigen. So entfielen in den letzten zwei Jahren auf Mexiko 50% (11 Mrd US$) aller nach Lateinamerika geflossenen ausländischen Direktinvestitionen (IRELA 1993b; Jaspersen, Ginarte 1993). Es ist jedoch kaum zu erwarten, daß die USA einem anderen lateinamerikanischen Land soviele Zugeständnisse machen werden wie Mexiko. Ein Indiz für das nachlassende Interesse an Lateinamerika ist, daß die Clinton-Regierung bereits Kürzungen bei der Auslandshilfe und dem Schuldenabbauprogramm angekündigt hat.

Die jüngsten Integrationsbewegungen und der Prozeß wirtschaftlicher Öffnung in Lateinamerika gingen einher mit einer Belebung des intraregionalen Handels. Gemessen als Anteil an den gesamten Exporten stieg der intraregionale Handel für LAIA von 10,6% (1990) auf 13,3% (1991) und für die Anden-Gruppe von 2,9% (1984) auf 5,4% (1991) an; für CACM liegt er höher als Ende der 80er Jahre und wuchs im MERCOSUR um 45% im ersten Jahr (Anhang III.5). Allerdings spielt der intra-regionale Handel mit Drittländern weiterhin eine übergeordnete Rolle.

Besondere Merkmale des gegenwärtigen Integrationsprozesses in Lateinamerika sind, erstens, die gleichzeitige Teilnahme vieler Länder an regionalen, (teilweise mehreren) subregionalen als auch an verschiedenen bilateralen Abkommen und, zweitens, das

Vorherrschen von Freihandelsabkommen gegenüber anderen Integrationsformen. Diese beiden Charakteristika lassen den Schluß zu, die gegenwärtigen Integrationsbemühungen weniger als eine regionale Abschottungspolitik sondern vielmehr als Versuch zu werten, die allgemeine Wettbewerbsfähigkeit für den Weltmarkt zu erhöhen.

Im Gegensatz zu den Integrationsbemühungen vor drei Dekaden sind die Voraussetzungen für eine erfolgreiche wirtschaftliche Integration in Lateinamerika derzeit positiver zu beurteilen. Hierfür sprechen die günstigeren Rahmenbedingungen sowie die generelle Liberalisierung der Wirtschaftspolitik, die sich vor allem durch die unilateralen Handelsliberalisierungen in den 80er Jahren ergeben haben. Für deren Glaubwürdigkeit und Beständigkeit sind freilich weitere Fortschritte beim unilateralen Abbau von Handelshemmnissen sowie anhaltende makroökonomische Disziplin unumgänglich.

Zu den Problembereichen und kritischen Faktoren der subregionalen Abkommen zählen vor allem das Fehlen einer GATT-konformen Öffnungsklausel, die beitrittswilligen Ländern den Zugang zu den Handelsvereinbarungen ermöglicht. Geschlossene Mitgliedschaft wirkt diskriminierend für Drittländer und schwächt das multilaterale Handelssystem, begünstigt das Durchsetzen sektoraler Interessen in den Abkommen, und ermutigt andere Regionen zu handelspolitischen Vergeltungsmaßnahmen. Hinzu kommt, daß die Spezialisierungsmöglichkeiten der Produktion innerhalb der Region beschränkter sind als bei einer auf den Weltmarkt orientierten Arbeitsteilung. Außerdem ist das Ausmaß des intraregionalen Handels verglichen mit dem Handel mit Drittländern in den meisten Fällen relativ klein: Der intraregionale Handel Lateinamerikas erreicht nur 14% der gesamten Exporte, liegt allerdings für verarbeitete Produkte mit 25% deutlich höher. (IDB 1992). Schließlich sind die aus einer Realisierung von Skalenerträgen zu erzielenden Vorteile aufgrund der - aus internationaler Sicht - kleinen regionalen Märkte gering. Kritisch zu bewerten sind vor allem die vereinbarten Übergangsregelungen, die geschützte Industrien begünstigen, die Ursprungsregeln bei den Freihandelsabkommen und die gemeinsamen Außenhandelszollstrukturen bei den Gemeinsamen Märkten, da sie die Gefahr bergen, sich zu protektionistischen Instrumenten zu entwickeln sowie weitere unilaterale Schritte zum Abbau von Handelshemmnissen zu blockieren.

Auch die Erwartungen, über regionale und subregionale Integrationsabkommen eine intensivere Integration in die Weltwirtschaft zu erreichen, erscheinen oft zu hoch gesteckt. Vor allem sind diese keine Gewähr dafür, einen Exportboom zu schaffen, solange sich die Angebotsbedingungen nicht verbessern. Wie die kleinen erfolgreichen südostasiatischen Länder demonstriert haben, sind wirtschaftliche Blöcke und überregionale Initiativen keine notwendige Bedingung für eine verstärkte Teilnahme an der internationalen Arbeitsteilung.

C. ASIEN-PAZIFIC

1. Bisherige Integrationsansätze

Es hat in der Vergangenheit eine Vielzahl von Initiativen zur regionalen Zusammenarbeit in der asiatisch-pazifischen Region[13] gegeben (Tabelle III.13).

Tabelle III.13: Regionale Initiativen in der asiatisch-pazifischen Region

1961:	Organization for Asian Economic Cooperation
1963:	Pacific Region Multilateral Organization
1965:	Southeast Asia Development Scheme
1965:	Pacific Free Trade Area (PAFTA)
1967:	Association of Southeast Asian Nations (ASEAN)
1968:	Pacific Economic Council
	Asia Pacific Region Scheme
1979:	Asia Pacific Regional Economic Organization (OPTAD)
1980:	Organization for Pacific Trade and Development
1980:	Pacific Basin Cooperation Concept
1983:	Australia-New Zealand Closer Economic Relations Trade Agreement (ANZCERTA)
1989:	Asia-Pacific Economic Cooperation (APEC)
1990-1:	East Asian Trade Bloc / East Asia Economic Group / East Asian Economic Caucus (EAEC)
1991:	ASEAN Free Trade Area (AFTA).

Quelle: Okamoto (1993, S. 104)

---

13   Die asiatisch-pazifische Region wird nicht einheitlich definiert. Unterschiede bestehen insbesondere in der Frage, ob Nordamerika als Teil der Region angesehen wird oder nicht. Zuweilen wird selbst Südamerika der asiatisch-pazifischen Region zugerechnet. Infolgedessen werden - wenn nicht anders vermerkt- beide Teile Amerikas ausgeklammert.

Nur einige wenige dieser Gruppierungen wie ANZCERTA, ASEAN, EAEC und APEC sind heute noch existente Einrichtungen. Von diesen haben nur die ANZCERTA, ASEAN und ihre jüngst vereinbarte AFTA das erklärte Ziel, eine Freihandelszone bilden zu wollen, und somit formalen Integrationscharakter. Die übrigen Vorschläge waren in ihren Zielsetzung meistens eingeschränkter. Dabei ging es vor allem um Versuche, eine wirtschaftspolitische Zusammenarbeit zwischen den Ländern der Region anzuregen bzw. in internationalen Verhandlungen eine intraregionale Abstimmung in politischen und ökonomischen Fragen anzustreben.

Die Abwesenheit formaler Integrations-Abkommen in diesem Teil der Welt kann im wesentlichen durch folgende Faktoren erklärt werden:

- die intensiven extraregionalen Außenwirtschaftsbeziehungen (Handel und Investitionen) und ihre starken Impulse für den Wachstumsprozeß,
- die Tatsache, daß die Region auf "natürliche" Weise zusammenwächst,
- die ökonomische und politische Heterogenität der Länder dieser Region.

Formale Integration wird somit als Wachstumsquelle bisher nicht vermißt.

2. Wachstum ohne Integrationsbedarf

Der asiatisch-pazifische Wirtschaftsraum beeindruckt weltweit durch seine historisch beispiellose Dynamik (Tabelle III.14). Im Mittelpunkt stehen neben Japan, mit seinem Aufstieg zu einer wirtschaftlichen Großmacht, die vier führenden asiatischen Schwellenländer (Hongkong, Korea, Singapur und Taiwan), die ASEAN-Staaten sowie China. Die in diesen "Kernländern" der asiatisch-pazifischen Region erzielten Wachstumsraten des realen Bruttoinlandsproduktes sind mit rd. 6% p.a. seit geraumer Zeit fast doppelt so hoch wie in den etablierten Industrieländern. Das Zentrum der wirtschaftlichen Dynamik hat sich somit eindeutig von Nordamerika und Europa zur asiatisch-pazifischen Region verlagert (Kim 1992, S. 79).

Die eindrucksvolle Wirtschaftsentwicklung der Region ist das Resultat eines erfolgreichen technisch-wissenschaftlichen Aufholprozesses, besonders in Japan. Der Schlüssel für den *japanischen* Aufstieg lag u.a. in der hohen privaten Spartätigkeit und der Kapitalbildungskraft der Wirtschaft, in der wirkungsvollen Zusammenarbeit zwischen

Tabelle III.14: Asien-Pazifik im internationalen Vergleich
Ausgewählte Basisdaten 1965-1990

	Dimension		Jahr/Periode	AP	WE	NA	Welt
Exporte	%		1965	11	44	18	100
	%		1990	22	46	16	100
	% p.a.	3,4	1965-80	9	7	6	7
	% p.a.	3,4	1980-90	7	4	4	4
Brutto-	%		1965	11	26	38	100
inlandsprodukt	%		1990	23	31	28	100
	% p.a.	3,4	1965-80	6	4	3	4
	% p.a.	3,4	1980-90	5	2	3	3
Bevölkerung	in Mio		1990	1.663	376	363	5.284
	%		1990	31	8	7	100
	% p.a.	3	1965-80	2	1	1	2
	% p.a.	3	1980-90	1	1	1	2
Pro-Kopf-	$	3	1990	2.598	15.632	17.107	4.200
Einkommen	% p.a.	3,4	1965-90	5	2	2	2
Exportquote	% BIP	3,5	1965	11	19	6	11
	% BIP	3,5	1990	19	29	12	20
Industrialisie-	% BIP	3	1965	33	41	38	41
rungsgrad	% BIP	3	1990	38	34	30	-
Investitionsquote	% BIP	3	1965	27 1	25	21	23
	% BIP	3	1990	31 2	22	17	23

Anmerkungen:
1 ohne Taiwan
2 Taiwan : 1989
3 gewogene Durchschnitte der Struktur- und Veränderungsraten der einzelnen Länder
4 reale Wachstumsraten
5 Ausfuhr von Güter- und Dienstleistungen (ohne Faktoreinkommen)

AP = Japan, VR China, Hongkong, Taiwan, Republik Korea, Singapur, Indonesien
Malaysia,Thailand, Philippinen, Australien und Neuseeland
WE = EG, EFTA und restliches Westeuropa
NA = USA, Kanada und Mexiko

Quellen:
UNCTAD, Handbook of International Trade and Development Statistics
United Nations Statistical Yearbook
World Bank, World Development Indicators 1992, Washington 1992
Statistical Yearbook of the Republic of China 1992
Taiwan Statistical Data Book 1993
Statistisches Bundesamt, Länderbericht Taiwan 1991, Wiesbaden 1991

Wirtschaftspolitik und Privatwirtschaft, in der Fähigkeit der Unternehmen, auf Veränderungen der ökonomischen und technologischen Rahmenbedingungen flexibel zu reagieren, und in der konsequenten Nutzung von Weltmarktchancen; Japans Exportwirtschaft war von Beginn der sechziger bis Mitte der achtziger Jahre der mit Abstand wichtigste Wachstumsträger (Ernst, Hilpert, Laumer 1993, S. 51f).

Der Erfolg der asiatischen *Schwellenländer* ist u.a. das Resultat von

- Stabilität, Berechenbarkeit und graduell zunehmender Liberalität der Wirtschaftspolitik,

- starkem Investitionswachstum,

- forcierter Industrialisierung,

- Abkehr von der Importsubstitutionspolitik und Hinwendung zur selektiven Weltmarktöffnung,

- erfolgreicher Attrahierung von ausländischem Risikokapital,

- verbesserter Qualifikation und Produktivität des Arbeitskräftepotentials,

- zügigem Strukturwandel in Richtung technologisch anspruchsvollerer Produktion,

- verstärkter Auslagerung arbeitsintensiver und nicht mehr wettbewerbsfähiger Industrien in andere Länder der Region.

- Fähigkeit, mit externen Schocks relativ gut fertig zu werden (Vgl. dazu und zum folgenden : Borrmann, Jungnickel 1992, S. 1ff).

Auch in den *ASEAN*-Ländern verlief die wirtschaftliche Entwicklung sehr dynamisch. Die auf kontrollierte Wirtschaftsreformen, Deregulierung und Strukturanpassung ausgerichtete Wirtschaftspolitik war auch hier das Erfolgsrezept. Die Staatätigkeit wurde zugunsten des privaten Sektors reduziert und die alte Importsubstitutionspolitik zugunsten stärkerer Weltmarktintegration zurückgedrängt. Die Lockerung der Bestimmungen über Auslandsinvestitionen erhöhte den Zufluß von Kapital und Know How, der wesentlich zum wirtschaftlichen Aufschwung beitrug. Allein die Philippinen blieben wegen ihrer politischen Instabilität und zögerlichen Wirtschaftspolitik hinter den Erfolgen der übrigen ASEAN-Staaten zurück.

In der *VR China* vollzieht sich seit 1979 ein langfristig angelegter, gradualistischer Transformationsprozeß mit zunehmender Hinwendung zu marktwirtschaftlichen Prinzipien ("sozialistische Marktwirtschaft"). Gleichzeitig vollzieht China eine vorsichtige

Weltmarktöffnung und ist sehr um die Anziehung ausländischer Direktinvestitionen bemüht. Die wirtschaftliche Dynamik ist von den innenpolitischen Unruhen und der vorübergehenden Isolierung vom westlichen Ausland nicht nachhaltig beeinträchtigt worden. Die Wachstumsraten des chinesischen Bruttoinlandsproduktes standen denen der asiatischen Schwellenländer kaum nach.

In Reaktion auf die weltpolitischen Veränderungen und die Erfolge der asiatischen Schwellenländer haben nun auch Länder wie *Vietnam*, *Laos* und *Myanmar* einen ordnungspolitischen Wechsel eingeleitet, der zu einer wichtigen Voraussetzung für einen noch breiteren wirtschaftlichen Aufschwung in der Region werden könnte. Die Transformationsländer dürften alles daransetzen, dem Erfolgsweg der Schwellen- und ASEAN-Länder zu folgen und sich in den Zug der sog. "flying geese" einzureihen. Ausländische Direktinvestoren zeigen bereits lebhaftes Interesse am Aufbau neuer Produktionsstätten.

Es zeigt sich, daß Wirtschaftsreformen, Strukturwandel und außenwirtschaftliche Öffnung die Grundlage des hohen Wirtschaftswachstums in der Region bildeten. Zusätzliche Impulse - z.B. durch regionale Integration - wurden von daher nicht vermißt, ja hätten womöglich sogar die Absorptionsfähigkeit einiger Länder überstiegen (Bollard, Mayes 1992, S. 200).

3. Extraregionale Verflechtung

Die Weltmarktintegration der asiatisch-pazifischen Region war und ist nahezu unverändert stark auf Industrieländer bezogen. Noch heute geht fast die Hälfte ihrer Exporte nach Nordamerika (27%) und Westeuropa (19%) (Anhang I-12). Die komparativen Kostenvorteile bei der Produktion rohstoff- und arbeitsintensiver Erzeugnisse, massive Auslagerungen solcher Produktionen aus den Industrieländern in die Region sowie das Vordringen vor allem Japans, aber auch der führenden Schwellenländer in technologieintensive Bereiche erklären, daß die extra-regionale Orientierung bei asiatisch-pazifischen Ausfuhren von Industriegütern noch deutlicher ausgeprägt ist (53%) und tendenziell sogar weiter zunimmt. Zu beachten ist ferner, daß auch bei den Importen enge und wichtige extra-regionale Bindungen zu Nordamerika und Europa bestehen.

Schließlich ist die Region auch über Direktinvestitionen sehr eng extraregional verflochten und zwar in doppelter Hinsicht (Jungnickel 1993, S. 33ff.): So plaziert Japan, als mittlerweile weltweit führender Exporteur privaten Risikokapitals, den weitaus größten und weiter zunehmenden Teil seiner Neuanlagen in den USA, auf die fast 50% entfallen. Die Kapitalanlagen in Europa machen immerhin bis zu einem Viertel der jährlichen Auslandsinvestitionen Japans aus. Auch die führenden Schwellenländer haben damit begonnen, Produktionsstätten in Nordamerika und Europa zu errichten, sich an dortigen Unternehmen zu beteiligen oder solche zu übernehmen.

Andererseits ist die asiatisch-pazifische Region - aufgrund ihrer Standortvorteile und hervorragenden Wachstumsaussichten - sowohl für amerikanische als auch für europäische Direktinvestoren attraktiv. So entfällt auf britische und amerikanische Direktinvestitionen in zahlreichen Anlageländern der Region ein hoher Anteil an den Beständen und jährlichen Neuanlagen, der zum Teil den japanischen noch übersteigt (zu weiteren Details vgl. Kapitel V).

4.   Intraregionale Wirtschaftsverdichtung ohne formale Integration

Der intraregionale Handel der asiatisch-pazifischen Länder ist zu einem wesentlichen Element der wirtschaftlichen Dynamik der gesamten Region geworden. Trotz der weiterbestehenden Abhängigkeit der Region vom Warenaustausch mit den Industrieländern wächst der intraregionale Handel deutlich schneller als der mit anderen Regionen (vgl. dazu und zum folgenden Borrmann/Jungnickel 1992, S. 8ff). Sein Anteil an den Gesamtexporten der Region lag 1990 mit 44% um 7 Prozentpunkte höher als 1970 (vgl. Anhang I-12). Die Region ist sich somit selbst der wichtigste Handelspartner, jedenfalls übersteigt der intraregionale Warenaustausch seit geraumer Zeit die Exporte nach Nordamerika (27%) und Westeuropa (19%). Industriegüter machen inzwischen bereits 61% (1990) der intraregionalen Gesamtexporte aus (1979: 52%). Auch bei den Fertigwaren ist die eigene Region der quantitativ wichtigste regionale Absatzmarkt; der Intra-Handel übersteigt heute selbst den Umfang der Exporte nach Nordamerika, dem bisher traditionell wichtigsten Auslandsmarkt.

An der zunehmenden Integration sind die Länder der Region allerdings sehr ungleichmäßig beteiligt. Fast drei Viertel der intra-regionalen Exporte werden allein von den Schwellenländern und Japan bestritten. Beachtlich für den Fortschritt im intraregionalen Warenaustausch ist die Tatsache, daß die Schwellenländer noch vor Japan die größten intraregionalen Exporteure sind und zudem auch den bedeutendsten intraregionalen Absatzmarkt bilden; es folgen die Länder Süd-Ost-Asiens und China. Die Vorleistungs- und Absatzverflechtungen japanischer Auslandsinvestitionen in der Region erklären nur einen kleineren Teil dieser zunehmend intensiveren intraregionalen Austauschbeziehungen (Lincoln 1992, S. 22).

Der größte Teil des intraregionalen Handels wird zwischen Japan und den asiatischen Schwellenländern abgewickelt. Von erheblicher Bedeutung ist auch der Handel zwischen China und Hongkong. Er gilt als dynamischster Teil des Handels in der Region, was auf die Rolle Hongkongs als Drehscheibe (entrepôt) für den regionalen (und weltweiten) Handel von und nach China zurückzuführen ist. Vergleichsweise schwach entwickelt ist der Handel der süd-ostasiatischen Länder untereinander.

Die Bedeutung Japans als wichtigster Industriegüterexporteur im intraregionalen Handel schwindet. Stattdessen wachsen die asiatischen Schwellenländer mehr und mehr in diese Rolle hinein. Stark zugenommen haben nicht nur ihre Exporte bei industriellen Vorleistungen und Zwischenprodukten, sondern auch bei Investitionsgütern.

Seit Beginn der japanischen Einfuhrliberalisierung, der Yen-Aufwertung und der verstärkten Direktinvestitionstätigkeit Japans in der Region im Jahr 1986 nehmen die japanischen Einfuhren von Industriegütern aus der Region deutlich zu. Sie erreichten 1989 einen Anteil an den gesamten japanischen Industriegütereinfuhren von rd. 40% gegenüber 12% im Jahr 1970. Von der Marktöffnung profitierten insbesondere die asiatischen Schwellenländer, weniger jedoch die ASEAN-Länder, die für Japan in erster Linie wichtige Rohstofflieferanten sind. Eine ähnliche Belebung der Fertigwareneinfuhr ist in den letzten Jahren auch in den asiatischen Schwellenländer zu beobachten, seitdem auch dort die Märkte stärker geöffnet, die Wechselkurse angepaßt und lohnintensive Fertigungen durch Direktinvestitionen in andere Länder der Region ausgelagert wurden.

Ausländische Direktinvestitionen sind ein zunehmend wichtiges Bindeglied für die Region. Japan war lange Zeit mit den USA der führende Investor. Hier ist es in den 80er Jahren zu einer überaus bemerkenswerten Veränderung gekommen: 1. stammt in mehreren Ländern wie China und den großen ASEAN-Staaten der größte Teil der Neuinvestitionen aus der Region selbst (Asianisierung) und 2. dominieren nicht mehr japanische Unternehmen, sondern Direktinvestitionen aus den führenden Schwellenländern, allen voran Taiwan und Hongkong (Borrmann, Jungnickel 1992, S. 23ff). Vieles deutet darauf hin, daß ausländische Direktinvestitionen in der Region nicht mehr nur auf die Märkte des Gastlandes fixiert sind, sondern für ihre Mutterländer eine wichtige Funktion als Lieferanten von Rohstoffen und Fertigwaren haben und somit intraregionalen Handel induzieren. Mehr und mehr ist zu beobachten, daß multinationale Unternehmen - nicht nur asiatische - regionale Produktionsnetze aufbauen, um differenzierten Nutzen aus den landesspezifischen Standortvorteilen und Absatzmöglichkeiten zu ziehen (Borrmann,

Jungnickel 1992, S. 60ff). Nach wie vor behalten aber die Gastländer ihre wichtige Funktion für die Versorgung extraregionaler Märkte.

Neben den Direktinvestitionen fördert auch der *öffentliche Ressourcentransfer* die regionale Integration. Japan ist mit Abstand die wichtigste Quelle für Entwicklungshilfe. 1989 erhielten die ASEAN-Länder rund 2/3, Myanmar knapp 50% und China fast 40% ihres öffentlichen Nettozuflusses aus Japan (vgl. dazu und zum folgenden Lincoln 1992, S. 27). Der stark kommerzielle Charakter der japanischen Entwicklungshilfe ist nicht zu übersehen und wird von Japan nicht bestritten, sondern verteidigt. Die Entwicklungshilfe Japans ist immer noch stark liefergebunden und soll dazu beitragen, die Infrastruktur für japanische Firmen zu schaffen. Die Entwicklungshilfe soll zugleich kommerziellen und entwicklungspolitischen Zielen dienen, u.a. dem Aufbau von Industrien und Märkten in den asiatischen Entwicklungsländern. Der gewaltige Umfang des öffentlichen und privaten Ressourcentransfers Japans induziert umfangreiche Handelsströme und schafft vor allem starke intraregionale Bindungen, die bestehende Ressentiments asiatischer Länder gegenüber Japan relativieren.

Die zunehmend engere intraregionale Handelsverflechtung ist - anders als z.B. in Europa - in Asien ganz offensichtlich nicht das Resultat gezielter regionaler Integrationspolitik. In der Region wurden in den vergangenen Jahrzehnten nur wenige Initiativen zur regionalen Zusammenarbeit ergriffen. Die einzigen bedeutenden Versuche, ASEAN und ANZCERTA (vgl. Kästen), hatten schon in der Ausgangssituation kein nennenswertes intraregionales und globales Gewicht, woran sich im Verlaufe der Integrationsbemühungen auch nichts geändert hat (Tabelle III.15).

Die zunehmend intensiveren intraregionalen Handelsbeziehungen in der asiatisch-pazifischen Region müssen daher das Ergebnis ökonomischer Determinanten regionaler Verdichtung sein. Das bestätigen auch empirische Untersuchungen (z.B.Amelung, 1990). Kulturelle Affinität und geographische Nähe liefern einen erheblichen Beitrag zur Erklärung der Außenhandelsintensitäten in der asiatisch-pazifischen Region; Handelspräferenzen spielen hier eindeutig keine Rolle.

ASEAN

- *gegründet:* 1967 in Bangkok
- *Mitglieder:* Brunei, Indonesien, Malaysia, Philippinen, Singapur, Thailand (Stand: Ende 1992)
- *Hintergrund:* Die Gründung war zunächst stark politisch geprägt (Vietnamkrieg, Rückzug der britischen Schutzmacht). Die wirtschaftliche Integration nahm erst 1976 Gestalt an.
- *Ziele:* Förderung der regionalen Kooperation auf wirtschaftlichem, sozialem, technischem, wissenschaftlichem und kulturellem Gebiet zur Festigung des Friedens in Südostasien. Gegenseitige Hilfe in den Bereichen Erziehung, Ausbildung und Forschung. Verbesserte Nutzung des landwirtschaftlichen und industriellen Potentials.
- *Ergebnisse:* Bisher konnten - bis auf Ansätze bei der Zusammenarbeit im Rohstoff- und Energiesektor - keine nennenswerten ökonomischen Integrationserfolge erzielt werden. Das Preferential Tariff Agreement (PTA) von 1977 hat den intraregionalen Außenhandel nicht nennenswert belebt. Von den mehr als 20.000 Gütern, die Zollvergünstigungen (20-25%) genießen, werden nur 2% effektiv gehandelt. Umfangreiche Ausschlüsse für aus Sicht einzelner Mitgliedländer "sensible Güter", die inkonsequente Umsetzung der Vereinbarungen, starke nationalistische Vorbehalte gegenüber einer intraregionalen Arbeitsteilung, das Entwicklungsgefälle und die damit verbundenen Probleme des internen Interessenausgleichs verhinderten substantielle Fortschritte bei der Liberalisierung und Intensivierung des internen Handels. Dem ASEAN Industrial Project Agreement, dem Industrial Complementation Programme sowie dem Joint Venture Programme blieb aus ähnlichen Gründen größerer Erfolg versagt. Auch die Fortschritte bei der Zusammenarbeit im Bereich Währung und Dienstleistungen waren bescheiden. Dagegen ist der politische Zusammenhalt der Gemeinschaft gewachsen.

Quellen: Nohlen (1989), S. 59-60; Handbuch für Internationale Zusammenarbeit, II C 8033, Regionale Zusammenarbeit in Asien (Loseblattsammlung); Langhammer, (1990 b), S. 137ff; Rieger (1989), S.5-33; UNCTAD (1992)

ANZCERTA

- *gegründet:* 1983
- *Mitglieder:* Australien und Neuseeland
- *Ziele:* Das Closer Economic Relation Abkommen (CER) sieht den stufenweisen Abbau aller Handelsschranken zwischen beiden Ländern vor, nachdem bereits vorher mit dem New Zealand-Australian Free Trade Agreement (NAFTA) über 60% des Handels liberalisiert worden war. Die noch bestehenden Einfuhrzölle sollen ebenso wie die Exportsubventionen bis Ende 1997, Einfuhrlizenzregelungen bis 1995 abgebaut werden. Das Abkommen enthält ferner Vereinbarungen zur Harmonisierung nicht-tarifärer Handelshemmnisse. Ferner wurde eine gemeinsame Erschließung natürlicher Ressourcen vereinbart. 1989 wurde darüber hinaus auch mit der umfassenden Liberalisierung des Dienstleistungsverkehrs begonnen. Auch der Kapitalverkehr soll dereguliert werden. Ferner wurde mit der Angleichung wirtschaftspolitischer Regelungen begonnen (z.B. Wettbewerbspolitik, Unternehmens- und Steuergesetze, Schutz geistigen Eigentums und Verbraucherrecht). Die Errichtung einer Währungsunion ist erst nach Vollendung des gemeinsamen Marktes vorgesehen.
- *Hintergrund:* Das Abkommen entstand nicht zuletzt in Reaktion auf die protektionistische Agrarpolitik der EG und die für beide Länder unbefriedigenden Ergebnisse der damaligen GATT-Runde.
- *Ergebnisse:* Im Juli 1990 waren - früher als vorgesehen - alle Hemmnisse im bilateralen Warenverkehr beseitigt und die angestrebte Freihandelszone somit realisiert. Die relative Bedeutung des bilateralen Warenaustausches hat leicht zugenommen. Der Kapitalverkehr ist in vielen Bereichen bereits ebenso liberalisiert wie die Wanderung von Arbeitskräften. Es wurden bilaterale Vereinbarungen über den Luft- und Straßenverkehr, den Telekommunikationssektor und Finanzdienstleistungen getroffen.

Quelle: de la Torre, Kelly (1992), GATT (1990), S. 30

Für die jüngste Entwicklung in der asiatisch-pazifischen Region ist besonders die Rolle der nationalen Wirtschafts-, speziell der Handelspolitik hervorzuheben, die einen entscheidenden Beitrag zum Abau von politischen und natürlichen Handelshemmnissen und somit zur Senkung der Transaktionskosten in der Region geleistet hat. Die traditionelle Liberalität Hongkongs und Singapurs, die Öffnung Chinas, die Überwindung der über lange Jahre praktizierten Importsubstitutionspolitik in Süd-Korea und Taiwan, die Marktöffnung, die nun auch in den ASEAN-Ländern forciert wird, sowie die Wende in der japanischen Handelspolitik waren treibende Kräfte der Expansion und des strukturellen Wandels im intraregionalen Handel.

Tabelle III.15: **Regionale und wirtschaftliche Bedeutung des Intrahandels von ASEAN und ANZCERTA**
- 1970 und 1990 in Mio US-$ und % -

	Alle Güter		Industriegüter	
	1970	1990	1970	1989
1 ASEAN	1.156	25.244	272[a]	15.778[a]
2 ANZCERTA	327	3.789	218	1.856
3 Summe 1+2	1.483	29.033	490	17.634
4 Intrahandel AP	15.242	346.333	7.889	212.311
5 Welthandel	311.905	3.386.719	189.913	2.106.523
3 in % von 4	10,0	12,0	6,2	8,3
3 in % von 5	0,5	0,9	0,3	0,8

a) Ohne Brunei.

Quelle: IMF, Direction of Trade und UNCTAD, Handbook of International Trade and Development Statistics; Ariff, Tan, (1992, S. 262). Eigene Berechnungen.

5.   Hemmnisse für formale Integration

Umfangreicheren und vor allem erfolgversprechenden Integrationsprojekten stand in Asien-Pazifik vor allem die Heterogenität der Länder entgegen. Es bestehen gravierende Unterschiede in kultureller, historischer, religiöser und sprachlicher Hinsicht. Hinzu kommt das enorme Entwicklungsgefälle zwischen den ärmsten Ländern (Laos, Kambodscha, Vietnam), Schwellenländern wie Singapur, Süd-Korea, Taiwan und Hongkong und einer weltwirtschaftlich führenden Industrienation wie Japan. Schließlich wogen und wiegen noch heute die extremen Gegensätze im ökonomischen und politischen System schwer: Es finden sich sozialistische Planwirtschaften (VR China), extrem liberal eingestellte Länder (Hongkong) sowie eine Vielzahl politisch-ökonomischer Mischsysteme, zumeist mit einem immer noch starken Maß an wirtschaftlichem Interventionismus und Beschränkungen der politischen Partizipation. Für weitgespannte Integrationsansätze sind das - nach aller Erfahrung - denkbar schlechte Voraussetzungen (vgl. Kapitel II).

So verwundert es nicht, daß eine substantielle regionale Integration im asiatisch-pazifischen Raum mit der Bildung von ANZCERTA und ASEAN bisher lediglich in begrenztem Rahmen zustandekam und zudem nur im Falle der ANZCERTA ein Erfolg war - zumindest hinsichtlich der Implementierung der geplanten Integrationsmaßnahmen. Regional wie weltwirtschaftlich spielen diese Zusammenschlüsse jedoch - wie gesagt - keine entscheidende Rolle.

6.   Neue Initiativen und ihre treibenden Kräfte

Trotz ökonomischer Eigendynamik der Regionalisierung und objektiver Integrations-hemmnisse hat sich in letzter Zeit die Diskussion um eine Intensivierung der intraregionalen Zusammenarbeit im asiatisch-pazifischen Raum verstärkt. Erörtert wird insbesondere die Möglichkeit des Entstehens eines asiatisch-pazifischen Handelsblocks (vgl. u.a. Anderson 1991). Besondere Aufmerksamkeit wird dabei der Rolle Japans und der Frage gewidmet, ob in Asien-Pazifik ein "Yen-Block" entstehen könnte (u.a. Frankel 1991).

Es gibt sowohl intra- wie extraregionale Kräfte, die eine Intensivierung der regionalen Zusammenarbeit sinnvoll bzw. notwendig erscheinen lassen könnten:

(1)   Extraregionale Triebkräfte

- *Zunehmender Regionalismus* in Nordamerika und Westeuropa;

- Die Möglichkeit handels- und investitionsumlenkender Effekte fortschreitender Integration in Nordamerika (NAFTA, Süderweiterung durch EAI) und Westeuropa (EWR, Osteuropäische Länder);

- Die Sorge, daß die *USA* mit dem Einstieg in NAFTA das multilaterale Handelssystem nicht mehr ausreichend stützen und ihren agressiven *Unilateralismus* noch verstärken, der besonders auf Japan, aber auch auf die Schwellenländer gerichtet ist (Young 1992, S. 10);

- Zweifel, ob Nordamerika und die Europäische Gemeinschaft bereit sind, die mit den neuen Integrationsinitiativen verbundenen Anpassungskonsequenzen auch tatsächlich selbst zu tragen;

- Die Sorge, daß mit oder ohne Integrationsfortschritte in Nordamerika und Westeuropa die *Handelsungleichgewichte* mit diesen Regionen fortbestehen und einer allgemeinen Zunahme des *Protektionismus* sowie einer strategischen Handels- und Industriepolitik Vorschub leisten - wirtschaftspolitische Maßnahmen, die sich besonders gegen die erfolgreichen asiatisch-pazifischen Länder richten könnten;

- Das Fehlen einer Institution, welche die Interessen der asiatisch-pazifischen Region wirksam in bilateralen und multilateralen Verhandlungen vertreten könnte (Okamoto 1993, S. 110), und das damit verbundene Gefühl, den anderen Regionen schutzlos gegenüberzustehen;

- Der Eindruck, daß der multilaterale Kurs und die Offenheit der asiatisch-pazifischen Region nicht genügend honoriert wird und sich somit immer weniger auszahlt (Young 1992, S. 10).

(2) Intraregionale Faktoren

- Verbesserte Voraussetzungen für industrielle Kooperation durch das sich *verringernde Industrialisierungsgefälle* in den ASEAN-Ländern (Okamoto, 1993, S. 111);

- Das Potential an *Komplementarität* zwischen den ASEAN-Staaten;

- *Der Abbau ideologischer Gegensätze und außenpolitischer Spannungen* innerhalb der asiatisch-pazifischen Region (Kim 1992, S. 83): Die Langzeitfolgen des Vietnam- und Kambodscha-Krieges klingen ab; die außenpolitische Isolation, in die China durch die blutige Niederschlagung oppositionellen Aufbegehrens geraten ist, wird zunehmend durch politischen und wirtschaftlichen Pragmatismus gelockert; China normalisiert seine Beziehungen zu Vietnam, Myanmar und Indonesien und verbessert sein Verhältnis zu Süd-Korea. Selbst in die kritische Beziehung zwischen Nord- und Süd-Korea gerät Bewegung;

- *Wirtschaftsreformen:* Die Länder der Region haben - mit wenigen Ausnahmen (Nord-Korea) - mittlerweile einen marktwirtschaftlichen Reformkurs eingeschlagen. Mit Beginn der Transformation der Wirtschaftssysteme auch in den sozialistischen Ländern verringern sich auch im ökonomischen Bereich ideologische Gegensätze. Tempo und Tiefgang der Liberalisierung sind zwar noch sehr unterschiedlich. Dennoch verbessert sich in der gesamten Region das Wirtschaftsklima erheblich. Die Attraktivität der Region für intra-regionale Investitionen und Handelsbeziehungen nimmt spürbar zu.

- Mit der *Transformation der sozialistischen Länder* rückt eine weitere Generation von Ländern nach, deren Wettbewerbsstärke u.a. bei arbeitsintensiver Fertigung liegt und die nicht nur aus diesem Grund ausländisches Kapital anziehen werden. Ländern wie der ASEAN-Gruppe erwächst hier *neue Konkurrenz*, die den Strukturwandel forcieren und möglicherweise auch zu neuen Integrationsinitiativen führen dürfte;

- Befürchtungen Australiens, von der am stärksten wachsenden Industrieregion Ostasien abgeschnitten zu werden und Märkte für seine umfangreichen natürlichen Ressourcen zu verlieren. (Okamoto 1993, S. 110).

Diese intra- und extraregionalen Faktoren haben in letzter Zeit eine Reihe neuer Initiativen zur verstärkten regionalen Zusammenarbeit ausgelöst. Dazu gehören die AFTA, der EAEC und die APEC.

Da die ASEAN vor allem bei der Intensivierung des internen Außenhandels keine nennenswerten Fortschritte erzielen konnte, wurde im Oktober 1991 ein neuer Anlauf unternommen, bis zum Jahr 2008 eine ASEAN-Freihandelszone für Industriegüter *ASEAN Free Trade Area* (*AFTA*) zu realisieren (Südostasien Aktuell 1992, S. 194-215). Dazu soll ein stufenweiser Zollabbau für alle Produkte des verarbeitenden Gewerbes vorgenommen werden, deren tarifäre Belastung dann nur noch maximal 5% betragen soll. Auch nicht-tarifäre Handelshemmnisse sind einbezogen, landwirtschaftliche Erzeugnisse und Kapitalgüter jedoch nicht zwingend. Es ist vorgesehen, für 15 Produktgruppen die Zölle beschleunigt abzubauen (fast track). Die neue Initiative verlor jedoch durch verschiedene Klauseln bereits zu Beginn an Elan. So wird es den Mitgliedsländern erneut erlaubt sein, für eine Übergangszeit bestimmte, aus nationaler Sicht "sensible" Produkte aus dem Verfahren herauszunehmen, um sich durch Strukturanpassungsmaßnahmen auf den zunehmenden Wettbewerbsdruck einstellen zu können. Zudem startete das Abkommen bereits mit zeitlicher Verzögerung, da nur Singapur zum 1.1.1993 mit dem Zollabbau begann. Der Erfolg der AFTA ist keinesfalls sicher vorgezeichnet. Er hängt auch weiterhin entscheidend vom politischen Willen aller Beteiligten ab, die beschlossenen Maßnahmen tatsächlich umzusetzen (zur politischen und wirtschaftlichen Bewertung der AFTA vgl. u.a. Imada, Naya 1992).

Auf Initiative des malaysischen Ministerpräsidenten Mahatir kam es im Dezember 1990 zu dem Vorhaben, eine *East Asian Economic Grouping (EAEG)* zu bilden. Diese Wirtschaftsgruppe sollte als Mitglieder die ASEAN-Staaten sowie China, Hongkong, Taiwan, Süd-Korea und Japan, nicht jedoch Nordamerika, umfassen. Ziel des von Anfang an sehr vage gehaltenen Vorschlages war es, einen über die ASEAN hinausgehenden regionalen Zusammenschluß in Asien zu etablieren und damit ein asiatisches Verhandlungsgegengewicht zur protektionistischen Handelspolitik der EG und der USA aufzubauen (Hilpert 1992, S. 260ff). Die implizite Konfrontation mit den USA bereitete jedoch von Beginn an politische Probleme - selbst im Lager der ASEAN-

APEC

- **Gegründet:** 1989 auf australische Initiative
- **Mitgliedschaft:** Japan, USA, Kanada, Australien, Neuseeland, VR China, die sechs ASEAN-Staaten (Thailand, Malaysia, Singapur, Indonesien, Philippinen, Brunei) Republik Korea, Taiwan, Hongkong, Papua-Neuguinea und inzwischen auch Mexiko.
- **Hintergrund:** Reaktion auf die fortschreitende regionale Integration in Europa und Nordamerika. Unterschiedliche Motive der Mitgliedsländer. USA: Wahrung ihrer politischen und wirtschaftlichen Präsenz in der Region; Japan: Absicherung seiner wirtschaftlichen Kooperationsstrategie; ASEAN-Länder: Schaffung eines Gegengewichts zu Japan.
- **Ziele:** Sicherung von Wachstum und Entwicklung der Region durch Förderung des Austausches von Gütern, Dienstleistungen, Kapital und Technologie durch politisches und ökonomisches Zusammenwachsen der heterogenen Partner in einem bewußt langfristig, offen, informell und pragmatisch angelegten Prozeß. Die Bildung eines formellen Handelsblocks ist nicht beabsichtigt. Vereinbart wurden u.a. : Nicht-diskriminierender Abbau von Barrieren im Austausch von Gütern, Dienstleistungen, Kapital und Technologie; Förderung der Humankapitalbildung; sektorale Zusammenarbeit; Förderung des privaten Sektors und der Marktwirtschaft.
- **Ergebnisse:** Bisher keine substantiellen Resultate. Vorrangig waren bisher Meinungs- und Informationsaustausch sowie Konsensfindung. Machbares wurde in Angriff genommen, Problematisches ausgeklammert. Begonnene Projekte: Aufbau von Datenbanken und andere fördernde Initiativen u.a. für die Bereiche allgemeine Länderinfomationen, intraregionaler Außenhandel, Transfer von Investitionen und Technologie; wirtschaftliche Kooperation (z.B. Energie, Fischerei, Transport, Tourismus), Umwelt, Telekom, Humankapitalförderung.

Quelle: Hilpert, Günter: Wirtschaftliche Integration und Kooperation im asiatisch-pazifischen Raum, Ifo-Studien zur Japanforschung 5, München 1992, S. 230ff;

Länder. Die EAEG-Initiative wurde dann auch in das Projekt eines *East Asian Economic Caucus (EAEC)* überführt, das offener in der Mitgliedschaft und kompatibler zur APEC blieb, jedoch durch die Begrenzung auf eine unverbindliche Konsultativfunktion noch weniger Substanz erhielt. Inzwischen haben sich die ASEAN-Staaten entschlossen, daß der EAEC der APEC eingegliedert werden und dort das asiatische Gewicht stärken sollte. Das würde insbesondere dann gelingen, wenn Japan und China in den EAEC einbezogen würden (Handelsblatt Nr.198 v. 13.10.1993).

Aus der Vielzahl von Ideen, Vorschlägen und Initiativen für regionale Zusammenarbeit ist die *APEC* diejenige mit den breitestem Spektrum (siehe Kasten).

7.   Macht- und Interessenkonstellationen

Angesichts des wirtschaftlichen Erfolgs, fortgeschrittener unilateraler Liberalisierung und faktischer Integration besteht solange keine Notwendigkeit zu formaler Blockbildung, wie die multilaterale Ordnung den asiatisch-pazifischen Ländern ausreichend Chancen und Schutz vor dem Protektionismus Nordamerikas und Europas bietet.

Gelingt die handelspolitische Disziplinierung der GATT-Teilnehmer bei erfolgreicher Umsetzung der Uruguay-Runde, dürften die Befürworter verstärkter formaler regionaler Integration hinsichtlich des zusätzlichen Nutzens in Beweisnot geraten. Geriete das multilaterale System jedoch in eine erneute Krise und/oder verschärften sich die handelspolitischen Spannungen zu Nordamerika und Europa, dann dürfte auch die Frage einer engeren formalen Zusammenarbeit in der asiatisch-pazifischen Region bedeutend intensiver diskutiert werden als bisher. Ziel dieser Bemühungen könnte es sein, in der asiatisch-pazifischen Region ein *Gegengewicht* zu Nordamerika und Europa aufzubauen. Dazu bestehen gute Voraussetzungen, da auf die Region bereits ein Sechstel des Welt-Bruttoinlandsproduktes und rund ein Viertel des Welthandels entfallen.

Ein solches Gewicht könnte eingesetzt werden um (Bollard, Mayes 1992, S. 208)

- *den multilateralen Prozeß der Handelsliberalisierung* funktionsfähig zu erhalten, von dem die Region bisher so stark profitiert hat und/oder

- die *regionale Zusammenarbeit* in der einen oder anderen Form zu forcieren und international durchzusetzen.

Es gibt gute Gründe für die asiatisch-pazifischen Länder, ihr weltwirtschaftliches Gewicht in einer stärker abgestimmten Form in *multilaterale Verhandlungen* einzubringen (Anderson 1991, S. 38f):

- Der intraregionale Austausch mag zwar aufgrund der Stärke "natürlicher" Verdichtungsfaktoren weiter zunehmen, jedoch bleibt wohl noch für geraume Zeit die extraregionale Abhängigkeit, besonders zu Nordamerika, bestehen (Fishlow, Haggard 1992, S. 28)

- Angesichts des dynamischen Industrialisierungsprozesses sowie der Ausbreitung und Vertiefung des technischen Fortschritts, wovon eine immer größere Anzahl von Ländern der Region erfaßt wird, ist einerseits mit zunehmender Wettbewerbsstärke, andererseits mit wachsenden Marktzutrittsproblemen in Nordamerika und Europa zu rechnen.

- Es mag der asiatisch-pazifischen Region bei einem Festhalten an multilateralen Grundsätzen eher möglich sein, Einfluß auf Regionalismustendenzen in Nordamerika und Europa zu nehmen. Mit der diskutierten Süderweiterung der NAFTA und der sich abzeichnenden Anbindung Osteuropas an den Europäischen Wirtschaftsraum entstünden sehr konkrete Risiken für die asiatisch-pazifische Region und zwar in Form von Handels- und Investitionsumlenkungen.

- Die hervorragenden Wachstumsprognosen, die der asiatisch-pazifischen Region für die Zukunft gestellt werden, haben weltweit soviel Aufmerksamkeit, Interesse und Engagement geweckt, daß die Region durchaus aus einer Position der Stärke in internationalen Verhandlungen agieren könnte.

- Schließlich sind Fortschritte und Erfolge der Reformpolitik, vor allem in den Transformationsländern sowie in den südasiatischen Ländern (Indien), sehr stark vom in- und extraregionalen Marktzugang abhängig. Wachsender, von Handelsablenkung und Protektionismus begleiteter Regionalismus in Nordamerika und Europa könnte einen Rückschlag für die Öffnungspolitik bedeuten und in der Folge auch politisch destabilisierend wirken.

Die beiden Ansätze schließen sich jedoch keineswegs gegenseitig aus, da sich im Vorfeld formaler Integration durchaus Ansatzpunkte für eine engere *regionale Zusammenarbeit* bieten, die von anderen Regionen nicht unbedingt als Regionalismus im protektionistischen Sinne verstanden werden müßten. Das Ausschöpfen dieser Möglichkeit trüge der latenten Gefahr handelspolitischer Gegenreaktionen wichtiger extraregionaler Handelspartner Rechnung. Wenngleich die USA mit Bildung der NAFTA ihre "multilaterale Jungfräulichkeit" eingebüßt haben und von den asiatischen Handelspartnern nicht mehr als von sich selbst verlangen dürften, so würden die USA dennoch eine solche Entwicklung nicht ohne weiteres hinnehmen und jegliche Diskriminierung konsequent ahnden. Der Weg formaler Integration mit der inhärenten Gefahr handelsablenkender Effekte wäre für die asiatisch-pazifischen Länder daher riskant.

Weiterhin bleibt es mehr als fraglich, ob es tatsächlich gelingen würde, angesichts der Heterogenität der Länder einen breiten regionalen Konsens über formale Integration herbeizuführen. Kleinere und homogenere Gruppierungen wie die *ASEAN* könnten Auftrieb erhalten und neue sich bilden (Bollard, Mayes 1992, S. 208). Regionale Zusammenschlüsse, die ein weltwirtschaftliches Gegengewicht darstellen sollen, müßten zwar nicht alle Länder der Region umfassen; die Einbeziehung einer oder mehrerer führender Volkswirtschaften (Japan, China) würde jedoch das Verhandlungsgewicht erhöhen.

Ein sog. *"Beijing Block"* unter der Führung Chinas könnte Süd- und Nord-Korea und andere konfuzianische Länder der Region wie Taiwan und Hongkong umfassen (Kim 1992, S. 80). China ist zwar immer noch sehr stark mit einem langfristig angelegten, gradualistischen Reform- und Transformationskurs befaßt wie auch mit der Stabilisierung der innenpolitischen Lage. Mit dem bevorstehenden Anschluß Hongkongs und den Fortschritten in der ökonomischen und vielleicht auch politischen Annäherung zu Taiwan werden jedoch erste Voraussetzungen geschaffen. Trotz immer noch niedrigem Pro-Kopf-Einkommen verbessert sich Chinas Position in der Region zusehends. Sie wird geprägt von der Größe seiner Bevölkerung, der außerordentlich dynamischen Wirtschaftsentwicklung seit Beginn des Reformkurses und seiner Ausstrahlung auf die asiatisch-pazifische Region. Dem zunehmenden wirtschaftlichen und politischen Gewicht Chinas und den daran möglicherweise anknüpfenden, hegemonialen regionalen Integrationsbestrebungen dürften andere Großmächte wie Japan und die USA jedoch nicht gleichgültig gegenüberstehen (Kim 1992, S. 81) und auch für die ASEAN-Länder oder Süd-Korea ist die Mitgliedschaft in einem von China dominierten Handelsblock nicht unbedingt erstrebenswert.

Japan ist inzwischen aufgrund seiner exzellenten Wirtschaftsentwicklung, seiner herausragenden Stellung im internationalen Handel, seiner enormen Finanzkraft und Währungsstärke in eine Position der weltwirtschaftlichen Verantwortung hineingewachsen, der sich das Land auf Dauer nur schwerlich entziehen kann. Die Haltung Japans in handelspolitischen Fragen ist entscheidend für multilaterale Verhandlungen, für Entwicklungen in Nordamerika und Europa und nicht zuletzt in der eigenen asiatisch-pazifischen Region. Was die regionale Integration in Asien-Pazifik anbelangt, so hängt es wesentlich auch von Japan ab, ob die Region weiter Nutzen aus der einem funktionsfähigen multilateralen Welthandelssystem ziehen kann oder dem Regionalismus anheimfällt.

Seit längerem gibt es Spekulationen über die Bildung eines "Yen-Blocks" (u.a. Frankel 1991; Fishlow, Haggard 1992, S. 28). Er könnte - von Japan angeführt - Länder wie Süd-Korea, die ASEAN-Mitgliedsstaaten und möglicherweise auch Australien und Neuseeland umfassen (Kim 1992, S. 80). Japan hat sich jedoch bisher nicht als regionale Hegemonialmacht in den Vordergrund gedrängt und auch regionale Integration nicht programmatisch forciert. Es bevorzugt offensichtlich eine faktische, ökonomisch fundierte Führung und Integration.

Offenes hegemoniales Machtstreben Japans z.B. in Form regionaler Zusammenschlüsse unter seiner Führung würde wahrscheinlich auch auf intra- und extraregionalen Argwohn und Widerstand stoßen. Zum einen gibt es in den Ländern der Region ebenso tiefsitzende Vorbehalte gegenüber einer chinesischen wie einer japanischen Vormachtstellung. Die Bildung eines exklusiv asiatischen Blocks unter Ausschluß der USA ist für zahlreiche Länder der Region aufgrund ihrer wirtschaftlich engen Bindungen zu den USA nur schwer vorstellbar. Hinzu kommen außenpolitische Bindungen, haben doch die Amerikaner in erheblichem Maße zum Nachkriegsaufbau in Ländern wie Süd-Korea und Taiwan beigetragen und in den Jahrzehnten des Ost-West-Gegensatzes der Expansion der Sowjetunion und Chinas in der Region wirksam entgegengewirkt. Dies sind wesentliche Gründe für die reservierte bis ablehnende Haltung asiatischer Länder gegenüber dem Vorschlag zur Bildung einer East Asian Economic Grouping (EAEG) (Fishlow, Haggard 1992, S. 29). Zum anderen würden die USA einer solchen Entwicklung vermutlich auch nicht gleichgültig gegenüberstehen (Kim 1992, S. 80f). In der EAEG-Initiative sah z.B. der amerikanische Botschafter in Japan eine mögliche Verstärkung wirtschaftlicher Rivalität zwischen den beiden wirtschaftlichen Supermächten (Fishlow, Haggard 1992, S. 29).

Japan dürfte die Sensibilität der asiatischen Länder wie der USA wohl realistisch einschätzen. Jedenfalls bewahrte es selbst Distanz zur EAEG-Initiative. Solange das Land - trotz Handelsbilanzungleichgewicht und entsprechender Spannungen zu den USA - stark nordamerikaorientiert bleibt, wird es eine Beteiligung an Integrationsexperimenten, die extraregionale Diskriminierung implizieren könnten, tunlichst vermeiden. Aus diesen Gründen käme wohl auch ein regionales Zusammengehen Japans mit China (Western Pacific Community) selbst nach Ausräumung bestehenden politischen Konfliktstoffes wohl kaum in Betracht (Kim 1992, S. 80).

Demgegenüber zeigt Japan Bereitschaft und eine Präferenz für lose Zusammenarbeit in der asiatisch-pazifischen Region. Die APEC läßt den Japanern die Möglichkeit einer mit den USA und - nach dem Beitritt von 1991 - auch mit China geteilten weltwirtschaftlichen Führerschaft (Drsydale 1991, S. 6). APEC bietet den Japanern die vorteilhafte Möglichkeit, Einfluß auf die USA auszuüben, in der NAFTA einen offenen Regionalismus zu unterlassen.

Mit der Verminderung militärischer Präsenz in der asiatisch-pazifischen Region infolge der veränderten weltpolitischen Lage und drückender Haushaltsprobleme ist für die *USA* keineswegs die Räumung einer außenpolitischen Interessenssphäre verbunden. Ökonomisch bleibt die Region für die Amerikaner wichtig, ja ihre Bedeutung dürfte sich eher noch verstärken, denn auch die USA haben erkannt, daß Asien schon bald das Zentrum globaler wirtschaftlicher und finanzieller Aktivitäten werden könnte.

Die Entwicklung in der asiatisch-pazifischen Region hat das weltwirtschaftliche Kräfteverhältnis schon jetzt spürbar verändert. Es hat sich ein dritter großer Wirtschaftsblock herausgebildet, der die USA z.B. im Handel längst überflügelt hat. Der Region werden hervorragende Wachstumsprognosen gestellt.[14] In den neunziger Jahren dürften die asiatisch-pazifischen Länder nach vorliegenden Prognosen erneut der am schnellsten wachsende Teil der Weltwirtschaft sein (vgl. Schaubild III.1). "Asia will soon become the undisputed center of global economic and financial activity", sagt Kim mit vielen anderen voraus (Kim 1992, S. 80). Asiens BIP dürfte um die Jahrtausendwende an das europäische und amerikanische heranreichen und zwar selbst ohne Einrechnung Japans und Chinas (Kim 1992, S. 80; Won 1992, S. 179; Nomura 1989).

---

14 *Nomura* (1989); *Prognos* (1993); *McCarthy* (1991); *World Bank* (1993); *Kwan* (1991); *The Japan Center for Economic Research* 1992; *Kim* (1992); *Won* 1992.

Schaubild III.1: **Wachstumsregion Asien-Pazifik**
Durchschnittliches reales Wachstum des BIP nach Regionen
in %
p.a. 1980-90 und 1990-2000

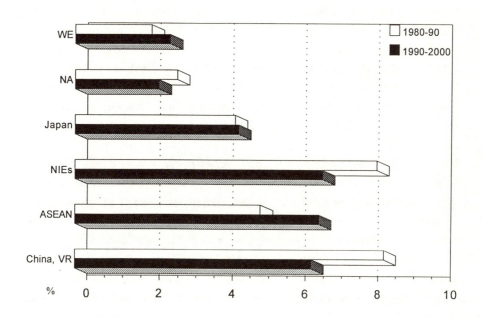

Quelle: The Japan Center for Economic Research , The Coming Multipolar Economy, The World and
Japan in 2010, Tokyo 1992.

Dennoch haben die USA lange kein Interesse daran gezeigt, sich an formalen
Integrationsprojekten der asiatisch-pazifischen Region zu beteiligen. Hintergrund war
u.a. die Tatsache, daß sie im Rahmen solcher Abkommen eine umfassende, reziproke
Liberalisierungsverpflichtung eingehen müßten, wozu sie aufgrund ihrer ungelösten
Strukturprobleme nicht bereit sein dürften. Stattdessen haben die Amerikaner ihre
Wirtschaftsbeziehungen zu Asien bislang primär bilateral geregelt (Fishlow, Haggard
1992, S. 30). Neben zahlreichen sektoralen Selbstbeschränkungsabkommen und
Liberalisierungsinitiativen (z.B. die Structural Impediments Initiative mit Japan)
verstärkten sie besonders ihre Kontakte zu den ASEAN-Ländern. Im Dezember 1990
kam ein Memorandum of Understanding zustande, das u.a. die Möglichkeit zur Bildung

123

einer USA-ASEAN Freihandelszone erwähnt; Einzelvereinbarungen wurden mit den Philippinen (1989) und Singapur (1991) geschlossen. Es bleibt indes mehr als fraglich, ob sich diese Pläne verwirklichen lassen. Überdies gehören die ASEAN-Länder (noch) nicht zu den "major players" der Region.

Inzwischen sind die USA dem Gedanken einer institutionalisierten asiatisch-pazifischen Wirtschaftszone jedoch anscheinend näher getreten. Jedenfalls fand der von Fred Bergsten auf der letzten APEC-Konferenz von Seattle im November 1993 in einem Bericht unterbreitete Vorschlag auffallendes Interesse auf Seiten der amerikanischen Regierung, dagegen Skepsis in asiatischen Kreisen. Es bleibt einstweilen offen, ob die Amerikaner lediglich Druck auf die zu jenem Zeitpunkt noch laufende Uruguay-Runde ausüben wollten oder das Vorhaben tatsächlich ernsthaft vorantreiben wollen.

Die Konferenz von Seattle verabschiedete lediglich ein weiterhin nicht bindendes Rahmenprogramm zur Liberalisierung von Handel und Investitionen in der Region. Arbeitsgruppen sollen sich nun u.a. mit der Vereinfachung und Harmonisierung von Zollverfahren, mit der Erstellung von Zolltarifdatenbanken sowie mit administrativen Aspekten des Marktzugangs befassen (vgl. Nachrichten für Außenhandel v. 1.12.1993). Mit der inzwischen vollzogenen Aufnahme Mexikos und dem geplanten Beitritt Chiles dürfte sich - um eine innere Konsolidierung zu erreichen - der Kreis der APEC-Mitglieder für eine Weile wohl nicht mehr ausweiten (vgl. Nachrichten für Außenhandel v. 24.11.1993).

8. Ausblick

Gelänge im Rahmen der APEC langfristig tatsächlich ein weitgehender Abbau von Hemmnissen im Bereich des intraregionalen Güter-, Dienstleistungs- und Kapitalverkehrs, dann entstünde faktisch der mit Abstand größte Wirtschaftsraum der Welt. Die Heterogenität der Region und das Erfordernis eines Machtgleichgewichts dürften der Bildung einer Super-Integrationszone Asien-Pazifik, welche die derzeitige tripolare Welt in eine bipolare verwandeln könnte, jedoch noch für geraume Zeit entgegenstehen. Denkbar ist die Bildung bzw. Weiterentwicklung kleinräumigerer regionaler Zusammenschlüsse, die jedoch ohne die Beteiligung zumindest einer wirtschaftlichen Führungsmacht der Region weltwirtschaftlich unbedeutend bleiben dürften. Deren Interesse an "Integrationsexperimenten" könnte durch wachsenden Regionalismus in Nordamerika und Europa und einen Niedergang des multilateralen

Systems erheblich wachsen. Solange dies jedoch nicht eintritt, darf vermutet werden, daß die Länder der asiatisch-pazifischen Region sowohl die regionale als auch die multilaterale Karte spielen werden; das ist solange kein Widerspruch, wie ein *offener Regionalismus* betrieben wird. Für die asiatisch-pazifische Region heißt das (Young 1992, S. 13):

- Verzicht auf wahrscheinlich wenig fruchtbringende Experimente mit formaler regionaler Integration,

- Bemühungen um Koordinierung und Harmonisierung der Wirtschaftspolitik,

- Verbesserung der regionalen Infrastruktur zum Abbau physischer, telekommunikativer und kultureller Handelshemmnisse,

- Schaffung gemeinsamer Institutionen.

D.   ÜBRIGE REGIONEN

1.   Proliferation regionaler Zusammenschlüsse

Regionalisierungstendenzen waren und sind nicht nur auf Westeuropa, Amerika sowie die asiatisch-pazifische Region beschränkt. Die Belebung alter und die Planung neuer regionaler Zusammenschlüsse sind ein weltweites Phänomen. Es gibt heute nur noch wenige Länder, die keiner regionalen Gruppierung angeschlossen sind. Der Inhalt der Abkommen variiert erheblich und reicht von bilateralen Vereinbarungen benachbarter Länder bis hin zu weitgespannten sub-regionalen Abkommen mit teilweise überlappenden Mitgliedschaften. Unterschiedlich sind auch die Inhalte der Vereinbarungen, die sektorale Zusammenarbeit, Zollpräferenzen, die Bildung von Freihandelszonen oder die Schaffung umfassender Zoll- und Wirtschaftsunionen beinhalten und teilweise auch politische Kooperation vorsehen. Die Wirklichkeit bleibt dabei in der Regel weit den Zielvorstellungen zurück.

a.   Afrika

Afrika hat im Vergleich zu anderen Weltregionen die größte Anzahl von Integrationsvereinbarungen, zugleich jedoch auch die schlechteste Bilanz im Hinblick auf ihre Wirksamkeit (vgl. dazu und zum folgenden u.a.: Langhammer, Hiemenz 1990, S. 34ff.; de la Torre, Kelly 1992, S. 25; UNCTAD 1993a). Die afrikanischen Integrationsbemühungen hatten zunächst ihre Wurzeln im Versuch, den Nationalismus aufzubrechen, der sich nach erfolgreicher Dekolonialisierung auf diesem Kontinent ausbreitete, und kollektiv eine eigenständige wirtschaftliche Entwicklung als Gegengewicht zu den ökonomischen Großmächten anzustoßen (collective self-reliance). Auch das Ziel, traditionelle, in der Kolonialzeit unterbrochene Wirtschaftsbeziehungen wiederherzustellen, spielte eine Rolle. Ferner lösten die politischen Spannungen im südlichen Afrika Integrationsimpulse aus, bei denen es den Entwicklungsländern um den Abbau ihrer Abhängigkeit von der Republik Südafrika ging.

1980 sollte mit dem *Lagos Plan of Action* ein Rahmen für die Vielzahl sub-regionaler Bemühungen in West-, Ost- und Südafrika geschaffen werden. Das Zusammenführen der Integrationsansätze erwies sich jedoch als äußerst schwieriges Unterfangen. Die nach wie vor geringe Konsistenz der afrikanischen Integrationsbestrebungen drückt sich auch heute noch in der "Proliferation" von Abkommen, multipler Mitgliedschaft, kontraproduktiven institutionellen Überschneidungen und widersprüchlichen Regelungen aus. Allein 16 afrikanische Länder gehören drei oder mehr subregionalen Zusammenschlüssen an; Niger bringt es auf sieben verschiedene Mitgliedschaften (UNCTAD 1993a, S. 27). Mit dem Vertrag von Abuja wurde 1991 ein erneuter Versuch gemacht, die Zersplitterung der afrikanischen Integrationsbewegung mit Hilfe eines langfristig angelegten, phasenweisen Vorgehens zu überwinden. Ziel ist die Errichtung einer *African Economic Community - AEC* (UNCTAD 1992, S. 16f.). Zu den heute bestehenden Abkommen gehören u.a.:

- West African Economic Community - WAEC
  Benin, Burkina Faso, Côte d'Ivoire, Mali, Mauretanien, Niger, Nigeria, Senegal

- Economic Community of West African States - ECOWAS
  Benin, Burkina Faso, Côte d'Ivoire, Gabun, Gambia, Ghana, Guinea, Guinea-Bissau, Liberia, Mali, Mauretanien, Niger, Nigeria, Senegal, Sierra Leone, Togo

- Economic Community of Central African States - ECCAS
  Äquatorialguinea, Burundi, Gabun, Kamerun, Kongo, Ruanda, São Tomé, Tschad, Zaire, Zentralafrikanische Republik

- Central African Customs and Economic Union - CACEU
  Äquatorialguinea, Gabun, Kamerun, Kongo, Tschad, Zentralafrikanische Republik

- East African Community - EAC
  Kenia, Tansania, Uganda

- Preferential Trade Area - PTA
  Common Market for Eastern and Southern Africa - COMESA
  Angola, Äthiopien, Botswana, Burundi, Dschibuti, Eritrea, Kenia, Komoren, Lesotho, Madagaskar, Malawi, Mauritius, Mosambik, Ruanda, Sambia, Seschellen, Simbabwe, Somalia, Sudan, Swasiland, Tansania, Uganda

- Southern African Development Community - SADC
  Angola, Botswana, Lesotho, Malawi, Mosambik, Namibia, Sambia, Simbabwe, Swasiland, Tansania.

Neben den Versuchen formaler regionaler Integration gab und gibt es in Afrika ferner eine Reihe von Vereinbarungen, in deren Mittelpunkt nicht die handelspolitische, sondern eine pragmatische, sektorale Zusammenarbeit steht. Dazu gehört u.a. eine Reihe von Organisationen, die auf die Entwicklung von Flußregionen ausgerichtet sind.

b. Naher und Mittlerer Osten

Im Nahen und Mittleren Osten war die Neigung zur regionalen Zusammenarbeit deutlich geringer als in Afrika und Lateinamerika (Langhammer, Hiemenz 1990, S. 51ff.; El-Naggar 1992; Fischer 1992). Die Ursache liegt vor allem in den erheblichen ideologischen Gegensätzen, der politischen Instabilität, den militärischen Konflikten und den großen Entwicklungsunterschieden in dieser Region. Länder, die über besondere Beziehungen zu Industrieländern in Europa verfügten - wie die Maghreb-Staaten -, waren und sind überdies eher am Ausbau dieser Beziehungen als an regionalen Verbindungen untereinander interessiert. Diese Faktoren haben dennoch das Entstehen neuer, oftmals jedoch nur rhetorischer und somit flüchtiger Integrationspläne nicht grundsätzlich gehemmt. Zu den Integrationsprojekten dieser Regionen gehören u.a.:

- Arab Common Market - ACM
  Ägypten, Irak, Jemen, Jordanien, Libyen, Mauretanien, Syrien

- Arab Maghreb Union - AMU
  Algerien, Libyen, Mauretanien, Marokko, Tunesien

- Economic Cooperation Organization - ECO
  Afghanistan, Aserbaidschan, Iran, Kasachstan, Kirgistan, Pakistan, Türkei, Turkmenistan, Tadschikistan, Usbekistan

- Gulf Cooperation Council - GCC
  Bahrain, Kuwait, Oman, Katar, Saudi-Arabien, Vereinigte Arabische Emirate

c. Südasien

In Südasien entsprang der einzige nennenswerte Integrationsansatz der Blockfreien-Bewegung und hatte entsprechend die Stärkung der politischen und ökonomischen *collective self-reliance* zum Ziel. Die

- South Asian Association for Regional Cooperation - SAARC
  Bangladesch, Bhutan, Indien, Malediven, Nepal, Pakistan, Sri Lanka

ist aufgrund der vielfältigen politischen und ökonomischen Spannungen zwischen den Mitgliedern und des indischen Übergewichts von Beginn an ein schwieriger und de facto bislang auch wenig wirkungsvoller Zusammenschluß.

d. *Eurasien*

Schließlich ist von den neueren Integrationsplänen ein weitgespannter, jedoch bislang noch loser eurasischer Zusammenschluß zu erwähnen, dessen Entstehen auf die veränderten Machtverhältnisse in Osteuropa zurückzuführen ist:

- Black Sea Economic Cooperation Zone - BSECZ
  Albanien, Armenien, Aserbaidschan, Bulgarien, Georgien, Griechenland, Moldawien, Rumänien, Rußland, Türkei, Ukraine.

Die Initiative für diese Gruppierung ging von der Türkei aus. Ihr dient das Projekt primär als Instrument, die eigene politische und wirtschaftliche Position in dieser Region zu festigen. Ein Substitut für ihre seit langem angestrebte Vollmitgliedschaft in der EG stellt das Vorhaben jedoch nicht dar; es ist als "eine Erweiterung der europäischen Dimension" mit dem Ziel gedacht, eine "Zone der eurasischen Zusammenarbeit" zu schaffen (Gumpel 1993, S. 182).

2.   Determinanten der Mißerfolge

Was die Zukunft der regionalen Zusammenschlüsse außerhalb der großen regionalen Blöcke angeht, so wären die Erfolgsaussichten äußerst gering einzuschätzen, würde man allein von den Ergebnissen der bisherigen Integrationsversuche der Entwicklungsländer ausgehen. Von Ausnahmen abgesehen, gelang es nämlich bisher nicht, den intra-regionalen Handel durch den Abbau von Handelshemmnissen und durch andere Integrationsmaßnahmen in nennenswertem Umfang auszuweiten. In den meisten Gruppierungen beträgt der intra-regionale Handel weniger als 10%, in einigen sogar weniger als 1%. Entsprechend gering ist ihre weltwirtschaftliche Relevanz (vgl. UNCTAD 1993b, S. 32, sowie Kapitel 4). Die wirtschaftlichen Erfolge einiger Integrationsländer stellten sich eher trotz als durch die regionalen Zusammenschlüssen ein (Langhammer 1990, S. 59). Viele Integrationspläne wurden nie realisiert, ehrgeizig begonnene Projekte verflachten, verloren durch Austritte von Mitgliedern, zeitliche,

quantitative und qualitative Verwässerung der ursprünglichen Integrationsvereinbarungen oder schlichte Nicht-Umsetzung vorgesehener Maßnahmen an Wirkung.

Die Ursachen sind komplex (Langhammer, Hiemenz 1990, S. 59ff.). Zu den politischen
Hemmnissen gehörten ausgeprägter Nationalismus, die politische Instabilität der einzelnen Länder, ihre Konflikte untereinander sowie teilweise auch divergierende ordnungs-
politische Auffassungen. Für die Bemühungen um regionale Integration wirkte sich ferner der unterschiedliche Entwicklungsstand nachteilig aus. Besonders die verbreitete Präferenz für eine auf Importsubstitution basierende Entwicklungsstrategie führte zu einer
geringen Integrationsneigung und behinderte sowohl das Zustandekommen als auch die
Realisierung und Fortentwicklung von Integrationsvorhaben. Die generell fehlende Bereitschaft zur partiellen Aufgabe nationaler Souveränitätsrechte - vor allem im handelspolitischen Bereich - und die Vorbehalte gegenüber dem Eintritt in eine zumindest
regional begrenzte Arbeitsteilung führten zu sehr geringen Zollzugeständnissen und zu
restriktivem Abbau sonstiger Hemmnisse im Waren-, Dienstleistungs- und Kapitalverkehr. Der harte Kern der Protektion wurde vielfach durch mehr oder weniger umfangreiche Ausnahmelisten für sensible Bereiche umgangen, die Umsetzung der vereinbarten Liberalisierung zeitlich immer wieder hinausgezögert oder die eingegangenen Integrations-
verpflichtungen schlicht suspendiert. Die Inkonsequenz der Integrationspolitik wurde
durch Zweifel an der ausgewogenen Verteilung der Kosten und Nutzen und fehlenden
oder unzureichenden Kompensationsmechanismen verstärkt. Unter diesem Problem litten
auch die gemeinsam geplanten, doch allzu oft nicht einmal begonnenen Industrie- und In-
frastrukturprojekte.

Sehr ungünstig wirkten sich auch die binnen- und weltwirtschaftlichen Rahmenbedingungen auf die Integrationsbemühungen aus. Das verbreitete politische und wirtschaftliche
Mißmanagement sorgte für denkbar schlechte Voraussetzungen für das Entstehen neuer
und die Funktionsfähigkeit bestehender regionaler Zusammenschlüsse. Staatsinterven-
tionismus, Behinderung privatwirtschaftlicher Initiative, zerrüttete Staatsfinanzen und
hohe Inflation trugen zur gesamtwirtschaftlichen Destabilisierung bei. Hinzu kam der
außenwirtschaftliche Dirigismus mit Kapitalverkehrskontrollen, Devisenbewirtschaftung,
verzerrten Wechselkursen und hohem Protektionsgrad. Auch die externen Schocks der
70er und 80er Jahre sowie die hohe Schuldenlast vieler Entwicklungsländer führten zu
einer Konzentration der wirtschaftspolitischen Kräfte auf Krisenmanagement, interne
Stabilisierung und Strukturanpassung und ließen wenig Spielraum für regionale Integrationsbemühungen.

3. Veränderte Rahmenbedingungen

Inzwischen sind die Rahmenbedingungen für verstärkte regionale Zusammenarbeit durch Entschärfung politischer Konflikte (z.B. südliches Afrika, Naher Osten) sowie durch eine deutlich gewachsene Bereitschaft zu Reformen im allgemeinen und zu außenwirtschaftlicher Öffnung im besonderen günstiger geworden. Die in vielen Entwicklungsländern eingeleitete und in manchen bereits sehr weit vorangetriebene Abkehr von der Importsubstitutionspolitik und die Hinwendung zu einer zumindest selektiven Weltmarktintegration belegen wie auch die Revision verzerrter Wechselkurse und die zahlreichen anderen Schritte zur Strukturanpassung und Liberalisierung von Handel und Investitionen, daß diese Reformen, die bereits als "stille Revolution" bezeichnet werden, in zahlreichen Ländern durchaus Substanz haben.

Die Reformen haben ihren Niederschlag auch in den regionalen Integrationprojekten gefunden. Nahezu alle Vereinbarungen sind in letzter Zeit mit dem Ziel revidiert worden, den Prozeß der Integration von Märkten zu stärken (UNCTAD 1993b, S. 31ff.). Dies soll nicht nur durch den weiteren Abbau von tarifären und nicht-tarifären Handelshemmnissen, sondern auch durch eine intensivere funktionale Zusammenarbeit z.B. in den Bereichen Infrastruktur, Währung und Finanzen, Investitionsförderung und Unternehmenskooperation erreicht werden. Auffallend ist auch hier die Betonung der Offenheit der geplanten bzw. wieder zu belebenden regionalen Integrationsvorhaben. Weitere Merkmale der Neuorientierung sind die wachsende Akzeptanz unterschiedlicher Integrationsgeschwindigkeiten und die Aufnahme neuer Bereiche in die regionale Zusammenarbeit (z.B. Dienstleistungen, Wissenschaft und Technologie und Umweltschutz) (UNCTAD 1993b, S. 33).

Die neue Welle offenerer regionaler Zusammenschlüsse von Entwicklungsländern und deren gewachsene Bereitschaft zur Mitarbeit im GATT sind auch eine Reaktion auf die sich verstärkende formale und/oder faktische Integration in Westeuropa, Nordamerika und im asiatisch-pazifischen Raum sowie die Befürchtungen, von dieser Entwicklung abgekoppelt, und letztlich ausgegrenzt und marginalisiert zu werden. Da nur für wenige Länder eine reale Aussicht auf eine institutionalisierte Anbindung an die großen Blöcke besteht, ist ihnen an einer Stärkung des GATT und seines Einflusses auf die Offenhaltung der großen Blöcke gelegen.

4. Ausblick

Dennoch sollten die neuerlichen Integrationsversuche der Entwicklungsländer auch weiterhin skeptisch beurteilt werden. Konkretisierung und Realitätsgehalt variieren beträchtlich. Manche Vereinbarungen sind bereits vertraglich fixiert, viele bestehen dagegen nur
aus vagen Absichtserklärungen, entpuppen sich bei näherer Betrachtung als sehr langfristige Vision oder angesichts des Fortbestehens grundlegender politischer und wirtschaftlicher Gegensätze als reines Wunschdenken. Die Beurteilung der Erfolgschancen ist daher zwangsläufig spekulativ. Es kann jedoch davon ausgegangen werden, daß auch die
neuen Bemühungen der Entwicklungsländer um verstärkte regionale Zusammenschlüsse
außerhalb der drei großen Wirtschaftsräume auf absehbare Zeit weltwirtschaftlich von
untergeordneter Bedeutung bleiben werden.

IV. WIRKUNGEN DES REGIONALISMUS AUF DEN INTERNATIONALEN HANDEL

A. DIE EXTERNEN WIRKUNGEN REGIONALER INTEGRATION IN DER THEORIE

Regionale Zusammenschlüsse, bei denen die betreffenden Länder sich gegenseitig exklusive Handelspräferenzen einräumen, führen vielfach dazu, daß Importe aus Drittländern verdrängt werden, weil etwa

- die Präferenzmarge den Kostenvorteil des Auslandes übersteigt,

- in einer Zollunion Länder mit niedrigen Ausgangszöllen ihren Außenschutz an den höheren gemeinsamen Zolltarif angleichen, oder

- Skalenvorteile der Integration durchschlagen.[1]

Diese externen Abschließungseffekte regionaler Integration ("trade diversion" und "trade suppression") werden in der von Jacob Viner begründeten Zollunionstheorie den internen Aufschließungseffekten durch Handelsschaffung ("trade creation") gegenübergestellt, bei der Einfuhren aus dem Partnerland inländisches Angebot verdrängen.[2] Für die gesamt- (und welt-) wirtschaftliche Beurteilung regionaler Integrationsprojekte ist demnach entscheidend, welcher der beiden Effekte überwiegt.[3] Dies wiederum ist ausschließlich eine empirische Frage, ist doch die Zollunionstheorie ein typischer Fall der Theorie des Zweitbesten (vgl. Lipsey, Lancaster 1956-57), deren "byzantinische Verwicklungen" am Beispiel präferentieller Handelsvereinbarungen erst "entdeckt" wurden (Krugman 1992, S. 1): weder die Situation *vor* der Integration noch *nachher* ist optimal, da in beiden Fällen Handelsschranken die Ressourcenallokation verzerren. Die Theorie kann deshalb auch nicht von vornherein den Wohlfahrtseffekt eines Integrationsvorhabens bestimmen, sondern nur Bedingungen angeben, unter denen Integration die Wohlfahrt steigert bzw. Handelsumlenkung minimiert. Die Gefahr der Handelsumlenkung wird minimiert, wenn die Volkswirtschaften der Partnerländer bereits vor der Präferenzierung eng miteinander

---

1   Auf die Bedeutung der Skalenvorteile weist *Corden* (1972) hin. Sie implizieren zugleich Kostensenkung und mögliche Handelsunterdrückung: Importe aus Drittländern werden durch inländisches Angebot ersetzt, das trotz der Kostensenkung ohne Protektion nicht bestehen könnte. Skalenvorteile der Integration erhöhen insoweit die Wohlfahrt der Partnerländer, während sie den "Rest der Welt" schlechterstellen.

2   Vgl. auch oben Kapitel II.

3   Im Rahmen eines partiellen Gleichgewichtsmodells, mit konstanten Kosten, ergibt sich ein Wohlfahrtsgewinn (Verlust), wenn der Umfang der Handelsschaffung, multipliziert mit den Stückkostendifferenzen zwischen den Partnerländern, größer (kleiner) ist als der Umfang der Handelsumlenkung, multipliziert mit den Stückkostendifferenzen zwischen Partner- und Drittländern vgl. *Balassa* (1987, S. 43).

verflochten waren (vgl. De la Torre, Kelly 1992, S. 4). Sie ist gering, wenn die (nichtdiskriminierenden) Zölle der Integrationspartner vorher entweder sehr niedrig oder sehr hoch lagen. Sie nimmt mit wachsender Größe des Integrationsraumes ab und ist außerdem um so weniger bedrohlich, je ähnlicher die Produktionsstrukturen der Partnerländer sind.[4]

Die tatsächlichen externen Wirkungen, die mit einer internen Öffnung regionaler Märkte verbunden sind, bestehen indes nicht allein in einer einmaligen Produktionsverlagerung vom kostengünstigeren externen zum teureren internen Standort und der damit einhergehenden Substitution von Drittlandsgütern durch Partnerlandprodukte, sondern umfassen eine Reihe weiterer Effekte, die vorwiegend dynamischer und langfristiger Natur sind und eher indirekt wirken; sie implizieren teils eine Steigerung, teils einen Rückgang des externen Handels. Zu diesen Effekten zählen in erster Linie:

- Importsteigerungen aufgrund steigender Realeinkommen und Produktion im Integrationsgebiet;

- Außenhandelseffekte integrationsbedingter Direktinvestitionen;

- externe Wirkungen erhöhter Integrations*intensität*;

- Implikationen der Außenwirtschafts*politik*;

- Terms-of-Trade-Effekte der Integration.

Produktions- und Einkommenssteigerungen infolge regionaler Integration werden aus verschiedenen Quellen gespeist:

- bessere Nutzung komparativer Kosten-(Spezialisierungs)Vorteile;

- Kostensenkung durch die Skaleneffekte integrierter Märkte;

- erhöhte Investitionsanreize;

- Wettbewerbsintensivierung mit der Folge steigender technischer und organisatorischer Effizienz (insbesondere durch Abbau von hinter Schutzmauern sich ausbreitender "X-Ineffizienz") und beschleunigter Innovation;

- Synergieeffekte durch Kooperation, Fusion usw.

---

4   Allgemein zu den die Wohlfahrtswirkungen einer Zollunion beeinflussenden Faktoren vgl. *Balassa* (1987, S. 44).

Diese Effekte erhöhen die Gesamtnachfrage und so auch die Nachfrage nach Importgütern. Gleichzeitig profitieren ausländische Anbieter auch unmittelbar von der Schaffung großer und einheitlicher regionaler Märkte, die nicht mehr durch administrative, technische oder regulatorische Schranken in nationale Teilmärkte segmentiert werden. Es findet daher nicht nur interne, sondern auch externe Handelsschaffung statt.[5] Aufgrund erhöhter internationaler Wettbewerbsfähigkeit (durch Produktivitäts- und Effizienzsteigerung) der Unternehmen im Integrationsgebiet können ausländische Anbieter aber auch von inländischen Märkten verdrängt werden sowie Marktanteile im eigenen Land und in Drittländern verlieren (vgl. Schott 1992, S. 403). Zu berücksichtigen wäre jedoch ebenfalls der Wohlfahrtsgewinn ausländischer **Abnehmer** durch Importverbilligung (vgl. Vanston 1993, S. 6). Durch ausgleichende Bewegungen der Wechselkurse (Aufwertungstendenz der "Integrations"-Währungen) werden solche Effekte indes wieder abgeschwächt.

Zu den beschriebenen Produktions- und Einkommenssteigerungen können auch ausländische **Direktinvestitionen (DI)** beitragen, die in verschiedener Weise von der Integration beeinflußt werden und ihrerseits u.a. die externen Handelsströme tangieren. Denkbar ist etwa, daß kostenorientierte DI der Partnerländer von Drittländern auf den Integrationsraum umgelenkt werden und so externe Importe arbeits- und sachkapitalintensiver (standardisierter) Produkte ersetzen. DI der Partnerländer können ebenfalls, begünstigt etwa durch Local-content-Regelungen, DI aus Drittländern verdrängen. Quantitativ bedeutender als eine solche **Umlenkung** der DI-Ströme dürfte jedoch der integrationsbedingte **Zustrom** von DI in das Integrationsgebiet sein. Ob die regionale Integration dabei eher handelsfördernde oder handelsersetzende DI-Ströme anlockt, und welche Wohlfahrtswirkungen mit ihnen verbunden sind, hängt wesentlich von der Handels- und Niederlassungspolitik im Integrationsgebiet ab. Bei (tatsächlicher oder erwarteter) restriktiver Politik (protektionistisches Antidumping, diskriminierende öffentliche Auftragsvergabe, Selbstbeschränkungsabkommen, Local-content-Vorschriften, Niederlassungsbeschränkungen etc.) ist zu erwarten, daß Importe aus Drittländern durch lokale, den Marktzugang sichernde Produktion ausländischer Unternehmen substituiert werden oder ersatzlos entfallen und hauptsächlich die Exportländer Beschäftigungs- und Wohlfahrtsverluste erleiden. Bleibt die Politik hingegen unverändert, oder werden Handels- und Niederlassungsschranken *ab*gebaut, so dürften nicht nur die Direktinvestitionen steigen, aufgrund von Skalenvorteilen etwa oder weil erhöhter Wettbewerb verstärkte Marktpräsenz erfordert, sondern mit ihnen auch die Handelsströme expandieren und beide Seiten Wohlfahrtsgewinne erzielen.

---

5 Zur Unterscheidung zwischen interner und externer Handelsschaffung vgl. *Truman* (1975, S. 4ff.).

Von der Außenwirtschaftspolitik hängt es auch ab, wie sich die externen Wirkungen regionaler Integration mit der *Integrationstiefe* verändern. In der Zollunionstheorie wird gewöhnlich nur der Fall "flacher" Integration behandelt: der exklusive Abbau von Zöllen und sonstigen "Grenz"-Maßnahmen, die gezielt ausländische Anbieter diskriminieren. Kaum berücksichtigt wird der Fall "tiefer" Integration, bei der auch die - gewollt oder ungewollt - diskriminierenden Wirkungen von "Inlands"-Maßnahmen und -regelungen zwischen den Unionsländern ausgeschaltet werden.[6] Unter externem Aspekt unterscheiden sich die beiden Integrationsformen sowohl im Hinblick auf ihr Potential für Handelsumlenkung als auch für externe Handelsschaffung. In beiderlei Hinsicht erscheint die "tiefe" Integration der "flachen" aus weltwirtschaftlicher Sicht überlegen: es werden Märkte geöffnet, die fast völlig gegen Auslandskonkurrenz abgeschottet waren (Beispiele wären einige Dienstleistungsbranchen und Teile des öffentlichen Auftragswesens), so daß Handelsumlenkung "mangels Masse" von vornherein kaum in Frage kommt; und es werden einheitliche Zugangsbedingungen zu den regionalen Gesamtmärkten, etwa durch Vereinheitlichung oder gegenseitige Anerkennung von Sicherheitsstandards, technischen Normen und Dienstleistungsregulierungen, geschaffen, die auch das Absatzpotential für externe Anbieter entscheidend verbessern. Ähnliches gilt für den Abbau wettbewerbsverfälschender Subventionen im Integrationsgebiet, der unmittelbar auch der Konkurrenz in Drittländern nützt. Der Marktzugang für Unternehmen dieser Länder könnte allerdings durch Reziprozitätsforderungen mit Sanktionsdrohung, Local-content-Regelungen, Niederlassungsbeschränkungen usw. erschwert werden. Auch könnte die Union versucht sein, etwa zur Kompensation verstärkten internen Anpassungsdruckes oder aufgrund gestiegener internationaler Verhandlungsmacht das Außenschutzniveau allgemein zu erhöhen.

Das "Exportieren von Integrationskosten" wird als "eine Konstante von Versuchen regionaler Integration" angesehen (Bellers, Häckel 1990, S. 295). Durch *Ent*lastung von externem Wettbewerbsdruck soll die *Be*lastung durch verschärften internen Wettbewerb infolge der Marktintegration gemildert werden. In die Sprache der Zollunionstheorie übertragen: Handelsschaffung wird endogen in Handelsumlenkung transformiert (Bhagwati 1992, S. 455f.). Dies läßt sich an einem fiktiven Beispiel illustrieren: Mexiko verdrängt aufgrund eines Freihandelsabkommens mit den USA amerikanische Schuhpro-

---

6 Zu den Begriffen "flache" und "tiefe" Integration vgl. auch *Lawrence* (1991a, S. 13), der als Unterscheidungskriterium vor allem die Diskriminierungs**absicht** betont. Als Beispiel für "tiefe" Integration nennt Lawrence neben EG 92 auch die Structural Impediments Initiative (SII) zwischen den USA und Japan. Dieses Beispiel dürfte aber allenfalls in Teilbereichen zutreffen, etwa in der Wettbewerbspolitik. Von einer umfassenden tiefen Integration der beiden Länder kann sicherlich nicht die Rede sein.

duzenten vom US-Markt, und die USA kompensieren diese Handelsschaffung, indem sie Antidumpingmaßnahmen gegen taiwanesische Anbieter ergreifen (oder zum Beispiel Taiwan ein Selbstbeschränkungsabkommen aufzwingen), die sich zuvor den nichtdiskriminierend geschützten US-Markt mit nationalen Herstellern geteilt hatten (vgl. Bhagwati 1992, S. 455). Ähnlich ließe sich argumentieren, wenn zwar nicht die äußeren Schutzmauern erhöht werden, aber ihr Abbau blockiert wird, um die heimische Industrie nicht einem doppelten - internen und externen - Anpassungsdruck zu unterwerfen. In diesem Falle bestünde die Handelsumlenkung in unterlassener externer Handelsschaffung.

Auch unabhängig von protektionistischem Druck seitens "integrationsgeschädigter" Branchen (und politischer Empfänglichkeit für gesamtwirtschaftlich schädliche Schutzforderungen) können regionale Integrationsgemeinschaften zu einer restriktiven *Außenwirtschaftspolitik* tendieren, um ihre *Terms-of-Trade,* das Verhältnis der Exportpreise zu den Importpreisen, über das Maß hinaus zu verbessern, das sich schon aus der Handelsumlenkung ergibt.[7] Die Möglichkeit hierzu wächst mit der Größe und Zahl der teilnehmenden Länder. Der "Optimalzoll" der EG etwa dürfte deutlich höher liegen als derjenige ihrer einzelnen - unabhängig voneinander agierenden - Mitglieder, da die Gemeinschaft partiell über Monopolmacht im internationalen Handel verfügt. Entsprechend wäre auch das gemeinschaftliche externe Schutzniveau, unter sonst gleichen Bedingungen, höher als das einzelstaatliche. Eine Wohlfahrtsverbesserung - auf Kosten der Handelspartner - wäre jedoch nur dann mit Sicherheit zu erwarten, wenn die Handelspartner keine Gegenmaßnahmen ergreifen. Kommt es hingegen zum Schlagabtausch bzw. zu nichtkooperativen "strategischen Spielen" zwischen Handelsblöcken bzw. Handelsblöcken und einzelnen Ländern, so wäre mit schädlichen Folgen für alle Beteiligten zu rechnen.[8] Tatsächlich liegen aber die Außenzölle der EG, ebenso wie die Zölle anderer großer Industrienationen, deutlich niedriger als die in Optimalzollmodellen, wie z.B. dem von Krugman (1991) entwickelten Modell rivalisierender Handelsblöcke, errechneten

---

7   *De la Torre, Kelly* (1992, S. 6) stellen, aus der Sicht der Nichtmitglieder einer Union, einer solchen Verschlechterung der Terms-of-Trade die Verbesserung gegenüber, die sich aus Exportpreissenkungen infolge von Skalenerträgen und Effizienzgewinnen innerhalb der Integrationsgemeinschaft ergibt. Berücksichtigt werden müßten allerdings auch die Wechselkurseffekte, die in Form einer realen Aufwertung die Terms-of-Trade der Unionsmitglieder wieder verbessern könnten.

8   *Jacquemin und Sapir* (1991) unterscheiden in diesem Zusammenhang zwischen natürlicher und strategischer Integration. Während nätürliche Integration sich auf eine Situation bezieht, in der natürliche (geographisch benachbarte) Handelspartner sich bei liberaler externer Handelspolitik zusammenschließen, meint strategische Integration eine Vereinbarung, Handelsgewinne auf Kosten anderer Länder zu erzielen.

"besten" Zölle.[9] Krugman (1992, S. 6) selbst folgert daraus, daß die tatsächlichen Handelsbeziehungen zwischen Industrieländern weit kooperativer sind als die im Modell angenommenen: "Was auch immer Länder tun mögen, wenn sie ihre Handelspolitik bestimmen, sie wählen sicherlich nicht das Zollniveau, welches das Optimalzollkriterium erfüllt". Deshalb kann es auch nicht verwundern, daß in der aktuellen handelspolitischen Diskussion das Terms-of-Trade-Argument kaum eine Rolle spielt, obwohl es doch in der Theorie eines der wenigen solide fundierten Schutzargumente bildet. Das Dilemma der Handelspolitik besteht vielmehr darin, daß Schutzinstrumente (wie z.B. Selbstbeschränkungsabkommen) gewählt werden, die dem gesamtwirtschaftlichen Interesse des Urheberlandes selbst zuwiderlaufen.

B. SYNOPSE EMPIRISCHER STUDIEN

Die Wirkungen regionaler Zusammenschlüsse auf den internationalen Handel und die Wohlfahrt sind in zahlreichen Studien empirisch untersucht worden. Einen Überblick über ausgewählte Untersuchungen geben die Tabellen IV.1 bis IV.3. Allen Analysen und Schätzmodellen ist das Problem gemeinsam, die "Gegenwelt" richtig abzubilden: was wäre (würde) geschehen, wenn die betreffende regionale Integration nicht stattgefunden hätte (stattfände)? Dieses Problem "macht es fast unmöglich, allgemein befriedigende Ergebnisse zu erzielen" (El Agraa 1989, S. 139). Wenn es wie hier hauptsächlich darum geht, die Wirkungen regionaler Integration auf den internationalen Handel abzuschätzen, so wird gewöhnlich bei den Preis- und Einkommenseffekten angesetzt, die sich aus dem Abbau regionaler Handelsschranken ergeben. Die *Preiseffekte* werden dabei entweder aus Annahmen über Reaktionen der Im- und Exporteure auf Zollsenkungen und sonstige Liberalisierungsmaßnahmen hergeleitet oder direkt aus beobachteten Veränderungen der relativen Preise nach der internen Liberalisierung abgelesen. Während das erste Verfahren mit dem Problem unterschiedlichster Reaktionsmöglichkeiten konfrontiert ist, ignoriert das zweite alle sonstigen Einflußfaktoren auf die Entwicklung der relativen Preise. Ähnliche Schwierigkeiten bereitet die Ableitung der *Handels*wirkungen aus den Preiseffekten, wird doch der Außenhandel gleichzeitig durch eine Fülle weiterer Faktoren beeinflußt. Nicht zuletzt zählt hierzu die Entwicklung der Realeinkommen, die ihrerseits von Veränderungen der Außenhandelspreise mitbestimmt wird (*Einkommenseffekt*).

---

9   *Whalley* (1985) schätzt den Optimalzoll für die EG und die USA auf etwa 150%. Dabei ist angenommen, daß die Handelspartner keine Gegenmaßnahmen ergreifen (zitiert bei Lal 1993, S. 354).

Bei den Untersuchungen ist zwischen Ex-post- und Ex-ante-Analysen zu unterscheiden. In *Ex-post-Studien* (vgl. Tabelle IV.1) wird versucht, auf der Basis aktueller Daten zur regionalen Integration deren Einfluß auf die Handelsströme zu ermitteln. Wichtige Analyseinstrumente dabei sind Importelastizitäten, Handelsanteile, Binnenmarktanteile, Input-Outputrechnungen, makroökonomische Modelle usw.[10] Ex-post-Analysen wurden hauptsächlich in den 60er und 70er Jahren durchgeführt; ihr bevorzugter Gegenstand war die EG der Sechs und dort vor allem der Industriegüterhandel. Die EG-Studien haben überwiegend ergeben, daß die Sechsergemeinschaft im *Verarbeitenden Sektor* mehr Handel geschaffen als umgelenkt hat, zumal der Handelsumlenkung nicht nur interne, sondern auch externe Handelsschaffung aufgrund dynamischer, die gesamte Importnachfrage stimulierender Integrationseffekte gegenüberstand.[11] Externe Handelsschaffung wurde auch durch eine frühzeitige Senkung der gemeinsamen Außenzölle induziert. Hieraus schließt Sapir (1993, S. 429f.), daß die Gemeinschaft den Vanek-Kemp-Wan-Test bestanden hat: "Die externe Protektion ist so weit gesunken, daß die Wohlfahrt im Rest der Welt zumindest so hoch ist, wie sie, unter sonst gleichen Bedingungen, ohne die europäische Integration gewesen wäre."[12] Im *Agrarsektor* war dies indes nicht der Fall. Hier hat die EG ihre Terms-of-Trade auf Kosten der Handelspartner deutlich verbessert. Diese erlitten bei Erzeugnissen der gemäßigten Breiten erhebliche Einkommensverluste durch sinkende Weltmarktpreise und Handelsumlenkung zugunsten europäischer Landwirte.

Nur geringen Einfluß auf die Weltwirtschaft messen die Ex-post-Studien außereuropäischen Integrationsvorhaben zu. So hat zum Beispiel die Untersuchung von Aitken und Lowry (1972) über die Lateinamerikanische Freihandelszone und den

---

10 Vgl. zusätzlich zu den in Tabelle IV-1 skizzierten Studien insbesondere El-Agraa (1989, S. 141) und die dort angegebene Literatur.

11 Auf diesen Aspekt weist insbesondere *Robson* (1987) hin und gelangt deshalb zu der Schlußfolgerung, daß "die Effekte der EG günstig für die allokative Effizienz auf globaler Ebene waren" (S.245), auch unter Berücksichtigung der negativen Wirkungen der gemeinsamen Agrarpolitik. Eine abweichende Auffassung vertritt *Pomfret* (1988, S. 134f.), der vor allem positive Skaleneffekte und (X-) Effizienzgewinne aufgrund der EG-Zollunion in Frage stellt und hauptsächlich die Terms-of-Trade-Gewinne der Gemeinschaft zu Lasten von Nichtmitgliedern betont. Umgekehrt rückt *Owen* (1983) gerade die Skalenvorteile des EG-Marktes in den Vordergrund der Analyse und errechnet so für die EG der Sechs beträchtliche Integrationsgewinne (in Höhe von 3 bis 6% des BIP).

12 Zu einer weniger günstigen Einschätzung vgl. *Petith* (1977), der in einer empirischen Studie zu dem Ergebnis gelangt, daß die Terms-of-Trade-Gewinne der EG gegenüber Drittländern die Gewinne aus interner Handelsschaffung bei weitem übersteigen. Der Autor schließt daraus, daß "die Verbesserung der Terms-of-Trade gleichermaßen der hauptsächliche ökonomische Effekt und eines der Hauptziele Westeuropas bei der Integration des Industriegüterhandels war" (S. 273). Zur Kritik an der Studie von Petith vgl. u.a. *Sapir* (1992, S. 1503), der insbesondere bemängelt, daß nicht der Tatsache Rechnung getragen wird, daß die Gemeinschaft ihre Außenzölle in der Dillon- und Kennedy-Runde des GATT kräftig gesenkt hat.

Zentralamerikanischen Gemeinsamen Markt eine gewisse interne Handelsschaffung, aber keine signifikante Handelsumlenkung ergeben.

Tabelle IV.1: Ex-post-Studien über regionale Integrationsvereinbarungen

Studie	Ansatz	Daten	Ergebnisse
Balassa (1967)	Partielles Gleichgewichts-modell mit Schwerpunkt auf der Bestimmung von Ein-kommenselastizitäten der Importnachfrage vor und nach der EG-Gründung.	Periode vor der Gründung: 1953-59; nach der Grün-dung: 1959-65. Die verwen-deten Daten sind nach 7 Hauptwarengruppen unterteilt.	Handelsschaffung bei Indu-striegütern; keine Handels-umlenkung bei Rohstoffen; Handelsumlenkung bei Nah-rungsmitteln. Gewinn für die EG: Anstieg der BSP-Zuwachsrate von 0,1% pro Jahr.
Aitken & Lowry (1972)	Ökonometrische Quer-schnittsanalyse (bei par-tiellem Gleichgewicht) der Handelsströme für LAFTA und CACM mit Schwer-punkt auf der Messung inte-grationsbedingter Handels-ströme zwischen den Mit-gliedsländern.	Daten für 1955 bis 67. Für jedes dieser Jahre wird eine Reihe von Handelsstrom-gleichungen geschätzt.	Keine signifikante Handels-umlenkung, weder durch LAFTA noch durch CACM, aber signifikante Handels-schaffung.
Truman (1975)	Ökonometrische Analyse, bei partiellem Gleichge-wicht, von Handelsanteilen für EG-6 und EFTA vor und nach ihrer Gründung. Hypo-thetische Einfuhranteile nach der Integration werden mit den tatsächlichen Ein-fuhranteilen verglichen. Zwei Methoden werden an-gewendet: die erste berück-sichtigt länderspezifische zyklische Effekte, die zweite nicht.	Die Vorperiode ist 1953-60. Das Vergleichsjahr für hypothetische und tat-sächliche Einfuhranteile (an der gesamten Inlandsnach-frage) ist 1968. 11 Industrie-güterbranchen werden untersucht.	Bei der ersten Methode sinken in 37% der (Güter-) Fälle die Einfuhranteile der Nichtmitglieder, in 43% steigen sie, und in 20% sin-ken sie sowohl für Mitglie-der wie Nichtmitglieder. Die erste Methode ergibt einen gesamten Handelsanstieg von 11 Mrd. US$, davon 2 Mrd. extraregional. Die zweite Methode ergibt ins-gesamt 1 Mrd. $, wobei der extraregionale Handel um 2,3 Mrd. US$ sinkt.

LAFTA = Latin America Free Trade Area.
CACM = Central American Common Market.

Quelle: Srinivasan u.a. (1993, S. 35).

Die *Ex-ante-Studien* (vgl. Tabelle IV.2 und IV.3) basieren auf tatsächlichen Entwicklungen und Parametern *vor* der Integration und versuchen abzuschätzen, wie diese sich durch den Zusammenschluß verändern und welche Handels- und Wohlfahrtswirkungen hiermit verbunden sind. Dabei werden statt partieller immer häufiger allgemeine Gleichgewichtsmodelle verwendet, damit Interdependenzen von Güter- und Faktormärkten sowie zwischen den verschiedenen Sektoren einer Volkswirtschaft besser erfaßt werden können. Verstärkt werden neben statischen auch dynamische Integrationseffekte modelliert, und in neueren Modellen wird generell die (unrealistische) Annahme vollkommener Konkurrenz, homogener Produkte und konstanter Skalenerträge aufgegeben und statt dessen von oligopolistischem Wettbewerb, Produktdifferenzierung sowie statischen und dynamischen "economies-of-scale" ausgegangen.

Der Übergang von partiellen zu allgemeinen Gleichgewichtsmodellen führt oftmals zu höheren Terms-of-Trade-Effekten regionaler Integration und dementsprechend einer Wohlfahrtssteigerung der Partnerländer auf Kosten Dritter[13], während die Berücksichtigung von Marktunvollkommenheiten vielfach Wohlfahrtsgewinne für die Unionsmitglieder ergibt, ohne Nichtmitglieder zu benachteiligen; sie resultieren hauptsächlich aus einer Intensivierung des Wettbewerbs und dem Aufbrechen national segmentierter Märkte. Diese Effekte werden etwa von Smith und Venables (1988) für die EG betont. Indirekt wird indessen auch der Handel mit Drittländern tangiert: Einfuhren von dort steigen mit wachsendem Einkommen in den Unionsländern, sie sinken, wenn aufgrund erhöhter Produktivität in diesen Ländern die relativen Preise von Importprodukten steigen; aus dem gleichen Grunde verbessern sich die Exportchancen der Unionsländer. Der Nettoeffekt ist von Branche zu Branche unterschiedlich. Überwiegend ist in den Modellen der Importrückgang stärker als der Exportanstieg. Auch die Wohlfahrtseffekte für Drittländer werden eher negativ eingeschätzt. So erleiden beispielsweise in der Untersuchung von Haaland und Norman (1992) über die Wirkungen der EG-Integration auf die EG selbst, die EFTA, die USA und Japan alle externen Handelspartner der Gemeinschaft Wohlfahrtsverluste. Etwas günstiger für die überseeischen Länder fällt das Ergebnis aus, wenn EG und EFTA zum Europäischen Wirtschaftsraum zusammengefaßt werden.

---

13 Die dabei angenommenen Substitutionselastizitäten zwischen Inlands- und Auslandsprodukten werden jedoch gelegentlich sehr niedrig angesetzt, so daß die Terms-of-Trade-Effekte überzeichnet werden. Vgl. hierzu etwa die von *Lloyd* (1982, S. 26) zitierte Kritik von *Harrison und Rutstrom* (1991) am Modell von *Whalley* (1985).

Tabelle IV.2: Ex-ante-Analysen regionaler Integrationsvereinbarungen bei vollkommener Konkurrenz und konstanten Skalenerträgen

Studie	Ansatz	Szenarien	Ergebnisse
Verdoorn (1954)	Statisches partielles Gleichgewicht. Es werden Konsumelastizitäten der Substitution: - zwischen Import- und Inlandsprodukten von -0,5 - zwischen den Exporten verschiedener Länder von -2 angenommen.	Abbau der Industriegüterzölle zwischen 10 OEEC[a]-Ländern. Danach gemeinsamer Außenzolltarif dieser Länder.	Bei unveränderten Wechselkursen steigen die Weltexporte um 400 Mill US$ (= 2,6% der Weltexporte 1952). Die internen Exporte steigen um 1 Mrd $ (= 19% der internen Exporte 1952). Davon stellen 600 Mill US$ (= 6% der internen Exporte des Restes der Welt) Handelsumlenkung zu Lasten des Restes der Welt dar.
Johnson (1958)	Statisches partielles Gleichgewicht. Berechnet werden potentielle Wohlfahrtsgewinne für Großbritannien durch niedrigere Zölle oder Preise für britische Exporteure und Importeure.	Abbau der Industriegüterzölle zwischen Großbritannien und der EWG. Danach gemeinsamer Außenzolltarif.	Großbritannien erzielt Handelsgewinne zwischen 62 und 192 Mill £ (= 0,8 bzw. 2,4%) auf der Exportseite und 31 Mill £ (= 0,3%) auf der Importseite. Der Mindestgewinn entspricht etwa 1% des britischen BSP 1970.
Scitovsky (1958)	Statisches partielles Gleichgewicht. Internationale Grenzkostenunterschiede in einer Branche werden durch den Einfuhrzoll des Importlandes erklärt. Demzufolge entspricht der Integrationsgewinn dem Ressourcengewinn durch Ausgleich der Grenzkosten.	Anhand der Handelsdaten von Verdoorn (1954) werden die Wohlfahrtseffekte der westeuropäischen Integration geschätzt, unter der Annahme, daß die Wechselkurse für eine unveränderte Handelsbilanz vor und nach der Zollunion sorgen.	Europa gewinnt 74 Mill US$ (weniger als 0,05% des europäischen BSP) aufgrund erhöhter Spezialisierung und 465 Mill US$ aufgrund einer Verbesserung des Austauschverhältnisses im Außenhandel, der Terms-of-Trade.

...

Studie	Ansatz	Szenarien	Ergebnisse
Miller & Spencer (1977)	Statisches Allgemeines Gleichgewichtsmodell. Armington-Struktur[b] mit zwei Endprodukten pro Land, konstanten Skalenerträgen und vollkommener Konkurrenz.	2 Szenarien für einen EG-Beitritt Großbritanniens (GB) mit gegenseitigem Zollabbau und GBs Übernahme des EG-Außenzolltarifs. Im ersten Szenario transferiert GB 90% der Zolleinnahmen an die EG, im zweiten findet kein Transfer statt.	GB erzielt beim Eintritt einen geringen Terms-of-Trade-Gewinn, der aber durch den Budgettransfer an die EG überkompensiert wird. Die Agrarpreise für GB steigen - gemessen an an den Industriegüterpreisen - um 22%. Im Szenario ohne Transfer steigt der Industriegüterhandel GBs um 50%. Die Agrarimporte aus der EG steigen um 72%, die aus dem Commonwealth sinken um 0,8%.
Hamilton & Whalley (1985)	Statisches Allgemeines Gleichgewichtsmodell mit 8 Handelsblöcken und 6 Gütern pro Land, von denen 5 handelbar sind. Armington-Annahme.[b] Konstante Skalenerträge und vollkommene Konkurrenz.	Das erste Szenario betrachtet Handelsvereinbarungen zwischen den USA und jedem der 7 übrigen Blöcke. Dann werden 3 Vereinbarungen (EG und Japan, Industrieländer, Entwicklungsländer) geprüft. Schließlich eine intensivere Untersuchung eines Abkommens zwischen EG und USA.	Industrieländer profitieren stets von einem Abkommen mit den USA, während die Entwicklungsländer verlieren. Im zweiten Szenario steigt bei den ersten beiden Vereinbarungen die Wohlfahrt aller Beteiligten, bei der dritten erleiden die Schwellenländer Einbußen. Beim EG-USA-Abkommen schließlich steigen die U.S.-Exporte in die EG um 9,7% und die EG-Exporte in die USA um 5,8%. Die U.S.-Exporte in Drittländer sinken, die Importe von dort steigen. Bei der EG ist es umgekehrt. Diese Effekte sind gering.

...

Studie	Ansatz	Szenarien	Ergebnisse
Harrison, Rutherford & Wooton (1989)	Statisches Allgemeines Gleichgewichtsmodell mit 11 Regionen und 6 handelbaren Gütern. Armington-Annahme. Konstante Skalenerträge und unvollkommene Konkurrenz. Nichttarifäre Handelsschranken (zusätzlich zu Zöllen, Subventionen usw.) von 40% zwischen Nicht-EG-Ländern und 20% zwischen EG-Ländern.	(1) 8 Fälle, in denen einzelne Länder die EG verlassen (die Gemeinsame Agrarpolitik (GAP) bleibt intakt) (2) 8 Fälle, in denen alle Länder die EG verlassen (keine GAP mehr).	In beiden Szenarien würden alle EG-Länder Wohlfahrtsverluste erleiden. Die USA würden in allen Fällen einen geringen Wohlfahrtsgewinn erzielen. Der höchste Verlust wird für Irland (8% des BSP), der geringste für Frankreich und Italien (0,9% des BSP) errechnet.

a) OEEC = Organisation for European Economic Cooperation; europäischer Vorläufer der OECD.
b) Vgl. Armington (1969). Armington geht davon aus, daß Produkte, die in verschiedenen Ländern hergestellt werden, schon aufgrund dieser Tatsache in den Augen der Nachfrager unvollständige Substitute sind.

Quelle: Srinivasan u.a. (1993), S. 36f.

Eine generelle Schwäche der Modelle ist ihre hohe Sensibilität gegenüber Veränderungen zentraler Annahmen, etwa zur strategischen Interaktion zwischen oligopolistischen Unternehmen und zu den Marktein- und -austrittsschranken. Da die Parameter zudem meist nicht ökonometrisch geschätzt, sondern nach Gutdünken gesetzt werden, sollten die Modelle eher als "indikative Gedankenexperimente ohne zuverlässige Vorhersagen" (Lloyd 1992, S. 26f.) angesehen werden. Hinsichtlich der Handelspolitik wird im allgemeinen Neutralität angenommen: weder wird mit einem Abbau von Handelsschranken, aufgrund erhöhter internationaler Wettbewerbsfähigkeit zum Beispiel, noch mit verschärftem Protektionismus, etwa wegen gestiegenen internen Anpassungsdruckes in der Region, gerechnet. Zugleich vernachlässigen die Modelle eine Reihe wichtiger Bestimmungsgründe des neuen Regionalismus, darunter: die Suche kleinerer Länder nach einem "sicheren Hafen" angesichts befürchteter Erschwerungen des Marktzuganges in großen Nachbarländern; die Frustration größerer Länder über den multilateralen Prozeß und die "Instrumentalisierung" des Regionalismus, um multilaterale Konzessionen zu erreichen; und das Bestreben von Entwicklungsländern, innenpolitische Wirtschaftsreformen außenpolitisch abzusichern, was durch regionale Vereinbarungen vermeintlich leichter zu bewerkstelligen ist als durch multilaterale.[14] Insgesamt bleibt deshalb die Aussagekraft der Modelle für die Beurteilung aktueller Regionalismustendenzen begrenzt, während die tatsächliche Bedeutung des regionalen Präferenzhandels ständig zunimmt.

Tabelle IV.3: Ex-ante-Analysen regionaler Integrationsvereinbarungen bei unvollkommener Konkurrenz und steigenden Skalenerträgen

Studie	Ansatz	Szenarien	Ergebnisse
Harris und Cox (1984) und Harris (1985)	Statisches Allgemeines Gleichgewichtsmodell für verschiedene regionale Handelsvereinbarungen mit Kanada. 9 Sektoren mit konstanten Skalenerträgen (KSE) und vollkommener Konkurrenz, 20 Sektoren mit steigenden Skalenerträgen (SSE) und unvollkommener Konkurrenz. Die SSE-Firmen haben konstante variable Stückkosten und Fixkosten. Für Kanada sind die Importpreise gegeben, aber es kann die Exportpreise beeinflussen. Armington-Annahme[a)].	Unilateraler Freihandel (UFH), bei dem Kanada alle Zölle auf Null setzt; Multilateraler Freihandel (MFH), bei dem auch der Rest der Welt die Zölle beseitigt; selektive Zollsenkungen in 12 der 20 SSE-Branchen; Bilateraler Freihandel mit den USA (BFH) und Sektoraler Freihandel (SFH) mit den USA bei Textil, Stahl, Agrarmaschinen, innerstädtischen Transportmitteln und Chemie.	Kanada erzielt Wohlfahrtsgewinne von 4, 9, 9 und 1,5% des BIP in den Szenarien UFH, MFH, BFH und SFH. Kanadas Handelsvolumen mit der Welt steigt um 55, 9, 88 und 15% bei UFH, MFH, BFH und SFH. Kanadas Handelsvolumen mit den USA steigt um 99 und 14% bei BFH und SFH. Die kanadischen Reallöhne steigen um 10, 25, 28 und 6% bei UFH, MFH, BFH und SFH.

...

---

14 Als weiteren Beweggrund nennen *Srinivasan u.a.* (1993, S. 20f.) die positive Sicht regionaler Integration als Vehikel für die Expansion des Welthandels.

Studie	Ansatz	Szenarien	Ergebnisse
Smith und Venables (1988)	Statisches partielles Gleichgewichtsmodell. Die Wirkungen niedrigerer nichttarifärer Handelsschranken auf verschiedene Sektoren in der EG werden untersucht. In jedem der 10 Sektoren wenden die Unternehmen SSE-Technologien an. Jedes Unternehmen stellt ein differenziertes Produkt her, und die Armington-Annahme[a] wird getroffen. Die restliche Volkswirtschaft wird als Sektor mit vollkommener Konkurrenz mit KSE-Technologie abgebildet. Alle Produkte sind handelbar. Die Handelsregionen sind Frankreich, Deutschland, Italien, Großbritannien, restliche EG und Rest der Welt. Der inländische Konsument hat eine Präferenz für Inlandsgüter. SSE = steigende Skalenerträge KSE = konstante Skalenerträge	Abbau sektoraler Handelsschranken in Höhe von 2,5% des Ausgangswertes für den EG-internen Handel im jeweiligen Sektor. Segmentierte und integrierte Märkte werden untersucht, mit konstanter und variabler Anbieterzahl sowie mit Cournot- und Bertrand-Annahmen über das Anbieterverhalten[b].	Unter Cournot-Annahmen bei segmentierten Märkten reichen die Wohlfahrtseffekte von -0,01% des Konsums für Zement, Kalk und Gips bis zu 1,3% für Büromaschinen, bei integrierten Märkten von 0,2% für Zement, Kalk und Gips bis zu 5,6% für Kunst- und Synthesefasern. Unter Bertrand-Annahmen keine wesentliche Änderung der Wohlfahrtsergebnisse bei segmentierten Märkten, während bei integrierten Märkten die Effekte noch stärker sind als im Cournot-Fall. Die Änderungen des *internen* Handels reichen unter Cournot von einem Rückgang um 78% für Zement, Kalk und Gips bei integrierten Märkten bis zu einem Anstieg um 164% in der gleichen Branche bei segmentierten Märkten. Unter Bertrand sind die (absoluten) Änderungen wesentlich geringer. Die Wirkungen auf den *externen* Handel werden am Beispiel der elektrischen Haushaltsgeräte dargestellt: deutlicher Importrückgang und geringer Exportanstieg.

...

Studie	Ansatz	Szenarien	Ergebnisse
Baldwin (1992)	Dynamisches Allgemeines Gleichgewichtsmodell zur Abschätzung der dynamischen Handelsgewinne für die EG. Annahme eines repräsentativen Konsumenten und von SSE-Technologie für die Unternehmen in jedem Land. Die Diskontrate, die intertemporale Substitutionselastizität und der Kapitalanteil am Einkommen werden mit 0,05, 0,1 und 0,3 angenommen. Die entscheidende Annahme ist das Auseinanderklaffen von sozialen und privaten Kapitalerträgen aufgrund von SSE. SSE = steigende Skalenerträge	Ausgehend von den Berechnungen von Cecchini, Catinat und Jacquemin (1988), werden statische Gewinne aus dem Abbau nichttarifärer Handelsschranken in der EG dynamisiert.	Dynamische Wohlfahrtseffekte der Handelsliberalisierung in Höhe von 15 bis 90% der statischen Gewinne.
Gasiorek, Smith, Venables (1992)	Allgemeine Gleichgewichtsanalyse der Gewinne aus dem Abbau nichttarifärer Handelsschranken und der Integration segmentierter Märkte in der EG, aufbauend auf der Studie von Smith und Venables (1988). 14 SSE-Sektoren und 1 KSE-Sektor. Produktionsfaktoren mit 5 primären Faktoren (Kapital und 4 Arten von Arbeit unterschiedlicher Qualifikation) und dem Faktor Zwischenprodukte. Ein repräsentativer Verbraucher. Die Unternehmen einer bestimmten Branche in einem bestimmten Land sind symmetrisch, d.h. sie haben gleiche Produktions- und Absatzstrukturen. KSE = konstante Skalenerträge	Segmentierte oder integrierte Märkte. Cournot-Verhalten[b] der Unternehmen. Kurzfristig ist die Zahl der Anbieter fixiert, langfristig variabel.	Wohlfahrtssteigerung von 0,2% des BIP für Deutschland kurzfristig bis zu 1,4% für die EG Süd langfristig bei segmentierten Märkten, bei integrierten Märkten von 0,2% für Deutschland kurzfristig bis zu 2,9% für EG Süd langfristig. Bei segmentierten Märkten Änderungen des EG-Exports in den Rest der Welt von -0,4% im Finanzsektor kurzfristig bis zu +8,3% bei Transportmitteln langfristig. Importrückgang von -0,8% im Finanzsektor langfristig bis zu -20,2% bei Transportmitteln langfristig. Bei integrierten Märkten steigen die absoluten Werte dieser Effekte etwa um einen Faktor 2.

...

Studie	Ansatz	Szenarien	Ergebnisse
Mercenier (1992)	Partielle und Allgemeine Gleichgewichtsanalysen zur Integration segmentierter EG-Märkte 1992. 4 KSE- und 5 SSE-Sektoren. Armington-Annahme[a] für die KSE-Sektoren. Repräsentativer Verbraucher mit Nutzenmaximierung. Kapital und Arbeit kurzfristig nur national mobil, Kapital langfristig auch international. SSE = steigende Skalenerträge KSE = konstante Skalenerträge	Bertrand- und Cournot-Verhalten werden geprüft. Sektorale und vollständige EG-Integration werden analysiert. Kurzfristig ist die Zahl der Anbieter fixiert, langfristig variabel.	Bei partieller Integration nur geringe Wohlfahrtssteigerung für die EG-Länder und gemischte Ergebnisse für die restliche OECD. Der Output steigt im allgemeinen, während Anzahl und Durchschnittskosten der Unternehmen sinken. Bei vollständiger Integration ebenfalls geringe Wohlfahrtsgewinne für die EG-Länder, für die restliche OECD praktisch keine Änderung. Terms-of-Trade-Verbesserungen für alle EG-Länder, Verschlechterung für den Rest der OECD. Handelseffekte werden nicht nachgewiesen.
Haaland und Norman (1992)	Allgemeine Gleichgewichtsanalyse von Effekten der EG-Integration auf EG, EFTA, Japan und USA. Ähnliches Modell wie bei Gasiorek, Smith und Venables (1992). 11 SSE- und 1 KSE-handelbare(s) Güter(Gut) für jede Region. Produktionsfaktoren sind qualifizierte und nichtqualifizierte Arbeit, Kapital und Zwischenprodukte. Symmetrische Unternehmen (mit gleicher Produktions- und Absatzstruktur) in jeder Branche einer Region. Cournot-Wettbewerb mit differenzierten Produkten und freiem Marktzutritt.	4 Szenarien: (1) Die Handelskosten zwischen segmentierten EG-Märkten werden um 2,5% des Ausgangswertes des Intra-EG-Handels gesenkt; gleichzeitig werden die Handelskosten zwischen EG und EFTA mit 10%, zwischen Europa, Japan und den USA mit 20% angenommen; (2) die Handelskosten in der EG werden bei *integrierten* Märkten gesenkt; (3) Senkung der Handelskosten in Westeuropa (einschließlich EFTA) bei segmentierten Märkten; (4) wie (3) bei integrierten Märkten.	In Szenario (1) erzielt die EG eine Wohlfahrtssteigerung um 1%. EFTA, USA und Japan verlieren 0,3, 0,02 und 0,02%. In Szenario (2) Wohlfahrtsgewinne für die EG von 1,9%, aber Verluste für EFTA, USA und Japan von 0,4, 0,4 und 0,6%. In den Szenarien (3) und (4) Wohlfahrtsgewinne für die EFTA, während die EG-Gewinne geringer sind als in den Szenarien (1) und (2). Die Wohlfahrtsverluste für die USA und Japan sind geringer als in den Szenarien (1) und (2).

a) Vgl. Fußnote b) in Tabelle IV.2.
b) Cournot-Verhalten besagt, daß die Anbieter in einem Oligopol über die Ausbringungsmenge selbst entscheiden, während der Preis sich am Markt einspielt. Bei Bertrand-Verhalten ist es umgekehrt.

Quelle: Srinivasan u.a. (1993, S. 38ff.)

C. GEWICHT DES REGIONALEN PRÄFERENZHANDELS IM WELTHANDEL

Der Welthandel wird immer stärker durch regionale Präferenzen geprägt. Dabei liegt der Schwerpunkt (noch) eindeutig in Europa. Schon der Handel innerhalb Westeuropas, privilegiert durch EG, EFTA und den Europäischen Wirtschaftsraum (EWR) sowie die Assoziierungsabkommen der EG mit Malta und Zypern, deckt etwa ein Drittel des Welthandels ab, wovon wiederum fast ein Viertel allein auf den internen EG-Handel, sieben bis acht Prozent auf den EG-EFTA-Handel und weniger als 1 Prozent auf den Handel innerhalb der EFTA (vgl. Tabelle IV.4) entfallen. Dieser europäische "Kernhandel" wird durch - ebenfalls präferenzierte - Handelsbeziehungen des "Kernes" zu den "Rändern" ergänzt. Hierzu gehören einmal der Handel mit mittel- und osteuropäischen Ländern (EG und EFTA mit Polen, Ungarn, der Tschechischen Republik und der Slowakei sowie EG mit Bulgarien und Rumänien) und zum anderen der Handel mit östlichen und südlichen Mittelmeerländern (EG und EFTA mit der Türkei und Israel sowie EG mit den Mashrek-Ländern Ägypten, Jordanien, Libanon und Syrien und den Maghreb-Ländern Algerien, Marokko und Tunesien). Diese Handelsströme bestreiten weitere drei bis vier Prozent des Welthandels. Berücksichtigt man ferner, daß

- die westeuropäischen Länder auch mit den Baltenrepubliken und anderen Nachfolgestaaten der ehemaligen Sowjetunion sowie den neuen Balkanländern präferentielle Handelsbeziehungen anvisieren,

- der Außenhandel der neuen unabhängigen Staaten (ebenso wie der polnische und ungarische) voraussichtlich kräftig expandieren wird, und

- diese Länder sich auch gegenseitig Handelspräferenzen einräumen, wie von den Visegrad-Staaten (Polen, Ungarn, Tschechische und Slowakische Republik) im Rahmen des am 21. Dezember 1992 unterzeichneten Mitteleuropäischen Freihandelsabkommens (CEFTA) bereits vereinbart,[15]

so dürfte insgesamt der Anteil des *europäischen* Präferenzhandels am Welthandel auf etwa 40 Prozent zusteuern.

---

15 Weitere Beispiele sind die zwischen Slowenien und der Tschechischen und Slowakischen Republik vereinbarten Freihandelsabkommen (vgl. *NfA* v. 9.2.1994) sowie der zum 1. April 1994 wirksame Freihandelsvertrag zwischen den Baltenrepubliken Estland, Lettland und Litauen (vgl. *The Wall Street Journal Europe* v. 22.2.1994).

Tabelle IV.4: Bedeutung des regionalen Präferenzhandels für den Welthandel

Region	Rechtsstatus	Intraregionaler Export 1992	
		in Mio US$	in v.H. des Weltexports
Westeuropa (WE)		1.198.030	32,49
EG	EWG-Vertrag	895.290	24,28
EFTA	EFTA-Vertrag	27.747	0,75
EG-EFTA	Freihandelsabkommen	274.993	7,46
EG-Malta	Assoziationsabkommen	3.034	0,08
EG-Zypern	"	2.751	0,07
WE-Mittel-/Osteuropa		59.457	1,61
EG-Visegrad[a]	Europa-Abkommen	43.112	1,17
-Bulgarien/Rumänien	"	6.422	0,17
EFTA-Visegrad[a]	Freihandelsabkommen	9.923	0,27
WE-Mittelmeerländer		77.055	2,09
EG-Türkei	Assoziationsabkommen	18.315	0,50
-Israel	Freihandelsabkommen	12.868	0,35
-Mashrek[b]	Kooperationsabkommen	13.477	0,37
-Maghreb[c]	"	29.040	0,79
EFTA-Türkei	Freihandelsabkommen	1.789	0,05
-Israel	"	1.569	0,04
Nordamerika		280.349	7,60
USA-Kanada	NAFTA	194.016	5,26
USA-Mexiko	"	73.222	1,99
Kanada-Mexiko	"	2.820	0,08
USA-Karibik	CBERA[d]	10.291	0,28
Mittelamerika (MA)[e]	Freihandelsabkommen	767	0,02
MA-Mexiko	"	516	0,01
MA-Venezuela	"	340	0,01
Mexiko-Chile	"	292	0,01
Mexko-Kolumbien-Venezuela	Handels- und Investitionsabkommen	1.342	0,04
Venezuela-Karibik[f]	Freihandelsabkommen	293	0,01
Karibik[f]	Zollunionsvertrag	351	0,01
Andenpakt[g]	Zollunionsvertrag	1.884	0,05
Mercosur[h]	Zollunionsvertrag	7.007	0,19
Asean-Länder	AFTA[i]	32.729	0,89
Australien-Neuseeland	ANZCERTA[j]	3.952	0,11

a) Visegrad-Länder = Polen, Ungarn, Tschechische Republik, Slowakei.
b) Mashrek-Länder = Ägypten, Jordanien, Libanon, Syrien.
c) Maghreb-Länder = Algerien, Marokko, Tunesien.
d) Caribbean Basin Economic Recovery Act von 1983 mit nichtreziproken Zollpräferenzen seitens der USA für Produkte aus insgesamt 24 Karibik-Ländern.
e) Costa Rica, El Salvador, Guatemala, Honduras, Nicaragua.
f) Mitgliedsländer des Caricom (Caribbean Common Market).
g) Bolivien Ecuador, Kolumbien, Peru, Venezuela, Mitgliedschaft Perus seit August 1992 suspendiert.
h) Argentinien, Brasilien, Paraguay, Uruguay.
i) ASEAN Free Trade Area.
j) Australia-New Zealand Closer Economic Relations Trade Agreement.

Quelle: IMF Direction of Trade Statistics.

Weitere 7 Prozent entfallen auf den Präferenzhandel in **Nordamerika**. Hier steht der bereits durch das Freihandelsabkommen von 1988 geregelte Handel zwischen den USA und Kanada im Vordergrund, gefolgt vom U.S.-mexikanischen Handel, der durch NAFTA kräftigen Auftrieb erhalten dürfte. Demgegenüber schlägt der Handel zwischen Kanada und Mexiko kaum zu Buch, weniger noch als der - einseitig präferenzierte - U.S.-Handel mit den Inselstaaten der Karibik (und einigen Karibikanrainern).

Von geringer globaler Bedeutung ist auch der regionale Präferenzhandel in **Lateinamerika** (einschließlich Mexikos und der Karibik); er erreicht insgesamt deutlich weniger als 1 Prozent des Welthandels und nur etwa ein Drittel des Warenaustausches, den allein Mexiko mit den USA erzielt. Auch die übrigen lateinamerikanischen Länder handeln erheblich mehr mit Nordamerika als untereinander. Ihr Handel mit den USA entsprach 1992 1,9 Prozent, mit Kanada 0,1 Prozent des Welthandels.[16] Angestoßen durch die "Enterprise-for-the-Americas"-Initiative der USA könnte in Zukunft aber der Nord-Süd-Freihandel in Amerika kräftig expandieren, sei es durch Beitritt weiterer Staaten Lateinamerikas zum NAFTA oder bilaterale Freihandelsverträge dieser Länder mit den Vereinigten Staaten und Kanada. Der Präferenzhandel in der gesamten westlichen Hemisphäre könnte so auf deutlich über 10 Prozent des Welthandels ansteigen.

In **Asien** haben bisher nur zwei regionale Präferenzhandelsvereinbarungen praktische Bedeutung erlangt: die Abkommen der Asean-Länder aus dem Jahre 1977 - ab dem 1. Januar 1993 verstärkt durch den stufenweisen Aufbau der Freihandelszone AFTA (Asean Free Trade Agreement) - und die Vereinbarung über "Engere Wirtschaftsbeziehungen" (ANZCERTA) zwischen Australien und Neuseeland aus dem Jahre 1983. Der von diesen Abkommen ingesamt abgedeckte Handel entspricht einem Prozent des Welthandels.

Vernachlässigenswert schließlich erscheint der Präferenzhandel in **Afrika:** trotz zahlreicher Abkommen zwischen den afrikanischen Ländern südlich der Sahara stehen die meisten Präferenzen nur auf dem Papier; dies mag mit dazu beigetragen haben, daß der innerafrikanische Handel insgesamt nur sehr gering ist. Sein Anteil am Welthandel betrug 1992 nur 0,17 Prozent.[17]

---

16   Berechnet nach *IMF Direction of Trade Statistics Yearbook 1993*, mit den USA und Kanada als Berichtsländern und der Westlichen Hemisphäre (ohne Mexiko) als Partnerregion.
17   Berechnet nach *GATT International Trade 1993. Statistics*, Genf 1993, S. 92-93.

Zusammengenommen repräsentiert der regionale Präferenzhandel gegenwärtig bereits etwa 45 Prozent des gesamten Welthandels. Aktuelle Entwicklungstendenzen, in erster Linie die Erweiterung des westeuropäischen Präferenzhandels nach Osten und des nordamerikanischen nach Süden, jeweils ergänzt um subregionale Handelspräferenzierung im kleineren Raum, lassen erwarten, daß dieser Anteil deutlich weiter steigen und die 50-Prozent-Marke bald erreicht sein wird.

Der regionale Präferenzhandel bildet damit zugleich das Gros der nicht dem Meistbegünstigungsgrundsatz gehorchenden internationalen Handelsströme; er ist ungleich größer als der *über*regionale Präferenzhandel - im wesentlichen bestehend aus einseitig präferenzierten Importen der Industrieländer aus den Entwicklungsländern oder bestimmten Gruppen von Entwicklungsländern - und übertrifft bei weitem den Handel, der von protektionistischen Maßnahmen einzelner Länder oder Ländergruppen gegenüber bestimmten wettbewerbsstarken Handelspartnern betroffen ist.

Während aber dieser selektive Protektionismus offensichtlich die Dynamik des Welthandels bremst, sind - wie oben unter A. und B. gezeigt - die Wirkungen der selektiven Präferenzierung, und speziell des Regionalismus, nicht so eindeutig zu beurteilen; von einem offenen Regionalismus könnten sogar kräftige Impulse für den internationalen Handel ausgehen.

D. IMPULSE FÜR DEN WELTHANDEL?

Der historische Testfall für den Einfluß des Regionalismus ist Westeuropa. In anderen Weltregionen waren regionale und subregionale Integrationsvorhaben entweder wirtschaftlich nicht erfolgreich oder quantitativ wenig bedeutend. In Westeuropa hingegen dürfte der Abbau der internen Zollschranken und quantitativen Handelsbeschränkungen (in der EG seit 1958, in der EFTA seit 1960 und zwischen beiden Ländergruppen seit 1973) wesentlich dazu beigetragen haben, daß der Handel innerhalb der Region erheblich stärker expandiert ist als der gesamte Welthandel, den er nunmehr zu rund einem Drittel repräsentiert (gegenüber weniger als einem Viertel im Jahre 1960).[18] Ein gestiegener Weltanteil des innereuropäischen Warenaustausches bedeutet jedoch noch nicht, daß der Handel der übrigen Länder zurückgedrängt worden

---

18 Die Integrationspolitik ist indes nicht der einzige, und wohl auch nicht der wichtigste, Erklärungsfaktor für den überproportionalen Anstieg des internen Handels. Ökonometrischen Berechnungen (im Rahmen von Gravitationsmodellen) von *Balassa* und *Bauwens* (1988) zufolge war die geographische Nähe der Handelspartner weitaus bedeutender.

wäre. Wie sich dieser Handel ohne die westeuropäische Integration entwickelt hätte, läßt sich nicht zweifelsfrei klären. Aus den verfügbaren Daten lassen sich indes einige Anhaltspunkte für die Welthandelseffekte gewinnen.

Ein Indikator für die Welthandelswirkungen regionaler Integration ist die von ihr bewirkte externe Handelsschaffung. Als Maß hierfür wird üblicherweise die - sektoral differenzierte - Relation der Importe aus Drittländern zur gesamten Inlandsnachfrage im Integrationsgebiet verwendet (Penetrationsrate). Für die EG der Neun bzw. ihre vier größten Mitgliedstaaten (Deutschland, Frankreich, Großbritannien, Italien) haben Neven/Röller (1991) und Sapir (1992) diesen Indikator für die Jahre von 1975 bis 1985 bzw. 1980 bis 1991 errechnet.

Die Ergebnisse der Studie von Neven/Röller für die EG der Vier von 1975 bis 1985 besagen im wesentlichen, daß

- in allen untersuchten 29 Industriebranchen und allen vier Ländern die EG-*internen* Importe schneller als die Inlandsnachfrage gestiegen sind;

- in 23 Sektoren, für jeweils mindestens drei der vier Länder, diese interne Handelsschaffung mit einem Anstieg auch der *externen* Penetrationsrate einherging und (mit Ausnahme der Lederindustrie) die externe Handelsschaffung sogar schneller vonstatten ging als die interne;[19]

- in den restlichen 6 Branchen (Nahrungsmittel, Holz, Papier, mineralische Produkte, Stahl, NE-Metalle), in jeweils mindestens zwei Ländern, die externe Handelsschaffung nicht zugenommen hat oder, wie in der Nahrungsmittelindustrie, sogar deutlich zurückgegangen ist.

Dieser, aus weltwirtschaftlicher Sicht, insgesamt sehr positive Befund läßt sich indes kaum auf eine Intensivierung der Integrationspolitik zurückführen; ein einschneidender "Regimewechsel" wie 1958 hat Mitte der 70er Jahre nicht stattgefunden, eher stockte der (politische) Integrationsprozeß. Allerdings war die weniger positive Entwicklung im Stahlsektor und - vor allem - in der Nahrungsmittelindustrie von einer Verstärkung protektionistischer Tendenzen begleitet, die zur Erklärung der Beobachtungen beitragen.[20]

---

19 Diese Entwicklung sollte indes vor dem Hintergrund einer in den Jahren vor 1975 außerordentlich dynamischen (den Spielraum für weitere Expansion reduzierenden) internen Handelsschaffung in der EG gesehen werden.

20 Für die Nahrungsmittelindustrie haben *Jacquemin* und *Sapir* (1988) in einer Regressionsanalyse gezeigt, daß von 1973 bis 1983 die gemeinsame Agrarpolitik der EG wesentlich zu einem starken Anstieg der EG-internen Einfuhren landwirtschaftlicher Verarbeitungsprodukte im Verhältnis zu den gesamten EG-Importen dieser Erzeugnisse beigetragen hat.

Auch die Arbeit von Sapir betont, für den Zeitraum von 1980 bis 1991 und die gesamte Neunergemeinschaft, die Sonderrolle der Nahrungsmittelindustrie. Während im gesamten Verarbeitungssektor der EG interne und externe Handelsschaffung Hand in Hand gingen - die internen EG-Importe erhöhten ihren Anteil an der Inlandsnachfrage von 19,1% (1980) auf 25% (1991), die Einfuhren der Gemeinschaft aus Drittländern stiegen von 14,2 auf 18,9% -, kontrastierte in der Nahrungsmittelindustrie interne Handelsschaffung (Einfuhranstieg von 11,1 auf 14,2% der Inlandsnachfrage) mit externer Handelsumlenkung (Rückgang von 6,7 auf 5,7%). Beides gilt auch für die Zeit ab 1985, in der - auch unter dem Einfluß der Vollendung des europäischen Binnenmarktes - der Anteil des (alle Waren umfassenden) EG-Binnenhandels am gesamten Außenhandel der Gemeinschaft nach einer längeren Stagnationsphase wieder kräftig angestiegen ist.

Ein weiteres, unmittelbar auf den Welthandel bezogenes Maß für die externen Integrationseffekte ergibt sich aus einem Vergleich der relativen Bedeutung intra- und extraregionaler Handelsströme. Dabei wird der Intrahandel zum Gesamthandel der *Region* und der Extrahandel zum gesamten *Welt*handel (ohne den regionalen Intrahandel) in Beziehung gesetzt. Wenn beide Anteile gleichzeitig steigen, so deutet dies auf eine Stimulierung des Welthandels durch die regionale Integration hin. Sollte hingegen der (korrigierte) Welthandelsanteil der Region bei steigendem Intrahandelsanteil sinken, so ist eher auf die gegenteilige Wirkung zu schließen.

Für die *EG* ergibt sich in den Jahren von 1958 bis 1972, bis zur ersten Erweiterung der Gemeinschaft, ein außerordentlich dynamisches Muster (vgl. Schaubild IV-1 und Anhang IV-1): der Anteil des internen Handels am Gesamthandel der damaligen Sechsergemeinschaft steigt stetig von einem knappen Drittel bis zur Hälfte an, und der Welthandelsanteil des EG-Intrahandels verdreifacht sich fast, von 6 auf 17%. Gleichzeitig erhöht die Gemeinschaft, vor allem in den ersten Jahren ihrer Existenz, deutlich den Beitrag ihrer externen Exporte (Importe) zum - um den EG-Intrahandel bereinigten - Weltexport (Weltimport), von 14 auf 20% (15 auf 18%). Diese Relationen legen den Schluß nahe, daß der Welthandel durch die EG-Gründung kräftigen Auftrieb erhalten hat.

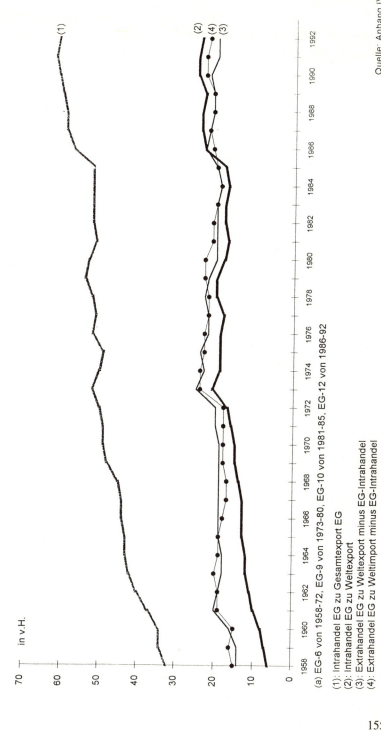

Schaubild IV-1

Intra- und Extrahandel der EG (a) im Welthandel 1958-92

(a) EG-6 von 1958-72, EG-9 von 1973-80, EG-10 von 1981-85, EG-12 von 1986-92

(1): Intrahandel EG zu Gesamtexport EG
(2): Intrahandel EG zu Weltexport
(3): Extrahandel EG zu Weltexport minus EG-Intrahandel
(4): Extrahandel EG zu Weltimport minus EG-Intrahandel

Quelle: Anhang IV-1

155

Deutlich weniger dynamisch war der Außenhandel der *EFTA* in ihrer Aufbauphase (vgl. Tabelle IV.5). Ähnlich wie in der EG der Sechs expandierten auch in der kleinen europäischen Freihandelszone die *internen* Exporte wesentlich schneller als die Gesamtausfuhren der Ländergruppe, mit einer jährlichen Zuwachsrate von 12% (gegenüber 9,2% für die Gesamtexporte) von 1960 bis 1972, und sie übertrafen im gleichen Maße die Zuwachsrate desWeltexports. Im Gegensatz zum Extrahandel der EG hielt aber der *externe* EFTA-Handel seinerzeit nicht mit dem Welthandel Schritt. Dies deutet auf eine (leichte) Abschließungstendenz für die Gesamtheit der damals 8 Mitgliedsländer (Dänemark, Großbritannien, Norwegen, Österreich, Portugal, Schweden und die Schweiz als Vollmitglieder und Finnland als assoziiertes Mitglied)[21] hin.

Tabelle IV.5: Intra- und Extrahandel regionaler Gruppen im Welthandel[a], 1958-92

	Intraexport	Extraexport	Gesamtexport	Weltexport[b] ohne Intraexport	mit Intraexport
EG[b]					
1958-72	17,0	10,8	13,3	8,2	9,1
73-85	9,0	9,5	9,3	11,4	10,9
86-92	12,1	8,5	10,6	10,5	10,9
EFTA[b]					
1960-72	12,0	8,3	9,2	9,1	9,2
73-85	7,2	10,3	9,8	11,0	10,9
86-92	5,9	9,8	9,3	10,9	10,9
Westeuropa[c]					
1973-85	9,0	10,0	9,3	11,7	10,9
86-92	11,4	8,3	10,4	10,6	10,9
Austr./Neuseel.					
1983-92	9,0	7,8	7,9	9,2	9,2

a) Durchschnittliche jährliche Wachstumsraten.
b) Mit laufender Mitgliedschaft; EG 1973-85 ohne Griechenland.
c) Westeuropa = EG + EFTA.

Quelle: IMF Direction of Trade Statistics.

---

21   Im Jahre 1970 trat Island der EFTA bei, die damit vorübergehend 9 Mitgliedstaaten (plus Liechtenstein als "stilles" Mitglied) umfaßte.

Ein ähnliches Muster in der Aufbauphase wie für die EFTA zeigt Tabelle IV.5 für das Abkommen zwischen Australien und Neuseeland über Engere Wirtschaftsbeziehungen (ANZCERTA) von 1983: ein überdurchschnittlich wachsender Intrahandel gepaart mit einem deutlichen Zurückbleiben des Extrahandels hinter der Entwicklung des Welthandels. Dem Abkommen von 1983 war allerdings bereits das Freihandelsabkommen von 1965 zwischen den beiden Ländern vorausgegangen.

Auf die expansiven "Gründerjahre" der EG folgte von 1973 bis in die erste Hälfte der 80er Jahre hinein eine Phase der relativen Stagnation (vgl. Schaubild IV-1 und Anhang IV-1). Die internen Warenhandelsströme der nunmehr auf neun bzw. (seit 1981) zehn Mitglieder erweiterten Gemeinschaft stiegen von 1973 bis 1985 nur noch im gleichen Tempo wie der Extrahandel und ihr Anteil am Weltexport fiel von 21 auf 18%. Im gleichen Zeitraum sank der Beitrag des EG-Extrahandels zum (bereinigten) Welthandel von 25 auf 20% bei den Exporten und von 24 auf 20% bei den Importen. In diesen Entwicklungen dürfte sich zum Teil ein seinerzeit erheblich verstärkter nationaler (auch gegen andere EG-Mitglieder gerichteter) und gemeinschaftlicher Protektionismus niederschlagen. Doch ist dieser schwerlich der Integration als solcher anzulasten, sondern eher Reflex allgemeiner struktureller Anpassungswiderstände in fortgeschrittenen Industrieländern, von Giersch (1987) als "Eurosklerose" diagnostiziert, und keineswegs auf Mitglieder regionaler Integrationsgemeinschaften beschränkt. Auch lassen die beobachteten Anteilsveränderungen nicht auf eine kollektive Abkehr der EG von der globalen Arbeitsteilung schließen; immerhin haben, wie in den oben zitierten Studien gezeigt, in dem zur Debatte stehenden Zeitraum bei Industriegütern die externen Importanteile an der EG-Inlandsnachfrage weiter zugenommen. Allerdings sind in dieser Periode von der EG-Integration sicherlich auch keine Impulse für den Welthandel ausgegangen.

Weltwirtschaftlich etwas günstiger stellt sich für die damalige Zeit die Entwicklung in der - um Großbritannien und Dänemark reduzierten - EFTA dar (vgl. Tabelle IV. 5): die externen Ausfuhren der verbliebenen sieben EFTA-Staaten nahmen erheblich schneller zu als die internen, schneller auch als die externen EG-Exporte. Sie blieben jedoch weiterhin hinter der Entwicklung des Welthandels zurück.

In Westeuropa insgesamt (ohne Spanien), das seit den Freihandelsabkommen der EG mit den Rest-EFTA-Ländern von 1972 als eine - im Jahre 1977 im wesentlichen vollendete - industrielle Freihandelszone angesehen werden kann, ist die Entwicklung von 1973 bis

158

Schaubild IV-2

Intra- und Extrahandel Westeuropas (WE) (a) im Welthandel 1973-92

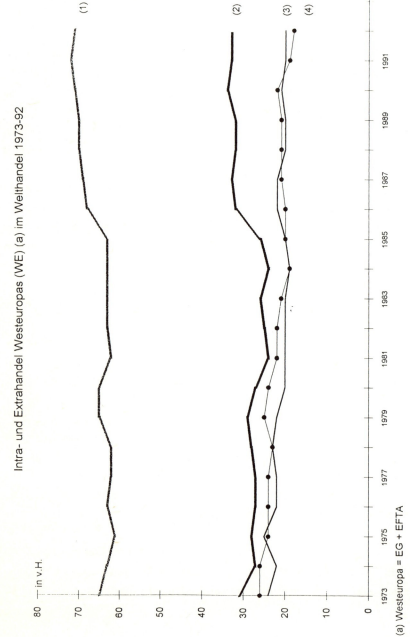

(a) Westeuropa = EG + EFTA

(1): Intrahandel WE zu Gesamtexport WE
(2) Intrahandel WE zu Weltexport
(3) Extrahandel WE zu Weltexport minus WE-Intrahandel
(4) Extrahandel WE zu Weltimport minus WE-Intrahandel

Quelle: Anhang IV-2

1985 ähnlich verlaufen wie in der EG (vgl. Schaubild IV-2 und Anhang IV-2). Dabei scheint die Liberalisierung des EG-EFTA-Handels den innereuropäischen Warenaustausch nur wenig beflügelt zu haben; von einem - allerdings sehr hohen - Niveau (65% im Jahre 1973) aus fiel er unter Schwankungen auf 63% der Gesamtexporte Westeuropas im Jahre 1985 zurück. Gleichzeitig schrumpften die *externen* Exporte (Importe) der Region von 24 (26) auf 20 (20)% des (bereinigten) Welthandels.

In den folgenden Jahren, die wesentlich durch die Vollendung des EG-Binnenmarktes geprägt waren, bewies der innereuropäische Handel erneut eine starke Dynamik (vgl. Schaubilder und Anhänge IV-1 und IV-2). Im Verhältnis zum gesamten Außenhandel der EG (Westeuropas) und zum Welthandel stieg er zunächst, von 1985 auf 1986, sprunghaft an, von 52 (63) auf 57 (68)% bzw. von 18 (26) auf 23 (32)%. Diese Entwicklungssprünge sind nahezu vollständig durch den Beitritt Spaniens (das nicht der EFTA und deshalb auch nicht der hier als EG plus EFTA definierten Region "Westeuropa" angehört hatte) und Portugals zur EG zu erklären.[22] Aber auch nach dem iberischen Beitritt nahmen die innereuropäischen Handelsströme weiter überproportional zu, so daß im Jahre 1992 mehr als 60% des gesamten EG-Handels und mehr als 70% des gesamten Westeuropa-Handels Intrahandel waren und der Intrahandel der EG (Westeuropas) etwa ein Viertel (ein Drittel) des Welthandels bestritt. Bei den externen Handelsströmen der Region war die Entwicklung im gleichen Zeitraum indes uneinheitlich, ihr Anteil am (bereinigten) Welthandel schwankte zwischen 20 und 23%. Die Vollendung des europäischen Binnenmarktes scheint daher den Welthandel weder signifikant beeinträchtigt noch nachhaltig stimuliert zu haben.[23]

---

22 Für die EG der Zehn (ohne Spanien und Portugal) errechnet sich für 1986 nur ein geringer Anstieg des Intrahandelsanteils gegenüber dem Vorjahr, von 52,4 auf 53,3% (auf Exportbasis gerechnet). Demgegenüber entfiel in Spanien in diesem Jahr der gesamte Zuwachs des Außenhandels auf die EG, und der EG-Anteil am gesamten spanischen Export erhöhte sich entsprechend von 49,9 auf 56,9%; in Portugal stieg dieser Anteil von 58,4 auf 61,4%. Auch die "Norderweiterung" der EG um Großbritannien, Irland und Dänemark im Jahre 1973 war mit kräftigen Sprüngen in den hier untersuchten Zeitreihen verbunden (vgl. Anhang IV-1). Der Intrahandelsanteil der EG wäre damals ohne den Beitritt der drei Länder von 50 auf 49% gesunken, so aber stieg er auf 52%. Beim Extrahandel erklärt sich der sprunghafte Anstieg seines Anteils am (um den EG-Intrahandel bereinigten) Welthandel vollständig durch den Beitritt: ohne die Erweiterung hätte der Anteil am Weltexport (Import) bei 20 (18)% stagniert; tatsächlich schnellte er auf 25 bzw. 24% hinauf.

23 Etwas abweichend war erneut die Entwicklung in der (nach dem Ausscheiden Portugals auf 6 Mitglieder geschrumpften) EFTA (vgl. Tabelle IV.5). Hier nahmen die internen Handelsströme wesentlich langsamer zu als die externen. Diese konzentrierten sich indes in hohem Maße (zu annähernd zwei Dritteln) auf die EG und trugen so zum weiteren Anstieg des Intrahandelsanteils in Westeuropa bei.

Die Beurteilung der *zukünftigen* Auswirkungen der europäischen Integration auf den Welthandel wird durch eine Reihe von Unsicherheitsfaktoren erschwert. Unsicherheit herrscht insbesondere über

- das Ausmaß dynamischer Integrationseffekte (Wachstumswirkungen);
- die zukünftige Orientierung der Außenwirtschaftspolitik
- die Implikationen der Präferenzpolitik gegenüber den "Randländern" der Region.

Ob mehr Handel geschaffen oder umgelenkt wird, hängt entscheidend von den *Wachstumswirkungen* der Integration ab. In einem Modell "tiefer" Integration wie dem europäischen werden die Wachstumseffekte ihrerseits wiederum wesentlich von dem "Mischungsverhältnis" zwischen Harmonisierung und Wettbewerb in der Wirtschaftspolitik der Mitgliedstaaten bestimmt. Die administrative Angleichung sozialer Standards etwa mag verteilungspolitisch erwünscht, wachstumspolitisch aber schädlich sein. Ähnliches gilt für die Steuerpolitik, die ein wichtiges Instrument wachstumsfördernder Standortkonkurrenz bildet. Kräftige Wachstumsimpulse verspricht der "neue Ansatz" der EG zur Überwindung technischer Handelshindernisse: gegenseitige Anerkennung nationaler Normen und Standards in Verbindung mit der Festlegung gemeinschaftlicher Mindestanforderungen. So wird der Wettbewerb belebt, Größenvorteile können besser genutzt und Anpassungskosten gespart werden. Für wesentlich mehr Wettbewerb sorgt der europäische Binnenmarkt auch im Dienstleistungssektor, wo insbesondere der Übergang zum Heimatlandprinzip weitreichende Deregulierungen und Umstrukturierungen mit sich bringt. Deutlich gefördert werden die dynamischen Funktionen des Wettbewerbs ebenfalls durch die Liberalisierung des öffentlichen Auftragswesens. Nicht zuletzt sind von der Vollendung der gemeinsamen Wettbewerbspolitik, die im Jahre 1990 mit der Fusionskontrolle ihr drittes "Standbein" (neben dem Kartellverbot und der Mißbrauchsaufsicht) erhielt, wachstumssteigernde Effekte zu erwarten.

Ältere Schätzungen der Handelswirkungen des EG-Binnenmarktprogrammes haben zu unterschiedlichen Ergebnissen geführt: in einigen Untersuchungen (z.B. Emerson u.a. 1988 und Dornbusch u.a. 1989) überwiegt die Handelsumlenkung, in anderen (z.B. Baldwin 1989) die (interne und externe) Handelsschaffung. All diese Handelsmodelle sind jedoch, so Schott (1992, S. 403), durch die Ereignisse in Osteuropa und insbesondere das Tempo der deutschen Wiedervereinigung "etwas obsolet" geworden, und "quantitative Projektionen der Handelseffekte von EG 92 sind deshalb noch subjektiver als ohnehin".

Es sprechen dennoch einige Gründe dafür, daß die Vertiefung der EG-Integration - und ihre Ausweitung auf das übrige Westeuropa - den internationalen Handel eher fördert als bremst:

- verschiedene Bereiche, vor allem Dienstleistungsbranchen und Teile des öffentlichen Auftragswesens, werden erstmals für den internationalen Wettbewerb geöffnet, wenn auch Anbieter aus Drittländern nicht in jedem Falle gleiche Marktzugangschancen erhalten wie EG-Firmen;

- der Abbau der technischen Handelshindernisse in der EG - ebenso wie der physischen Schranken - fördert unmittelbar auch die Absatzchancen externer Hersteller, wenngleich Diskriminierungsmöglichkeiten bestehenbleiben, so vor allem beim Zugang zu Informationen im Vorfeld der Normendefinition und bei den Verfahren der Konformitätsprüfung;

- das Binnenmarktprogramm selbst enthält nur wenige protektionistische Elemente (im wesentlichen die Drittlandsklausel bei öffentlichen Aufträgen im Verkehrssektor, in der Energie- und Wasserversorgung und in der Telekommunikation sowie Sanktionsmöglichkeiten bei Diskriminierung europäischer Dienstleistungsanbieter in Drittländern), und der gemeinschaftliche "Folgeprotektionismus" (nach dem Wegfall nationaler Restriktionen) - hauptsächlich die Automobilregelung gegenüber Japan und die Quotierung der "Dollarbananen" - erscheint insgesamt weniger umfassend und einschneidend als die Summe seiner nationalen Vorläufer.[24]

Das Verhältnis von externer Handelsschaffung über den Einkommenseffekt und Handelsumlenkung via Preiseffekt wird allerdings für einzelne Handelspartner bzw. -partnerregionen und Sektoren bzw. Produktgruppen unterschiedlich - und nicht in jedem Falle positiv - sein.

Begleitet wird die Vollendung des europäischen Binnenmarktes von einer im wesentlichen unveränderten *allgemeinen* Handelspolitik der EG, die einerseits in einer Reihe von Branchen selektive und flexible Schutzinstrumente zugunsten heimischer Anbieter einsetzt, mit deutlicher Tendenz gegen außereuropäische Konkurrenten, und andererseits den Handelspartnern Präferenzen unterschiedlicher Güte einräumt, wobei die Qualität mit der geographischen Nähe zunimmt. Gleichzeitig sind in der Gemeinschaft starke Bestrebungen im Gange, das *handelspolitische* Schutzinstrumentarium weiter zu verschärfen und durch *industriepolitische* Interventionen zur Stärkung europäischer Unternehmen im internationalen Wettbewerb zu ergänzen.

---

24 Insgesamt 6417 noch bestehende Einfuhrbeschränkungen einzelner EG-Mitglieder gegenüber Drittländern wurden am 8. März 1994 auf Beschluß des Ministerrats beseitigt. Gleichzeitig wurde eine geringe Anzahl von Gemeinschaftsquoten geschaffen: 7 Quoten gegenüber China und einige Textilquoten gegenüber Ländern, deren Produkte nicht von bilateralen Textilabkommen mit der Gemeinschaft erfaßt sind (vgl. "*Europe*", Nr. 6166 (Neue Serie) v. 9.2.94, S. 7).

In der *Handelspolitik* ist in Zukunft nur noch eine einfache Mehrheit im Ministerrat erforderlich, um Antidumpingmaßnahmen und Ausgleichszölle gegen ausländische Subventionen zu verhängen. Mit diesem, am 8. März 1994 gegen die Stimme Großbritanniens endgültig getroffenen Beschluß des Ministerrats wird die liberale Sperrminorität aus Briten, Dänen, Deutschen und Holländern, die bisher protektionistische Ratsentscheidungen in diesen Bereichen verhindern konnte, hier "entmachtet", während es bei Schutzmaßnahmen gegen "faire" Importkonkurrenz und bei Maßnahmen im Rahmen des "Neuen Handelspolitischen Instruments" (gegen "unerlaubte Handelspraktiken") von 1984 beim bisherigen Entscheidungsverfahren bleibt, d.h. dem Erfordernis einer qualifizierten Mehrheit für die jeweiligen Kommissionsvorschläge (vgl. BMWi-Pressemitteilung vom 16.12.1993, S. 10). Die bereits am 15.12.1993, zeitgleich mit dem Abschluß der Uruguay-Runde, vorentschiedene Verstärkung des protektionistischen "bias" in den handelspolitischen Entscheidungsverfahren der EG, vor allem bei dem in der Praxis so gewichtigen Antidumping, ist als Preis (neben weiteren Zugeständnissen) für die Zustimmung Frankreichs zum Abschlußpaket der multilateralen Verhandlungen zu werten (vgl. auch Financial Times v. 10.2.1994). Was die Verfahrensänderung *tatsächlich* bewirken wird, bleibt abzuwarten. Bisher war es so, daß Antidumpingvorschläge der Kommission fast durchweg vom Ministerrat mit qualifizierter Mehrheit oder einstimmig angenommen wurden, während "normale" Schutzmaßnahmen gegen Importsteigerungen häufig an der Sperrminorität scheiterten. Demnach würde sich faktisch zunächst wenig ändern.

Von verschiedenen Mitgliedstaaten der EG, mit Frankreich an der Spitze, werden zugleich Abwehrmaßnahmen insbesondere gegen ostasiatische Exporteure gefordert, um die wachsende Arbeitslosigkeit zu bekämpfen. Europa, so der französische Ministerpräsident Balladur in einer Rede vor der EG-Kommission, dürfe nicht dem Wettbewerb mit solchen Ländern ausgesetzt werden, in denen die soziale Sicherheit schwach und die Umweltbestimmungen lax seien sowie die Wechselkurse manipuliert würden, um Exportmärkte auszudehnen (vgl. Financial Times v. 11.6.1993). Nach der erfolgreichen Beendigung der Uruguay-Runde erklärte der Premier, daß Frankreich nunmehr versuchen werde, die neue Welthandelsorganisation dafür zu nutzen, die Marktkräfte zurückzuhalten, denn: "Was ist der Markt? Er ist das Gesetz des Dschungels, das Gesetz der Natur. Und was ist Zivilisation? Sie ist der Kampf gegen die Natur" (Financial Times, 31.12.1993/1.1.1994). Generell wird von französischer Seite das Konzept eines "dosierten Freihandels" verfochten, mit voller Dosis in der EG, etwas weniger bei Geschäften mit den östlichen und südlichen Nachbarländern, an deren wirtschaftlicher Entwicklung die EG interessiert ist, und noch weniger mit dem Rest der Welt (Die Zeit v. 25.6.1993). Dies bestärkt Befürchtungen, daß "die wettbewerbsfreundliche

Ära der Binnenmarktvollendung von einer protektionistischen Phase abgelöst wird" (Härtel 1993, S. 137).

Außer defensiver Handelspolitik wird verstärkt eine aktive europäische *Industriepolitik* gefordert, vor allem in Frankreich, aber auch in Italien und anderen südlichen Gemeinschaftsländern (vgl. Kantzenbach 1994, S. 8f.). In Frankreich ist von "aufgeklärter" Industriepolitik zur Kräftigung der industriellen Basis Europas die Rede (vgl. Lafay, Unal-Kesenci 1983). Zusammenschlüsse europäischer Unternehmen sollen steuerlich gefördert, gemeinsame Forschungsprogramme und die gemeinsame Entwicklung und weltweite Vermarktung technologieintensiver Produkte und Verfahren unterstützt werden, und bei wettbewerbspolitischen Entscheidungen sollen neben dem - in der geltenden Fusionskontrollverordnung vom 21. September 1990 ausschlaggebenden - Kriterium des "wirksamen Wettbewerbs" weitere Kriterien wie "industrielle Effizienz", "technischer Fortschritt" und "internationale Wettbewerbsfähigkeit" gleichrangig berücksichtigt werden. Mit dem Unionsvertrag von Maastricht wird der EG ausdrücklich eine eigene industriepolitische Kompetenz zuerkannt. Der in Maastricht geschaffene neue Artikel 130 des EWG-Vertrags erlaubt "spezifische Maßnahmen" der Gemeinschaft, die dafür sorgen sollen, "daß die notwendigen Voraussetzungen für die Wettbewerbsfähigkeit der Industrie der Gemeinschaft gewährleistet sind". Die Beschlüsse über solche Maßnahmen müssen allerdings einstimmig gefaßt werden. Dabei stehen sich "romanischer Konstruktivismus" und "angelsächsisch-teutonischer Liberalismus" gegenüber (Kotz 1994).

Es liegt auf der Hand, daß die Impulse der europäischen Integration für den internationalen Handel erheblich gedämpft würden, sollte die EG-Außenwirtschaftspolitik künftig in der beschriebenen Weise gestaltet werden. Die verstärkte Abwehr dynamischer Exporteure würde unmittelbar den Beitrag europäischer Importe zum Welthandel mindern und mittelbar auch die externen Exportmöglichkeiten europäischer Unternehmen beeinträchtigen sowie unfreiwillige Regionalismustendenzen in Ostasien forcieren. Gleichzeitig müßte eine interventionistische europäische Industriepolitik in außenhandelsintensiven Hochtechnologiebranchen "strategische" Gegenreaktionen speziell in Nordamerika und Japan auslösen; vorhandene Tendenzen zum "managed trade" würden verstärkt und Quellen produktiver internationaler Arbeitsteilung in einem Sektor verschüttet, in dem vielfach nicht die "Region", sondern die "Welt" den adäquaten Markt darstellt.

Weltwirtschaftliche Risiken birgt auch die europäische *Präferenzpolitik* in sich. Zu nennen sind hier in erster Linie die Freihandelsverträge ("Europa-Abkommen") mit mittel- und osteuropäischen Ländern, daneben auch die geplanten "Partnerschaftsverträge" mit einigen arabischen Mittelmeerländern und Nachfolgestaaten der Sowjetunion. Die Europaabkommen, so positiv sie grundsätzlich zu werten sind, könnten sich in der Praxis als problematisch erweisen, wenn

- die westeuropäischen Märkte nur halbherzig für östliche Produkte geöffnet werden, und
- westeuropäische Unternehmen exklusiven Zugang zu den östlichen Märkten erhalten.

Der "normale" Zoll- und Quotenabbau könnte durch Aktivierung der in den Europaabkommen enthaltenen *Schutzmechanismen* konterkariert werden.[25] Gegenwärtig ist dies etwa bei Stahleinfuhren aus der Tschechischen und der Slowakischen Republik der Fall, auf die ab einer bestimmten zollfreien bzw. -reduzierten Liefermenge Strafzölle in Höhe von 25 bis 30% erhoben werden (DIW 1993, S. 333).[26] Der wirtschaftliche Aufschwung in Mittel- und Osteuropa wird auf diese Weise unnötig behindert: angesichts eines Marktanteils der Stahllieferanten aus dem ehemaligen RGW (einschließlich der Nachfolgestaaten der Sowjetunion) in der EG von nur 3% (1992) und begrenzter Expansionsmöglichkeiten aufgrund veralteter Anlagen (Financial Times v. 23.6.1993) erscheint das (kurzfristige) Marktzerrüttungspotential der östlichen Konkurrenten wenig bedrohlich; andererseits werden die Deviseneinnahmen aus dem Stahlexport dringend für die Finanzierung von Modernisierungsinvestitionen in einem Sektor benötigt, in dem die Region langfristig über deutliche Standortvorteile verfügen und deshalb steigende Realeinkommen erzielen könnte. Weniger Einkommenswachstum in Mittel- und Osteuropa wäre wiederum mit weniger externer Handelsschaffung verbunden.

---

25 Diese Schutzmechanismen, so wie generell die Schutzklauseln in Präferenzabkommen, sind potentiell einschneidender als die allgemeine Schutzklausel. Denn ihre Anwendung liegt weitgehend im Ermessen der Kommission, die vom Ministerrat nur mit Zweidrittelmehrheit überstimmt werden kann, während bei der allgemeinen Schutzklausel der Ministerrat selbst mit qualifizierter Mehrheit entscheidet (und daher eine Sperrminorität protektionistische Maßnahmen verhindern kann). Von deutscher Seite wird eine Änderung dieser Regelung zugunsten der mittel- und osteuropäischen Länder angestrebt, da "für diese Länder die größtmögliche Expansion ihrer Exporte besonders wichtig und es daher widersprüchlich und diskriminierend ist, ihnen gegenüber eine für sie ungünstigere Schutzklausel anzuwenden" (Pressemitteilung des *BMWi* vom 16. Dezember 1993, S. 10).

26 Zu Einzelheiten der EG-Stahlpolitik gegenüber Mittel- und Osteuropa vgl. *Langhammer* (1993, S. 11ff.) Demnach soll nach dem Willen der Gemeinschaft das Vordringen der mittel- und osteuropäischen Anbieter künftig vor allem durch Zollkontingente als flankierende Maßnahme der internen Kapazitätsanpassung kanalisiert werden, die indes, wie das Beispiel der "Dollarbananen" belegt, ebenso restriktiv wie direkte mengenmäßige Beschränkungen gestaltet werden können.

Gleichzeitig können die externen Handelswirkungen einer erhöhten Kaufkraft in Mittel- und Osteuropa durch die *Exklusivität* des Marktzuganges für westeuropäische Anbieter erheblich verzerrt werden. Die den westeuropäischen Vertragspartnern eingeräumten Gegenpräferenzen bedeuten auf den östlichen Märkten verschärften Konkurrenzdruck, auch wenn sie über einen längeren Zeitraum gestreckt werden als die EG-Präferenzen. Die mittel- und osteuropäischen Länder könnten deshalb versucht sein, zum Ausgleich höhere Handelsschranken gegenüber Drittländern zu errichten. Bereits heute bestehen in einigen Bereichen hohe Präferenzmargen zugunsten westeuropäischer Unternehmen. So erhebt Polen etwa auf eine Reihe elektronischer Erzeugnisse Meistbegünstigungszölle in Höhe von 20%, während die entsprechenden EG-Produkte seit dem 1. März 1992 zollfrei in das Land gelangen. Benachteiligungen für Drittländer werden auch darin erblickt, daß die Europaabkommen die Übernahme westeuropäischer Industriestandards durch die östlichen Partnerländer vorsehen (vgl. Nachrichten für Außenhandel v. 5.10.1992).

Eine weitgehende Reservierung der mittel- und osteuropäischen Importmärkte für Westeuropa ändert die Richtung des Welthandels, indem externe Handelsschaffung über das Maß "natürlicher" Handelspartnerschaft hinaus "europäisiert" wird, und beeinträchtigt zugleich das Wachstum der internationalen Handelsströme, indem versucht wird, intraregionale Anpassungskosten extraregional zu "exportieren". Gleichzeitig ist der Nachahmungseffekt der europäischen Präferenzpolitik von Bedeutung: wenn Mittel- und Osteuropa als wirtschaftliches Einflußgebiet der EG angesehen und erwartet wird, daß die EG sich in kritischen handelspolitischen Situationen im Zweifel für die östlichen Nachbarn und gegen außereuropäische Konkurrenten entscheidet, dann fördert dies auch in anderen Weltregionen Bestrebungen, sich auf bilateralem Wege den Zugang zu den Märkten der jeweiligen "leading economy" zu sichern (und als Gegenleistung die eigenen Märkte gegenüber dem Partnerland zu öffnen, gegenüber Drittländern aber eher zu verschließen).

Das Motiv des "sicheren Hafens" (Whalley 1992, S. 126) dürfte ein entscheidender Grund dafür sein, daß zum Beispiel lateinamerikanische Länder bilaterale Handelsverträge mit den USA oder den Anschluß an das *NAFTA*-Abkommen der Vereinigten Staaten mit Kanada und Mexiko suchen. Denn die U.S.-Handelspolitik tendiert seit einiger Zeit wieder verstärkt zum "managed trade" und "administrativen" Protektionismus in der Form von Antidumping und Ausgleichszöllen, und NAFTA, selbst auch ein Produkt des mexikanischen Sicherheitsstrebens (Sicherung des Zugangs zum U.S.-Markt und Absicherung innenpolitischer Reformen, vor allem der wirtschaftspolitischen Liberalisierung nach innen und außen), bedeutet für diese Länder potentielle Handels- und Investitionsumlenkung zugunsten von Mexiko.

Hufbauer und Schott (1993) haben den Anteil lateinamerikanischer Länder (außer Mexiko) an der gesamten Handels- und Investitionsumlenkung durch NAFTA für den Zeitraum von 1990 bis 2000 geschätzt. Sie gehen davon aus, daß *Handelsumlenkung* nur durch zusätzliche US-Importe aus Mexiko, nicht hingegen durch zusätzliche US-Exporte nach Mexiko verursacht wird. Die zusätzlichen US-Importe aus Mexiko werden mit jährlich 7,7 Mrd $ beziffert (S. 274). Hierdurch werden, den Berechnungen zufolge, Ausfuhren der übrigen lateinamerikanischen Länder in die USA in Höhe von 270 Mio $ verdrängt, was indes weniger als einem Prozent der aktuellen US-Exporte dieser Länder entspricht.[27]

Gravierender ist die *Investitionsumlenkung*, die Hufbauer und Schott (1993a) als "ein Hauptziel der NAFTA" ansehen: "Durch Bildung einer gemeinsamen Handelszone hoffen die drei Länder, die Region zu einem attraktiveren Produktionsstandort in der Weltwirtschaft zu machen." Die Autoren nehmen an, daß die Auslandsinvestitionen in Mexiko aufgrund von NAFTA dramatisch - von 3 auf 5 Mrd $ pro Jahr - ansteigen werden, so daß sich für die gesamte Dekade ein NAFTA-induzierter Direktinvestitionszustrom für Mexiko in Höhe von 20 Mrd $ errechnet. Etwas mehr als die Hälfte davon, so eine weitere Annahme, wird aus den USA stammen, die auch in anderen lateinamerikanischen Ländern zumeist der Hauptinvestor sind. Ferner wird angenommen, daß Lateinamerika stärker als andere Regionen von der Investitionsumlenkung zugunsten Mexikos betroffen ist. Unter diesen Annahmen ergibt sich, daß der Bestand ausländischer Direktinvestitionen in Lateinamerika (ohne Mexiko) im Jahr 2000 *mit* NAFTA um etwa 2 Prozent niedriger liegt als *ohne* das Dreierabkommen. Dieser relative Investitionsrückgang hat seinerseits erhebliche Folgewirkungen für die Handelsströme: zusätzlich zu den genannten direkten Exportverlusten von jährlich 270 Mio Dollar gehen, den Berechnungen zufolge, den übrigen lateinamerikanischen Ländern durch die Investitionsumlenkung Exporte in Höhe von 1,3 Mrd $ pro Jahr verloren (Hufbauer und Schott 1993a, S. 280).

---

27 Nicht berücksichtigt in den Berechnungen wird die externe Handelsschaffung durch NAFTA-bedingtes Produktions- und Einkommenswachstum. Dieser Gegenposten zur Handelsumlenkung wird in einer anderen Veröffentlichung der beiden Autoren für gewichtiger als die Handelsumlenkung angesehen: "Wir glauben, daß insgesamt der durch Wachstum in der NAFTA-Region geschaffene Handel den in einzelnen Sektoren umgelenkten Handel übertreffen wird" (*Hufbauer, Schott* 1993a, S. 113).

Aus den Modellrechnungen, die indes mit erheblichen Unsicherheiten behaftet sind, ziehen Hufbauer und Schott den doppelten Schluß, daß NAFTA gleichzeitig andere Länder der Region zu einer Verbesserung des (Direkt-)Investitionsklimas motivieren und sie dazu veranlassen werde, den Anschluß an die Dreiergruppe zu suchen.

NAFTA, ebenso wie die Integration in Europa, wirkt sich auch auf die außenwirtschaftlichen Aktivitäten im *asiatisch-pazifischen Raum* aus. Hufbauer und Schott (1993, S. 277ff.) errechnen einen NAFTA-bedingten direkten Exportrückgang für die Region in Höhe von 820 Mio $ pro Jahr, angesichts aktueller Exporte der betroffenen Länder in die USA von weit über 100 Mrd. $ kaum eine bedeutende Größenordnung. Das Ausmaß der Investitionsumlenkung wird auf 1,3 Prozent des Direktinvestitionsbestandes geschätzt, der sich bis zum Jahr 2000 ohne NAFTA ergeben hätte. Damit wiederum wären jährliche Exportverluste von 1,2 Mrd $ verbunden.[28]

Relativ am stärksten von Handels- und Investitionsumlenkung durch NAFTA wären die ASEAN-Staaten betroffen. Dies haben Modellrechnungen von McCleery u.a. (1993, S. 398f.) für fünf Mitglieder dieser Ländergruppe (Indonesien, Malaysia, Philippinen, Singapur, Thailand)[29] ergeben. Demnach wird das Sozialprodukt der 5 Länder durch NAFTA unmittelbar um 0,36% reduziert, der Export um 0,47% (nach 7 Jahren). Dieser (geringe) negative Einfluß wird zu einem Viertel bis zur Hälfte durch dynamische Handelsschaffung infolge beschleunigten Einkommenswachstums in den USA kompensiert. Gleichzeitig nimmt er aber durch Umlenkung von Direktinvestitionen, insbesondere eine Verlagerung japanischer, koreanischer und chinesischer Investitionen von Hongkong, Taiwan und Singapur nach Mexiko (S. 307), um bis auf das Zweieinhalbfache wieder zu. Der gesamte negative NAFTA-Einfluß ließe sich jedoch, der Studie zufolge, durch Forcierung des zum 1. Januar 1993 in Kraft getretenen Freihandelsabkommens zwischen den ASEAN-Ländern (ASEAN Free Trade Agreement, AFTA) zu mehr als einem Viertel wieder wettmachen. Am stärksten würde hiervon Singapur profitieren, das ohne AFTA überdurchschnittlich verlöre.

Die Bedeutung der Investitionsumlenkung - und des AFTA - wird auch in einer Studie von Kreinin und Plummer (1992) hervorgehoben. Leidtragende wären dabei nicht nur die vier ostasiatischen NICs (Hongkong, Singapur, Südkorea und Taiwan), sondern

---

28 Die asiatisch-pazifische Region wird ohne Japan definiert. Bei der Berechnung der Investitionsumlenkung (und der aus ihr abgeleiteten Handelsumlenkung) sind ebenfalls Australien und Neuseeland nicht berücksichtigt.

29 Das Sultanat Brunei ist in den Berechnungen nicht berücksichtigt.

verstärkt auch die "nachstoßenden" ASEAN-Länder,[30] zumal diese Länder in zunehmendem Maße Direktinvestitionen von den NICs abgezogen hätten. Um die direkte Handelsumlenkung zu ermitteln, bestimmen Kreinin/Plummer zunächst jene Branchen, in denen Exporte der ASEAN-Länder und Südkoreas in die NAFTA-Region mit NAFTA-internen Exporten konkurrieren. Für diese Branchen wird sodann der Terms-of-Trade-Verlust geschätzt, den die *externen* Exportländer wegen der handelspolitischen Diskriminierung erleiden. Dabei wird angenommen, daß die Exporteure versuchen werden, die bisherige Absatzmenge in den NAFTA-Ländern aufrechtzuerhalten, und deshalb gezwungen sind, in den USA ("großes" Land) ihren Absatzpreis jeweils um zwei Drittel des bestehenden Zollsatzes, in Kanada und Mexiko ("kleine" Länder) im Ausmaß des gesamten Zolles zu senken. Auf dieser Basis ergibt sich für die ASEAN-Länder (Südkorea) eine Erlöseinbuße aufgrund der Zolldiskriminierung in Höhe von insgesamt 4% (5%)) ihrer Exporte nach Nordamerika. Die von Kreinin/Plummer errechneten Werte stellen jedoch Obergrenzen dar, die in der Realität deutlich unterschritten werden dürften.[31]

Geringer als in Ostasien sind die errechneten NAFTA-Effekte in den südasiatischen Entwicklungsländern. Wegen der Unterschiedlichkeit des Exportangebotes sind nur wenige Produktgruppen betroffen. Verdrängungseffekte ergeben sich hauptsächlich bei Textil- und Bekleidungserzeugnissen, wo Mexiko einen "formidablen" Wettbewerbsvorteil auf dem U.S.-Markt erlangt (Safadi, Yeats 1993).

Insgesamt lassen die vorliegenden Berechnungen bei aller Unsicherheit den Schluß zu, daß die externen NAFTA-Effekte, wenn auch eher negativ, so doch insgesamt nur bescheiden ausfallen, zumal durch die Uruguay-Runde auch die Handelsschranken gegenüber Drittländern weiter sinken. Dadurch vermindern sich auch die restriktiven Effekte strenger (und gegenüber dem U.S.-kanadischen Freihandelsabkommen verschärfter) Ursprungsregeln, wie sie NAFTA für verschiedene Branchen (Automobil, Textil und Bekleidung, diverse Agroindustrien) vorsieht.[32] Die negativen NAFTA-

---

30 Als Ursache dafür nennen *Kreinin/Plummer* (1992, S. 1363), daß Singapur, Südkorea und Taiwan im Jahre 1988 den Zollpräferenzstatus gegenüber den USA eingebüßt haben.

31 Zur Kritik an der Methode von *Kreinin/Plummer* vgl. die Replik von *Pomfret* (1993) und die Gegenreplik von *Kreinin/Plummer* (1993). Zu berücksichtigen wären aber neben den Zöllen auch nichttarifäre Handelshindernisse. Die auf Zölle konzentrierten Berechnungen von Kreinin und Plummer weisen insoweit das Ausmaß der tatsächlichen Handelsumlenkung zu niedrig aus (vgl. hierzu Kreinin, Plummer 1992, S. 1352).

32 Vgl. hierzu auch die Einschätzung von *Smith* (1993, S. 94), der im Zusammenhang mit den Ursprungsregeln feststellt, daß die "Vollendung der Uruguay-Runde offensichtlich ein erster entscheidender Schritt ist, der viel dazu beitragen würde, potentielle Handels- und Investitionsumlenkung durch NAFTA zu begrenzen."

Wirkungen dürften daher in keinem Verhältnis zu den zu erwartenden kräftigen internen Impulsen stehen. Langfristig könnte überdies die dynamische externe Handelsschaffung - die "positiven Externalitäten, die mit der "Wachstumsdividende" verbunden sind" (Primo Braga 1992, S. 217) - deutlich stärker zu Buche schlagen als die statische Handelsumlenkung. NAFTA "an sich" erscheint deshalb weltwirtschaftlich eher neutral bis positiv.[33]

Ähnliches ließe sich generell für bestehende und in Aussicht genommene regionale Integrationsvereinbarungen (RIV) reklamieren: "für sich genommen" tendieren sie eher dazu, neuen Handel zwischen den Partnerländern zu schaffen, als das Niveau des Handels mit Drittländern zu drücken. Es werden kaum neue Handelsschranken gegenüber Drittländern errichtet, und häufig, zumal in Lateinamerika, geht die Präferenzierung des Nachbarhandels mit unilateraler Liberalisierung auf Meistbegünstigungsbasis Hand in Hand.

In ihrer - schnell wachsenden - Gesamtheit werden RIVs dennoch als eine latente Gefahr für den Welthandel angesehen. Mit der Schaffung regionaler Präferenzen entstehen zugleich mächtige "vested interests", die sich dem Abbau der Präferenzen durch multilaterale Liberalisierung widersetzen. Deshalb könnte es schwieriger sein, regionale Wirtschafträume zu öffnen als nationale. Das positive Gegenbeispiel der frühen EG läßt sich in Zukunft nicht ohne weiteres wiederholen, zumal die USA ihre wirtschaftliche Hegemonialstellung (und das damit verbundene Druckpotential) weitgehend eingebüßt haben. Weitere Risikofaktoren nennt Snape (1993, S. 21): jedes Präferenzabkommen

- erschwere tendenziell Verhandlungen mit weiteren Ländern;

- tendiere zur Schaffung neuer, komplizierter Ursprungsregeln[34] und Streitbeilegungsverfahren; und

---

33 Vgl. hierzu auch *Primo Braga* (1992), der in einer Literaturstudie zu den NAFTA-Effekten auf den "Rest der Welt" zu dem Schluß gelangt, daß diese voraussichtlich insgesamt nicht signifikant sein werden. Der Autor betont indes zugleich die Gefahr, daß NAFTA zu einer "Erfahrung im managed trade" (S. 212) werden und damit "signifikante negative Implikationen für Mitglieds- und Nichtmitgliedsländer" (S. 234) haben könnte. Deutlich positiver wird NAFTA von *Proff* (1994, S. 284) beurteilt, nämlich als "positive Demonstration, daß eine aktive regionale Handelspolitik Wohlfahrtsgewinne in Ländern auf unterschiedlicher Entwicklungsstufe hervorbringen kann, ohne die Liberalisierung des Welthandels zu gefährden". Zugleich könne NAFTA als ein "Modell für die engere Integration von Entwicklungsländern in die Weltwirtschaft dienen."

34 *Snape* verweist (in Fußnote 17) auf den NAFTA-Entwurf von September 1992, der allein 193 Seiten zu Ursprungsregeln enthält.

- schwäche den Widerstand des (multilateralen) Systems gegen die implizite Diskriminierung einzelner von der regionalen Integration ausgeschlossener Länder - eine Entwicklung, die leicht in explizite Diskrimierung einmünden könne.

Die weltwirtschaftlichen Risiken exklusiver regionaler Integration werden indes durch den erfolgreichen Abschluß der Uruguay-Runde deutlich gemindert - und die Chancen für einen offenen, konstruktiven Regionalismus wesentlich verbessert. Dafür, daß der Regionalismus offen bleibt, könnten auch die Aktivitäten multinationaler Konzerne sorgen. Denkbar wäre aber auch, daß diese Unternehmen sich als "Insider" für die Abgrenzung regionaler Wirtschaftsräume nach außen stark machen.

V. GLOBALISIERUNG DER UNTERNEHMEN - EINE GEGENKRAFT ZUM POLITISCHEN REGIONALISMUS?

A. HINTERGRUND UND AUSMASS DER GLOBALISIERUNG

"Globale Investitionsstrategien" sind zu einem Modebegriff geworden. Er steht für die nachhaltige Internationalisierung der Wertschöpfungskette als Reaktion auf den zunehmend internationalen Wettbewerb. Im folgenden geht es um den Zusammenhang zwischen Globalisierung der Unternehmen und Regionalismus der Politik. Zwei Fragen stehen im Mittelpunkt:

(1) Wird die Globalisierung der Unternehmen durch den politischen Regionalismus behindert; können global orientierte Unternehmen daher als Gegenkraft zur Regionalisierung angesehen werden?

(2) Inwieweit ergibt sich aus der globalen Ausrichtung der Unternehmen ein Anpassungszwang für die regionale und nationale Wirtschaftspolitik?

Die praktische Relevanz dieser Fragen scheint offenkundig angesichts der Vielzahl von Unternehmen, die für sich in Anspruch nehmen, "globale Investitionsstrategien" zu verfolgen. Dennoch erscheint es sinnvoll, die Globalisierung begrifflich näher zu verdeutlichen und einige Größenordnungen aufzuzeigen.

1. "Globalisierung"

Die Globalisierung der Unternehmen ist keine schlagartig neue Erscheinung. Sie ist auf das Zusammentreffen mehrerer, teilweise schon länger bestehender Entwicklungen zurückzuführen:

- Neue Wettbewerber, insbesondere aus dem asiatisch-pazifischen Raum, treten nachhaltig international in Erscheinung und greifen etablierte Positionen europäischer und amerikanischer Unternehmen auch auf deren Heimatmärkten an. "Japanese firms were, in short, changing the rules of the game" (Oman 1993, S. 17).

- Die technische Entwicklung führt zu kürzeren Produktzyklen. Hohe FE-Aufwendungen müssen in kürzerer Zeit, d.h. durch rasche internationale Verbreitung der Produkte hereingeholt werden. Die frühe Beteiligung am technischen Fortschritt wird immer wichtiger für den kommerziellen Erfolg. Dies bedingt eine direkte Präsenz in den technologischen Zentren und den kaufkräftigsten Märkten der Weltwirtschaft.

- Fortschritte in der Informations- und Kommunikationstechnik bewirken eine nachhaltige Senkung der Transaktionskosten und damit der ökonomischen Entfernung ausländischer Standorte. Die Möglichkeiten zum Aufbau und zur Steuerung ausländischer Niederlassungen und deren Koordination mit anderen Konzerngesellschaften steigen. Der Standortwettbewerb nimmt zu; dies gilt für absatz- wie für beschaffungsorientierte Engagements.

- Die Liberalisierung und Integration der Finanzmärkte ermöglicht die rasche Durchführung auch umfangreicher internationaler Engagements. Ebenso sind die Niederlassungsbedingungen für ausländische Investoren liberaler geworden.

Eine Vielzahl von Autoren haben marktspezifische oder generelle Konzepte für Globalisierungsstrategien entwickelt.[1] Es gibt indessen keine allgemein akzeptierte Definition der Globalisierung und schon gar keine feste Grenze, von der ab ein herkömmlich "internationalisiertes" Unternehmen zu einem "globalen" wird. Eine gewisse Einheitlichkeit besteht allenfalls insofern, als bei Globalstrategien die Integration der in verschiedenen Ländern gelegenen Unternehmensteile unterstellt bzw. gefordert wird. Globalisierung ist mit internationaler Spezialisierung und Arbeitsteilung verbunden, d.h. mit einer gewissen zentralen Koordination. Sie kann über eigene Tochter- und Beteiligungsgesellschaften oder auch durch Kooperation und Allianzen mit Dritten organisiert werden und ebenso in der Fertigung (einschl. der sich daraus ergebenden Beschaffung und des Vertriebs) wie in anderen Funktionsbereichen betrieben werden, etwa in den Bereichen Forschung und Entwicklung (FE), Finanzierung, Marketing, Personalentwicklung, Rechnungs- und Berichtswesen, strategische Planung. Wells (1992, S. 21 ff) hält nicht die meist im Blickpunkt stehende Fertigung, sondern gerade die anderen Funktionsbereiche für die am stärksten globalisierten. Für die OECD (1992, S. 196), ist die globale Organisation der gesamten Wertschöpfungskette, von Forschung/Entwicklung und Innovation bis hin zum Verkauf fertiger Produkte an Dritte kennzeichnend für globalisierte Unternehmen. In der Terminologie der UNCTAD (1993) wäre dies eine besonders intensive Form der "deep integration", die ihrerseits im Gegensatz steht zur "shallow integration", welche nur den traditionellen Handel zwischen unverbundenen Unternehmen umfaßt.

Abgrenzung und tatsächliche Ausprägung von Globalstrategien haben Implikationen für die hier zu behandelnde Fragestellung: Soweit der politische Regionalismus primär bei den regionenübergreifenden Handelsströmen ansetzt - und dies ist die gängige Praxis -, sind nur solche "globalen" Unternehmen betroffen, die bei Beschaffung und Absatz regionenübergreifende Strategien verfolgen. Globalstrategien in den anderen Funktionsbereichen bleiben (zumindest bisher) unbehelligt. Insofern steht im folgenden

---

1   Vgl. z.B. *Welge* (1989); *Porter* (1989); *Bartlett, Ghoshal* (1989).

die Auslandsfertigung und der damit einhergehende Außenhandel im Mittelpunkt.[2] Aus praktischen Gründen beschränkt sich die Analyse auf die in eigener Regie durchgeführte Produktion, d.h. auf Direktinvestitionen in produzierende Auslandsgesellschaften.

2. Einige Größenordnungen

Die internationalen Wirtschaftsbeziehungen standen im vergangenen Jahrzehnt ganz im Zeichen der Direktinvestitionen (Jungnickel 1993). Der Bestand internationaler Direktinvestitionen (DI) läßt sich für Ende 1990 auf über 1.500 Mrd. US$ schätzen, mehr als dreimal soviel wie 1980; in Relation zum BIP ist er von 5 auf 8% gestiegen (Anhang V.1).[3] Das rasante Wachstum verlief wenig kontinuierlich. Einer Stagnation in den frühen 80er Jahren folgte eine rapide Expansion bis 1990 und ein erneuter Rückschlag in den letzten Jahren (Schaubild V.1). DI zeigen einen stark pro-zyklischen Verlauf (Julius 1990). Sie sind als Element unternehmerischer Wachstumsstrategie anzusehen und weniger als Reaktion zur Anpassung an inländischen Kostendruck in Zeiten wirtschaftlicher Stagnation. In der Phase der stärksten Expansion (1984/85-1989/90) lagen die durchschnittlichen jährlichen Zuwachsraten der DI (33%) fast dreimal so hoch wie die des BIP (12%) und der Weltexporte von Gütern und Diensten (13%).[4]

Der Umsatz der Tochter- und Beteiligungsgesellschaften im Ausland[5] ist zunächst weniger stark gestiegen als die DI. Die aus US-, japanischen und deutschen Daten hochgerechnete Summe (1990: rund 5 Bill. US$)[6] übersteigt inzwischen aber den weltweiten Export von Gütern und Diensten (ca. 4,8 Bill. US$).[7] Sie beläuft sich auf gut 28% des BIP gegenüber 23% Mitte der 80er Jahre. Zwar ist der echte Beitrag der Auslandsinvestitionen zum Welt-BIP geringer, da die Umsatzwerte auch Vorleistungen und Handelsware enthalten. Berücksichtigt man indessen, daß weite Teile der Volkswirtschaften gar nicht oder nur geringfügig von der Internationalisierung betroffen

---

2   Soweit Globalstrategien sich auf den Außenhandel mit Dritten beschränken, bleiben sie hier außer Betracht, da die Betroffenheit der Unternehmen durch den Regionalismus eindeutig ist.

3   Der absolute Bestand dürfte inzwischen (Ende 1993) an 2 Billionen US$ heranreichen. Eine nähere Quantifizierung erscheint angesichts erheblicher nationaler Erfassungsunterschiede weder möglich noch sinnvoll.

4   Dabei sind die absoluten Werte der Zuwachsraten im Zeitverlauf nur eingeschränkt vergleichbar, da sie auch von Wechselkursänderungen des US$ beeinflußt werden.

5   Diese Größe ist eher mit inländischen Produktionsstatistiken zu vergleichen als die DI.

6   Umsatzangaben für Auslandsgesellschaften liegen nur für die USA, Japan und Deutschland vor. Sie wurden entsprechend den Anteilen der drei Länder am DI-Stock für die Welt hochgerechnet. Vgl. auch *UNTCMD* (1992).

7   Vgl. *IMF*: World Economic Outlook, Washington 1993. In beiden Werten sind die Lieferungen an die Auslandsgesellschaften (konzerninterne Exporte) enthalten. Sie werden vom *UNTCMD* (1992) auf rund 25 % des Welthandels geschätzt.

sind (vor allem der Staat und eine Reihe von Dienstleistungen), so lassen die Daten eine erhebliche Relevanz der Internationalisierung durch DI insbesondere in der Industrie erkennen.

Schaubild V.1: Direktinvestitionen in der Weltwirtschaft 1980-1990

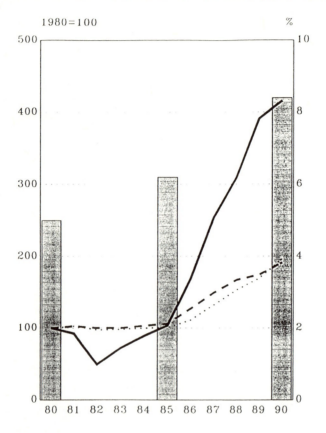

DI-Bestand in % des BP — DI flow p.a. ⁻⁻BSP ⋯Exporte

Quelle: Berechnet aus IMF: BOP und Economic Outlook; World Bank.

DI werden weitgehend von Unternehmen aus Industrieländern vorgenommen und zu rund drei Vierteln auch dort angelegt. Die einzelnen Länder sind, wie die Anhang-Tabellen V 1-4 zeigen, sehr unterschiedlich an den DI beteiligt. Es wird aber eine deutliche Tendenz zur Diversifizierung erkennbar.

174

- Bei den outward-DI haben US-Investoren ihre frühere Dominanz verloren. Vor allem japanische, aber auch europäische Unternehmen (etwa aus Frankreich, Deutschland, Italien, Schweden und Belgien) haben an Gewicht gewonnen, und mit Taiwan und Hongkong treten auch die ersten Entwicklungsländer nachhaltig als Investoren in Erscheinung.

- Bei den Zielländern standen lange Zeit die USA klar im Mittelpunkt des Investitions-interesses. Seit den späten 80er Jahren haben jedoch Standorte in Europa (neben dem traditionellen Schwerpunkt Großbritannien vor allem Frankreich, Belgien, Spanien, Portugal) und im asiatisch-pazifischen Raum an Gewicht gewonnen. Auch bei den in-ward-DI ist somit eine Diversifizierung erkennbar in Richtung auf eine Annäherung des gesamtwirtschaftlichen Gewichts auslandskontrollierter Unternehmen. Tabelle V.1 läßt erkennen, daß der Umsatzanteil in der verarbeitenden Industrie der wichtigsten Industrieländer mit Ausnahme Japans durchweg bei mindestens 15% liegt und in Au-stralien, Kanada, Irland und mit großer Wahrscheinlichkeit Belgien[8] sogar über 30% erreicht.

Tabelle V.1.   Umsatzanteil auslandskontrollierter[a] Unternehmen in der Verarbeitenden Industrie 1980 und 1990 (in %)

Anlageland	1980	1989/90
USA[b]	5	15
Kanada	51	49 (1987)
Japan	5	2 (1987)
Australien[b]	34 (1982/83)	32 (1986/87)
Frankreich[b]	27	28 (1988)
Deutschland[b]	26	25
Irland	46 (1983)	55 (1988)
Italien	19	22 (1988)[c]
Großbritannien	19 (1981)	25
Schweden	8	15

a) Enthält in unterschiedlichem Maße auch Minderheitsbeteiligungen ab 10%.
b) Einschl. Minderheitsbeteiligungen.
c) Schätzung der OECD.

Quelle: OECD (1992, S. 202); nationale Statistiken.

---

8   Vgl. *OECD* (1992, S. 203).

B. REGIONALE ZUSAMMENSCHLÜSSE IM KALKÜL DER UNTERNEHMEN

Wenn der Internationalisierungsprozeß durch Direktinvestitionen und Auslandsproduktion auch gesamtwirtschaftlich erhebliche Größenordnungen erreicht hat und eine zunehmende Anzahl von Ländern betrifft, so bedeutet dies nicht zwangsläufig, daß er als Gegenkraft zum politischen Regionalismus wirken muß. Die Betroffenheit der Unternehmen hängt ab von der näheren Ausgestaltung regionaler Zusammenschlüsse, vom Umfang des Engagements durch DI und Außenhandel in anderen Regionen und von der Art der verfolgten Internationalisierungsstrategie, die keineswegs über alle Produkte und Märkte hinweg einheitlich sein muß (Stopford 1992, S. 7ff.).

Im Hinblick auf die hier im Mittelpunkt stehende Internationalisierung der Produktion durch Direktinvestitionen sind zumindest sechs Strategietypen zu unterscheiden:

Typ A: Im eigentlichen Sinne "globale" Unternehmen, die weltweit oder zumindest regionenübergreifend Produktionsnetzwerke errichtet haben - die Auslandsgesellschaften weisen dementsprechend intensive extraregionale Handelsbeziehungen auf.

Typ B: Unternehmen, die ein länderübergreifendes, aber auf eine Region beschränktes arbeitsteiliges Produktions-, Beschaffungs- und Vertriebssystem errichtet haben.

Typ C: Unternehmen, die außerhalb ihrer Region Tochtergesellschaften als "Satelliten" mit geringer Wertschöpfung und starker Abhängigkeit von Zulieferungen der Muttergesellschaft (oder anderer Konzerngesellschaften) betreiben. Diese DI erfolgen in erster Linie absatzorientiert.

Typ D: Unternehmen, deren Auslandsgesellschaften mit hoher nationaler/regionaler Fertigungstiefe arbeiten und auf den nationalen oder regionalen Absatzmarkt konzentriert sind.

Typ E: Unternehmen, die Vorleistungen von außerhalb der Region beziehen, oftmals von eigenen Beteiligungsgesellschaften (global sourcing).

Typ F: Unternehmen aus Drittländern, die bisher nur in die Region exportieren und dort allenfalls Vertriebsgesellschaften unterhalten.

Diese Strategietypen lassen sich als Varianten der drei Grundtypen

- absatzorientierte
- effizienzorientierte
- ressourcenorientierte

Investitionen (Behrman 1986) auffassen und sich auch in Strategieschemata anderer Autoren (z.B. Hamill 1993) einordnen. Regionale Zusammenschlüsse wirken auf DI-Entscheidungen dieser Unternehmen zum einen über die Liberalisierung im Inneren, zum anderen über die Abgrenzung nach außen hin:

- Wenn Handels- und Investitionshemmnisse innerhalb der Region fallen, so schafft dies erweiterte Absatz- und Beschaffungsmöglichkeiten. Die Produktion kann an weniger Standorten konzentriert werden, soweit Skalenvorteile von Bedeutung sind. Zudem lassen sich durch Standortverlagerungen nationale Kostenvorteile ausnutzen. Diese Konzentration der Fertigung auf wenige kostengünstige Standorte kann bei Unternehmen des Typs B zu erhöhten DI führen, soweit die kostengünstigeren Standorte im Ausland liegen. Wenn sich allerdings das Stammland als am kostengünstigsten erweist, können auch DI abgebaut werden. Ebenso ist es möglich, daß sich bei gleichbleibendem Volumen nur die regionale DI-*Struktur* verändert (Typ A und B).

- Dieser rein kostenorientierten Betrachtung stehen andere, eher absatzbezogene Aspekte gegenüber. Absatzorientierte DI (von Unternehmen der Typen C und D) dürften zunehmen, wenn - was in der Regel angestrebt wird - im Zuge der politischen Integration die Region an wirtschaftlicher Dynamik gewinnt. In dem Falle steigt die Attraktivität regionaler Standorte im Vergleich zur übrigen Welt. Ein weiterer Effekt auf die DI ergibt sich daraus, daß regionale Integration zu stärkerem Wettbewerb und vermehrter Unsicherheit führt. Dies kann für absatzorientierte Investoren Anlaß sein, die Marktpräsenz zu verstärken und die Position gegen (potentielle) Wettbewerber abzusichern (Typ D). Folge sind dann zunehmende DI in den wichtigsten Märkten der Region, wobei Aufkäufe (M&A) eine gewichtige Rolle spielen dürften. Ein derartiges Kalkül gilt nicht nur für die Unternehmen aus der Region, sondern auch für outsider; sie verstärken ihr direktes Engagement in der Region. Dies gilt insbesondere dann, wenn der Regionalismus den Marktzugang für aus Drittländern importierte Produkte erschwert. Handelshemmnisse lassen sich durch Direktinvestitionen überwinden mit der Folge, daß diese "globalen" Unternehmen danach dem Regionalismus zumindest nicht mehr negativ, möglicherweise sogar positiv gegenüberstehen. Drittland-Unternehmen der Typen C und F dürften sich daher verstärkt in Form von DI engagieren, soweit sie hinreichend wettbewerbsfähig sind. Hängt ihre Wettbewerbs-fähigkeit indessen von günstigen Produktionsbedingungen im Heimatland oder ande-ren Standorten außerhalb der Region ab, so haben diese Unternehmen wenig Chan-cen, dem politischen Regionalismus zu begegnen; es ist eine Umlenkung der Investi-tionen auf Unternehmen in der Region zu erwarten.

- In dem Maße, wie der Marktzugang für Drittlandsprodukte behindert wird, können auch die Beschaffungswege, welche regionale insider regionenübergreifend organisiert haben (global sourcing) beeinträchtigt werden. Die betroffenen (effizienzorientierten) Unternehmen der Typen A und E haben daher ein elementares Interesse an offenen Außengrenzen der Region für die von ihnen importierten Produkte. Können diese Interessen nicht durchgesetzt werden, so wäre eine Investitionsverlagerung (oder zumindest eine Beschaffungsverlagerung) in die sich zusammenschließende Region zu erwarten. Bei "global sourcing"-Unternehmen, denen durch den Regionalismus die extraregionale Beschaffung von Konzerngesellschaften erschwert wird, kann es zu Desinvestitionen im Ausland kommen, wenn die Bezugsquelle ins Inland verlagert wird.[9] Sind die Unternehmen dann bei der Beschaffung zu insidern geworden, so dürfte das Interesse an der Offenheit der Region tendenziell der Forderung nach weiterem Schutz des Binnenmarktes gegen Außenseiter weichen - soweit dem nicht die Furcht vor Vergeltungsmaßnahmen des Auslandes und dadurch eintretender Schädigung eigener Exportinteressen entgegensteht (Hillman, Ursprung 1993).

Insgesamt können somit Firmen, die eher absatzorientiert investieren, ebenso betroffen sein wie solche, deren wichtigste Wettbewerbsparameter die Kosten sind. Jenen Faktoren, welche zu vermehrten DI führen, stehen andere gegenüber, die sogar einen Abbau von DI bewirken können. Unternehmen, die in der Region - mit Stammhaus oder Niederlassungen - vertreten sind, können anders betroffen sein als solche, die außen vor stehen und nur Handel mit der Region treiben.

Soweit die Globalisierung sich in Richtung auf regional übergreifende Produktionsnetze (vertikal oder horizontal spezialisierte Auslandsgesellschaften) entwickelt, ist von einem zumindest nicht nachlassenden Interesse "globaler" Unternehmen an offenen Märkten auszugehen. Mit zunehmendem Auslandsengagement dürfte es weiter wachsen. Verläuft der Trend dagegen eher in Richtung auf regional begrenzte Produktionsnetze oder

---

9 Soweit die Regionalisierung mit dem **Abbau** von Importhemmnissen verbunden ist, kann es dementsprechend zu vermehrten beschaffungsorientierten DI in Ländern außerhalb der Region kommen.

absatzorientierte Standortwahl (für zunehmend autonome Produktionsstätten mit hoher eigener Wertschöpfung), so dürfte auf lange Sicht von einer allenfalls indifferenten, möglicherweise sogar positiven Haltung globaler Unternehmen gegenüber dem politischen Regionalismus auszugehen sein. Da die verschiedenen Formen der Internationalisierung in der Realität nebeneinander auftreten und sich auch unter dem Einfluß des politischen Regionalismus ändern, kann es in folgenden nur um eine gewisse Gewichtung der zu unterstellenden Interessenlagen gehen, wie sie sich aus Umfang und Struktur von Auslandsproduktion und Außenhandel ergeben.

Es erscheint geboten zu fragen,

- inwieweit die Auslandsproduktion über die jeweilige Region hinausgeht,

- welches Gewicht die interregionale Auslandsproduktion gegenüber dem interregionalem Außenhandel erreicht hat und

- inwieweit die extraregionale Auslandsproduktion mit extraregionalem Außenhandel einhergeht.

C. INTER- VS. INTRAREGIONALE DIREKTINVESTITIONEN

Die verfügbaren - nicht immer kompatiblen - Informationen lassen vermuten, daß regionale Zusammenschlüsse insgesamt zu vermehrten DI geführt haben. Die Regionen der Triade konnten überdurchschnittliche Zuwächse verbuchen (Tab. V.3 und Schaubild V.4). Dahinter stehen allerdings im einzelnen recht unterschiedliche Entwicklungen, was in Anbetracht der weit differierenden formalen Integrationspolitik, Marktgröße, wirtschaftlichen Dynamik und Entwicklungsniveaus nicht überrascht:

1. Europäische Gemeinschaft

Das europäische Binnenmarktprogramm *EG '92* hat per saldo die Attraktivität von EG-Standorten deutlich erhöht. Die jährlichen Kapitalanlagen für DI in der EG sind auf über 40% der weltweiten DI gestiegen gegenüber weniger als 30% Mitte der 80er Jahre.

Drei strukturelle Kennzeichen des DI-Wachstums in der EG erscheinen im Hinblick auf die hier interessierenden Fragen bedeutsam (Tabelle V.2):

Tabelle V.2: Direktinvestitionen in der EG 1985 bis 1990

Herkunftsland	Bestand Direktinvestitionen in der EG 1990		Anteil der EG an den jährlichen Direktinvestitionen aus ...				Wachstum der Direktinvestitionen in der EG aus ...
	Mrd. US-$	%	1985-1987 %	1988 %	1989 %	1990 %	1985/86-1989/90[c] %
USA	178	42	38	54	58	28[1]	+95
Japan[a]	55	18	17	18	21	23	+428
Schweiz	32	48	42	69	24	51	+79
Schweden	18[1]	50[1]	31	46	52	70	+768
Großbritannien	54	24	17	26	27	55	+142
Niederlande	48	46	46	24	51	58	+197
Deutschland	70	45	32	36	63	68	+218
Frankreich	59	60	41	63	62	68	+980
Italien	32	57	.	.	.	.	.

a) Kumulierte jährliche Notifikation.
b) Anteil an den nationalen Direktinvestitionen im Ausland.
c) Berechnet in nationaler Währung.

1 1989.
2 Niedriger Anteil wegen Desinvestitionen in Großbritannien. 1991 lag der EG-Anteil wieder bei 50%.

Quelle: Berechnet aus nationalen Statistiken der Herkunftsländer.

1. Es begann lange bevor EG´92 realisiert war. Dies läßt vermuten, daß die Ursache weniger - wie oftmals unterstellt wird[10] - im Aufbau arbeitsteiliger Produktionsnetze liegt, als in einer auf die Stärkung der Marktposition ausgerichteten Strategie.

2. Es wird gleichermaßen von EG- und Drittland-Investoren getragen. Dies läßt vermuten, daß der Umgehung von Handelshemmnissen mit folgender Importsubstitution keine herausragende Bedeutung zukommt.

3. Beide Vermutungen werden gestützt durch die Beobachtung, daß die DI großenteils in Form von Unternehmensübernahmen (M&A) erfolgen (KPMG Nr. 6/1992; Jungnickel 1993).

Die Investoren scheinen daher in der EG eher eine Strategie der Risikoreduzierung und des Unternehmenswachstums durch Stärkung nationaler Marktpositionen zu verfolgen als eine Strategie der Kostenminimierung durch Nutzung der "billigsten" Standorte für einzelne Fertigungen/Fertigungsstufen (Wells 1992, S. 29f.). Eigene DI sollen dem (erwarteten) Wettbewerbsdruck als Folge von EG´92 begegnen. Strategien zur Rationalisierung internationaler Produktionssysteme (etwa durch Standortspezialisierung und -konzentration) scheinen dagegen erst in jüngster Zeit, als Folge der Rezession, in stärkerem Maße umgesetzt zu werden.[11]

DI aus *Drittländern* sind nicht grundsätzlich anders zu werten als die intra-EG-Engagements. Für Unternehmen aus der *EFTA* (vor allem aus Schweden und der Schweiz) bestehen schon jetzt - und künftig angesichts EWR und Beitrittsperspektive erst recht - nur geringfügige Handelshemmnisse. Sie haben zudem über lange Zeit starke insider-Positionen in der EG aufgebaut (Erbe u.a. 1991). *US*-Unternehmen müssen zwar eher mit Handelshemmnissen rechnen; andererseits operieren sie aber von einer besonders starken insider-Position aus, so daß defensive, importsubstituierende DI eher unwahrscheinlich sind. Der Umsatz amerikanischer Niederlassungen (ohne Zulieferungen aus den USA) in der EG ist rund 7 mal so hoch wie die US-Exporte in die EG (Tabelle V.4). Bestehende oder befürchtete Handelshemmnisse könnten allenfalls für *fernöstliche*, d.h. primär für *japanische* Unternehmen ein Investitionsgrund sein. Angesichts des zunehmend globalen Wettbewerbs und des Drucks, auf den kaufkräftigen Märkten

---

10 *UNCTC* (1991); *Cantwell* (1992).
11 Diese Einschätzung stützt sich auf eine Vielzahl von Pressemeldungen. Sie schlägt sich (noch) nicht in den DI-Strömen und Beständen nieder, da Veränderungen größtenteils bei bestehenden Beteiligungsgesellschaften erfolgen und nicht mit umfangreichen Neu- (oder Des)investitionen verbunden sind.

nachhaltig präsent zu sein, können Handelshemmnisse indessen meist nur als beschleunigender Faktor für die Investitionsentscheidung angesehen werden. Japanische Direktinvestitionen in der EG sind insofern primär ein Element ohnehin verfolgter globaler Expansionsstrategien.[12] Dieser Einschätzung entspricht auch die Gewichtung der Investitionsmotive in den Umfrageergebnissen der japanischen Export-Import-Bank (Tejima 1992). Solange ein (in Relation zum Außenhandel) nachhaltiges Engagement japanischer Investoren in der EG noch nicht erreicht ist, ist indessen weiterhin von einem anti-regionalistischen Interesse dieser Unternehmen auszugehen - zumindest was die EG betrifft. Auf lange Sicht ist dagegen eine eher indifferente Haltung gegenüber einer regionalistischen europäischen Handelspolitik zu erwarten.

Schaubild V.2: "Asianisierung" der DI im asiatisch-pazifischen Raum, um 1990

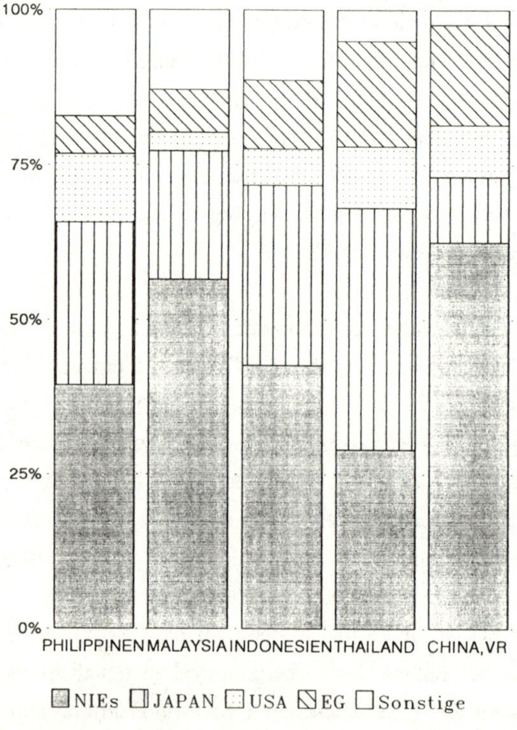

NIEs □ JAPAN □ USA ◪ EG □ Sonstige

Indonesien: Durchschnittswerte 1989/91.
China: EG einschließlich einiger kleiner DI aus anderen Ländern.

Quellen: Nationale Statistiken der Anlageländer.

---

12 Die Motivation japanischer Direktinvestitionen in der EG wird ausführlicher diskutiert in: *Nicolaides, Thomsen* (1991); *Thomsen, Nicolaides* (1991); *Erbe u.a.* (1991).

2. Die asiatisch-pazifische (AP-)Region

Auch die asiatisch-pazifische Region[13] hat sich im internationalen Standortwettbewerb um DI gut behauptet, sieht man einmal von Japan ab, dessen nach wie vor geringe inward-DI nicht auf mangelnde Attraktivität des Standorts, sondern auf schwierigen Marktzugang für DI zurückzuführen sind. Da im AP-Raum kaum eine formale Integrationspolitik existiert (vgl. Kapitel III) und schon gar kein politischer Regionalismus, müssen die gerade in jüngster Zeit stark expandierenden DI vor dem Hintergrund der folgenden Faktoren gesehen werden:

- außerordentlich dynamische Marktentwicklung

- liberale DI- und Außenhandelsbedingungen der einzelnen Länder

- gute Infrastruktur und unterstützende Dienstleistungen

- kostengünstige qualifizierte Arbeitskräfte

- geringe Transaktionskosten innerhalb der internationalen "Chinese Community".

Die AP-Region - mit Ausnahme Japans - hat in den DI praktisch aller gewichtigen Stammländer ein erhebliches Gewicht erhalten. Rund die Hälfte des dort angelegten DI-Bestandes stammt aus anderen Regionen (Tab. V.3). Hervorzuheben ist indessen das rapide Wachstum *intra*regionaler DI. Diese sind wesentliches Element des Strukturwandels in den fortgeschrittenen Ländern; Produktionen, die wegen hoher Löhne und Wechselkurse nicht mehr wettbewerbsfähig sind, werden in kostengünstigere Länder der Region ausgelagert. Im "flying geese" Muster treten neben Japan die NIEs der ersten Generation nachhaltig als Investoren in Erscheinung (Taiwan, Hongkong). Als Anlageländer treten China und die Flächenstaaten der ASEAN in den Vordergrund. Schaubild V.2 zeigt das hohe Gewicht der Schwellenländer und die in China und den Flächenländern der ASEAN bereits bestehende Dominanz asiatischer Investoren. Diese errichteten, wie auch eine Reihe amerikanischer und europäischer Unternehmen, zunehmend länderübergreifende Produktionsnetzwerke (Borrmann, Jungnickel 1992). Ein erheblicher Teil der Produktionsstätten ist auch auf den amerikanischen und den europäischen Markt ausgerichtet. Ebenso ist aber eine Tendenz erkennbar zur Orientierung auf die außerordentlich stark expandierenden Binnenmärkte.

---

13 Die AP-Region wird hier aus Gründen der Zweckmäßigkeit abgegrenzt als Japan, NIEs, ASEAN, China. Dies ist die "Kernregion" des gesamten AP-Raumes.

3. NAFTA

Das zwischen den USA und Kanada bestehende Freihandelsabkommen hat (CUSTA) Hufbauer und Schott (1993a) zufolge vor allem zu verstärkten *intraregionalen* DI geführt. Eine Reihe von Beispielen belegen, daß Unternehmen aus beiden Ländern die neuen Möglichkeiten zur länderübergreifenden Integration von Fertigungsstätten nutzen mit der Folge von Investitions- und Produktionsverlagerungen (UNCTC 1990), wobei Kanada teilweise als "Verlierer" hingestellt wird (FT v. 9.12.1992).

Im Vergleich zur Expansion der weltweiten DI ist die zunehmende nordamerikanische DI-Verflechtung indessen eher als bescheiden anzusehen (wobei auch das hohe Ausgangsniveau zu berücksichtigen ist). Die Aufnahme Mexikos könnte größere Auswirkungen haben (Hufbauer, Schott 1993a). In jüngster Zeit verzeichnet Mexiko aufgrund von nachhaltigen wirtschaftlichen und politischen Verbesserungen, umfangreicher Privatisierung und der NAFTA-Perspektive einen starken Zufluß von DI (IDB 1992; Bradford 1993), vor allem aus den USA. Allein die Telekommunikationsfirma Bell Atlantic investiert gut 1Mrd. US$ für eine 42%ige Beteiligung an einem führenden mexikanischen Unternehmen mit lukrativen Konzessionen für Funktelefone (FT v. 12.10.1993). US-Firmen verlagern teilweise ihre früher nach Ostasien ausgelagerten Fertigungen ins nähere Mexiko.[14] Auch europäische und asiatische Investoren nutzen die Chance, über billige mexikanische Standorte (auch) den US-Markt zu bedienen,[15] zumal mit der NAFTA teilweise neue Marktzugangsschranken für regionale outsider errichtet werden (Rugman; Gestrin 1993). Diese Tendenz zu vermehrten inter- und intraregionalen DI könnte einen Trend zum intraregionalen Handel fördern, der die Unternehmen unempfindlich gegen Regionalismus macht oder sie sogar für einen höheren Außenschutz der Region eintreten läßt. Diesem Effekt sind indessen die insgesamt weiter zunehmenden Investitionen nordamerikanischer Unternehmen in Fernost gegenüberzustellen.

---

14 Vgl. *Hufbauer, Schott* 1993a, S. 102. So schließt etwa der von Verlusten geplagte amerikanische TV-Hersteller ZENITH sein letztes US-Werk und die Fabrik in Taiwan und verlagert die Produktion nach Tijuana/Mexiko (manager magazin Nr. 11/1992).

15 Beispiele sind etwa VW (FAZ v. 16.1.1993), Daimler (FAZ v. 23.2.1993) und andere deutsche Firmen (Manager Magazin Nr. 11/1992) sowie das koreanische Unternehmen Goldstar, das ein Werk von Alabama nach Mexiko verlegt (Handelsblatt vom 23.10.1992). *Rugman* und *Gestrin* (1993) schätzen die durch Drittlandsunternehmen vorgenommene DI-Umlenkung von anderen Niedrigkosten-Standorten nach Mexiko höher ein als die intraregionale Investitionsverschiebung.

4. Gesamtbild

- Insgesamt scheinen regionale Zusammenschlüsse die internationalen DI zu fördern, wenn sie mit wirtschaftlicher Dynamik einhergehen - ebenso wie die wirtschaftliche Dynamik die DI fördert, auch ohne daß Integrationspolitik betrieben wird.

- *Intra*regionale DI, die von Regionalismustendenzen kaum betroffen sein dürften, nehmen, wie aus Schaubild V.3 und Tabelle V.3 hervorgeht, eher überdurchschnittlich zu (EG, Mexiko).[16]

- In ihrer Masse (rund 75%) sind die internationalen DI jedoch Element der *inter*regionalen Wirtschaftsverflechtung. Diese Engagements können vom politischen Regionalismus beeinträchtigt werden, wenn sie Teil von regionenübergreifenden Produktionsnetzen sind oder in hohem Maße Zulieferungen von Vor- und Fertigprodukten der Muttergesellschaften erhalten. Bei hoher nationaler/regionaler Wertschöpfung bleiben sie dagegen unbehelligt vom Regionalismus.

Eine zu entwickelnde nationale Position gegenüber regionalistischen Forderungen wird das Gewicht von regionenübergreifenden Zulieferungen von Vor- und Fertigprodukten gegenüber der nationalen/regionalen Produktion mitberücksichtigen müssen. Die vorhergehende Analyse liefert wenig Anhaltspunkte für einen massiven Aufbau regionenübergreifender Produktionsnetze. Die Masse der DI scheint absatzorientiert zu sein mit unbestimmter Außenhandelsverflechtung - je nach dem Umfang der lokalen Wertschöpfung.[17]

Eine erste Vorstellung vom Ausmaß, in dem interregionale DI und Auslandsproduktion in gesamtwirtschaftlicher Sicht den Außenhandel als regionenübergreifendes Verflechtungselement ersetzen oder ergänzen, liefert Tabelle V.4. Sie setzt die

---

16 In der asiatisch-pazifischen Region schlägt die Expansion neuer intraregionaler DI noch nicht auf die Bestandswerte durch, da diese noch von hohen, jetzt relativ rückläufigen japanischen Rohstoffinvestitionen geprägt sind.

17 Generelle Rückschlüsse von der DI-Struktur auf die Außenhandelsverflechtung müssen spekulativ bleiben. Eine offensiv zur Eroberung neuer Märkte vorgenommene Investition kann ohne Außenhandelseffekt bleiben, wenn es sich um einen Firmenkauf handelt und das Akquisitionsobjekt mit dem Investor in keinem produktionstechnischen Zusammenhang steht. Öffnet eine DI dagegen den Markt für andere Produkte des Investors, so können vermehrte Exporte die Folge sein. Bei defensiven Investitionen zum Überspringen von Handelshemmnissen kommt es auf das Größenverhältnis von Exportsubstitution (durch lokale Wertschöpfung) und Exporterhöhung (aufgrund der marktöffnenden Funktion der DI) an.

Schaubild V.3: Direktinvestitionsverflechtung der Triade-Regionen 1992 (1985)[a] in Mrd. US $

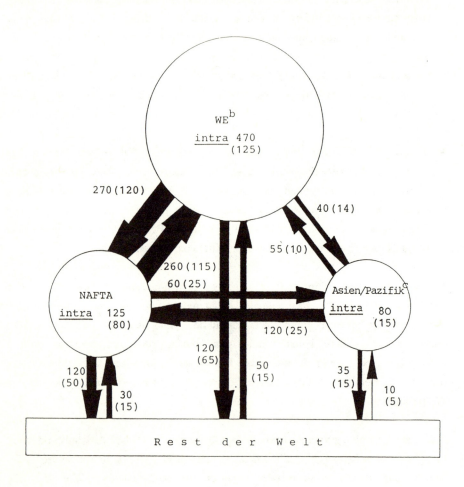

a) Bestandswerte am Jahresende, überwiegend Statistiken der Herkunftsländer. DI aus dem "Rest der Welt" entsprechend den Statistiken der Zielregionen. Daten teilweise geschätzt auf der Grundlage der letzten verfügbaren Bestandswerte und seitdem ausgewiesener flows (Zahlungsbilanzstatistik). Angesichts erheblicher Datenlücken und internationaler Unterschiede in der DI-Erfassung können die Werte nur als Größenordnungen interpretiert werden.

b) WE = EG (12) + EFTA.

c) Japan, VR China, HK, Indonesien, Malaysia, Philippinen, Singapur, Korea, Taiwan, Thailand; japanische Notifikationsstatistik, um 1/3 gekürzt, um systematische Überschätzung zu korrigieren. Andere Länder teilweise geschätzt.

Quelle: Nationale Statistiken.

Tabelle V.3: **Inter-vs. intraregionale Direktinvestitionen 1992 (1985)[a]**
(in % der gesamten Direktinvestitionen)

	Nordam.[b]	West-Europa	EG(12)	Asien[c]	Japan	Sonstige	WELT %	WELT Mrd. US $
DI aus				**I. Anlageregion**				
USA	17 (23)	49 (46)	41 (36)	11 (10)	5 (4)	22 (21)	100	490 (230)
Kanada	59 (69)	23 (14)	20 (13)	6 (5)	2 (0)	13 (12)	100	80 (40)
Japan	49 (35)	22 (15)	20 (13)	17 (26)	-	13 (24)	100	240[d] (50)[d]
"EG" (5)[e]	30 (38)	53 (35)	47 (27)	4 (5)	1 (1)	13 (22)	100	710 (270)
U.K.	43 (44)	30 (21)	27 (17)	6 (7)	1 (1)	22 (28)	100	230 (115)
D	26 (36)	63 (47)	53 (37)	4 (3)	2 (2)	7 (14)	100	170 (60)
DI in				**II. Herkunftregion**				
USA	10 (10)	66 (66)	53 (58)	25 (11)	24 (10)	5 (14)	100	410 (185)
Kanada	64 (76)	28 (19)	23 (17)	7 (3)	4 (2)	1 (2)	100	110 (60)
Asien[c]	26 .	22 .	17 .	46 .	26 .	5 .	100	190 .
Japan	54 (50)	31 (24)	21 (15)	3 (4)	-	12 (21)	100	25 (6)
"EG" (5)[e]	31 (40)	56 (49)	42 (36)	6 (4)	5 (3)	7 (7)	100	560 (180)
U.K.	43 (53)	41 (38)	31 (30)	7 (5)	5 (2)	10 (4)	100	200 (62)
D	31 (38)	59 (51)	39 (32)	8 (6)	7 (6)	2 (5)	100	120 (35)

a) Bestand am Jahresende, soweit möglich ohne Panama und Steueroasen in der Karibik; teilweise geschätzt auf der Grundlage der letzten verfügbaren Bestandswerte plus seitdem ausgewiesener flows. Für Teil I wurde die Statistik der Herkunftsländer zugrundegelegt, für Teil II weitgehend die der Zielländer von DI. Fettgedruckte Anteile stellen die intraregionale DI-Verflechtung dar. Angesichts großer nationaler Erfassungsunterschiede und Datenlücken sind die Werte nur als Größenordnungen zu interpretieren.

b) USA, Kanada, Mexiko.

c) Japan, VR China, Hongkong, Indonesien, Malaysia, Philippinen, Singapur, Südkorea, Taiwan, Thailand. Inward DI in Asien errechnet aus den Statistiken der Herkunftsländer. Intra-Asien-DI geschätzt auf der Grundlage von Borrmann, Jungnickel (1992) und Jungnickel (1993).

d) Notifikationswerte, ohne einbehaltene Gewinne; amtliche Statistik um 1/3 gekürzt, um systematische Überschätzung zu korrigieren.

e) EG (5) = Summe aus: Frankreich, Bundesrepublik Deutschland, Großbritannien, Niederlande, Italien.

Quelle: Errechnet aus den nationalen Statistiken.

Auslandsproduktion der USA, Japans und Deutschlands in Beziehung zum Außenhandel mit den entsprechenden Regionen und liefert damit Anhaltspunkte für eine "gesamtwirtschaftliche Interessenlage". Zwar sind die Daten zur Auslandsproduktion - bedingt durch die statistische Verfügbarkeit - nicht voll vergleichbar.[18] Es werden aber einige wesentliche Unterschiede deutlich:

- Die *amerikanische* Wirtschaft ist generell weit stärker durch Produktion als durch Handel im Ausland engagiert. Insbesondere in Europa ist sie weitgehend als "insider" anzusehen. Die lokale Produktion (=Umsatz ohne Zulieferungen aus den USA) ist zumindest 6-7mal so hoch wie der Export dorthin. Dagegen ist die *intra*regionale Produktionsverflechtung mit Kanada und insbesondere Mexiko trotz (und z.T. auch wegen) hoher DI noch stark vom Außenhandel geprägt. Die asiatisch-pazifische Region nimmt eine Mittelposition ein.

- Das direkte *japanische* Auslandsengagement innerhalb und außerhalb der AP-Region beruht noch sehr weitgehend auf dem Außenhandel und ist dementsprechend verwundbar durch regionale Handelsrestriktionen.

- Unter Berücksichtigung der genannten Verzerrung[19] gilt eine ähnliche Einschätzung auch für die *deutsche* Wirtschaft mit Ausnahme Nordamerikas, wo die lokale Produktion den Export deutlich übersteigt.

Derartige Relationen, wie sie in Tab. V 4 enthalten sind, stellen indessen allenfalls auf eine "gesamtwirtschaftliche Interessengewichtung" ab. Sie vermögen nicht die Frage zu beantworten, inwieweit interregionale Direktinvestitionen und Auslandsproduktion mit interregionalem Außenhandel einhergehen. Nur wenn dies der Fall ist, wird man von einem besonderen Interesse "globalisierter" Unternehmen an interregionaler Handelsliberalisierung ausgehen können. Es geht also darum, die Position der produzierenden Auslandsgesellschaften in den jeweiligen Gesamtunternehmen näher zu analysieren.

---

18 Aufgrund der in der Tabelle beschriebenen Abgrenzungsunterschiede werden die deutschen Werte um rund 50% und die amerikanischen Werte um rund 10% höher ausgewiesen als die entsprechenden japanischen.
19 Siehe Fußnote 18.

Tabelle V.4: Auslandsproduktion und Außenhandel in einzelnen Regionen 1990

Stammland/ Anlageregion bzw. Außenhandelspartner	Umsatz[b] Auslandsge- sellschaften Mrd US$ (1)	Gesamtexport in die Region Mrd. US$ (2)	Gesamtimport aus der Region Mrd US$ (3)	Umsatz/ Export (1)/(2)	Umsatz/ Import (1)/(3)
USA					
Welt	1.374	393	517	3,5	2,7
Kanada	162	83	94	1,9	1,7
Mexiko	23	28	31	0,8	0,8
EG	679	98	95	6,9	7,1
Deutschland	159	19	29	8,5	5,5
Großbritannien	196	23	21	8,4	9,4
Asien/Pazifik	305	119	203	2,6	1,5
Japan	156	49	93	3,2	1,7
Japan					
Welt	135[a]	288	235	0,5	0,6
Nordamerika	57[a]	98	61	0,6	0,9
Europa	26[a]	64	43	0,4	0,6
Asien/Pazifik	40[a]	98	82	0,4	0,5
Lateinamerika	5[a]	10	10	0,5	0,5
BR Deutschland					
Welt	462	409	346	1,1	1,3
Nordamerika	117	34	31	3,5	3,7
USA	104	29	28	3,6	3,7
Kanada	9	3	3	3,1	3,2
Mexiko	5	2	0	2,6	8,0
EG	219	218	179	1,0	1,2
Großbritannien	41	34	23	1,2	1,8
Asien/Pazifik	30	33	46	0,9	0,7
Japan	14	11	20	1,3	0,7

a) Verarbeitende Industrie.
b) US und japanische Investoren ohne Zulieferungen aus dem Stammland (Vor- und Fertigprodukte).

Quelle: IMF: DOT Statistics; MITI (1992); Survey of Current Business; Deutsche Bundesbank; eigene Berechnungen.

D.   POSITION AUSLÄNDISCHER NIEDERLASSUNGEN IM GESAMTUNTERNEHMEN - DAS BEISPIEL JAPANISCHER UND AMERIKANISCHER INVESTOREN

Daten für die Position der Auslandsgesellschaften in den jeweiligen Gesamtunternehmen liegen für die USA und Japan vor. Damit besteht die Möglichkeit, die Situation aus der Sicht von sehr unterschiedlich im Ausland engagierten Unternehmen zu betrachten.

Für *US-Investoren* zeigt die Tabelle V.5 folgendes Bild

- Die produzierenden Auslandsgesellschaften erzielen nach wie vor (1989 vs. 1982) die Masse ihres Umsatzes auf dem Binnenmarkt des Gastlandes (62% nach 66%).

- Die Gesellschaften in der EG und insbesondere in asiatisch-pazifischen Entwicklungsländern erreichen etwas bzw. deutlich überdurchschnittliche Exportquoten (gut 40% bzw. 64%). An der Spitze liegen die Töchter in den kleinen Ländern Belgien, Niederlande, Irland, Schweiz, Hongkong, Singapur.

- In der Regel beliefern die Werke *regionale Abnehmer*. Kanadische Töchter exportieren fast nur in die USA, diejenigen in der EG liefern 80% ihrer Exporte an andere europäische Länder. Auch die starke Ausrichtung lateinamerikanischer Exporte auf die USA kann als intraregionale Verflechtung angesehen werden, da in dieser Gruppe Mexiko klar dominiert.

- *Inter*regionale Exporte sind, relativ gesehen, unbedeutend. Allein die Produktionsstätten in asiatisch-pazifischen Entwicklungsländern dienen in hohem (allerdings abnehmenden) Maße der Versorgung von Abnehmern außerhalb der Region, v.a. in den USA, weniger dagegen in Europa. Die relativ gering erscheinenden interregionalen Exporte der industriellen Auslandsgesellschaften in die USA gewinnen an Bedeutung, wenn man deren absolute Größenordnung betrachtet (U.S. Department of Commerce 1992). 1989 haben allein die europäischen und asiatisch-pazifischen Produktionsstätten für über 30 Mrd. US $ in die USA geliefert. Bezieht man auch die nicht-industriellen Töchter und Beteiligungen mit ein, so waren es rund 40 Mrd. US $ (nur Warenlieferung), davon allein 11 Mrd. US $ aus Japan. Damit stammen rund 12% der US-Importe aus Japan von dort ansässigen Tochter- und Beteiligungsgesellschaften amerikanischer Unternehmen.[20] Noch größeres Gewicht im interregionalen Handel kommt amerikanischen Auslandsgesellschaften in Westeuropa zu. Sie nehmen über 27% aller US-Warenexporte in die Region auf und bestreiten rund 14%[21] aller westeuropäischen Güterexporte in die USA. Ihre Position im interregionalen Außenhandel der USA hat sich bis 1991 beim Export nach Westeuropa noch verstärkt, im übrigen aber wenig verändert (Mataloni 1993).

---

20 In der Masse (8 Mrd. US $)) sind dies indessen Lieferungen japanischer Automobilhersteller, an denen US-Investoren lediglich Minderheitsbeteiligungen halten. Rund ein Viertel aller amerikanischen Automobilimporte kommen auf diesem Weg in die USA.

21 Aufgrund von statistischen Unstimmigkeiten läßt sich der Anteil an den US-Importen aus Westeuropa nicht eindeutig angeben. Der Statisitk der US-Mehrheitsbeteiligungen im Ausland zufolge liegt er bei gut 20% (U.S. Department of Commerce 1992).

Tabelle V.5: Absatzstruktur amerikanischer Auslandsgesellschaften der Verarbeitenden Industrie 1989 (1982)

	Insgesamt Mrd. US $	1989 %	im Anlageland %	Export nach[a] USA %	Europa %	Lateinam. %	Asien/ Pazifik[b] %
weltweit	509	100	62 (66)	14 (10)	19 (19)	1	3
Kanada	99	100	61 (65)	**35 (29)**	2	0	1
Lateinam.; westl. Hem.	48	100	78 (88)	**14 (5)**	2 (2)	**4 (4)**	1
Europa	292	100	59 (59)	6 (2)	**32 (33)**	0	2
UK	79	100	71 (70)	7 (3)	**18**	0	1
restl. EG-Länder	204	100	54 (54)	5 (2)	**37 (45)**	0	2
sonst. Länder	9	100	63 (58)	10 (4)	19 (54)	0	1
Japan	22	100	83 (92)	9 (0)	3 (1)	0	**4**
Sonst. Asien/ Pazfik	45	100	56 (49)	23 (28)	5 (5)	0	**14 (14)**
davon EL Asien/Pazifik	25	100	36 (33)	39 (46)	n.a. (4)	<1	**n.a. (12)**

Umsatz der Auslandsgesellschaften

a) Intraregionale Umsatzanteile fettgedruckt.
b) Gewicht leicht unterschätzt wegen unvollständiger Statistik.

Quelle: Errechnet aus U.S. Department of Commerce (1985, 1992).

Informationen über *japanische* Auslandsgesellschaften werden in regelmäßigen surveys vom MITI erhoben. Der Repräsentationsgrad dieser Erhebungen weist beträchtliche Schwankungen auf. Die Ergebnisse sind daher nur als Größenordnung zu interpretieren und insbesondere im Zeitverlauf nur begrenzt zu vergleichen (Watanabe 1993). Mit dieser Einschränkung läßt sich feststellen, daß die japanischen Auslandsgesellschaften auf der *Absatzseite* (Tabelle V.6) in den Anlageregionen große Ähnlichkeit mit den US-Unternehmen aufweisen. Unterschiede in den Welt-Durchschnitten entstehen vor allem durch das gewichtige binnenmarktorientierte Engagement in den USA, dem natürlich im Falle amerikanischer Auslandsgesellschaften seine Entsprechung fehlt.

- Die Niederlassungen japanischer Investoren sind daher im weltweiten Durchschnitt noch stärker auf den Binnenmarkt orientiert. Die Exportquote von gut 25% im Jahre 1990 hat sich seit 1983 im Durchschnitt kaum verändert, lediglich in der Elektronik-Industrie ist sie leicht gestiegen. Soweit die Auslandstöchter überhaupt exportieren, steht die jeweilige Region im Mittelpunkt. Lieferungen nach Japan (d.h. die von japanischer Seite (MITI) oft hervorgehobenen "reverse imports") spielen nur für asiatisch-pazifische Werke und damit in den intraregionalen Beziehungen eine Rolle. Ein gewisser Umschwung zeichnet sich bei den "transplants" japanischer Automobilfirmen in den USA ab, die zunehmend im Export nach Japan und - 1990 statistisch noch nicht erkennbar - Europa tätig werden (FT v. 17.7.92).

- Insbesondere die europäischen Werke sind in hohem Maße auf andere Länder der Region ausgerichtet mit durchschnittlich 38% und beim Fahrzeugbau über 50% des Umsatzes.

- Ähnlich wie im Falle von US-Firmen haben allein die in der ASEAN und den asiatischen NIEs ansässigen Werke ein breites Absatzgebiet. Es schließt Nordamerika und Europa ein. Geprägt wird das Gesamtbild vom Elektronik-Sektor.

Auf der *Beschaffungsseite* (Tab. V.7) zeigt sich, daß die Globalisierung japanischer Unternehmen weniger weit fortgeschritten ist als die der amerikanischen Konkurrenz:

- Japanische Auslandswerke sind noch immer stark von Zulieferungen (Vor- und Fertigwaren) aus dem Mutterland abhängig (gut 25% des Umsatzwertes (Tab. V.6) gegenüber knapp 10% bei amerikanischen Auslandstöchtern). In den 80er Jahren hat sich dieser input-Koeffizient im Durchschnitt nicht wesentlich verändert. In Nordamerika ist die Verflechtung mit Japan sogar deutlich gestiegen und zwar überwiegend durch das gestiegene Gewicht von Produktionsstättten, die überdurchschnittlich, wenn auch in abnehmendem Maße, Leistungen aus Japan importieren. Die europäischen Werke haben ihre Bezüge aus Japan dagegen stark zugunsten nationaler und regionaler Zulieferer reduziert, und diese Tendenz scheint sich in jüngster Zeit weiter fortgesetzt zu haben (Jetro 1993).

- Im asiatisch-pazifischen Raum spielen regionale Zulieferer außerhalb Japans insbesondere im Elektroniksektor eine bedeutende Rolle, auch für die Belieferung der Werke in anderen Regionen. In der Gewichtung der in Tab. V.7 aufgeführten Beschaffungsregionen haben sich indessen im Betrachtungszeitraum keine gravierenden Verschiebungen ergeben.

Tabelle V.6: Absatzstruktur japanischer Auslandsgesellschaften der Verarbeitenden Industrie 1990 und 1983

Sektor/ Anlageregion	Insgesamt 1990 Mrd Yen	in %	Umsatz der Auslandsgesellschaften[a]						
			im Anlageland (in %) 1990	1983	Export nach: (%) Japan 1990	1983	NA 1990	Asien 1990	Europa 1990
a) Verarb. Gewerbe	26.200	100	74	74	6	10	4	3	9
-Nordamerika	12.080	100	90	85	3	6	**3**	0	1
-Europa	4.910	100	58	72	1	2	1	0	**38**
-Asien (b)	7.190	100	60	66	**12**	**10**	6	**10**	5
- NIEs	4.240	100	57		**12**		5	**11**	5
-ASEAN	2.540	100	62		**12**		7	**9**	5
b) Elektronik	7.960	100	70	78	7	5	4	4	9
-Nordamerika	3.330	100	95	96	3	0	**0**	0	0
-Europa	1.880	100	61	72	2	0	0	0	**32**
-Asien (b)	2.440	100	36	51	**17**	**12**	10	**13**	8
- NIEs	1.680	100	38		**16**		8	**11**	8
-ASEAN	640	100	27		**20**		16	**18**	11
d) Fahrzeugbau	6.980	100	84	87	2	7	7	1	5
-Nordamerika	3.280	100	86	96	2	0	**11**	1	0
-Europa	990	100	46	89	0	0	0	0	**53**
-Asien (b)	1.770	100	87	79	**2**	**15**	5	**2**	3
- NIEs	550	100	82		**2**		6	**4**	4
-ASEAN	980	100	90		**1**		5	**1**	2

a) Intraregionale Ströme fettgedruckt.
b) Ohne Mittlerer Osten.

Quelle: MITI (1992).

Tabelle V.7: Beschaffungsstruktur japanischer Auslandsgesellschaften der Verarbeitenden Industrie 1990 und 1983

Sektor/ Anlageregion	Insgesamt 1990 Mrd Yen	in %	Beschaffung der Auslandsgesellschaften[a]						
			aus dem Anlageland (%)		Import aus: (in %)				
					Japan		NA	Asien	Europa
			1990	1983	1990	1983	1990	1990	1990
a) Verarb. Gewerbe	14.960	100	44	48	45	41	1	4	4
-Nordamerika	7.270	100	43	54	53	41	**1**	3	0
-Europa	2.950	100	37	20	41	61	0	3	**17**
-Asien (b)	3.740	100	49	52	**39**	36	2	**7**	0
- NIEs	2.030	100	55		**35**		1	**5**	0
-ASEAN	1.560	100	38		**44**		2	**9**	0
b) Elektronik	4.250	100	35	33	49	59	1	7	6
-Nordamerika	1.350	100	29	22	64	73	**1**	6	0
-Europa	1.290	100	25	13	46	80	1	4	**23**
-Asien (b)	1.440	100	45	45	**41**	44	0	**11**	0
- NIEs	910	100	53		**38**		0	**7**	0
-ASEAN	460	100	29		**44**		1	**20**	0
d) Fahrzeugbau	4.880	100	46	35	49	63	2	2	0
-Nordamerika	2.600	100	47	34	48	63	**2**	3	0
-Europa	620	100	33	1	58	99	0	0	**8**
-Asien (b)	1.010	100	48	54	**49**	44	2	**0**	0
- NIEs	290	100	64		**32**		4	**0**	0
-ASEAN	650	100	37		**61**		1	**0**	0

a) Intraregionale Ströme fettgedruckt.
b) Ohne Mittlerer Osten.

Quelle: MITI (1992).

Die Daten über die Absatz- und Beschaffungsstrukturen amerikanischer und japanischer Unternehmensgruppen lassen folgendes *Ergebnis* erkennen:

- Weit überwiegend ist die Auslandsproduktion multinationaler Unternehmen noch als *absatzorientiert* anzusehen. Die Investoren verfolgen offenbar eher eine Strategie der *Risikominimierung* und Marktsicherung gegenüber der Konkurrenz als der internationalen *Kostenminimierung*. Verstärkter Wettbewerbsdruck, nicht zuletzt in der Folge der Rezession, könnte allerdings zu einer Forcierung von Kostensenkungen durch internationale *Integration der Auslandsaktivitäten* führen.

- Soweit internationale *Produktionsnetze* aufgebaut werden, erfolgt dies primär im *regionalen Rahmen*. Begründen läßt sich dies damit, daß zum einen die Koordinationskosten mit der regionalen Streuung steigen und zum anderen der zusätzliche Ertrag im Vergleich zu einer regional begrenzten Standortoptimierung gering ist (Wells 1992). Auch der Trend zur "schlanken" und flexiblen Produktion und zum Erfordernis laufender Innovation im Zusammenspiel mit den möglichst nah gelegenen Abnehmern steht einer weltweiten Streuung der Produktionsstätten entgegen (Oman 1992). Bisher sind allenfalls die Werke im asiatisch-pazifischen Raum als Element *inter*regionaler (d.h. "globaler") Verflechtung anzusehen, wobei die Elektronikindustrie als Vorreiter auftritt.

- Bisher bestehen "Globalstrategien" in der Produktion (die anderen Funktionen wurden nicht untersucht) also vorwiegend aus nationalen und regionalen Elementen; die Produktionsstätten unterschiedlicher Regionen sind *weniger stark durch Handelsbeziehungen miteinander verflochten*, als man vor dem Hintergrund der intensiven Diskussion um "Globalisierung" vermuten könnte.

- Der politische Regionalismus kommt insoweit den "Globalstrategien" vieler Unternehmen westlicher Provenienz entgegen. Sie werden in ihrer Masse weniger von Regionalismustendenzen im Welthandel betroffen, können sich durch weitere regionale Orientierung der Produktion daran anpassen und sogar vom handelspolitischen Regionalismus profitieren. Dies gilt insbesondere in den Beziehungen der EG zu den USA. Die durch Auslandsproduktion globalisierten Unternehmen können daher auch nicht durchweg als besonders markante Vertreter des Multilateralismus in Anspruch genommen werden, solange der Regionalismus die Freiheit zu investieren und die Globalisierung anderer Funktionsbereiche (z.B. Finanzierung, strategische Planung, Marketing) unangetastet läßt. Dies bedeutet nicht, daß die "Multis" generell dem Regionalismus indifferent oder gar positiv gegenüberständen. Sie sind in der Regel auch nachhaltig im Außenhandel mit Dritten engagiert. Amerikanische Auslandsinvestoren etwa liefern (1991) mit rd. 130 Mrd. US $ über die Hälfte ihrer Gesamtexporte an unverbundene Dritte (Mataloni 1993), die weit überwiegend außerhalb der nordamerikanischen Region ansässig sein dürften. Daraus läßt sich ein entsprechendes Interesse an offenen Grenzen ableiten. Bei der Gewichtung dieses Interesses ist indessen zu berücksichtigen, daß der Netto-Umsatz amerikanischer "affiliates" - ohne Zulieferungen aus den USA - über 10 mal so hoch ist wie die Exporte der Muttergesellschaften an Dritte. Insoweit werden Unternehmen, deren Auslandsaktivitäten ausschließlich im "normalen" interregionalen Handel bestehen, eher noch stärker vom Regionalismus getroffen.

E.   KONSEQUENZEN FÜR DIE NATIONALE UND REGIONALE HANDELSPOLITIK

Selbst wenn man das originäre Interesse vieler "globaler" Unternehmen am liberalen Welthandel nicht sehr hoch einschätzt, so haben doch das bestehende DI-Volumen und die generell bestehende DI-Option erhebliche Auswirkungen auf die Effizienz einer "regionalistisch" ausgerichteten Handelspolitik. Dies gilt für die an der Grenze ansetzenden wie für binnenwirtschaftliche Maßnahmen, die sich mit zunehmender Integration der nationalen Märkte und Unternehmen immer stärker auf die internationale Wettbewerbsfähigkeit der heimischen Wirtschaft auswirken:[22]

- Der Handelspolitik wird viel von ihrer Schlagkraft genommen, wenn sie den Schutz heimischer Industrie anstrebt, denn "outsider" können mittels DI zu "insidern" werden und aus dieser Position eventuell noch stärkeren Wettbewerbsdruck ausüben. Handelspolitische Instrumente, welche ausschließlich an der Grenze ansetzen, bieten insoweit den heimischen Produzenten nur begrenzten Schutz.

- Die handelspolitische Einflußnahme auf DI, mit denen sich ausländische Anbieter auf dem Inlandsmarkt engagieren, kann kontraproduktive Effekte haben. Vorschriften z.B. in bezug auf local (bzw. regional) content, Exportverhalten, Aufnahme bestimmter Wertschöpfungsstufen sollen DI verhindern, die mit minimaler Wertschöpfung lediglich der Umgehung von Handelshemmnissen dienen ("Schraubenzieherfabriken"). Diese Politik geht davon aus, daß Wettbewerbsvorteile ausländischer Anbieter primär aus deren - nicht transferierbaren -

---

22   Vgl. dazu im einzelnen *Grossmann* und *Koopmann* (1991) sowie *Nicolaides* (1993).

Produktionsbedingungen im Herkunftsland resultieren und nicht z.B. aus technischen oder qualitativen Vorsprüngen. Bei Produktion außerhalb der eigenen Region würden derartige Vorteile somit verlorengehen. Ist diese Annahme falsch - und dafür spricht der Erfolg amerikanischer und japanischer DI in anderen Regionen -, kann solche Politik eher Anlaß für zusätzliche DI sein ("forced investment"). Die ausländischen Investoren hätten dann möglicherweise einen gewissen Kostennachteil (anderenfalls hätten sie von vornherein in der Absatzregion produziert); dieser Nachteil könnte indessen (über-)kompensiert werden durch die absatzpolitischen Voteile, welche die lokale Produktion mit sich bringt. Ein entsprechend stärkerer Wettbewerbsdruck auf die heimische Wirtschaft wäre die Folge.[23]

- Auch eine im Interesse heimischer Firmen betriebene Industriepolitik (etwa in Form von Subventionen für Investition, Forschung/Entwicklung und Produktion, Steuererleichterungen oder Absatzgarantien) wird durch die Globalisierung der Unternehmen in ihrer Wirksamkeit begrenzt:

  - Je nachhaltiger ausländisch beherrschende Unternehmen in einer Region engagiert sind, desto schwieriger lassen sie sich von industriepolitischen Maßnahmen (z.B. Subventionen) ausschließen.

  - Wenn ausländische Unternehmen von der nationalen/regionalen Förderung profitieren, etwa im Bereich der Forschungsförderung, bleibt unsicher, ob die Ergebnisse der Förderung (neue Produkte) auch im Förderland in der Produktion zum Einsatz kommen. Das hervorgebrachte Wissen kann ebenso an anderen Standorten global operierender Unternehmen eingesetzt werden und dort zu Einkommen und Beschäftigung beitragen. Um von der Industrie- oder Forschungspolitik überproportional zu profitieren, braucht ein ausländischer Investor nicht einmal direkt gefördert zu werden. Soweit multinationale Unternehmen als "global intelligence organization" betrieben werden - und dies ist Eliasson (1991) zufolge ihr zentrales Charakteristikum -, können sie oftmals wissenschaftliche Innovationen des Gastlandes besser im Gesamtkonzern ausnutzen als die heimische Wirtschaft.[24]

Die verringerte Effizienz einer auf Ausgrenzung ausländischer Unternehmen gerichteten Handels- und Industriepolitik ist kaum als problematisch zu werten, da sie im Erfolgsfall

---

23 Soweit die Politik nicht nur heimische Unternehmen schützen, sondern generell die Inlandsinvestitionen (durch heimische oder ausländische Unternehmen) fördern will, ist dies Ergebnis natürlich nicht als kontraproduktiv anzusehen (s. dazu weiter unten).

24 *Eliasson* (1991) schreibt derartige Fähigkeiten besonders den japanischen und den schwedischen Firmen zu und sieht insoweit den großen natur- und ingenieurwissenschaftlichen Apparat der USA als eine Veranstaltung zur Subventionierung ausländischer, insbesondere japanischer Investoren an. Daß diese Einschätzung nicht aus der Luft gegriffen ist, zeigt sich an der in den USA zu beobachtenden Tendenz, die Teilnahme von Ausländern an wissenschaftlichen Veranstaltungen zu beschränken.

mit einem hohen Risiko gesamtwirtschaftlich eher nachteiliger Auswirkungen verbunden wäre.[25] Die regionenübergreifende Ausrichtung der Unternehmen verhindert, daß zwischen der in- und der ausländischen Wirtschaft Grenzen gezogen werden, welche den Wettbewerb und die Allokation der Produktionsfaktoren beeinträchtigen und insoweit zu Einkommenseinbußen für alle beteiligten Länder führen würden. Global operierende Unternehmen dürften und sollten daher dazu beitragen, die nationale/regionale Politik stärker auf die Förderung immobiler Standortfaktoren und gesamtwirtschaftlich benötigter Funktionen anstatt bestimmter Unternehmen umzuorientieren.

Für eine derartige Politik eröffnet sich aus der Internationalisierung der Unternehmen die Möglichkeit einer Umlenkung von (Direkt)-Investitionen in die Region. Sie strebt an, das Kapital und know how ausländischer Investoren für die einheimische Wirtschaftsentwicklung zu nutzen statt es auszugrenzen. Durch Verbesserung der Standortbedingungen und Subventionen für die Investitionen oder für bestimmte Funktionen (z.B. FE) können Drittlandsunternehmen zu DI in der Region veranlaßt werden - auf Kosten des Stammlandes oder alternativer Standorte.

Solche Politik geht von der - zumindest prinzipiell kaum zu widerlegenden - Hypothese aus, daß Standortvorteile nicht nur naturgegeben, sondern auch von Politik und Unternehmen "gemacht" werden, auch durch die Einbindung ausländischer Investoren. Diese "bringen ihre Wettbewerbsvorteile mit", welche im Zusammenspiel mit den am Standort gegebenen Bedingungen die Einkommensmöglichkeiten verbessern können. Allerdings birgt diese Politik das Risiko eines internationalen "Wettlaufs" um DI (der angesichts der regionalen Orientierung von Globalstrategien primär *innerhalb* einer Region erfolgt). Ein derartiger Wettlauf ist nicht prinzipiell abzulehnen; er ist Teil des internationalen Wettbewerbs der Standortbedingungen. Die Konsequenzen für die nationale und internationale (Um)verteilung von Arbeitsplätzen, Einkommen und Steuereinnahmen können erheblich sein. Je nach

- gesamtwirtschaftlicher Situation (Grad der Unterbeschäftigung),

- wirtschaftlichem Erfolg der Investition (Relation der gezahlten Subventionen zu den im Laufe der Zeit erzielten Einkommen und Steuereinnahmen sowie zu weiteren wirtschaftlichen Anstoßeffekten),

---

25 Eine eingehende Diskussion der Chancen und Risiken einer selektiven Förderungspolitik für die heimische Wirtschaft findet sich z.B. in *Großmann* und *Koopmann* (1993) sowie *Nicolaides* (1993).

- regionaler Absatzausrichtung (Grad der Ausrichtung auf die im Subventionswettbewerb unterlegenen Länder)

sind unterschiedlichste Konstellationen denkbar. Diese reichen hin bis zu einer Situation, in der die im Wettbewerb unterlegenen Länder letztlich die im gewinnenden Land gezahlten Subventionen finanzieren.[26]

Während die Position einzelner Länder im Subventionswettlauf sich verbessern oder verschlechtern kann, ohne daß sich dies ex ante eindeutig errechnen ließe, kann man mit einiger Sicherheit sagen, daß ein internationaler Subventionswettlauf die globale Faktorallokation, d.h. die Effizienz der Produktion beeinträchtigt. Insofern erscheint eine internationale Regelung der Höchstförderung von DI angezeigt und dies unter möglichst breiter Beteiligung. Eine Regelung im GATT hätte den Vorteil, auf dem in der Uruguay-Runde neu vereinbarten Subventionskodex aufbauen zu können. Allerdings dürfen die gravierenden Schwierigkeiten nicht unterschätzt werden, Subventionen und andere industriepolitische Aktivitäten in der Praxis zu klassifizieren als

- zulässig, weil wettbewerbsneutral
- zulässig, weil Gegenmaßnahmen zu Aktivitäten anderer Länder
- unzulässig, weil wettbewerbsverzerrend.

Insofern mögen leichter erreichbare regionale Übereinkommen ein sinnvoller Einstieg in multilaterale Abkommen sein.

Weitreichende Folgerungen der Globalisierung der Unternehmen ergeben sich auch für die internationale *Wettbewerbspolitik*. Zwar ist insgesamt von einem eher positiven Einfluß der DI auf den Wettbewerb auszugehen. Die Internationalisierung erhöht die Interdependenz zwischen den beteiligten Ländern und setzt mehr Unternehmen dem internationalen Wettbewerb aus, als es allein bei Außenhandel der Fall wäre. Zudem nimmt die regionale Diversifizierung der DI tendenziell zu. Probleme für die Wettbewerbspolitik entstehen indessen vor allem in zweierlei Hinsicht (Jungnickel, Koopmann 1993):

- Globalisierte Unternehmen können zu Wettbewerbsbeschränkungen neigen und
- die Verfolgung einer nationalen Wettbewerbspolitik wird erschwert.

---

26 Dies könnte etwa der Fall sein bei den japanischen Automobilinvestitionen in Großbritannien.

Insbesondere als Folge von internationalen Unternehmenszusammenschlüssen können sich in einzelnen Anlageländern marktbeherrschende Positionen und wettbewerbsbeschränkende Verhaltensweisen ergeben. Dies gilt um so eher, als die Auslandsniederlassungen multinationaler Unternehmen im Bedarfsfall durch Rückgriff auf die Ressourcen des Gesamtkonzerns einen größeren Spielraum für solche Verhaltensweisen haben als nationale Unternehmen vergleichbarer Größe. Der Aufbau übermäßig starker Marktpositionen muß insofern als realistische Möglichkeit gesehen werden, als - wie oben gezeigt wurde - Strategien zur Risikominimierung eine gewichtige Rolle für die internationale Expansion spielen.

Eine Beeinträchtigung der nationalen Wettbewerbspolitik ist offenkundig, wenn marktbeherrschende Stellungen im Inland als Folge von Zusammenschlüssen in anderen Ländern eintreten. Weiter kompliziert wird die Situation, wenn die beteiligten Länder unterschiedliche wettbewerbspolitische Konzeptionen verfolgen, z.B. in bezug auf die Berücksichtigung industriepolitischer Ziele. Internationale Interessenkonflikte können dann offen ausbrechen.

Zu lösen sind derartige Probleme entweder - nach dem Muster wirtschaftlich besonders gewichtiger Länder (USA, EG) - durch extraterritoriale Anwendung der eigenen Wettbewerbsgesetze oder durch weniger konfliktträchtige internationale Verhandlungen, vorzugsweise in dem Ordnungsrahmen einer multilateralen Institution.

Schon aus Gründen der internationalen Akzeptanz und der Praktikabilität bietet sich das GATT an. Es würde dann zunehmend von einer Organisation zur Wahrung des Wettbewerbs gegen staatlich gesetzte Beeinträchtigungen zu einem Ordnungsrahmen für den internationalen Wettbewerb generell. Ein Einstieg in die Regelung von privat (durch Unternehmen) verursachten Wettbewerbsverzerrungen ist mit den Antidumping-Vorschriften bereits gemacht. Die Aufnahme von Grundregeln des internationalen Wettbewerbsrechts sowie Übereinkünfte über Schadensfeststellung, Streitschlichtung und Kompensationsregeln wären eine konsequente Fortsetzung dieser Entwicklung.

VI. REGIONALE ZUSAMMENSCHLÜSSE UND DAS MULTILATERALE HANDELSSYSTEM

Regionale Zusammenschlüsse tangieren das Allgemeine Zoll- und Handelsabkommen (GATT) - und in Zukunft die Welthandelsorganisation (WTO) - in seiner Doppelfunktion als verbindliches Regelwerk für den internationalen Handel und multilaterales Verhandlungsforum für die 123 (Voll-) Mitglieder[1] ("Vertragsparteien"), und sie werden auch ihrerseits vom GATT und seiner Fortentwicklung beeinflußt. Die Regionalausnahme (Artikel 24)[2] von der Meistbegünstigungsregel (Artikel 1) des GATT zählt zweifelsohne "zu den wichtigsten Durchbrechungen des GATT-Rechts im allgemeinen und der Meistbegünstigungsklausel im besonderen" (Hilpold 1993, S. 660), zusammen mit den Handelspräferenzen für Entwicklungsländer, die sich im wesentlichen auf den "waiver" des Jahres 1971 und die "enabling clause" von 1979 stützen.[3] Mit dem Zusammenschluß wächst häufig zugleich die Verhandlungsmacht der Mitglieder regionaler Integrationsgemeinschaften im GATT; dies erhöht ihren Einfluß auf Liberalisierungsmaßnahmen sowie auf die Interpretation und Neufassung des GATT-Regelwerkes. Umgekehrt setzt das GATT aber in Artikel 24 eine Reihe von Bedingungen, die von Zollunionen und Freihandelszonen erfüllt sein müssen, und es umschreibt das handelspolitische Verhalten der Unionsländer gegenüber Drittstaaten.

Im folgenden wird zunächst beschrieben, wie die Sonderbestimmungen des GATT über Zollunionen und Freihandelszonen entstanden sind und welchen Einfluß sie auf die tatsächliche Entwicklung der regionalen Integration ausgeübt haben. Danach werden die Änderungen dieser Regeln bzw. ihre Neuinterpretation durch die Uruguay-Runde dargestellt und bewertet. Abschließend wird die bisherige und zukünftige Bedeutung des Regionalismus für die multilaterale Handelsordnung untersucht.

A. ENTSTEHUNG VON ARTIKEL 24 GATT

Bereits gegen Ende des Zweiten Weltkrieges, in den anglo-amerikanischen Vorverhandlungen für eine neue Weltwirtschaftsordnung, war die Frage Präferenz- oder

---

1   Stand: 10.4.1994, nach dem Beitritt von Honduras.
2   Der Begriff "Regionalausnahme" ist insoweit nicht identisch mit Artikel 24, als dessen Geltungsbereich nicht regional begrenzt ist. Faktisch bilden aber regionale Zusammenschlüsse den Löwenanteil der Artikel 24-Fälle.
3   Daneben wären insbesondere noch die Ausnahmen der Artikel 14 (Ausnahmen von der Nichtdiskriminierungsregel bei Handelsbeschränkungen zum Schutz der Zahlungsbilanz), 19 (Schutzklausel), 20 (Allgemeine Ausnahmen) und 21 (Ausnahmen zur Wahrung der Sicherheit) zu nennen.

Meistbegünstigungshandel ein zentrales Thema. Während die USA entschieden den Grundsatz der Nichtdiskriminierung verfochten, beharrten die Briten auf den im Jahre 1932 in den Abkommen von Ottawa erheblich erweiterten Commonwealth-Präferenzen, die ihnen exklusiven Zugang zu überseeischen Märkten verschafften; für Amerika war dies eine Form des "modernen Imperialismus", daher auch die Bezeichnung "imperial preferences". Die Amerikaner waren zwar bereit, bestehende Präferenzen[4] über eine "Großvaterklausel" vorübergehend abzusichern. Neue Präferenzen sollten aber nur noch im Rahmen einer Zollunion zulässig sein, in der die beteiligten Länder die Zollschranken untereinander vollständig abbauen und einen gemeinsamen, das Durchschnittsniveau der nationalen Zölle nicht übersteigenden Außenzolltarif etablieren. Ähnlich sollte bei nichttarifären Handelshindernissen verfahren werden. Die Verschmelzung mehrerer Zollgebiete zu einem einzigen mit einheitlicher Handelspolitik gegenüber Drittländern erschien *formal* unschädlich für eine multilaterale Handelsordnung: es würde ein "quasi-nationaler Status" (Bhagwati 1992, S. 452) für die Gemeinschaft der Unionsländer geschaffen und lediglich die Zahl der Teilnehmer an Zollverhandlungen sinken. *Inhaltlich* wurden vollständige Zollunionen[5] als ergänzende, praktische Wege zu universalem Freihandel, dem letztlichen Ziel einer multilateralen Handelsordnung, angesehen. Demgegenüber galten partielle Präferenzen als disruptiv: "Eine Zollunion führt zur Expansion des Handels auf der Basis von Multilateralismus und Nichtdiskriminierung, ein Präferenzsystem dagegen nicht" (Wilcox 1949, S. 70-71).[6]

Die positive Sicht der Zollunion als Wegbereiter des globalen Freihandels entsprach der herrschenden Meinung in der wissenschaftlichen Literatur der Vorkriegszeit (vgl. Haberler 1933, S. 287f. und Robson 1989, S. 4);[7] die Arbeit Jacob Viners ("The Customs Union Issue", 1950), in der dieser neben den handelsschaffenden Wirkungen einer Zollunion deren handelsumlenkende Effekte hervorhebt, erschien erst später. Daß aber vollständige Präferenzen weltwirtschaftlich nicht unbedingt günstiger zu beurteilen sind als partielle, hatte bereits James Meade betont, der damals auf britischer Seite an den

---

4 Neben den Commonwealth-Präferenzen gehörten dazu die Präferenzen zwischen Frankreich und der französischen Union, zwischen den Mitgliedern der Benelux-Zollunion und zwischen den USA, Kuba und den Philippinen (vgl. *Senti* 1993, S. 8).

5 *Viner* (1950, S. 5) nennt drei Bedingungen für eine vollständige Zollunion: vollständiger interner Zollabbau, gemeinsamer Außenzolltarif, Aufteilung der Zolleinnahmen gemäß einer vereinbarten Formel.

6 *Clair Wilcox* war seinerzeit Direktor des Office for International Trade Policy im U.S.-Außenministerium und maßgeblich an den GATT-Verhandlungen beteiligt.

7 Bei *Haberler* (1933, S. 288) heißt es aber auch, daß es "ein protektionistischer Irrglaube ist, daß eine Zollunion irgendwelche Vorteile bringt, die durch eine allgemeine Beseitigung der Zölle nicht in noch größerem Maße erreicht werden können, und zwar auch dann, wenn die Abschaffung der Zölle auf die Zollunionsstaaten beschränkt bleibt und der Rest der Welt sich nicht anschließt".

Verhandlungen teilnahm. Lipsey (1960, S. 507) und Johnson (1967, S. 203) zeigten später auf unterschiedliche Weise, daß partielle Präferenzen eher als vollständige die Wohlfahrt steigern. Johnson (1976, S. 30) nennt es "irrational", eine zollpolitische Diskriminierung dritter Länder nur dann zu dulden, wenn sie, wie in einer vollständigen Zollunion, 100%ig sei, und Dam (1970, S. 289) findet es "seltsam", daß eine Diskriminierung im GATT verboten sein soll, außer sie betrage 100 Prozent.[8] Zugunsten des Erfordernisses eines vollständigen internen Zollabbaus ließe sich indes politisch argumentieren, daß damit einer unkontrollierten Ausbreitung aller möglichen Arten von Präferenzregelungen vorgebeugt werden sollte, die "die Welt in den fragmentierten, diskriminierenden Bilateralismus der 30er Jahre zurückgeworfen hätte" (Bhagwati 1992, S. 452). Die interne Freihandelsbedingung könnte auch verhindern helfen, daß unter innenpolitischem Druck Präferenzen selektiv dort eingesetzt werden, wo sie hauptsächlich Handel umlenken, und dort vermieden werden, wo mit kräftigen Importsteigerungen gerechnet werden müßte (vgl. Patterson 1966, S. 16f.; Hine 1985, S. 43 und Rössler 1993, S. 5f.).

Die Zollunionsausnahme war Bestandteil der amerikanischen Proposals for the Charter for the International Trade Organization (ITO) vom September 1946. In den multilateralen Verhandlungen von Havanna (November 1947 bis März 1948) wurde die Ausnahmeregelung aber auf Drängen "bestimmter an der europäischen Integration interessierter Länder und bestimmter Entwicklungsländer mit anderen Zielen" (Dam 1970, S. 274) bedeutend erweitert und aufgeweicht. Insbesondere sollten (auf französischen, libanesischen und syrischen Wunsch) nunmehr auch Freihandelszonen, ohne gemeinsamen Außenzoll, und (auf Initiative Frankreichs und der Niederlande) Interimsabkommen ("vorläufige Vereinbarungen") zulässig sein, welche die Bildung einer Zollunion oder Freihandelszone lediglich *vorsahen*. Die entsprechenden Bestimmungen der (schließlich am Widerstand des amerikanischen Kongresses gescheiterten) Havanna-Charta wurden in der Substanz kaum verändert in das GATT übernommen.[9] Auch auf der Revisionskonferenz des GATT im Jahre 1955 wurden die Regeln über Zollunion und Freihandelszonen nur unwesentlich geändert. Diesen Bestimmungen zufolge

- ist eine engere Integration zwischen einzelnen GATT-Mitgliedern "wünschenswert";

---

8   Zur ökonomischen Kritik an der offziellen amerikanischen Position seinerzeit vgl. auch *Pomfret* (1988, S. 62ff.).
9   Nur in einem Punkte folgte das GATT der Havanna-Charta nicht: es ließ sich nicht auf die Zulässigkeit partieller Präferenzregelungen (unterhalb von Zollunionen und Freihandelszonen) zwischen benachbarten Ländern ein, die insbesondere von Entwicklungsländern gefordert wurde, und näherte sich insoweit wieder den U.S. Proposals an (vgl. *Snape* 1993, S. 15).

- besteht der Zweck von Zollunionen und Freihandelszonen darin, "den Handel zwischen den teilnehmenden Gebieten zu erleichtern, nicht aber dem Handel anderer Vertragsparteien mit diesen Gebieten Schranken zu setzen";

- muß "annähernd der gesamte Handel" *innerhalb* einer Zollunion, mindestens aber *mit Ursprung* in einer Zollunion oder Freihandelszone, von Zöllen und sonstigen Restriktionen befreit werden (von einigen, im GATT generell zulässigen Ausnahmen abgesehen, etwa zum Schutz der Gesundheit oder der Zahlungsbilanz);

- dürfen die Handelsschranken gegenüber Drittländern durch Bildung einer Zollunion oder Freihandelszone "in ihrer Gesamtheit" nicht erhöht werden;

- können Drittländer Entschädigung für Zoll*erhöhungen* der Unionsländer mit relativ niedrigen Ausgangszöllen verlangen, wobei allerdings Zoll*senkungen* der relativen Hochzollländer zu berücksichtigen sind;

- müssen die Interimsabkommen "einen Plan und ein Programm" enthalten, wonach die angestrebte Zollunion oder Freihandelszone innerhalb einer "angemessenen Zeitspanne" zu verwirklichen ist;

- müssen sie modifiziert - oder aufgegeben - werden, wenn die GATT-Mitglieder Änderungen im Programm oder Zeitplan des Integrationsprojektes verlangen;

- bedürfen Ausnahmen von den in Artikel 24 genannten Anforderungen der Zustimmung einer Zweidrittelmehrheit der GATT-Mitglieder.

B. ARTIKEL 24 IN DER PRAXIS

In der Realität hat sich Artikel 24 nicht bewährt. Kenneth Dam (1970, S. 275) spricht von einem "Fehlschlag, wenn nicht Fiasko" bei dem Versuch, Präzision zu erreichen und regionale Integrationsvereinbarungen in das Regelwerk von Artikel 24 einzubinden: "Statt Präzision herrschte Zweideutigkeit vor". In einer anderen Quelle (Haight 1972, S. 391) heißt es, daß Artikel 24 "wahrscheinlich der am meisten mißbrauchte des gesamten Abkommens (ist) und das schwerste Kreuz, welches das GATT zu tragen hatte". Der von Arthur Dunkel, dem damaligen GATT-Generaldirektor, initiierte Bericht der "Sieben Weisen" (Leutwiler-Report), erkennt in der Anwendungspraxis von Artikel 24 einen "gefährlichen Präzedenzfall für weitere Sonderregelungen, die Fragmentierung des Handelssystems und Schaden für die Handelsinteressen von Nichtteilnehmern" (GATT 1985, S. 41).

Tatsächlich hat kaum eine der dem GATT von 1948 bis 1990 notifizierten 70 regionalen Integrationsvereinbarungen (vgl. Yeboah 1993, S. 39) die Anforderungen von Artikel 24 vollständig erfüllt.[10] Gleichwohl wurde aber kein Vorhaben ausdrücklich mißbilligt bzw. mit konkreten Änderungsauflagen im Sinne von Artikel 24, Absatz 7(b) versehen.

In Tabelle VI sind die wichtigsten dem GATT seit seiner Gründung im Jahre 1947 notifizierten regionalen Integrationsvereinbarungen wiedergegeben. In der Aufstellung nicht enthalten sind einseitige Präferenzregelungen, wie sie etwa zwischen der EG und einigen Mittelmeeranrainern oder zwischen den USA und karibischen Ländern bestehen. In diesen Fällen ist wegen mangelnder Reziprozität und begrenzter Reichweite der Präferenzen das Erfordernis des umfassenden Abbaus der internen Handelsschranken zwischen den Partnerländern offensichtlich nicht erfüllt.[11] Unberücksichtigt blieben ferner die Freihandels- und Assoziierungsabkommen der EG mit ihren Nachbarländern; sie sind in Tabelle III.4 dargestellt.

Der Test- (und Präzedenz-)Fall für die Effektivität von Artikel 24 war die Gründung der Europäischen Wirtschaftsgemeinschaft am 25. März 1957. Die vorangegangenen Integrationsvorhaben waren weniger bedeutend. Sie betrafen jeweils nur zwei Länder oder genügten eindeutig nicht dem Kriterium des "annähernd gesamten Handels" (Artikel 24, Absatz 8). Aus letzterem Grunde mußte die auf nur zwei Produktgruppen (Kohle und Stahl) sich erstreckende Montanunion vom 18. April 1951 durch einen allgemeinen "waiver" nach Artikel 25 GATT abgesichert werden.

---

10 Als "mögliche Ausnahme" von damals mehr als zwölf dem GATT notifizierten regionalen Integrationsvereinbarungen nennt *Dam* (1970, S. 275) das Freihandelsabkommen zwischen Großbritannien und Irland aus dem Jahre 1965. Yeboah (1993, S. 39) zählt hingegen 4 Vereinbarungen auf, die einvernehmlich für kompatibel mit Artikel 24 erklärt wurden: die südafrikanisch-rhodesische Zollunion von 1948, das Freihandelsabkommen Nicaragua/El Salvador (1951), die Beteiligung Nicaraguas am Zentralamerikanischen Gemeinsamen Markt (1958) und der Karibische Gemeinsame Markt (1973).

11 Ungeachtet des klaren Verstoßes gegen die Regel des "annähernd gesamten Handels", auf den sich die interne Liberalisierung zu erstrecken hatte, wurden einseitige Präferenzregelungen zugunsten von Entwicklungsländern häufig auf Artikel 24 GATT gestützt. Dies erklärt sich zum Teil damit, daß Artikel 15 der Havanna-Charta, der für Entwicklungsländer die Schaffung neuer Präferenzen ausnahmsweise zuließ, nicht in das GATT übernommen wurde. Erst im Jahre 1979 wurde mit der "enabling clause" der Toyko-Runde Industrieländern die Möglichkeit eingeräumt, Entwicklungsländern im GATT "eine differenzierte und günstigere Behandlung zu gewähren, ohne die Behandlung den anderen Vertragsparteien zu gewähren". Damit war neben Artikel 24 eine zweite Säule geschaffen, die grundsätzlich neben allgemeinen möglicherweise auch selektive und regionale Präferenzregelungen für Entwicklungsländer zuließ. Denn Artikel 24 "war von Anfang an nur für Regionalabkommen zwischen Industriestaaten konzipiert, und jeder Versuch, in diesem Rahmen den Entwicklungsländern eine präferenzierte Behandlung zu gewähren, mußte gegen den Wortlaut des Vertragstextes verstoßen" (*Hilpold* 1993, S. 665). Indes hat die EG sich auch weiterhin bei nichtreziproken Vereinbarungen auf Artikel 24 berufen, so etwa bei den Kooperationsabkommen mit den Maghreb- und Mashrek-Staaten. Hingegen haben die USA für ihre Caribbean-Basin-Initiative von 1983 einen "waiver" gemäß Artikel 25 GATT erwirkt (vgl. *Schoneveld* 1992).

Tabelle VI: Wichtige regionale Zusammenschlüsse seit 1947[a]

Bezeichnung	Mitglieder	Gründungsdatum
Französisch-italienische Zollunion (1957 in die EG integriert)	Frankreich, Italien	1947
Freihandelszone Nicaragua/El Salvador (1958 in die Zentralamerikanische Freihandelszone integriert)	El Salvador, Nicaragua	1951
Europäische Gemeinschaft für Kohle und Stahl (1957 in die EG integriert)	Belgien, Frankreich, Bundesrepublik Deutschland, Italien, Luxemburg, Niederlande	1951
Europäische Wirtschaftsgemeinschaft (einschließlich der Europäischen Atomgemeinschaft)	1. Belgien, Frankreich, Bundesrepublik Deutschland, Italien, Luxemburg, Niederlande 2. Dänemark, Irland, Vereinigtes Königreich 1973 beigetreten 3. Griechenland 1981 beigetreten 4. Portugal und Spanien 1986 beigetreten	1957
Zentralamerikanische Freihandelszone (1960 in den Zentralamerikanischen Gemeinsamen Markt integriert)	Costa Rica, El Salvador, Guatemala, Honduras, Nicaragua	1958
Europäische Freihandelsassoziation	1. Dänemark, Norwegen, Österreich, Portugal, Schweden, Schweiz, Vereinigtes Königreich 2. Island 1970 beigetreten 3. Dänemark und Vereinigtes Königreich 1973 ausgetreten und der EG beigetreten 4. Finnland wurde 1985 Vollmitglied 5. Portugal 1986 ausgetreten und der EG beigetreten	1960
Lateinamerikanische Freihandelszone (1980 durch die Lateinamerikanische Integrationsassoziation ersetzt)	1. Argentinien, Brasilien, Chile, Mexiko, Paraguay, Peru, Uruguay 2. Kolumbien und Ecuador 1961 beigetreten	1960
Zentralamerikanischer Gemeinsamer Markt	Costa Rica, El Salvador, Guatemala, Honduras, Nicaragua	1960/1990
Zentralafrikanische Wirtschafts- und Zollunion	Kongo (Brazzaville), Tschad, Gabun, Zentralafrikanische Republik	1964
Automobilabkommen Kanada/USA (1988 in das Freihandelsabkommen Kanada/USA integriert)	Kanada, USA	1965
Freihandelsabkommen Neuseeland/Australien (1983 ersetzt durch das Abkommen über Engere Wirtschaftsbeziehungen Australien/Neuseeland)	Australien, Neuseeland	1965
Freihandelsabkommen Vereinigtes Königreich/Irland (1973 in die EG integriert)	Irland, Vereinigtes Königreich	1965

Bezeichnung	Mitglieder	Gründungsdatum
Karibisches Freihandelsabkommen (1974 ersetzt durch Karibische(r) Gemeinschaft und Gemeinsamer Markt)	Barbados, Guyana, Jamaika, Trinidad und Tobago	1968
Andengruppe	Bolivien, Kolumbien, Ecuador, Peru, Venezuela	1969/1990
Karibische(r) Gemeinschaft und Gemeinsamer Markt	1. Barbados, Guyana, Jamaika, Trinidad und Tobago 2. Andere Länder 1974 beigetreten	1973
ASEAN Präferenzhandels-vereinbarungen (1992 in die AFTA integriert)	1. Indonesien, Malaysia, Philippinen Singapur, Thailand 2. Brunei 1988 beigetreten	1977
Lateinamerikanische Integrations-assoziation	Argentinien, Bolivien, Brasilien, Chile, Kolumbien, Ecuador, Mexiko, Paraguay, Peru, Uruguay, Venezuela	1980
Abkommen über Engere Wirtschafts-beziehungen Australien/Neuseeland	Australien, Neuseeland	1983
Freihandelsabkommen Kanada/USA	Kanada, USA	1988
Asien-Pazifik Wirtschaftliche Zusammenarbeit (APEC)	USA, Kanada, Mexiko, Australien, Neuseeland, Papua Neuguinea, Japan, Südkorea ,Taiwan, Hongkong, Singapur, ASEAN	1989
Gemeinsamer Markt des Südens (Mercosur)	Argentinien, Brasilien, Paraguay, Uruguay	1991
Mitteleuropäische Freihandelszone (CEFTA)	Polen, Slowakische Republik, Tschechien, Ungarn	1992
ASEAN Freihandelszone (AFTA)	Brunei, Indonesien, Malaysia, Philippinen, Singapur, Thailand	1992
Nordamerikanisches Freihandels-abkommen (NAFTA)	USA, Kanada, Mexiko	1992
Freihandelsvertrag G 3	Kolumbien, Mexiko, Venezuela	1994

a) Ohne einseitige Präferenzregelungen und ohne die Freihandels- und Assoziierungsabkommen der EG. Vgl. auch Kapitel III.

Quelle: Eigene Zusammenstellung.

Im EWG-Fall war in den zu seiner GATT-Konformitätsprüfung eingesetzten vier Arbeitsgruppen vor allem die Frage des Außenschutzes der europäischen Zollunion kontrovers. Gemäß Artikel 24, Absatz 5(a) dürfen "die bei der Bildung der Union oder beim Abschluß der vorläufigen Vereinbarung eingeführten Zölle und Handelsvorschriften für den Handel mit den an der Union oder Vereinbarung nicht teilnehmenden Vertragsparteien in ihrer Gesamtheit nicht höher oder einschränkender ...(sein) als die allgemeine Belastung durch Zölle und Handelsvorschriften, die in den teilnehmenden Gebieten vor der Bildung der Union oder dem Abschluß der vorläufigen Vereinbarung bestand." Hierzu machte die Gemeinschaft geltend, daß dieser Wortlaut kein Verfahren zur Berechnung des gemeinsamen Außenzolltarifs ausschließe, sofern letzterer nicht über dem Durchschnitt der nationalen Zölle liege, und deshalb das im EWG-Vertrag (Artikel 19) vorgesehene Verfahren des einfachen arithmetischen Mittels "strikt" GATT-konform sei (GATT 1958, S. 72). Demgegenüber vertraten die Handelspartner der Gemeinschaft mit großer Mehrheit die Auffassung, daß ein solcher Formelansatz nicht akzeptabel sei, sondern bei der Prüfung der Außenzölle nach Produkten und Ländern unterschieden werden müsse.

Umstritten waren auch die Implikationen der EG-Agrarpolitik (GAP). Während die Gemeinschaft die GAP im Einklang mit dem GATT sah und für den Fall möglicher zukünftiger Inkonsistenzen gegebenenfalls einen "waiver" gemäß Artikel 25 beantragen wollte (was nie geschehen ist), erkannten die Handelspartner in der Anlage dieser erst in den folgenden Jahren voll entwickelten Politik hellsichtig "eine starke Vermutung gestiegener externer Barrieren und eine Errichtung neuer interner Barrieren anstelle bestehender Zölle und sonstiger Maßnahmen" (GATT 1958, S. 88). Sie sahen sich daher außerstande, die Agrarbestimmungen des EWG-Vertrages für GATT-konform zu erklären.

Unklarheit herrschte ebenfalls über die Drittlandswirkungen des internen Abbaus mengenmäßiger Beschränkungen und die GATT-Konformität der Assoziierung ehemaliger Kolonien einzelner EG-Länder.

Insgesamt erzielten die vier Arbeitsgruppen "keine definitiven Schlußfolgerungen" (GATT 1958, S. 69)[12], und der von den GATT-Mitgliedern eingesetzte Prüfungsausschuß, der seinerseits die vier Arbeitsgruppen ernannt hatte, hielt es deshalb für "fruchtbarer... Rechtsfragen und Debatten über die Vereinbarkeit des Rom-Vertrages mit Artikel 24 des GATT ... vorerst auszuklammern" (GATT 1959, S. 70). Daraufhin beschloß auch die Vollversammlung der GATT-Mitglieder, das Problem zu vertragen, da die "Überprüfung und die Diskussion der in ihr enthaltenen Rechtsfragen zum gegenwärtigen Zeitpunkt nicht zweckdienlich betrieben werden konnte" (GATT 1959, S. 71), und in Zukunft (unverbindliche) "Konsultationen" gemäß Artikel 22 GATT zu führen. Dabei

---

12 Zu den Gründen für die Unentschiedenheit der Arbeitsgruppen allgemein vgl. auch *Huber* (1981), der insbesondere vorschlägt, die Arbeitsgruppen nicht aus Vertretern der GATT-Vertragsparteien, sondern aus unabhängigen Experten zu bilden (1981, S. 298).

ist es bis zum heutigen Zeitpunkt geblieben, und ähnlich verhielt es sich auch mit den drei EG-Erweiterungen in den Jahren 1973, 1981 und 1986: die GATT-Mitglieder waren weder in der Lage, der Gemeinschaft konkrete Änderungsempfehlungen zu erteilen, die sie laut Artikel 24, Absatz 7 (b) hätte befolgen (oder von ihrem Vorhaben Abstand nehmen) müssen, noch ausdrücklich die Übereinstimmung mit Artikel 24 festzustellen.

Daß die EG nicht am GATT scheitern (oder in ihrer Konstruktion wesentlich von ihm beeinflußt) würde, stand indes von vornherein fest; die politische und strategische Bedeutung der europäischen Integration im Rahmen der atlantischen Allianz ließ Fragen nach ihrer Vereinbarkeit mit dem GATT eher kleinlich und zweitrangig erscheinen: "Die EG war der Eckpfeiler einer neuen nordatlantischen Außenpolitik, ebenso bedeutend wie das GATT selbst" (Hudec 1975, S. 196). Aus der Sicht der Vereinigten Staaten, des mächtigsten GATT-Mitglieds, überwogen die politischen Vorteile eines stärker geeinten Westeuropas eindeutig die mögliche Beeinträchtigung der Handelsinteressen von Drittländern.[13] Die bei der EG-Gründung bewiesene Unentschiedenheit der GATT-Mitglieder hatte jedoch erhebliche Folgewirkungen. John Jackson betrachtet den EG-Fall als eine Art Erbsünde: Die Billigung der unvollkommenen Union des Europäischen Gemeinsamen Marktes, unter Mißachtung der rechtlichen Erfordernisse von Artikel 24, war der Anfang des Zusammenbruchs der rechtlichen Disziplin des GATT (zitiert bei Bhagwati 1992a, S. 8). An die Stelle der in Artikel 24 vorgesehenen Prozeduren trat eine "stillschweigende Ausnahmegenehmigung" (Dam 1970, S. 291) in der Form unverbindlicher Absichtserklärungen, das jeweilige Vorhaben einer fortlaufenden Überwachung zu unterwerfen, und es entstand eine Art "Glashaussyndrom" (Hufbauer, Schott, 1992a, S. 263): da immer mehr GATT-Mitglieder selbst an Präferenzhandelsvereinbarungen teilnahmen, hielten sie sich mit Klagen über die Konformität anderer Handelsabkommen mit den Leitlinien von Artikel 24 zurück, der so immer stärker ausgehöhlt wurde. Vielfach bestand auf Seiten der Handelspartner auch nur geringes Interesse, auf Einhaltung der Kriterien zu dringen. Im Falle einseitiger Präferenzregelungen etwa auf Wechselseitigkeit zu pochen, hätte bedeutet, den Diskriminierungseffekt noch zu verstärken. Zur Unentschiedenheit der Arbeitsgruppen hat sicherlich auch das in diesen Gremien - wie in allen GATT-Arbeitsgruppen - praktizierte Konsensprinzip beigetragen (vgl. Blackhurst, Henderson 1993, S. 426).

---

13 Vgl. *Hine* 1985, S. 44, und *Allen* 1961, wo es auf S. 571 heißt: "Das politische und strategische Interesse an einem stabilen und prosperierenden Europa, das in der Lage ist, seinen Platz als ein vollwertiger Partner des Westens in seinem Kampf mit dem kommunistischen Block einzunehmen, überkompensiert eine leichte Diskriminierung oder technische Inkonsistenz mit dem GATT."

Noch weniger als bei ihrer Gründung und Erweiterung hat die Europäische Gemeinschaft in ihrer Präferenzpolitik gegenüber *Drittländern* den Bestimmungen von Artikel 24 Rechnung getragen:

- die Freihandelsabkommen mit den EFTA-Staaten schlossen den Agrarsektor weitgehend aus und entsprachen deshalb kaum dem Erfordernis des "annähernd gesamten Handels", das auch qualitativ in dem Sinne verstanden werden kann, daß kein bedeutender einzelner Sektor ausgenommen werden sollte;

- ähnliches trifft auf die Mittelmeerabkommen der Gemeinschaft zu, in denen einseitig der EG-Import aus den Partnerländern liberalisiert wird, und dies auch nur unvollständig, da Agrarprodukte und einige "sensible" Industrieerzeugnisse nur teilweise von Einfuhrschranken befreit werden;

- das Erfordernis der "angemessenen Zeitspanne", innerhalb derer eine Zollunion oder Freihandelszone verwirklicht werden muß, wurde weit gedehnt, im Falle des Assoziierungsabkommens mit Griechenland aus dem Jahre 1961 auf 22 Jahre;

- verschiedene Handelsabkommen, so die mit Marokko und Algerien von 1969, enthielten weder "Plan" noch "Programm" für eine Freihandelszone.

Insgesamt hat die EG in ihrer Präferenzpolitik, mit Billigung der Handelspartner, ihre GATT-Verpflichtungen "extrem begrenzt" interpretiert und den Eindruck vermittelt, als erlaube Artikel 24 jegliche Art von Präferenzhandelsregimen (vgl. Schoneveld 1992, S. 65 und 78).

Als wenig effektiv hat sich auch die Kompensationsregelung in Artikel 24, Abs. 6 erwiesen, derzufolge Drittländer Anspruch auf Ausgleich für Zollerhöhungen einzelner Unionsmitglieder oder der Union beitretende Staaten haben, wobei "der Ausgleich gebührend zu berücksichtigen ist, der sich bereits aus der Herabsetzung der entsprechenden Zollsätze der anderen, an der Zollunion teilnehmenden Gebiete ergeben hat". Relativ unproblematisch waren noch die Kompensationsverhandlungen nach der EG-Gründung; sie begannen im September 1960 und wurden im Mai 1961 erfolgreich abgeschlossen (vgl. Hine 1985, S. 44). Zu einer scharfen handelspolitischen Kontroverse mit den Vereinigten Staaten führte aber die Süderweiterung der EG im Jahre 1986. Die USA demonstrierten seinerzeit Entschlossenheit, unmittelbare wirtschaftliche Verluste aufgrund der europäischen Integration nicht mehr zugunsten außen- und sicherheitspolitischer Prioritäten in Kauf zu nehmen, und forderten dementsprechend Kompensation für Agrarexporteinbußen aus der Übertragung der protektionistischen Gemeinsamen Agrarpolitik auf Portugal und Spanien. Das EG-Argument, die Agrarverluste würden durch Gewinne aufgrund der Senkung iberischer Industriezölle mehr als kompensiert, ließen die Amerikaner nicht gelten: gemäß Artikel 24, Absatz 6 seien nur "interne Guthaben" - Zollsenkungen anderer Unionsländer bei der gleichen Tariflinie -, nicht aber "externe Guthaben" - Zollsenkungen des gleichen Landes bei anderen Produkten - zu berücksichtigen. Um ihren Kompensationsanforderungen Nachdruck zu verleihen, proklamierten die USA einseitige Vergeltungsmaßnahmen gegen EG-Produkte gemäß Abschnitt 301 ihres Handelsgesetzes von 1974. Die Gemeinschaft lenkte schließlich ein und gestand den Vereinigten Staaten am 29.1.1987 spezielle Absatzgarantien für Mais und Sorghum auf der iberischen Halbinsel sowie allgemeine Zollsenkungen für ein Reihe anderer Produkte zu (zu Einzelheiten vgl. Devuyst 1992, S. 25f.). Als Grund für die Wahl von Section 301 Trade Act statt Artikel 24 in Verbindung mit Artikel 23 (Schutz der Zugeständnisse) GATT gab der damalige U.S.-Außenminister George Shultz an, das GATT-Verfahren sei zu umständlich und zeitraubend (vgl. International Trade Reporter vom 9.4.1986, S. 456). Das zunächst auf vier Jahre geschlossene bilaterale Abkommen wurde nach einigen kurzfristigen Fortschreibungen in der Uruguay-Runde des GATT auf Dauer verlängert (vgl. Amerika Dienst vom 22.12.1993, S. 1).

Ein Grund für die geringe Durchschlagkraft von Artikel 24 ist offenbar in seiner ungenauen Konstruktion zu sehen. Zentrale Konzepte blieben vage und unbestimmt. Zu nennen wären vor allem:

- Der "annähernd gesamte Handel", der innerhalb der Zollunion oder Freihandelszone von Restriktionen zu befreien ist: ist dieser Begriff rein quantitativ aufzufassen - und wo sollte die Untergrenze angesetzt werden?[14] - oder qualitativ - als Verbot der Ausnahme ganzer Sektoren von der Integration - zu verstehen?

- Die "allgemeine Belastung" der externen Importe durch Zölle und "andere Handelsvorschriften", die vorher nicht höher als nachher sein darf: sind die Zölle mit den tatsächlichen Handelsströmen zu gewichten, oder genügt das ungewogene Mittel? Ist von den tatsächlich angewandten oder den vertraglich vereinbarten Zöllen auszugehen? Müssen Analysen für einzelne Produkte und Länder durchgeführt werden? Wie ist mit nichttarifären Handelsschranken zu verfahren?

- Die "vorläufigen Vereinbarungen" (Interimsabkommen), die einen "Plan" und ein "Programm" zur Bildung einer Zollunion oder Freihandelszone innerhalb einer "angemessenen Zeitspanne" enthalten müssen: "Hierdurch ist ein Schlupfloch von beträchtlicher Größe entstanden, da für fast jede Art von präferentieller Vereinbarung die Ausnahme der vorläufigen Vereinbarung geltend gemacht werden kann, und angemessene Zeitspanne ist außerordentlich ungenau" (Jackson 1989, S. 141).

- Die "ausgleichende Regelung" bei Zollerhöhungen einzelner Unionsmitglieder: sind neben "internen" Guthaben (Zollsenkungen anderer Unionsländer bei der gleichen

---

14   Die Vorschläge reichen von 51 bis zu 99% des Warenaustausches (vgl. *Hilpold* 1993, S. 663).

Position), die ausdrücklich in Artikel 24, Abs. 6 vorgesehen sind, auch "externe" Guthaben (Zollsenkungen des gleichen Landes bei anderen Positionen) und der "umgekehrte Ausgleich" zulässig, bei der die Union ihrerseits von den Handelspartnern Kompensation verlangt, weil die Außenzölle eines beitretenden Landes sinken?[15]

Die Unschärfen und Mehrdeutigkeiten von Artikel 24 haben immer wieder zu unfruchtbaren Auseinandersetzungen in den Arbeitsgruppen geführt und wesentlich zu der regelmäßig eingetretenen Pattsituation beigetragen. Seit langem wird daher eine "formale Klärung" der Begriffe gefordert. Der Vorsitzende der mit der EG-Norderweiterung im Jahre 1973 befaßten Arbeitsgruppe etwa erkannte dies für "absolut notwendig" (vgl. Devuyst 1982, S. 26). In die gleiche Kerbe schlug zwölf Jahre später der Leutwiler-Report: "Wir glauben, daß die GATT-Regeln über Zollunionen und Freihandelszonen ... neu definiert werden sollten, um Zweideutigkeit zu vermeiden, und strikter angewendet werden sollten, damit diese rechtliche Deckung nur für solche Länder verfügbar ist, die sie zur Herstellung vollständigen Freihandels untereinander nutzen" (GATT 1985, S. 41).

C. DIE NEUERUNGEN DER URUGUAY-RUNDE

In der Uruguay-Runde wurde die Forderung nach Klärung und Neudefinition der Regeln von der Arbeitsgruppe "GATT-Artikel" aufgegriffen und ein "Understanding on the Interpretation of Article 24 of the General Agreement on Tariffs and Trade 1994" mit hauptsächlich folgenden Neuerungen vereinbart:

- Das Konzept des "annähernd gesamten Handels" wird in der Präambel des "Understanding" qualitativ interpretiert: kein bedeutender Sektor sollte vom internen Abbau der Zölle und sonstigen Handelsrestriktionen ausgenommen werden, andernfalls der erwartete Beitrag des Integrationsvorhabens zur Expansion des Welthandels gemindert würde. Demnach wäre die in der Vergangenheit übliche Agrarausnahme in Zukunft erschwert, wenn auch nicht ausgeschlossen.

---

15 So verlangte etwa die EG anläßlich des Beitritts Griechenlands im Jahre 1981 von den übrigen GATT-Mitgliedern Kompensation für den nunmehr auch für Drittländer erleichterten Marktzugang in Griechenland (vgl. *Hilpold* 1993, S. 665). Ähnliches forderte die Gemeinschaft von Japan, als im Jahre 1986 Spanien und Portugal der EG beitraten.

- Die "angemessene Zeitspanne" für die Realisierung einer Zollunion oder Freihandelszone wird im "Understanding" auf höchstens 10 Jahre festgesetzt, die aber in "außergewöhnlichen Fällen" überschritten werden können.

- Für die Bestimmung des maximalen Außenschutzniveaus einer Zollunion sieht das "Understanding" hinsichtlich der *Zölle* einen Berechnungsmodus vor, der auf den tatsächlichen (häufig deutlich niedrigeren als den im GATT gebundenen) Zollsätzen basiert und die einzelnen Zollpositionen mit den Importen einer "repräsentativen Vergangenheitsperiode" gewichtet; Einzelproduktvergleiche, wie sie in den Verhandlungen insbesondere Japan forderte, sind nicht vorgesehen. Die *sonstigen Handelsrestriktionen* ("other regulations of commerce"), deren "Quantifizierung und Aggregation ... schwierig (ist)", sollen hingegen "erforderlichenfalls" ("may be required") individuellen Analysen unterzogen werden.

- In Kompensationsverhandlungen aufgrund von Zollerhöhungen einzelner Unionsmitglieder kann die Zollunion nunmehr ausdrücklich neben "internen" auch "externe Guthaben" geltend machen, also nicht nur entsprechende Zollsenkungen in anderen Mitgliedsländern, sondern auch Reduktionen anderer Zollsätze im zollerhöhenden Land; hingegen wird ein Anspruch der Union auf "umgekehrten Ausgleich" für Zollsenkungen (und die Reduktion sonstiger Handelsschranken) beitretender Länder ausdrücklich verneint.

- Die Kontrolle von Integrationsvereinbarungen wird ausgebaut und verstärkt. Jedes Projekt muß von einer eigenen Arbeitsgruppe untersucht werden. Fehlen Zeitplan und Programm, so soll die Arbeitsgruppe beides empfehlen. Die betreffenden Länder dürfen ihr Vorhaben nicht weiterführen oder in Kraft setzen, wenn sie nicht bereit sind, den Empfehlungen zu folgen. Ausdrücklich wird auf die Pflicht der Integrationsgemeinschaften hingewiesen, periodisch dem (im Rahmen der neuen Welthandelsorganisation zu schaffenden) Rat für den Warenhandel über ihre Aktivitäten zu berichten. In diesem Zusammenhang ist auch erstmals explizit von *regionalen* Vereinbarungen die Rede, ungeachtet der auch überregionale Zollunionen und Freihandelszonen einschließenden Geltung von Artikel 24.

Ähnliche Regelungen wie für den Warenhandel wurden in der Uruguay-Runde auch für den Austausch von Dienstleistungen in (und mit) Zollunionen und Freihandelszonen getroffen. Sie sind in Artikel V des neuen General Agreement on Trade in Services (GATS) enthalten.

Insgesamt könnte das "Understanding" dazu beitragen, einen "Ausgleich zwischen regionalistischen und universellen Tendenzen im Welthandel" (Hilpold 1993, S. 668) zu finden und den "Wildwuchs pseudofreier Handelsvereinbarungen" (Snape 1993, S. 21) zu bekämpfen. Mit den Schwellen für regionale Integrationsvereinbarungen werden zugleich die politischen Kosten der Integration erhöht, die sich in dem Anpassungsdruck manifestieren, den die interne Liberalisierung erzeugt. Übergangszeiten von mehr als 20 Jahren dürften in Zukunft nicht mehr möglich sein. Die Berechnung des Zollschutzes nach Bildung einer Zollunion wird objektiviert, die Kompensationsregelung gegenüber Drittländern präzisiert. Mit der Berichtspflicht der Integrationsgemeinschaften schließlich wird mehr Transparenz geschaffen.

Auch die neue Regelung enthält jedoch eine Reihe vager Formulierungen, die es den Arbeitsgruppen auch weiterhin erschweren dürften, zu einheitlichen Schlußfolgerungen zu gelangen. Vor allem bietet sie keine Gewähr für den Schutz der Handelsinteressen anderer GATT- bzw. WTO-Mitglieder. In der Präambel des "Understanding" heißt es lediglich, daß negative Drittlandseffekte "weitestmöglich" ("to the greatest possible extent") vermieden werden sollten. Dies ist zwar eine Verstärkung gegenüber dem ursprünglichen Wortlaut von Artikel 24, demzufolge der Zweck einer Zollunion oder Freihandelszone nicht darin bestehen sollte, Handelsbarrieren gegenüber Drittländern zu erhöhen ("not to raise barriers to the trade of other contracting parties"). Es wird aber nicht ausgeschlossen, daß mehr Handel von Drittländern umgelenkt als mit ihnen geschaffen wird.

Um dies zu verhindern, müßte der Zulässigkeitstest für regionale (und überregionale) Zusammenschlüsse grundlegend reformiert werden: sie sollten nur noch dann zulässig sein, wenn das Niveau des Handels mit Drittländern, unter sonst gleichen Bedingungen, nicht sinkt. In diesem Falle wäre weltwirtschaftlich das Pareto-Kriterium erfüllt: Drittländer würden insgesamt keine Wohlfahrtseinbußen erleiden, während in den Integrationsländern aufgrund von Handelsschaffung die Wohlfahrt stiege. Damit bestünde zugleich ein Anreiz, die Integrationsgemeinschaft ständig zu vergrößern. Denn die Wohlfahrt der Mitglieder ließe sich ohne Beeinträchtigung der Außenstehenden weiter steigern, bis schließlich globaler Freihandel erreicht wäre. Dieser von McMillan (1993) vorgeschlagene, auf dem Theorem vom Kemp und Wan (1976)[16] fußende Test,

---

16 *Kemp* und *Wan* (1976, S. 95) haben, aufbauend auf *Kemp* (1964) und *Vanek* (1965), gezeigt, daß "es einen gemeinsamen Zollvektor und ein System pauschaler Kompensationszahlungen, ausschließlich für die Unionsmitglieder, dergestalt gibt, daß gleichzeitig ein durch Zölle verzerrtes, wettbewerbliches Gleichgewicht besteht, bei dem jedes Land, ob Mitglied der Union oder nicht, nicht schlechter dasteht als vor der Unionsbildung".

so sehr er durch Eindeutigkeit und wohlfahrtstheoretische Fundierung besticht, wäre in der Praxis jedoch nur schwer anzuwenden und in eine klare Verhaltensregel für die beteiligten Regierungen umzusetzen.[17]

Eher praktikabel wäre es, die Mitglieder regionaler Integrationsgemeinschaften zu verpflichten, parallel zum Abbau der internen Handelsschranken auch das externe Schutzniveau zu senken. Eine solche externe Liberalisierungsverpflichtung ließe sich als Gegenleistung der Partnerländer für den Verzicht der übrigen GATT (WTO)-Mitglieder auf ihren Meistbegünstigungsanspruch und die damit verbundenen Exporteinbußen interpretieren. Die Gegenleistung würde "automatisch" erbracht, wenn in einem reformierten Artikel 24 nur noch die Bildung von Zollunionen zulässig und dabei eine Anhebung von im GATT gebundenen Zöllen nicht erlaubt wäre. Im Zuge der Angleichung nationaler Zollsätze an die niedrigsten gebundenen Zölle würde dann das durchschnittliche Zollniveau im allgemeinen kräftig sinken; der gemeinsame Außenzolltarif läge deutlich unter dem Mittel der ursprünglichen nationalen Tarife. Er könnte auch unmittelbar aus den jeweils niedrigsten nationalen Zöllen in jeder einzelnen Tarifstelle gebildet werden.[18] Die Kompensation der Drittstaaten ließe sich ebenfalls in Verhandlungen zwischen ihnen und den Partnerländern ermitteln (vgl. Finger 1992, S. 1f). Gehandelt würde, auf der Basis von Artikel 28 GATT, der faktische Entzug von Marktzugangsrechten (durch Vorzugsbehandlung der Partnerländer) gegen die Gewährung neuer Zugangsrechte. Der gemeinsame Zolltarif fiele unter das nach Artikel 24 zulässige Niveau. Überdies könnten auch nichttarifäre Handelsschranken abgebaut werden.

Denkbar wäre auch eine laufende Entschädigung der Handelspartner entsprechend der tatsächlichen Entwicklung der Handelsströme. Das Ausmaß der Kompensation ließe sich etwa nach dem Anstieg der internen Importe im Verhältnis zum Gesamtimport einer Zollunion in einzelnen Branchen - als Indikator der handels*umlenkenden* Effekte - bemessen, korrigiert um eine eventuelle, (interne und externe) Handelsschaffung anzeigende Erhöhung der Penetrationsrate (Anteil der (gesamten) Importe an der Binnennachfrage). "Gezahlt" würde die Entschädigung in der Form des Abbaus

---

17 *McMillan* (1993, S. 8) selbst weist darauf hin, daß idealerweise bei jedem einzelnen Außenhandelsgut bzw. jeder Zollposition gewährleistet sein müsse, daß der Drittländerhandel nicht sinkt. Dies hätte aber ein "extrem detailliertes Management der Import- und Exportmengen" zur Folge. Geklärt werden müßte auch die "Gegenwelt", denn ohne Integration wäre möglicherweise der Import aus Drittländern *gestiegen*.

18 Vgl. *Bhagwati* (1990, S. 1312; 1991, S. 77; 1992, S. 455; 1992a, S. 23). Zu ähnlichen Vorschlägen vgl. auch *Hufbauer* und *Schott* (1993), *Lawrence* (1991), *Nunnenkamp* (1993) und *Pelkmans* (1992).

protektionistischer (tarifärer und/oder nichttarifärer) Maßnahmen in den von Handelsumlenkung besonders betroffenen Branchen. Eine erste Anwendung dieses von Hufbauer/Schott (1993) vorgeschlagenen Kompensationsverfahrens auf die EG hat ergeben, daß seit der Ankündigung des EG-Binnenmarktprogramms - und teilweise dadurch bedingt - Ausgleichsforderungen der Handelspartner im Umfang von 5 bis 8 Mrd. $ entstanden sind, entsprechend etwa 0,1% des Bruttoinlandsprodukts der EG (Bezugszeitraum: 1986/87 bis 1991). Der Kompensationsbedarf ist dabei auf wenige Sektoren konzentriert. Ausgleichende Liberalisierungsmaßnahmen wären insbesondere in der Landwirtschaft, bei Nahrungsmitteln, Holz-, Papier- und Druckerzeugnissen sowie Eisen und NE-Metallen erforderlich (vgl. Nunnenkamp 1993a, S. 354).

Neben einer externen Liberalisierungsverpflichtung für regionale Integrationsgemeinschaften wäre von diesen im Interesse einer liberalen Handelsordnung auch Offenheit für neue Mitglieder zu verlangen, die zu den gleichen Bedingungen wie die Altmitglieder teilnehmen möchten. Eine solche Offenheitsklausel, als bindende Verpflichtung für alle bestehenden und neuen regionalen Zusammenschlüsse, könnte etwa ein wirksames Gegengewicht gegen die negativen Effekte von "hub-and-spoke agreements"[19] bilden. Sie entspricht jedoch nicht den handels- und integrationspolitischen Realitäten. So haben sich etwa die drei Vertragspartner des NAFTA - die USA, Kanada und Mexiko - ausbedungen, Neumitglieder mit einem Veto fernhalten zu können.[20] Mit noch weniger Aussicht auf Erfolg ließe sich eine Politik der offenen Tür multilateral für solche regionale Integrationsvereinbarungen vorschreiben, die weit über den Freihandel hinausreichen. So verhält sich etwa die EG gegenüber Beitrittswünschen, die EFTA-Länder ausgenommen, äußerst zurückhaltend. Ein wesentlicher Grund hierfür dürfte darin liegen, daß durch einen Beitritt die Altmitglieder nicht nur über den Handel, sondern auch über explizite und implizite Budgettransfers sowie Veränderungen der politischen Machtbalance betroffen wären (vgl. Winters 1992, S. 19). Der Vorschlag, in Artikel 24 GATT eine bindende Offenheitsverpflichtung einzubauen, erscheint daher wenig realistisch; in der Uruguay-Runde kam er ebensowenig zum Zuge wie die Idee der externen Liberalisierungsverpflichtung.

---

19 "Hub-and-spoke agreements", mit einem Kernland und einer Reihe separater Randländer, sind von "expanding agreements", mit kumulativ wachsender Mitgliedschaft, zu unterscheiden. Im "hub-and-spoke"-Modell der Integration würde das Kernland vor allem einen überproportional hohen Investitionsanteil erzielen. Im Modell der "expanding agreements" wäre hingegen die Wohlfahrt gleichmäßiger verteilt, und sie würde mit wachsender Mitgliedschaft weiter zunehmen (vgl. *Nogués/Quintanilla* 1992, S. 2).

20 Ein ursprünglicher Vorschlag, ein "automatisches" Beitrittsrecht, ohne die Notwendigkeit einer eigenen parlamentarischen Billigung, für Länder der Westlichen Hemisphäre zu schaffen, wurde im Laufe der NAFTA-Verhandlungen zurückgewiesen (vgl. *Smith* 1993, S. 100).

Wichtig wäre auch die volle Wahrung der multilateralen Rechte für jedes einzelne Mitglied einer Integrationsgemeinschaft. Im Streitfalle etwa müßte es möglich sein, alternativ von der multilateralen Streitschlichtung Gebrauch zu machen. Ein entsprechendes Wahlrecht ist in den beiden nordamerikanischen Freihandelsabkommen ausdrücklich vorgesehen. Für die Beteiligten umfassend zugesichert ist der "GATT acquis" im Abkommen der EFTA-Länder mit der (seinerzeit noch einheitlichen) Tschechischen und Slowakischen Republik.[21] In den Europa-Abkommen der EG hingegen ist eine entsprechende Klausel nicht enthalten. Die Gemeinschaft tendiert eher dahin, bilaterale Streitfragen bilateral zu lösen, anstatt sie dem Streitschlichtungsmechanismus des GATT zu unterwerfen (vgl. Langhammer 1993, S. 17).

Sinnvoll wäre es schließlich, regionale Zusammenschlüsse einer regelmäßigen Überprüfung im Rahmen des Trade Policy Review Mechanism des GATT zu unterziehen. Dies würde erhöhte Transparenz schaffen und könnte "moralischen" Druck erzeugen, die multilateralen Regeln zu beachten. Die Übung könnte zugleich den Boden für eine weitergehende Reform von Artikel 24 GATT bereiten (vgl. Blackhurst, Henderson 1993, S. 428).

Generell sollten die Erwartungen an Artikel 24, hinsichtlich der bereits erzielten ebenso wie wünschenswerter zukünftiger Reformen, nicht zu hoch geschraubt werden. Der Regionalismus wird sich kaum durch einen GATT-Artikel bremsen lassen, eher würden womöglich die Mitglieder regionaler Gruppierungen das GATT verlassen. Hätten beispielsweise die GATT-Mitglieder seinerzeit den EWG-Vertrag nicht in der vorgelegten Fassung passieren lassen, dann wären die Sechs "fast sicher" aus dem GATT ausgestiegen, "wahrscheinlich mit Unterstützung seitens der USA" (Snape 1993, S. 19). Die eigentliche Zweckbestimmung des GATT - universell das "öffentliche Gut" Liberalismus zu schaffen, indem die Märkte wechselseitig geöffnet und die protektionistischen Handlungsmöglichkeiten der Akteure in einer aus dem "Gefangenendilemma" herausführenden freiwilligen Kooperationsvereinbarung eingeschränkt werden - wäre wesentlich beeinträchtigt worden.

---

21 In der Präambel des Abkommens heißt es, daß "keine Bestimmung dieses Abkommens so interpretiert werden darf, daß sie die Vertragspartner von ihren Verpflichtungen aus anderen internationalen Vereinbarungen, insbesondere dem Allgemeinen Zoll- und Handelsabkommen entbindet" (vgl. *Blackhurst, Henderson* 1993, S. 431f. (Fußnote 8).

D. EINFLUSS DES REGIONALISMUS AUF DIE MULTILATERALE HANDELSORDNUNG

Wenn aber Ausnahmen von der Meistbegünstigungsregel unerläßlich sind, um eine kritische Größe des "Liberalisierungsklub" GATT zu gewährleisten, dann lautet die entscheidende Frage, wie sich das tatsächliche Verhalten der geduldeten "Unter-Klubs" auf die "Produktion" des öffentlichen GATT-Gutes auswirkt.[22] Dabei geht es sowohl um konkrete Erleichterungen des Marktzuganges als auch um die Gestaltung und Respektierung des multilateralen Ordnungsrahmens für nationale und regionale Handelspolitik. Es gilt, den "dynamischen Zeitpfad" (Bhagwati) des Regionalismus zu bestimmen und herauszufinden, ob der Regionalismus am Ende zu nichtdiskriminierendem Freihandel für alle führt oder aber die Weltwirtschaft fragmentiert. Die *theoretische* Forschung bewegt sich hier auf "fast jungfräulichem Gebiet" (Bhagwati 1992, S. 16) und läßt konträre Schlußfolgerungen zu: eine Konsolidierung der Weltwirtschaft in große Handelsblöcke könnte den globalen Freihandel fördern, weil weniger handelspolitische "Spieler" weniger Trittbrettfahrerprobleme bedeuten; sie könnte aber auch das Gegenteil bewirken, weil große Blöcke eher zur Abschottung tendieren könnten als einzelne Länder (vgl. Krugman 1992, S. 26).

Die *empirische* Evidenz zum Verhalten regionaler Gruppierungen beschränkt sich im wesentlichen auf die Europäische Gemeinschaft, den historisch einzigen Fall erfolgreicher regionaler Blockbildung.[23] Ihr Einfluß auf die Entwicklung des GATT war beträchtlich. Die GATT-Runden der vergangenen Jahrzehnte waren wesentlich von dem Bestreben der EG-Handelspartner geprägt, Wettbewerbsnachteile auf dem entstehenden einheitlichen europäischen Markt so gering wie möglich zu halten (Yeboah 1993, S. 44). Ohne die "kommerzielle Herausforderung" durch die Gemeinschaft wäre das Tempo der Handelsliberalisierung seit 1960 und der Ausdehnung des GATT auf neue Bereiche wie die Dienstleistungen vermutlich deutlich langsamer gewesen (Blackhurst, Henderson 1993, S. 412).

Gewollt oder ungewollt hat die Gemeinschaft in ihrer Gründungsphase die multilaterale Liberalisierung kräftig gefördert. Ohne die EG-Gründung wäre die (gegenüber ihren Vorgängern außerordentlich erfolgreiche) Kennedy-Runde des GATT (1963-67) womöglich gar nicht erst zustandegekommen: "Frankreich und Italien... hätten sich in den 60er Jahren strikt geweigert, irgendwelche Handelskonzessionen zu machen, und

---

22 Allgemein zur Ökonomie der Klubs vgl. etwa *Cornes* und *Sandler* (1986).
23 Vgl. dazu auch Abschnitt III.A.

Deutschland hätte isoliert von seinen kontinentalen Partnern ebenfalls keine Konzessionen gemacht" (Hufbauer 1990, S. 5). Dieser These wird zwar entgegengehalten, daß dem deutschen und holländischen Liberalismus in den 60er Jahren (und danach) durch die EG eher Fesseln angelegt wurden, doch wird eingeräumt, daß "insgesamt die EG-Bildung Handelsliberalisierung wahrscheinlich ermutigt hat" (Winters 1992, S. 12).[24] Auch gegen die These, die europäische Integration sei die "treibende Kraft" hinter der Kennedy- und der vorangegangenen Dillon-Runde gewesen sowie ein "Katalysator" beim Abbau der europäischen Außenprotektion (Sapir 1992, S. 1499f.), ließe sich einwenden, daß die Gemeinschaft damals, statt selber zum Zollabbau zu treiben, dazu eher von den Handelspartnern, voran den USA, getrieben wurde. Jedenfalls waren aber Deutschland und die Niederlande an der Wiederherstellung ihres relativ niedrigen Außenschutzniveaus interessiert, und in der Tat wurde der gemeinsame Zolltarif durch die beiden GATT-Runden auf das deutsche Vor-EG-Niveau gesenkt, von 12,3 auf 6,6% (vgl. Resnick, Truman 1975, Tabelle 2.4).

Auch auf die Erweiterungen der EG nach Norden und Süden folgten unmittelbar neue multilaterale Liberalisierungsverhandlungen: auf die Norderweiterung im Jahre 1973 die Tokyo-Runde, auf die Süderweiterung im Jahre 1986 die Uruguay-Runde. Der (mit MFN-Importen gewichtete) EG-Außenzoll (für Industriegüter) sank durch die Tokyo-Runde auf 4,7%, durch die Uruguay-Runde wird er unter 3% fallen.[25] Erneut ging die Initiative eher von den außereuropäischen Handelspartnern aus, die sich gegenüber den Beitrittsländern und den Altmitgliedern den Zugang zum erweiterten EG-Markt sichern wollten. Für diejenigen Handelspartner - im wesentlichen die USA, Kanada, Japan, Australien und Neuseeland -, die nicht in den Genuß von EG-Zollpräferenzen gelangen, kam ein weiteres, nicht minder wichtiges Motiv hinzu: durch eine multilaterale Senkung der Meistbegünstigungszölle sollte der Handelsumlenkungseffekt der EG-Präferenzpolitik zugunsten der EFTA-, Mittelmeer- und AKP-Länder eingedämmt werden. Diese Politik war in den 70er Jahren durch Freihandels-, Assoziierungs- und Kooperationsabkommen massiv ausgebaut worden.

Parallel zum allgemeinen und präferentiellen Zollabbau errichtete die Gemeinschaft jedoch seit Mitte der 70er Jahre mit steigender Tendenz und oftmals an den Regeln des GATT vorbei, neue - zumeist nichttarifäre - Handelsschranken. Nur selten nahm sie die Schutzklausel des GATT (Artikel 19) in Anspruch, die keine Diskriminierung zwischen den Handelspartnern erlaubte und den betroffenen Ländern Kompensations- oder

---

24 Ähnlich argumentiert auch *Henderson* (1992, S. 648).
25 Gewichtet mit den auf Meistbegünstigungsbasis durchgeführten Importen.

Vergeltungsanspruch einräumte. Bevorzugt wurden stattdessen bilaterale ("freiwillige") Selbstbeschränkungsabkommen, Marktaufteilungsvereinbarungen und informelle Regelungen (einschließlich Absprachen, die unterhalb der staatlichen Ebene zwischen Industrieverbänden getroffen wurden). Auf diese Weise ließ sich gezielt der von dynamischen Exporteuren ausgeübte Wettbewerbsdruck mindern, ohne das Verhältnis zu den übrigen Handelspartnern in Mitleidenschaft zu ziehen. Ähnlich handelten auch einzelne EG-Mitgliedstaaten und verstießen damit zugleich (mit Rückendeckung durch die Europäische Kommission, die ihnen den Schutz von Artikel 115 EWG-Vertrag gewährte) gegen das Gebot der gemeinsamen Handelspolitik (Artikel 113 EWGV).

In den 80er Jahren nahm die Gemeinschaft verstärkt zu *Antidumpingmaßnahmen* Zuflucht. So leitete die EG-Kommission von 1981 bis 1990 etwa 400 Antidumpingverfahren ein, die in mehr als 250 Fällen entweder - und immer häufiger - zur Verhängung von Strafzöllen führten oder auf die Annahme von Preisverpflichtungen hinausliefen, die den Exporteuren die Quotenrenten beließen. Diese Maßnahmen standen weitgehend in Einklang mit den geltenden GATT-Bestimmungen, doch wurde vielfach weniger der Wettbewerb vor "räuberischen" Praktiken als die heimische Industrie vor überlegener Konkurrenz geschützt. In direkten Widerspruch zu den GATT-Regeln geriet die Gemeinschaft mit ihren Maßnahmen gegen ausländische Montagebetriebe in der EG ("Schraubenzieherfabriken"), denen sie die Umgehung von Antidumpingzöllen vorhielt: ein auf japanische Initiative eingesetztes GATT-Panel erklärte die Schraubenzieherregelung der EG für GATT-widrig; sie verletzte den Grundsatz der Inlandsbehandlung (Artikel 3 GATT) und sei auch mit den allgemeinen Ausnahmebestimmungen von Artikel 20 GATT nicht zu rechtfertigen.

Zu den offenen Handelsbeschränkungen kamen versteckte Restriktionen wie verschärfte Ursprungsbestimmungen und Local-content-Vorschriften hinzu, die vom GATT nur unzureichend oder gar nicht geregelt waren. Ähnliches gilt für eine Wettbewerbspolitik, die industriepolitischen und -strategischen Zielen untergeordnet wird. Erhebliche Verzerrungen des internationalen Wettbewerbs verursachte auch die Subventionierung der europäischen Industrie, von der schrumpfende Traditionsbranchen und wachstumsträchtige Zukunftsindustrien gleichermaßen begünstigt wurden. Der Subventionskodex des GATT vermochte dem wenig entgegenzusetzen. Ausgleichszölle etwa mußten sich als stumpfe Waffe erweisen; angesichts der Größe des europäischen Binnenmarktes und der Vielzahl möglicher Exportmärkte ohne konkurrierende Inlandsproduktion hätten sie nur einen sehr geringen Teil des subventionierten Angebots getroffen. Überdies bewies das Beispiel der Ölsaaten, daß die Gemeinschaft auch bei (von multilateralen Schiedsgerichten erkannten) Verstößen gegen die einschlägigen GATT-Bestimmungen an ihrer Subventionspraxis festhielt.

Das Nebeneinander von allgemeinem Zollabbau, regionaler Präferenzierung, Diskriminierung dynamischer Exporteure und gezielter Subventionierung der heimischen Industrie blieb auch nach der Schaffung des europäischen Binnenmarktes kennzeichnend für die Handels- (und Industrie-)politik der EG. Die Integration könnte den Protektionismus gegenüber Drittländern sogar noch verstärkt haben. So schätzt etwa Bhagwati (1992, S. 455f.), daß ein beträchtlicher Teil der Antidumping-Aktionen der EG gegen den Fernen Osten eine Antwort auf die Intensivierung des internen Wettbewerbs darstellt, die dem Gemeinsamen Markt folgte. Anfängliche Handelsschaffung sei auf diese Weise zur Handelsumlenkung degeneriert. Hindley und Messerlin (1993, S. 369ff.) haben diesen Zusammenhang am Beispiel der EG-Süderweiterung untersucht, indem sie Antidumpingfälle vor dem iberischen EG-Beitritt, mit spanischen und portugiesischen (und sonstigen ausländischen) Unternehmen als (von der EG-Industrie) Beklagten, solchen Fällen gegenübergestellt haben, in denen - nach dem Beitritt - iberische Firmen als Kläger auftraten. Aus den Angaben zu den Vor-Beitrittsfällen - z.B. Unterschieden in den Dumpingmargen der Exporteure (einschl. nichtiberischer Firmen) - schlossen die Autoren auf die relative Effizienz der Beklagten, und sie fanden heraus, daß nach dem Beitritt die weniger effizienten Firmen dahin tendierten, bei den gleichen Produkten auf die Seite der Kläger überwechselten. Hindley und Messerlin werten dies als vorläufige Bestätigung der Handelsumlenkungshypothese.

Insgesamt scheint der EG-Protektionismus aber mit der Vertiefung und Erweiterung der Integration nicht signifikant zugenommen zu haben.[26] Ein deutlicher Anstieg war eher umgekehrt dann zu beobachten, wenn der Integrationsprozeß stockte, so in der zweiten Hälfte der 70er Jahre und den frühen 80er Jahren. Einige jüngere Beispiele wie das Automobilabkommen mit Japan und die Importregelung für Dollarbananen könnten jedoch als Beleg für handelspolitische Machtausübung einer durch den Binnenmarkt gestärkten Europäischen Gemeinschaft angesehen werden.[27]

---

26 Vgl. hierzu auch die GATT-Berichte über die EG-Handelspolitik im Rahmen des Trade Policy Review Mechanism (*GATT* 1991 und *GATT* 1993).

27 Ein Indikator für die gestiegene Verhandlungsmacht der EG ist die wachsende Abhängigkeit vieler Handelspartner von der Gemeinschaft, abzulesen an der Bedeutung der EG als Exportmarkt für Produkte dieser Länder im Verhältnis zu deren Bedeutung als Exportmarkt für die EG. In keinem Falle ist die zweite Relation auch nur annähernd so groß wie die erste, und für die Mehrzahl der Handelspartner hat sich die Schere zwischen den beiden Größen sei 1980 erheblich weiter geöffnet (vgl. *Langhammer* 1993, S. 18).

In der Uruguay-Runde verhielt sich die EG anfangs eher halbherzig-abwartend; die interne regionale Liberalisierung genoß Vorrang vor der externen globalen. Gestärkt durch die zügige Verwirklichung des Binnenmarktes steigerte die Gemeinschaft später aber ihr multilaterales Engagement beträchtlich. In einigen Bereichen hat der Binnenmarkt die multilateralen Verhandlungen deutlich gefördert.

So ebneten etwa die EG-Richtlinien zur Liberalisierung des *öffentlichen Auftragswesens* in bisher verschlossenen Bereichen (Energie- und Wasserversorgung, Verkehrsbetriebe, Telekommunikationsausrüstungen und Dienstleistungen) den Weg zur Einbeziehung dieser Sektoren in die WTO. Ähnlich war es bereits in der Tokyo-Runde gewesen: der dort beschlossene Kodex über das öffentliche Auftragswesen folgte den in den 70er Jahren verabschiedeten EG-Richtlinien über Bau- und Lieferaufträge. In der Praxis fehlte aber den EG-Richtlinien ebenso wie dem GATT-Kodex die Durchschlagkraft. Die tatsächliche Einhaltung der Bestimmungen war u.a. deshalb nicht gesichert, weil kein wirksames Widerspruchsverfahren für nichtberücksichtigte Bewerber vorgesehen war. In den neuen, seit 1989 insgesamt sieben, Beschaffungsrichtlinien der Gemeinschaft wurde dies geändert, und die Zwölf waren dementsprechend auch in der Lage, die Einfügung einschlägiger Klauseln in das (plurilaterale, nur für die Unterzeichnerstaaten verbindliche) WTO-Abkommen über öffentliche Aufträge nachdrücklich zu unterstützen. Die Initiative hierzu war indessen von den Nordamerikanern ausgegangen; die EG übernahm deren judikativ-legalistischen Ansatz mit privatem Klagerecht, der auch im U.S.-kanadischen Freihandelsabkommen und im NAFTA seinen Niederschlag fand (vgl. Woolcock 1993, S. 549f.). Gleichzeitig behielt sich die Gemeinschaft vor, ausländischen Unternehmen die Gleichstellung mit europäischen Anbietern dort zu verweigern, wo die EG-Regelungen über das WTO-Abkommen bzw. die nationalen Bestimmungen der Handelspartner hinausgehen; für die Aufhebung dieser Einschränkungen verlangte sie äquivalente Gegenleistungen. Entsprechende Reziprozitätsklauseln sind in dreien der sieben Beschaffungsrichtlinien enthalten; sie sollen dazu dienen, die ausländischen Märkte weiter zu öffnen.

Eine Vorreiterrolle übernahmen die Europäer auch auf dem Gebiet der *technischen Handelshindernisse*. Diese verzerren den internationalen Wettbewerb hauptsächlich in der Form divergierender Produkt- und Verfahrensnormen, Testprozeduren und Konformitätskontrollen zwischen den Handelspartnern. Mit ihrem "neuen Ansatz" zum Abbau technischer Barrieren in der EG (und im Europäischen Wirtschaftsraum) - gegenseitige Anerkennung nationaler Regelungen bei Erfüllung mehrheitlich zu bestimmender Mindestanforderungen - ging die Gemeinschaft entscheidend über den bestehenden Normenkodex des GATT hinaus. Denn dieser verlangte lediglich die Gleichstellung ("national treatment") nationaler und ausländischer Anbieter (bei den Normen selbst und der Konformitätsprüfung) und konnte deshalb nicht verhindern, daß nationale Standards weiterhin auf nationale Hersteller zugeschnitten und Exporteure unverändert mit einer Vielzahl unterschiedlicher Vorschriften und Verfahren konfrontiert wurden. Die GATT-Regelung war daher wenig effektiv. In der Uruguay-Runde wurden einige Verbesserungen erzielt, wenngleich das (multilaterale, für alle WTO-Mitglieder verbindliche) Abkommen über technische Handelshindernisse weit hinter dem europäischen Modell zurückbleibt. Die WTO-Mitglieder sollen in Zukunft nationale Regelungen auf der Basis internationaler Standards entwickeln. Die Einrichtung zentraler Informationsstellen in den einzelnen Ländern, erweiterte Notifizierungspflichten und eine Art Wohlverhaltenskodex ("code of good practice") für Normierungsgesellschaften bei der Entwicklung freiwilliger (im Unterschied zu gesetzlichen) Standards sollen für mehr Transparenz sorgen und internationale Normenharmonisierung fördern. Dabei haben CEN (Comité Européen de Normalisation) und CENELEC (Comité Européen de Normalisation Electrotechnique), die führenden europäischen Organisationen in diesem Bereich, insoweit bereits Maßstäbe gesetzt, als sie ihre internationalen Schwestergesellschaften, ISO (International Standards Organization) und IEC (International Electrical Commission), vorab über eigene Vorhaben informieren und diese zurückstellen, wenn internationale Normen verfügbar oder in der Entwicklung sind. Infolgedessen entsprechen europäische Standards weit häufiger internationalen Normen als die Standards in anderen Weltregionen.[28]

Ähnlich wie beim Abbau technischer Handelshemmnisse hat die Gemeinschaft auch in der *Dienstleistungsliberalisierung* neue Maßstäbe gesetzt. Bestehende Niederlassungsbeschränkungen im Dienstleistungssektor wurden für Unternehmen aus den Partnerländern aufgehoben und das Prinzip der Inländerbehandlung ("national treatment") durch den Grundsatz der Heimatkontrolle ("home-country control") ersetzt. Demnach bleibt ein Anbieter aus Land A, der in Land B eine unselbständige Zweigstelle errichtet, allein den (bestimmten gemeinsamen Mindestanforderungen unterliegenden) Überwachungsregeln und Auflagen seines Heimatlandes unterworfen; er muß nicht zusätzlich hiervon abweichende Vorschriften des Gastlandes erfüllen. Ein ähnlich integrativer Ansatz war in den multilateralen Verhandlungen nicht zu verwirklichen. Die Grenzen der Übertragbarkeit waren bereits am Beispiel der EG-Bankenrichtlinie deutlich geworden. Mit dem Anspruch auf Heimatlandbehandlung für europäische Banken im Ausland (als Gegenleistung

---

28 Bei elektrotechnischen Standards etwa beträgt die Überlappung bereits annähernd 90%, bei anderen internationalen Standards 40 bis 50% (vgl. *Financial Times* vom 4.2.1994).

für Inländerbehandlung für ausländische Banken in der EG) war die Gemeinschaft auf entschiedenen Widerstand gestoßen. Sie mußte ihre Reziprozitätsforderung schließlich auf die Gewährleistung der Inländerbehandlung (oder eines "effektiven Marktzuganges") im Ausland beschränken. Ähnlich ist auch das Dienstleistungsabkommen der Uruguay-Runde strukturiert. Es gelten die Inländerbehandlung und Meistbegünstigung.[29] Der Marktzugang wird durch wechselseitige Zugeständnisse in einzelnen Dienstleistungs-branchen geregelt. Dabei wurden zunächst jedoch nur eher bescheidene Ergebnisse er-zielt. Bei den audio-visuellen Dienstleistungen beharrte die EG auf der "kulturellen Aus-nahme". In anderen Bereichen, etwa bei den Finanzdienstleistungen, hat sie wesentlich zur multilateralen Öffnung der Märkte beigetragen. In der Telekommunikation folgt der multilaterale Liberalisierungsansatz weitgehend dem innergemeinschaftlichen (und dem in den nordamerikanischen Freihandelsabkommen praktizierten) Vorgehen. Ingesamt wird der EG eine konstruktive, stimulierende Rolle in den Dienstleistungsverhandlungen der Uruguay-Runde bescheinigt (vgl. Woolcock 1993, S. 554).

Strategisch sah die Gemeinschaft nach eigenem Bekunden eine wichtige Funktion der Uruguay-Runde darin, außereuropäische Integrationsmodelle so weit zu "multilateralisieren", daß der Marktzugang gesichert wird. In einer Stellungnahme der EG-Kommission zum Nordamerikanischen Freihandelsabkommen etwa heißt es, daß "das NAFTA angesichts der Tatsache, daß viele der nicht-tariflichen Vorteile des NAFTA bei Abschluß der Uruguay-Verhandlungen generell gelten werden, einen zusätz-lichen Anreiz für die Gemeinschaft liefert, sich weiterhin um einen erfolgreichen Ab-schluß dieser Verhandlungen zu bemühen" (EG-Kommission 1993, S. 5).

Auf verschiedenen Feldern der multilateralen Verhandlungen hat die EG jedoch eher Stolper- als Bausteine beigesteuert. Drei Jahre lang - von der gescheiterten Brüsseler Abschlußkonferenz Ende 1990 bis zur schließlichen Einigung im Dezember 1993 - erschien die Uruguay-Runde weitgehend zur Geisel der *Agrarpolitik* degradiert. Erst die im Mai 1992 beschlossene EG-Agrarreform brachte die multilateralen Verhandlungen wieder in Gang, und ein bilateraler Kraftakt (das Blair-House-Abkommen vom November 1992) war notwendig, um sie vor dem endgültigen Scheitern zu bewahren. Genf erschien dabei zeitweilig gegenüber Brüssel und Washington eher wie ein Nebenschauplatz. Gleichwohl hat die Gemeinschaft agrarpolitisch nicht mehr erreicht, als

---

29 Die Meistbegünstigung kann jedoch für einzelne Dienstleistungsaktivitäten für bis zu 10 Jahre ausgesetzt werden. Auch von der Inländerbehandlung sind Ausnahmen möglich, sofern die Wettbewerbsbedingungen nicht zugunsten heimischer Anbieter verändert werden.

sie bereits im Dezember 1990 mit einer Zustimmung zum Hellström-Plan hätte erzielen können (vgl. Schomerus 1994, S. 98).

Bei Industrieprodukten hat die EG in der Uruguay-Runde in einem Punkte erreicht, was ihr in der Tokio-Runde versagt blieb: die *Schutzklausel* (Artikel 19 GATT) wird selektiv anwendbar. Freiwillige Selbstbeschränkungsabkommen ("voluntary export restraints"), bilaterale Marktabsprachen ("orderly marketing arrangements") und ähnliche Grauzonenmaßnahmen, in welche die Gemeinschaft bisher weit stärker als andere Importeure involviert war,[30] sind zwar in Zukunft nicht mehr zulässig.[31] Bei "disproportionalem" Importanstieg aus einzelnen Ländern und (drohender oder bereits eingetretener) "ernsthafter Schädigung" heimischer Anbieter wird es jedoch ermöglicht, gezielt Schutzmaßnahmen gegenüber diesen Handelspartnern für die Dauer von höchstens 4 Jahren zu ergreifen. In der Substanz wird damit der höchst fragwürdige Status quo weitgehend legalisiert, wenn auch erschwert und mit mehr Transparenz versehen.

Auch in der *Subventionsfrage* befand sich die EG eher in der Defensive. Ihr doppeltes Interesse hier war, den vorhandenen Spielraum für Subventionen zu bewahren und zugleich das Risiko ausländischer Gegenmaßnahmen zu begrenzen. Dies gelang jedoch nur unvollkommen. Gegenüber dem vagen Subventionskodex der Tokio-Runde bringt das Subventionsabkommen der Uruguay-Runde einige deutliche Verbesserungen und Klärungen:

- Erstmals werden Subventionen definiert. Nur "spezifische" Subventionen, die bestimmte Unternehmen, Unternehmensgruppen oder Branchen begünstigen, werden durch das Abkommen geregelt. Dabei wird zwischen verbotenen, anfechtbaren und nicht anfechtbaren Subventionen unterschieden.

- Verboten sind Subventionen, deren Gewährung an ein bestimmtes Exportverhalten oder die Verwendung inländischer Vorprodukte geknüpft wird. Damit soll zugleich handelsbezogenen Investitionsmaßnahmen (TRIMs) die Grundlage entzogen werden.

- Anfechtbar sind Subventionen, die zu einer ernsthaften Beeinträchtigung ("serious prejudice") der Interessen anderer Vertragspartner führen. Dies wird vermutet, wenn

---

30 Auf die Europäische Gemeinschaft entfallen mehr als zwei Fünftel (43%) aller 75 vom GATT-Sekretariat registrierten "grauen" Handelsgeschränkungen. Ein weiteres Fünftel entfällt auf die Vereinigten Staaten. Die restlichen zwei Fünftel teilen sich zwölf Länder, angeführt von Österreich (9%) und Japan (8%). Vgl. *GATT* 1993, S. 48.

31 Bestehende Regelungen müssen binnen vier Jahren nach Inkrafttreten des Schutzklauselabkommens aufgehoben oder in Übereinstimmung mit den neuen GATT-Regeln gebracht werden. Ausdrücklich ausgenommen wird das (bis Ende 1999 befristete) Automobilabkommen zwischen der EG und Japan.

eine Subvention 5% des Produktwertes übersteigt. In einem solchen Fall liegt die (Gegen-)Beweislast beim subventionierenden Land.

- Nicht anfechtbar sind die Unterstützung industrieller Forschungs- und (vorwettbewerblicher) Entwicklungsaktivitäten, Hilfen für benachteiligte Regionen und bestimmte Umweltschutzsubventionen.

- Ausgleichszölle dürfen nicht erhoben werden, wenn die Subvention weniger als ein Prozent des Produktwertes beträgt oder das Ausmaß der subventionierten Importe oder des Schadens für die heimische Industrie geringfügig ist. Nach spätestens 5 Jahren müssen sie im Prinzip wiederaufgehoben werden.

Eine Sonderstellung wird dem zivilen Flugzeugbau eingeräumt. Hier gilt die erwähnte 5%-Schwelle nicht. Die Interessen der europäischen Luftfahrtindustrie konnten sich durchsetzen.

Beim *Antidumping* schließlich stemmten sich die Zwölf im Verein mit den USA erfolgreich gegen eine weiterreichende, den protektionistischen Mißbrauch des Instrumentariums stärker einschränkende Reform der entsprechenden GATT-Bestimmungen, auf die namentlich Kanada, Japan und die ostasiatischen Schwellenländer gedrungen hatten. Das neue Antidumpingabkommen schränkt den protektionistischen Handlungsspielraum der Regierungen zwar stärker ein als die bestehende Regelung. Die Bestimmung der Dumpingmarge, und speziell des "Normalwertes" bei fehlendem Inlandspreis, wird detaillierter umschrieben, desgleichen der Schadensnachweis für die heimische Industrie und das Prozedere bei der Einleitung und Durchführung von Antidumpinguntersuchungen (einschließlich der Anhörung aller interessierten Parteien). Antidumpingmaßnahmen müssen im Prinzip binnen 5 Jahren wiederaufgehoben werden ("sunset clause"), und bei Geringfügigkeit der Dumpingmarge (weniger als 2 Prozent des Exportpreises) und des betreffenden Importvolumens (weniger als 3 Prozent des Gesamtimports des betreffenden Produktes) muß die Untersuchung sofort eingestellt werden. Trotz dieser Verbesserungen wird jedoch weiter am falschen Symptom kuriert, dem Produzentenschaden. Dieser zeigt jedoch nur bei erfolgreichen "räuberischen" Dumpingstrategien (Verdrängung der Konkurrenz und dauerhafte Monopolisierung des Marktes) zugleich auch gesamtwirtschaftlichen Schaden an. Die Erfolgsbedingungen für "predatory dumping", insbesondere die Existenz hoher Marktzugangsschranken im In- und Ausland, müssen aber auch zukünftig in Antidumpingfällen nicht geprüft werden; es genügt die Dumping- und Schadensfeststellung. Das neue Abkommen läßt daher protektionistische Antidumpingmaßnahmen weiterhin zu. Nicht durchsetzen konnte sich die Gemeinschaft mit ihren Vorstellungen zur Bekämpfung der *Umgehung* von Antidumpingmaßnahmen; dieses Problem wurde ausgeklammert. Damit steht es den

WTO-Mitgliedern frei, nach eigenem Gutdünken entsprechende Gegenmaßnahmen zu konzipieren. Diese könnten indes ähnlich wie die Schraubenzieherregelung der EG von den Handelspartnern angefochten werden.

Wie sich die EG und andere regionale Gruppierungen *in Zukunft* gegenüber dem GATT verhalten könnten, wird in der Literatur unterschiedlich eingeschätzt:

- Die aktuellen regionalen Integrationsinitiativen in Europa, Amerika und Ostasien sind, so Lawrence (1991), offen konzipiert, auf eine Stärkung der Marktkräfte ausgerichtet und bleiben auf den außerregionalen Handel angewiesen; sie bilden daher, weitgehend unabhängig vom Erfolg der GATT-Runde, eher "Bausteine" als "Stolpersteine" für eine weltweite Integration, zumal Regionen politisch eher als einzelne Länder zur Liberalisierung bereit seien.

- Schott (1991) betont die Wichtigkeit der Uruguay-Runde: Ein erfolgreicher Abschluß würde die Offenheit der regionalen Handelsblöcke untermauern, ein bescheidener Abschluß könnte "gleichgesinnte" Länder mit ehrgeizigeren Liberalisierungszielen zur -offenen - Klubbildung veranlassen, ein Scheitern der Runde hingegen hätte Blockbildungen zur Folge, bei denen die Europäer (gegenüber den Pazifikanrainern), vor allem aber die Entwicklungsländer, das Nachsehen hätten.

- Ganz anders sieht Thurow (1992, S. 76) die zukünftige Rolle Europas: die nach Osten ausgreifende Re-Integration des alten Kontinents bedeutet für das GATT den "offiziellen Totenschein"; denn die Europäer werden den Zugang zum größten Markt der Welt kontrollieren und deshalb in Zukunft die Spielregeln für den Welthandel diktieren. Dieser wird zum "managed trade" (gemäß dem Vorbild des U.S.-japanischen Halbleiterabkommens) zwischen "Quasi-Handelsblöcken", die im Unterschied zu den feindlichen Handelsblöcken der 30er Jahre aber friedlich miteinander kooperieren.

- Krugman beurteilt die Chancen des Regionalismus entschieden günstiger als die des Multilateralismus: die gegenwärtig zu beobachtenden Integrationsbestrebungen zwischen "natürlichen" Handelspartnern (die ohnehin einen Großteil ihres Handels miteinander abwickeln würden) eröffnen die Möglichkeit, den Verhandlungsprozeß auf einer Ebene neu zu konstituieren, auf der die wesentlichen Probleme des GATT-Prozesses (hohe Teilnehmerzahl, schwierige Überwachung der eingegangenen Verpflichtungen, Verlust der früher von den USA bereitgestellen "hegemonialen

Stabilität", institutionelle Differenzen/Systemunterschiede zwischen bedeutenden Teinehmern) sich deutlich vermindern ließen (vgl. Krugman 1992, S. 26ff.)[32]. Regionale Freihandelsabkommen bewirken daher eher Gutes als Schlechtes (vgl. Krugman 1991b, S. 56). Allerdings könnten kleine Länder dabei ins Abseits geraten (vgl. Krugman 1992, S. 11).

- Skeptisch betrachten auch Stoeckel u.a. (1990) die Aussichten einer weltweiten Integration: die Länder haben bisher wenig Bereitschaft gezeigt, ihre makroökonomische Politik und die mikroökonomischen Regelungen eng aufeinander abzustimmen, da der Verlust an politischer Souveränität höher bewertet wird als der Gewinn aus mehr globaler Arbeitsteilung. Die Autoren erwarten daher eine Konsolidierung der trilateralen Weltwirtschaft mit den regionalen Zentren Nordamerika, Westeuropa und Asien-Pazifik. Damit diese Entwicklung nicht in Handelskriege zwischen regionalen Blöcken einmünde, sei vor allem Aufklärung über Entstehung, Ausmaß und Folgen des Protektionismus sowie eine kollektive Führungsrolle der drei Regionen im GATT erforderlich.[33]

- Park (1992, S. 39) hält eine Eskalation von Handelskonflikten für unausweichlich. Das heraufziehende tripolare Management der Weltwirtschaft durch die Großen Drei - USA, EG, Japan - mit ihren "Satelliten" sei kein wünschenswerter Ersatz für die "alte", von den USA als Hegemon garantierte Ordnung, denn: "Die unvermeidliche Folge solcher Handelsblöcke werden die Eskalation von Handelskonflikten und am Ende Handelskriege zwischen diesen Blöcken sein, mit dem Ergebnis, daß der Lebensstandard für alle sinkt".[34]

---

32 Eine abweichende Auffassung vertreten *Hoekman/Leidy* (1992, S. 325): "Die gleichen politikökonomischen Kräfte, die eine weitreichende multilaterale Liberalisierung blockieren, bleiben auch dann widerstandsfähig und üben entscheidenden Einfluß aus, wenn es um die Gestaltung regionaler Handelsvereinbarungen geht". Vgl. auch die von *Bhagwati* (1992a, S. 31ff.) geäußerten Zweifel an den populären Thesen, daß Regionalismus schneller, effizienter und sicherer sei als Multilateralismus.

33 *Preeg* (1992; 1993) vertritt die Auffassung, daß innerhalb des Führungstrios die USA der Primus inter pares sein sollten, da die Europäer zu sehr auf Euopa fixiert seien und die Ostasiaten zu reaktiv agierten.

34 Ähnliche Befürchtungen äußert auch *Senti* (1993, S. 2f.), der in der "gegenwärtigen Blockbildung" und dem "im Entstehen begriffenen Handels-Oligopol" (S. 3) eine "Existenzfrage" (S. 2) für das GATT sieht: "Die regionalen Wirtschaftsblöcke untergraben durch ihr Geltungsgehabe (d.h. das zunehmende gegenseitige Ergreifen von Retorsionsmaßnahmen) und die exklusive Vergemeinschaftung und Regulierung des Binnenmarktes (unter Ausschluß der Drittländer) die ... geltende Weltmarktordnung" (*Senti* 1993, S. 19f.).

- Für Bhagwati (1992, S. 454; 1992a, S. 12ff.) ist der gegenwärtige Regionalismus dauerhafter und für das GATT gefährlicher als der vergangene: dauerhafter vor allem deshalb, weil jetzt auch die USA Regionalismus betreiben und, beginnend mit dem Freihandelsabkommen mit Israel von 1985, von Artikel 24 des GATT Gebrauch machen; und gefährlicher im Hinblick auf die multilaterale Handelsordnung in erster Linie deswegen, weil die USA den Regionalismus vielfach "strategisch" definieren, nämlich als Alternative zu einem GATT, das sich nicht gemäß amerikanischen Vorstellungen reformieren lasse; dies aber fördere weltweit die negative Vorstellung, daß Regionalismus einen Gegensatz zum GATT bilde und das GATT schließlich ersetze bzw. unterminiere. Diese Gefahr könnte durch endogene Kräfte des Regionalismus erheblich verstärkt werden. Hierzu gehören Regierungen und Interessengruppen, die sich einer Öffnung regionaler Integrationsräume mit Argumenten wie "Unser Markt ist groß genug" bzw. "Dies sind unsere Märkte" widersetzen.[35] Die Folge wäre eine Fragmentierung der Weltwirtschaft mit erheblichen Wohlfahrtseinbußen.[36] Wenn daher der regionale Weg beschritten werde, um einige (prozessuale) Vorteile des Regionalismus gegenüber dem Multilateralismus zu nutzen, so sei gleichzeitig eine Stärkung des GATT notwendig, um Blockbildungen zu verhindern.

Mit dem erfolgreichen Abschluß der Uruguay-Runde erscheinen die Gefahren des Regionalismus vorerst gebannt. Zugleich wurde deutlich, daß Regionalismus und Multilateralismus einander bedingen. Wäre etwa NAFTA im U.S.-Kongreß durchgefallen, so wäre vermutlich auch die Uruguay-Runde gescheitert und das Gespenst einer "GATT-losen" Welt aufgetaucht. So aber erscheint das multilaterale Handelssystem vitaler und attraktiver denn je:

- Märkte werden geöffnet, regional und national, bei Waren und Dienstleistungen, durch Abbau von Zöllen, Quoten und Regulierungen;

- die Eigentumsrechte im internationalen Handel werden besser geschützt;

- die Entscheidungsregeln und das Streitschlichtungsverfahren werden deutlich verbessert;

---

35 Die Gegenkräfte bilden Regierungen und Interessengruppen von Drittländern, die auf Marktzugang bzw. Beitritt drängen (vgl. *Bhagwati* 1992a, S. 30).

36 Vgl. hierzu auch die von *Bhagwati* (1992a, S. 30) zitierte Arbeit von Edward Mansfield, der in einer ökonometrischen Studie für den Zeitraum von 1850-1965 zeigt, daß die internationale Arbeitsteilung, gemessen an der Relation Export zu Sozialprodukt, dann besonders gering war, wenn einige wenige "Mittelmächte" das Geschehen in der Welt bestimmten.

- die protektionistischen Handlungsmöglichkeiten der nationalen Regierungen und supranationalen Entscheidungsträger werden eingeschränkt.

Der Protektionismus wird jedoch nicht völlig ausgeschaltet. Zahlreiche Schlupflöcher und Einfallstore bleiben bestehen, und es mangelt weder an protektionistischem Druck noch an der Bereitschaft der Regierungen, ihm zu entsprechen. Die französische Inititative, das handelspolitische Instrumentarium der EG durch Vorkehrungen gegen niedrige ausländische Sozialstandards zu vervollständigen, ist nur ein Beispiel. Auch ein Rückblick auf die Zeit nach früheren GATT-Runden gibt wenig Anlaß zu Optimismus: nach der Kennedy- und Tokyo-Runde verfiel das GATT jeweils in eine längere Phase der Inaktivität und öffnete so die Tür für eine Rückkehr des Protektionismus (vgl. Bergsten, zitiert in "Europe" vom 8.1.1994).

Nach der Uruguay-Runde könnten gerade regionale Initiativen jedoch verhindern helfen, daß die Geschichte sich wiederholt. Der "neue" Regionalismus der 80er Jahre hat bisher insgesamt nicht zur Abkehr regionaler Gruppierungen von der internationalen Arbeitsteilung geführt. In Lateinamerika geht die regionale Integration Hand in Hand mit unilateraler außenwirtschaftlicher Liberalisierung "erga omnes" und binnenwirtschaftlicher Deregulierung. Die universale Marktöffnung wird als entscheidende Voraussetzung für den Integrationserfolg angesehen (vgl. Nogués, Quintanilla 1992). Der Kontrast zum "alten" importsubstituierenden und dirigistischen Regionalismus der 60er Jahre könnte kaum stärker sein. Desgleichen wird in Ostasien die Schaffung der Freihandelszone zwischen den ASEAN-Staaten von einer weiteren Senkung der Handelsschranken gegenüber Drittländern begleitet. In Europa und Nordamerika schließlich hat die Integration bisher nicht signifikant zu erhöhten Handels- und Investitionsbarrieren zwischen den Regionen oder individuell gegenüber einzelnen Drittländern geführt (vgl. Blackhurst, Henderson 1993, S. 417).

Regionale Initativen könnten zugleich die Weiterentwicklung des multilateralen Systems und den multilateralen Liberalisierungsprozeß wesentlich fördern. Wie gezeigt sind etwa vom europäischen Binnenmarkt auf verschiedenen Feldern der multilateralen Verhandlungen wichtige Anstöße gekommen. In einigen dieser Bereiche könnte eine weitergehende multilaterale Öffnung der Märkte sich am europäischen Modell der gegenseitigen Anerkennung nationaler Normen, Standards und Regulierungen orientierten, sofern bestimmte Mindestanforderungen erfüllt sind. Auch eine internationale Abstimmung der Wettbewerbspolitik, um etwa einer Konterkarierung des Abbaus *staatlicher* Handelsschranken durch *private* Wettbewerbsbeschränkungen wirksam zu begegnen, könnte sich an regionale Vorbilder anlehnen. Dabei müßte nicht in jedem Falle die Liberalisierung, Deregulierung und Koordinierung alle WTO-Mitglieder gleichzeitig umfassen. Sie könnte sich zunächst auf einen kleineren, aber nicht mehr regional begrenzten Länderkreis beschränken. Dieser müßte jedoch uneingeschränkt für neue Mitglieder offen sein.[37]

Zusammenfassend spricht nach den vorangegangenen Analysen vieles für folgende Einschätzung des Regionalismus:

- Der (politische) Regionalismus ist nur *eine* Determinante regionaler Verdichtung. Natürliche Faktoren wie geographische Nähe und kulturelle Affinität tragen zu dieser Verdichtung ungleich stärker bei als formale Integrationsbestrebungen.

- In ihren Auswirkungen auf die Weltwirtschaft unterscheiden sich hoch integrierte Wirtschaftsgemeinschaften mit zentral bestimmter, einheitlicher Außenhandelspolitik von Freihandelszonen, in denen die einzelnen Teilnehmerländer ihre Politik gegenüber Drittländern allenfalls locker koordinieren und sich im Innenverhältnis an den GATT-Regeln orientieren.

- Die gegenwärtigen Regionalismusbestrebungen, insbesondere in Amerika und Asien, sind vor dem Hintergrund durchweg liberaler Wachstumsstrategien zu sehen.

- Aus diesem Grund sowie wegen der forbestehenden extraregionalen Abhängigkeiten erscheinen die neuen Integrationsinitiativen offen angelegt und mit dem multilateralen Handelssystem vereinbar.

- Schritte in Richtung auf tiefere Formen der Integration lassen sich regional in der Regel eher erreichen als in dem ungleich schwerfälligeren multilateralen Rahmen.

Regionale und multilaterale Liberalisierungsinitiativen bilden deshalb keinen prinzipiellen Gegensatz, sondern können einander sinnvoll ergänzen.

---

37 Multilaterale Hebelwirkungen könnten möglicherweise auch bilaterale, den engeren regionalen Rahmen sprengende Vereinbarungen erzielen. *Bhagwati* (1992a) nennt als Beispiel für einen solchen "programmatischen" Regionalismus ein auf der "Structural Impediments Initiative" aufbauendes mögliches Abkommen zwischen den USA und Japan, in betonter Abgrenzung zu *Krugman* (1991b), der regionale Vereinbarungen zwischen "natürlichen" Handelspartnern u.a. als ein Mittel ansieht, "systemfremde" Länder wie Japan auf Distanz zu halten.

ANHANG

Anhang I-1

Methodische Erläuterungen

1. REGIONALE ABGRENZUNG

Empirische Untersuchungen über Regionalisierungstendenzen im Welthandel unterscheiden sich nicht unerheblich in ihren Ergebnissen (vgl. Anhang I-2). Eine der Ursachen dafür liegt in abweichenden Abgrenzungen der Regionen, die sehr stark von der Datenverfügbarkeit bestimmt wird. Auch in der vorliegenden Untersuchung konnte aus diesem Grund eine einheitliche Definition der verschiedenen Weltregionen nicht durchgehalten werden. Die Analyse fußt weitgehend auf den Welthandelsmatrizen des UNCTAD Handbook of International Trade and Development Statistics. Den aus dieser Quelle abgeleiteten Tabellen und Schaubildern liegt folgende regionale Abgrenzung zugrunde:

Westeuropa	(WE) :	EG-12, EFTA-6, übriges Westeuropa
Nordamerika	(NA) :	USA, Kanada, Mexiko
Asien-Pazifik	(AP) :	Süd- und Südostasien einschl. Japan und VR China, Australien, Neuseeland
Triade	:	WE, NA und AP
Rest der Welt	(RdW) :	Welt abzüglich Triade

In Einzelfällen mußte aus Datenmangel Nordamerika *ohne Mexiko* dargestellt werden. Der Welthandelsanteil Nordamerikas wird in diesen Fällen jedoch nur um 0,8% (1990) unterschätzt. Die asiatisch-pazifische Region schließt auch Indien, Bangladesch, Laos, Sri Lanka, Afghanistan, Kambodscha, Macao, Malediven, Myanmar, Nepal und Pakistan ein und ist damit weit gefaßt. Andere Untersuchungen beschränken sich vielfach auf die vier führenden Schwellenländer, die ASEAN-Gruppe, Japan sowie Australien und Neuseeland. Der Welthandelsanteil der Region differiert dadurch jedoch lediglich um 0,9 %. Die inzwischen verbreitete Zuordnung der USA und Kanadas zur Asien-Pazifik-Gruppe wurde nicht mitvollzogen. Sie mag für die Abschätzung des Kooperationspotentials etwa im Rahmen der APEC sinnvoll sein, wäre aber angesichts des noch immer sehr informellen und wenig substantiellen Charakters der transpazifischen Zusammenarbeit spekulativ. Vor allem würde aber die handelspolitische Interessenlage der beiden Regionen verwischt.

Für die Untersuchung der regionalen Verdichtung mit Hilfe der Cluster-Analyse wurden bilaterale Handelsströme benötigt und daher auf IMF, Direction of Trade Statistics zurückgegriffen. Berücksichtigt wurden die 40 im Welthandel führenden Exportländer sowie die darin nicht enthaltenen Mitglieder von EG, EFTA und ASEAN.

2. STATISTISCHE QUELLEN

Amtliche Stastitiken einzelner Länder

EG / EUROSTAT : Außenhandel

GATT : International Trade

IMF : Direction of Trade (DOT)

IMF : International Financial Statistics (IFS)

Statistisches Bundesamt : Länderberichte

Taiwan, Republik : Trade of China

UN : Commodity Trade Statistics

UN : COMTRADE Data Bank

UNCTAD: Handbook of International Trade and Development Statistics

World Bank : World Tables

3. CLUSTER-ANALYSE AUF DER BASIS VON DELTA-KOEFFIZIENTEN

Bei den einfachen bzw. korrigierten (Amelung 1992, S. 138) Delta-Koeffizienten handelt es sich um positive, dimensionslose metrische Kennziffern auf Verhältnisskalenniveau, d.h. sie besitzen einen natürlichen Nullpunkt, weil ein Export- oder Importstrom definitionsgemäß nur größer oder gleich Null sein kann. Daher lassen sich die meisten statistischen Verfahren auf sie anwenden, sofern diese für die Fragestellung sinnvoll sind.

Die Untergrenze der Delta-Koeffizienten beträgt Null und wird angenommen, wenn kein Handel zwischen zwei Partnern stattfindet. Nach oben sind die Koeffizienten zwar theoretisch unbeschränkt, überschreiten in den beobachteten Fällen (46 Länder, Zeitraum 1970-1991, DOT-Daten) jedoch zweistellige Werte nicht. Delta-Koeffizienten in der Nähe von Eins deuten auf eine "normale" Handelsverflechtung, solche zwischen Null und Eins auf eine fehlende oder geringe Verflechtung und Koeffizienten wesentlich größer als Eins auf eine ausgeprägte Handelsverflechtung zwischen zwei Partnerländern hin. Der einfache und der korrigierte Delta-Koeffizient unterscheiden sich in dieser Hinsicht nicht.

Bezeichnet X_{ij} den Export von Land i nach j, X_i den Gesamtexport des Landes i, M_j den Gesamtimport des Landes j und M_w den Weltexport, so lautet der einfache Delta-Koeffizient:

(1) $I_{ij} = X_{ij} * M_w / (X_i * M_j) = X_{ij} / (X_i * M_j) / M_w.$

Beim korrigierten Koeffizienten wird vom Weltexport (gleich Weltimport) der Gesamt-import des Landes i abgezogen:

(2) $I_{ij}' = X_{ij} * (M_w - M_i) / (X_i * M_j) = X_{ij} / (X_i * M_j) / (M_w - M_i)$.

I_{ij} ist größer als I_{ij}', solange der Gesamtimport eines Landes i positiv ist, wovon in der Regel auszugehen ist. Auch strukturell unterscheiden sich die beiden Delta-Koeffizienten bei den zugrunde gelegten DOT-Daten kaum, was in ähnlichen Streuungen und Variationskoeffizienten zum Ausdruck kommt.

Die (nicht notwendig quadratische) Matrix der Delta-Koeffizienten für i Exportländer und j Importländer läßt sich verwenden, um Verflechtungsstrukturen sichtbar zu machen bzw. Gruppen von Ländern (d.h. "Regionen", die nicht notwendigerweise räumlich zusammenhängen müssen) abzugrenzen. Diese Abgrenzung soll mit Hilfe einer sogenannten "Clusteranalyse" durchgeführt werden, worunter eine Reihe von Verfahren der numerischen Klassifikation subsumiert werden. "Ziel der Clusteranalyse ist die Zusammenfassung von Objekten zu möglichst wenigen Gruppen, die Cluster genannt werden. Ein Cluster ist eine Menge von Objekten, die einander ähnlich sind und sich vom Rest der Objekte unterscheiden" (Nagl 1992, S. 278).

Für eine numerische Klassifikation miteinander Handel treibender Länder auf der Basis von Delta-Koeffizienten muß demnach definiert werden, welches die zu klassifizierenden Objekte sind und an welchen Kriterien bzw. Merkmalen die Ähnlichkeit gemessen werden soll. Im folgenden werden, wenn nicht ausdrücklich auf die zu klassifizierenden Objekte hingewiesen wird, die Exportländer (Zeilen der Matrix) als die zu gruppierenden Objekte definiert. Das bedeutet gleichzeitig, daß die Importländer (Spalten der Matrix) die Rolle von Klassifikationsmerkmalen (Variablen) spielen. Das entspricht einer Gruppierung der Exportländer hinsichtlich ihrer Bedeutung für die Partnerländer (Importeure). Mit der transponierten Matrix der Delta-Koeffizienten können sinngemäß auch Importländer gruppiert werden. Wäre die Matrix der Delta-Koeffizienten symmetrisch, so müßte die Gruppierung von Exportländern (Zeilen der Matrix) zum selben Ergebnis führen wie die von Importländern (Spalten der Matrix). Diese Bedingung ist - zumindest näherungsweise - erfüllt, wenn die Delta-Koeffizienten statt aus Exportströmen aus Handelsströmen (Export + Import) berechnet werden.

Formal geht es bei der folgenden Clusteranalyse darum, eine Anzahl von m Objekten (Exportländer) in einem n-dimensionalen euklidischen Merkmalsraum, der von den Spaltenvektoren aufgespannt wird, in k Gruppen einzuteilen. Dabei wird die Zahl der Gruppen bzw. Cluster nicht vorgegeben, sondern ändert sich von Iterationsschritt zu Iterationsschritt. Eine Gruppe zeichnet sich dadurch aus, daß ihre Mitglieder (Objekte) untereinander räumlich benachbart sind - gemessen an der euklidischen Distanz - und von den übrigen Objekten bzw. Clustern räumlich getrennt liegen. Bei der Verwendung von Delta-Koeffizienten resultiert aus den Nullen auf der Hauptdiagonalen das Problem, daß Handelspartner, die enge Handelsbeziehungen und damit hohe Delta-Koeffizienten aufweisen, wegen der Nullen auf der Hauptdiagonalen (der Intra-Handel eines Landes ist definitionsgemäß Null) räumlich getrennt werden. Um dieser Verzerrung der Objektpositionen im Merkmalsraum entgegenzuwirken, werden die Delta-Koeffizienten auf der Hauptdiagonalen hilfsweise durch das Maximum der zugehörigen Zeilen- und Spaltenmaxima ersetzt ($I_{ii} = \max (\max_i (I_{i.}), \max_j (I_{.j}))$). Die daraus resultierende geringe Lageverzerrung der Objekte im Merkmalsraum ist akzeptabel, weil es darauf ankommt, daß eng verflochtene Handelspartner mit hohen Delta-Koeffizienten ($I_{ij} \gg 1$) räumlich benachbart sein sollen. Dieses Vorgehen wäre auch dann indiziert, wenn man die Delta-Koeffizienten direkt als Ähnlichkeitsmaße in einer Cluster-Analyse verwenden würde, weil jedes Objekt sich selbst am ähnlichsten sein muß. Ähnlichkeitsmaße können dann durch geeignete Transformationen in Distanzmaße invertiert werden.

Der euklidische Abstand zwischen Objekten im Merkmalsraum ist nicht skaleninvariant. Wenn die Merkmale (Variablen) in verschiedenen Maßeinheiten ausgedrückt vorliegen, sollten sie vor der Berechnung euklidischer Distanzen in geeigneter Weise transformiert werden. Unter den verschiedenen Transformationen ist die sogenannte Z-Transformation (z_i = (x_i - Mittelwert) / Standardabweichung) die gebräuchlichste. Sie verschiebt den gemeinsamen Schwerpunkt der m Objekte in den Nullpunkt des n-dimensionalen Koordinatensystems, wodurch die räumliche Anordnung der Objekte jedoch nicht verändert wird, und normiert alle Merkmale (Spaltenvektoren) auf eine Standardabweichung von Eins. Diese Normierung auf die Einheitsstreuung bedeutet allerdings eine drastische Verformung der Objektwolke im euklidischen Raum.

Delta-Koeffizienten können zwar als normierte Meßziffern einheitlicher Dimension angesehen werden, sollten aber für die Cluster-Analyse trotzdem noch standardisiert bzw. z-transformiert werden. Ein Blick auf die Standardabweichungen und Variationskoeffizienten der aus den DOT-Daten berechneten Delta-Koeffizienten deutet auf eine erhebliche Inhomogenität bezüglich der Merkmalsausprägungen hin. Das Verhältnis von maximaler zu minimaler Standardabweichung der durchschnittlichen Delta-Koeffizienten für die Jahre 1969 bis 1971 beträgt z.B. 16 Einheiten und für die Jahre 1988 bis 1990 noch fast 9 Einheiten, wobei sich aber die maximale Standardabweichung im Zeitablauf von 10 auf 5 Einheiten halbiert hat. Da Clusterverfahren im allgemeinen empfindlich auf Ausreißer in den Daten reagieren bzw. diese "falsch" klassifizieren, werden die Delta-Koeffizienten im folgenden aus Handelsmatrizen berechnet, die aus drei Folgejahren aggregiert wurden. Durch diese Glättung sollen mögliche Auswirkungen von Sondereinflüssen in einzelnen Jahren auf das Ergebnis der Clusteranalyse gemildert werden.

Da Clusteranalysen zu den explorativen Methoden der deskriptiven Statistik zählen, gibt es für einen zu untersuchenden Datensatz auf mindestens Intervallskalenniveau weder ein bestimmtes "optimales" Clusterverfahren noch "harte" statistische Tests, mit denen wie etwa bei statistischen Hypothesentests die Zuverlässigkeit einer gefundenen Gruppierung beurteilt werden könnte. Allerdings gibt es eine Reihe von graphischen und analytischen Verfahren, mit denen die Plausibilität der Ergebnisse beurteilt werden kann (Mucha 1992).

Im folgenden verwenden wir das sogenannte Ward-Verfahren (Ward´scher Algorithmus), das sich in der Praxis gut bewährt hat (Bortz 1985, S. 697). Dieses Verfahren führt tendenziell zu ausgewogenen Clustern und vermeidet weitgehend eine i.d.R. unerwünschte Kettenbildung, das sog. "Chaining". Dieses Verfahren gehört zu den agglomerativen Verfahren der numerischen Klassifikation. Zu Beginn bildet jedes der m Objekte ein eigenes Cluster. Dann werden sukzessive diejenigen Elemente zu einem neuen Cluster fusioniert, mit deren Vereinigung die geringste Erhöhung der gesamten Fehlerquadratsumme einhergeht. Am Ende des Verfahrens bilden alle m Objekte das (triviale) Cluster der höchsten Hierarchiestufe. Diese sich nichtüberlappende Hierarchie von Clustern läßt sich graphisch übersichtlich in Form eines sogenannten Dendrogramms darstellen. Für diese Klasse von Verfahren ist charakteristisch, daß einmal fusionierte Objekte ihre Klassenzugehörigkeit nicht mehr wechseln können. Mit abnehmender Clusterzahl k wächst damit die Gefahr der Fehlklassifikation einzelner Objekte. Allerdings kann das Verfahren auf einer gewünschten Klassifikationsstufe angehalten werden, um z.B. mit der k-Means-Methode falsch zugeordnete Objekte umzuordnen (Mucha 1992, S. 97f. und Bortz 1985, S. 703ff.).

Gründe unterschiedlicher Forschungsergebnisse

Abweichungen zwischen empirischen Forschungsergebnissen zur Regionalisierung ergeben sich u.a. aus Divergenzen im

- Regionenbegriff,
- Untersuchungszeitraum,
- Warenspektrum und
- Meßkonzept.

Erfolgt die Abgrenzung von **Regionen** nach (wirtschafts-)politischen Kriterien, entstehen formale Integrationsräume oder Handelsblöcke wie EG, EFTA oder NAFTA. Wirtschaftliche Großregionen bilden sich durch die Zusammenfassung von Ländern nach ihrer geographischen Zugehörigkeit, wie im Falle von (West-)Europa, (Nord-)Amerika und Asien-Pazifik. Überschneidungen dieser verschiedenen Regionenbegriffe sind evident. Unterschiede können sich z.B. durch den Ein-/Ausschluß von Mexiko in der Region Nordamerika und von China sowie Australien und Neuseeland in der asiatisch-pazifischen Region ergeben. Zuweilen werden Nord- und Südamerika zu einer amerikanischen Großregion zusammengefaßt (Hessler/Menzel, 1992). Die Definition der Regionen wird gelegentlich von der Datenverfügbarkeit mitbestimmt. Fehlen Außenhandelsstatistiken aus politischen Gründen oder für weiter zurückliegende Jahre, werden die jeweiligen Länder notgedrungen ausgeblendet. So erklärt sich z.B., daß Länder wie Taiwan und die VR China manchmal in der asiatisch-pazifischen Region und die Ostblockländer in Europa fehlen.

Sensibel reagieren die Ergebnisse auf die **Periodenabgrenzung**. Kürzere Untersuchungszeiträume werden nicht selten aus Daten- und wohl auch aus Zeitmangel gewählt. Aussagen über langfristige bzw. säkulare Regionalisierungstendenzen lassen sich daraus nicht ableiten. Die Periodenabgrenzung ist ferner für die Analyse der Handelsentwicklung einzelner Integrationsräume relevant, ändert sich doch die Mitgliedschaft und somit auch das Handelsvolumen im Zeitablauf.

Datengründe sind auch dafür verantwortlich, daß Regionalisierungsstudien primär auf Statistiken des Gesamthandels basieren. Dagegen liefert bereits eine grobe Unterscheidung nach **Warengruppen** wie Industrie- und Agrargütern differenziertere Aussagen zur Regionalisierung.

Schließlich haben die **Meßkonzepte** einen erheblichen Einfluß auf die Untersuchungsergebnisse. Eingesetzt werden regionale Wachstumsraten im Außenhandel, Welthandelsanteile, die Relation von intra- und extraregionalem Handel sowie mehr oder weniger komplexe Intensitäts- und Offenheitsmaße (Relation zwischen Handel und Produktion). Unterschiede ergeben sich ferner aus der Wahl von Im- oder Exportströmen bzw. des Außenhandelsvolumens. Schließlich beeinflußt auch die Verwendung nominaler und realer Größen die Untersuchungsergebnisse.

Anhang I-3
Reale Wachstumsraten von Weltexport und Weltproduktion, 1950-92
in % p.a.

	1950-92	1950-60	1960-70	1970-80	1980-90	1990-92
Weltproduktion	4	5	6	4	3	1
Agrargüter	2	3	3	2	2	1
Industriegüter	5	7	7	4	3	1
Weltexporte	6	8	9	5	4	4
Agrargüter	4	5	4	4	2	4
Industriegüter	8	9	10	7	6	4

Quelle: GATT International Trade, div. Jgge.

Anhang I-4
Regionalstruktur des Welthandels, 1950-91
- Alle Güter -
in % der Weltexporte

Jahre	WE	NA	AP	Triade	Rest der Welt
1950	33	22	17	73	27
1955	42	20	13	75	25
1960	42	21	13	76	24
1965	44	18	13	76	24
1970	45	19	13	78	22
1975	42	16	14	72	28
1980	44	15	16	75	25
1981	40	15	18	73	27
1982	40	15	18	74	26
1983	40	15	20	74	26
1984	38	17	21	77	23
1985	38	16	21	76	24
1986	41	15	22	78	22
1987	43	14	22	80	20
1988	43	16	24	82	18
1989	43	16	24	83	17
1990	46	16	23	85	15
1991	45	16	25	86	14

Quelle: UNCTAD, Handbook of International Trade and Development Statistics, versch. Jgge.

Anhang I-5

Regionalstruktur des Welthandels, 1955-90
- Industriegüter -
in % der Weltexporte

Jahre	WE	NA	AP	Triade	Rest der Welt
1955	54	26	8	88	12
1960	56	22	9	87	13
1965	56	19	11	86	14
1970	55	19	14	88	12
1975	56	17	16	88	12
1980	54	16	19	89	11
1985	47	16	25	88	12
1990	52	15	26	93	7

Anmerkung: Nordamerika ohne Mexiko; Industriegüter = SITC 5+6+7+8-68.
Quelle: UNCTAD, Handbook of International Trade and Development Statistics, versch. Jgge.

Anhang I-6

Regionalstruktur des Welthandels, 1955-90
- Nahrungsmittel -
in % der Weltexporte

Jahre	WE	NA	AP	Triade	Rest der Welt
1955	25	17	15	57	43
1960	26	20	14	59	41
1965	28	22	16	65	35
1970	32	19	15	65	35
1975	34	22	15	71	29
1980	37	21	16	73	27
1985	37	18	17	72	28
1990	47	16	16	79	21

Anmerkung: Nordamerika ohne Mexiko; Nahrungsmittel = SITC 0+1+22+4.
Quelle: UNCTAD, Handbook of International Trade and Development Statistics, versch. Jgge.

Anhang I-7

Regionale Verdichtung im Welthandel
Clusteranalyse: Dendrogramm für den Gesamthandel
1970

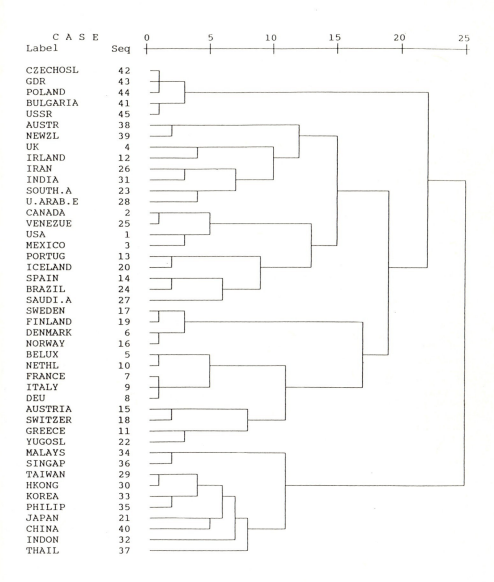

Quelle: Siehe Anhang I-1.

Anhang I-8

Regionale Verdichtung im Welthandel
Clusteranalyse: Dendrogramm für Nahrungsmittel

1990

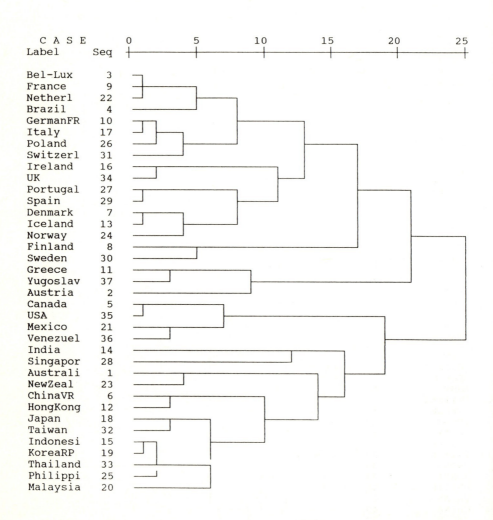

1970

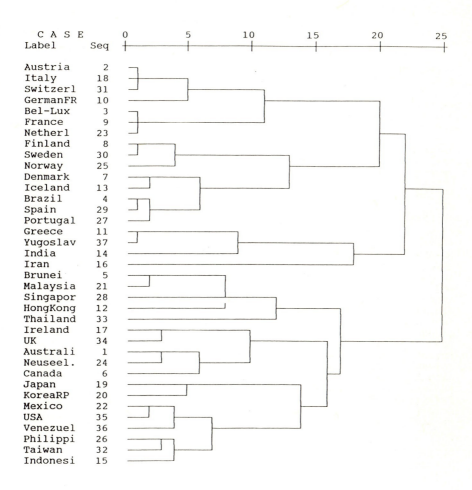

```
    C A S E           0        5       10       15       20       25
   Label      Seq    +--------+--------+--------+--------+--------+

   Austria      2
   Italy       18
   Switzerl    31
   GermanFR    10
   Bel-Lux      3
   France       9
   Netherl     23
   Finland      8
   Sweden      30
   Norway      25
   Denmark      7
   Iceland     13
   Brazil       4
   Spain       29
   Portugal    27
   Greece      11
   Yugoslav    37
   India       14
   Iran        16
   Brunei       5
   Malaysia    21
   Singapor    28
   HongKong    12
   Thailand    33
   Ireland     17
   UK          34
   Australi     1
   Neuseel.    24
   Canada       6
   Japan       19
   KoreaRP     20
   Mexico      22
   USA         35
   Venezuel    36
   Philippi    26
   Taiwan      32
   Indonesi    15
```

Quelle: Siehe Anhang I-1.

Regionale Verdichtung im Welthandel
Clusteranalyse: Dendrogramm für Industriegüter

1990

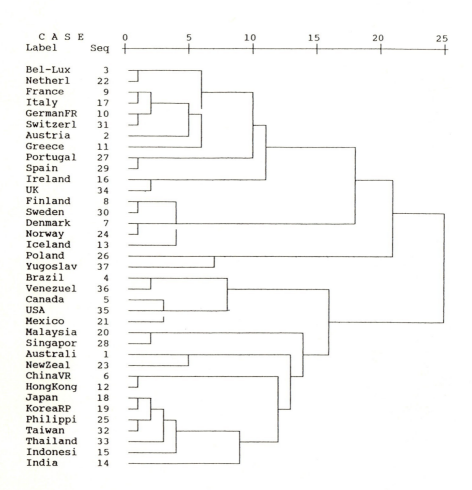

1970

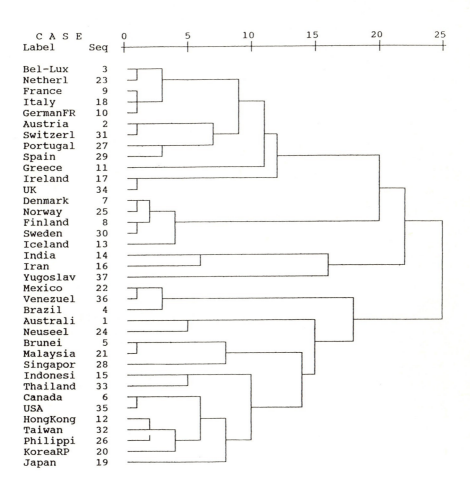

```
      C A S E        0        5       10       15       20       25
     Label    Seq   +--------+--------+--------+--------+--------+

   Bel-Lux     3
   Netherl    23
   France      9
   Italy      18
   GermanFR   10
   Austria     2
   Switzerl   31
   Portugal   27
   Spain      29
   Greece     11
   Ireland    17
   UK         34
   Denmark     7
   Norway     25
   Finland     8
   Sweden     30
   Iceland    13
   India      14
   Iran       16
   Yugoslav   37
   Mexico     22
   Venezuel   36
   Brazil      4
   Australi    1
   Neuseel    24
   Brunei      5
   Malaysia   21
   Singapor   28
   Indonesi   15
   Thailand   33
   Canada      6
   USA        35
   HongKong   12
   Taiwan     32
   Philippi   26
   KoreaRP    20
   Japan      19
```

Quelle: Siehe Anhang I-1.

Bedeutung des intraregionalen Handels im Welthandel, 1955-91
in % der Weltexporte

Jahre	WE	NA	AP	Triade
1955	21	6	5	32
1960	23	5	5	33
1965	26	5	5	37
1970	29	6	5	40
1975	27	5	6	38
1980	27	4	7	37
1981	24	4	7	36
1982	25	4	8	37
1983	25	5	8	38
1984	25	6	9	39
1985	25	6	9	40
1986	30	5	8	43
1987	31	5	9	45
1988	31	5	10	46
1989	31	5	11	47
1990	33	5	10	49
1991	32	5	12	48

Anmerkung: Nordamerika ohne Mexiko.
Quelle: UNCTAD, Handbook of International Trade and Development Statistics, versch. Jgge.

Anhang I-11

Intra-Handel in den Regionen, 1955-91
- Alle Güter -
in % des gesamten Außenhandels der Regionen

Jahre	WE	NA	AP
1955	52	34	34
1960	55	30	35
1965	62	32	38
1970	65	35	39
1975	64	33	42
1980	64	26	41
1981	62	28	42
1982	64	29	42
1983	65	31	43
1984	64	32	44
1985	66	33	44
1986	70	31	43
1987	71	32	44
1988	71	32	47
1989	70	31	48
1990	72	32	48
1991	71	32	50

Anmerkung: Außenhandel = Mittelwert der gesamten intra- und interregionalen Im- und Exporte.
Quelle: UNCTAD, Handbook of International Trade and Development Statistics, versch. Jgge.

Anhang I-12

Intra-Handel in den Regionen, 1955-89
- Nahrungsmittel -
in % des gesamten Außenhandels der Region mit Nahrungsmitteln

Jahre	WE	NA	AP
1955	43	15	40
1960	45	16	36
1965	52	17	38
1970	57	18	38
1975	64	12	42
1980	64	10	44
1981	62	11	44
1982	64	12	44
1983	65	13	43
1984	64	13	45
1985	66	14	47
1986	70	15	48
1987	73	16	49
1988	73	15	49
1989	73	15	50

Anmerkung: Außenhandel = Mittelwert der gesamten intra- und interregionalen Im- und Exporte.
Quelle: UNCTAD, Handbook of International Trade and Development Statistics, versch. Jgge.

Anhang I-13

Intra-Handel in den Regionen, 1955-89
- Industriegüter -
in % des gesamten Außenhandels der Region mit Industriegütern

Jahre	WE	NA	AP
1955	60	39	29
1960	62	33	33
1965	69	39	36
1970	70	38	38
1975	69	38	43
1980	71	30	48
1981	67	31	49
1982	68	31	48
1983	68	34	50
1984	68	34	51
1985	68	34	51
1986	71	31	49
1987	73	30	54
1988	72	30	59
1989	72	29	61

Anmerkung: Außenhandel = Mittelwert der gesamten intra- und interregionalen Im- und Exporte.
Quelle: UNCTAD, Handbook of International Trade and Development Statistics, versch. Jgge.

Anhang I-14
Regionale Verflechtung im Welthandel, 1960-91
Exporte der Regionen in % ihres Weltexports
Alle Güter

	WE	NA	AP	Triade	RdW	Welt
WE						
1960	57	10	9	76	24	100
1965	64	9	7	81	19	100
1970	66	9	6	81	19	100
1975	64	7	5	76	24	100
1980	67	6	5	79	21	100
1981	64	7	5	77	23	100
1982	65	8	6	78	22	100
1983	65	8	6	79	21	100
1984	65	10	6	81	19	100
1985	65	11	6	83	17	100
1986	68	10	7	85	15	100
1987	70	10	7	86	14	100
1988	70	9	7	86	14	100
1989	70	9	8	86	14	100
1990	71	8	7	87	13	100
1991	71	7	7	85	15	100
NA						
1960	33	27	18	77	23	100
1965	30	29	18	76	24	100
1970	29	33	19	81	19	100
1975	24	31	18	73	27	100
1980	26	27	21	74	26	100
1981	24	28	20	72	28	100
1982	23	29	22	73	27	100
1983	22	33	22	77	23	100
1984	20	37	21	78	22	100
1985	20	38	21	79	21	100
1986	21	38	22	81	19	100
1987	21	38	23	81	19	100
1988	21	36	25	82	18	100
1989	22	34	26	83	17	100
1990	23	35	25	83	17	100
1991	23	33	25	81	19	100

	WE	NA	AP	Triade	RdW	Welt
AP						
1960	26	17	36	78	22	100
1965	22	20	37	79	21	100
1970	18	27	37	82	18	100
1975	17	20	39	76	24	100
1980	17	22	40	79	21	100
1981	15	23	39	77	23	100
1982	15	23	40	78	22	100
1983	15	27	39	81	19	100
1984	13	31	39	83	17	100
1985	13	32	40	85	15	100
1986	16	34	37	87	13	100
1987	18	32	38	88	12	100
1988	18	30	41	89	11	100
1989	18	29	43	90	10	100
1990	19	27	44	90	10	100
1991	19	25	46	90	10	100
Triade						
1960	45	16	16	77	23	100
1965	48	16	15	79	21	100
1970	48	18	14	81	19	100
1975	46	15	15	75	25	100
1980	48	14	16	78	22	100
1981	43	16	17	76	24	100
1982	43	16	18	77	23	100
1983	43	18	18	79	21	100
1984	41	22	19	81	19	100
1985	41	22	19	83	17	100
1986	46	22	17	85	15	100
1987	47	21	18	86	14	100
1988	46	20	20	86	14	100
1989	46	19	21	87	13	100
1990	48	18	21	87	13	100
1991	47	17	22	86	14	100

	WE	NA	AP	Triade	RdW	Welt
RdW						
1960	35	16	10	61	39	100
1965	34	12	9	55	45	100
1970	36	11	11	58	42	100
1975	31	13	12	56	44	100
1980	35	16	16	67	33	100
1981	33	16	17	66	34	100
1982	32	13	17	62	38	100
1983	31	13	16	61	39	100
1984	31	15	15	61	39	100
1985	28	13	16	57	43	100
1986	26	12	14	51	49	100
1987	26	12	13	52	48	100
1988	27	13	14	54	46	100
1989	30	15	15	60	40	100
1990	34	16	17	68	32	100
1991	37	14	16	67	33	100
Welt						
1960	42	16	15	73	27	100
1965	44	15	14	73	27	100
1970	45	16	14	75	25	100
1975	42	14	14	70	30	100
1980	44	15	16	74	26	100
1981	40	16	17	73	27	100
1982	40	15	17	73	27	100
1983	40	17	17	74	26	100
1984	38	20	18	76	24	100
1985	38	20	18	76	24	100
1986	41	20	17	78	22	100
1987	43	19	17	79	21	100
1988	43	19	19	81	19	100
1989	43	19	20	82	18	100
1990	46	18	20	84	16	100
1991	46	17	21	84	16	100

Quelle: UNCTAD, Handbook of International Trade and Development Statistics, versch. Jgge.

Anhang I-15

Regionale Verflechtung im Welthandel, 1960-89
Exporte der Regionen in % ihres Weltexports
- Nahrungsmittel -

	WE	NA	AP	Triade	RdW	Welt
WE						
1960	66	9	4	79	21	100
1965	73	8	3	84	16	100
1970	73	9	3	86	14	100
1975	75	6	4	85	15	100
1980	70	5	3	78	22	100
1981	66	5	4	75	25	100
1982	69	6	4	79	21	100
1983	70	7	4	80	20	100
1984	69	7	4	80	20	100
1985	70	8	4	82	18	100
1986	75	7	4	85	15	100
1987	77	6	4	87	13	100
1988	77	5	5	87	13	100
1989	76	5	5	86	14	100
NA						
1960	42	15	22	79	21	100
1965	39	14	26	79	21	100
1970	35	16	30	80	20	100
1975	32	9	28	69	31	100
1980	28	7	28	63	37	100
1981	27	8	29	64	36	100
1982	28	9	30	67	33	100
1983	25	9	32	67	33	100
1984	21	10	30	62	38	100
1985	21	12	31	64	36	100
1986	24	14	32	70	30	100
1987	23	14	35	72	28	100
1988	19	12	39	70	30	100
1989	17	12	39	68	32	100

	WE	NA	AP	Triade	RdW	Welt
AP						
1960	43	12	20	74	26	100
1965	36	13	33	82	18	100
1970	27	22	37	85	15	100
1975	16	16	44	76	24	100
1980	12	15	44	71	29	100
1981	12	15	46	72	28	100
1982	12	14	43	70	30	100
1983	12	15	46	72	28	100
1984	11	14	44	69	31	100
1985	11	14	43	68	32	100
1986	13	14	44	71	29	100
1987	14	16	46	76	24	100
1988	13	17	49	78	22	100
1989	12	14	54	79	21	100
Triade						
1960	53	12	13	78	22	100
1965	55	11	16	82	18	100
1970	54	13	17	84	16	100
1975	53	8	17	78	22	100
1980	49	7	16	73	27	100
1981	47	7	17	71	29	100
1982	49	8	17	74	26	100
1983	49	8	18	75	25	100
1984	46	9	17	73	27	100
1985	49	10	16	75	25	100
1986	56	9	15	80	20	100
1987	58	9	16	83	17	100
1988	55	8	18	82	18	100
1989	54	8	19	81	19	100

	WE	NA	AP	Triade	RdW	Welt
RdW						
1960	43	23	11	77	23	100
1965	43	19	11	72	28	100
1970	42	20	12	73	27	100
1975	34	16	15	64	36	100
1980	34	15	15	64	36	100
1981	29	14	16	60	40	100
1982	28	14	16	58	42	100
1983	29	15	17	61	39	100
1984	29	17	17	63	37	100
1985	29	17	17	63	37	100
1986	33	17	19	68	32	100
1987	32	16	21	69	31	100
1988	32	15	23	70	30	100
1989	32	15	24	71	29	100
Welt						
1960	49	17	12	78	22	100
1965	50	14	14	78	22	100
1970	49	16	15	80	20	100
1975	46	11	16	73	27	100
1980	44	10	16	70	30	100
1981	41	10	17	67	33	100
1982	42	10	17	68	32	100
1983	42	11	17	70	30	100
1984	40	12	17	69	31	100
1985	42	12	17	71	29	100
1986	48	12	16	76	24	100
1987	49	11	17	78	22	100
1988	48	10	20	78	22	100
1989	47	10	20	78	22	100

Quelle: UNCTAD, Handbook of International Trade and Development Statistics, versch. Jgge.

Anhang I-16

Regionale Verflechtung im Welthandel, 1960-89
Exporte der Regionen in % ihres Weltexports
- Industriegüter -

	WE	NA	AP	Triade	RdW	Welt
WE						
1960	51	11	8	70	30	100
1965	60	10	6	76	24	100
1970	63	10	5	78	22	100
1975	61	7	4	72	28	100
1980	64	7	5	76	24	100
1981	60	8	5	73	27	100
1982	61	8	6	75	25	100
1983	62	9	6	76	24	100
1984	61	11	6	78	22	100
1985	62	12	6	80	20	100
1986	66	11	6	83	17	100
1987	68	10	6	85	15	100
1988	69	10	7	85	15	100
1989	69	9	7	85	15	100
NA						
1960	22	28	12	62	38	100
1965	26	32	15	72	28	100
1970	26	37	14	77	23	100
1975	21	35	13	69	31	100
1980	25	28	18	71	29	100
1981	22	30	17	70	30	100
1982	22	31	19	72	28	100
1983	22	37	19	78	22	100
1984	21	41	19	80	20	100
1985	20	42	19	81	19	100
1986	22	40	20	81	19	100
1987	22	39	20	82	18	100
1988	23	37	22	82	18	100
1989	25	34	24	83	17	100

	WE	NA	AP	Triade	RdW	Welt
AP						
1960	11	23	38	72	28	100
1965	13	26	34	72	28	100
1970	15	33	30	78	22	100
1975	16	24	31	71	29	100
1980	18	27	32	77	23	100
1981	17	28	31	76	24	100
1982	16	29	31	76	24	100
1983	16	34	31	81	19	100
1984	15	38	31	84	16	100
1985	15	40	31	85	15	100
1986	17	41	30	88	12	100
1987	19	38	32	89	11	100
1988	20	35	35	90	10	100
1989	19	34	37	91	9	100
Triade						
1960	40	16	12	68	32	100
1965	46	17	12	75	25	100
1970	47	20	11	78	22	100
1975	45	15	11	72	28	100
1980	47	15	13	75	25	100
1981	42	17	14	73	27	100
1982	43	17	14	74	26	100
1983	42	21	15	78	22	100
1984	40	25	16	80	20	100
1985	41	25	16	82	18	100
1986	45	24	15	84	16	100
1987	47	22	16	86	14	100
1988	47	21	18	86	14	100
1989	47	21	19	87	13	100

	WE	NA	AP	Triade	RdW	Welt
RdW						
1960	14	3	32	49	51	100
1965	15	3	19	37	63	100
1970	17	5	16	38	62	100
1975	18	5	12	35	65	100
1980	18	6	11	36	64	100
1981	17	8	12	37	63	100
1982	18	7	13	38	62	100
1983	18	10	12	39	61	100
1984	17	13	13	42	58	100
1985	16	12	13	41	59	100
1986	17	9	13	39	61	100
1987	18	13	13	44	56	100
1988	19	12	14	45	55	100
1989	25	14	16	54	46	100
Welt						
1960	36	15	15	65	35	100
1965	42	15	13	70	30	100
1970	43	18	11	73	27	100
1975	42	14	11	67	33	100
1980	44	14	13	71	29	100
1981	39	16	14	70	30	100
1982	40	16	14	70	30	100
1983	39	19	15	73	27	100
1984	37	23	15	76	24	100
1985	38	24	15	77	23	100
1986	42	22	15	79	21	100
1987	44	21	15	81	19	100
1988	44	20	17	82	18	100
1989	45	20	19	84	16	100

Quelle: UNCTAD, Handbook of International Trade and Development Statistics, versch. Jgge.

Neigung zum extraregionalen Handel nach Regionen
1948-1990

Anderson und Norheim (1992) verknüpfen in ihrem Maß für die "propensity to trade intra (or extra-) regionally" das Offenheitsmaß (Handel zu BIP) mit der Außenhandelsintensität. Die Ergebnisse zeigt die folgende Tabelle.

Für Westeuropa ergibt sich, daß trotz kräftig zunehmender Intensität des innereuropäischen Handels (und entsprechend abnehmender extraregionaler Intensität) die Neigung der Region zum extraregionalen Handel seit 1928 im wesentlichen unverändert geblieben ist. Ursache hierfür ist eine starke Zunahme des Außenhandelsanteils am westeuropäischen Sozialprodukt; die westeuropäischen Volkswirtschaften haben sich tendenziell auch gegenüber Drittländern geöffnet.

In Nordamerika war dies noch stärker der Fall; da außerdem die Intensität des innernordamerikanischen Handels in den 80er Jahren abgenommen hat, ist hier die Neigung zum extraregionalen Handel deutlich gewachsen (dies ist teilweise dem Handel mit Mexiko zuzuschreiben).

Für Asien werden sehr unterschiedliche Entwicklungen festgestellt: eine kaum veränderte japanische Neigung zum extraregionalen Handel, wobei eine gestiegene extraregionale Handelsintensität durch eine gesunkene Offenheit des japanischen Marktes kompensiert wird; eine kräftig gesunkene Neigung in Australien/Neuseeland, die das Produkt aus verminderter Offenheit und einer stark reduzierten extraregionalen Handelsintensität ist; eine Verdoppelung der extraregionalen Handelsneigung in den asiatischen Entwicklungs- und Schwellenländern von 1948 bis 1990, welche im wesentlichen das Ergebnis eines dramatischen Anstiegs des Handelsanteils am Sozialprodukt ist, der von 25% auf 47% hinaufschnellte und den Effekt einer abnehmenden extraregionalen Handelsintensität weit überkompensiert.

Für die Welt insgesamt ergibt sich, daß sich die Neigung zum extraregionalen Handel seit 1928 praktisch nicht verändert hat, ungeachtet einer Reihe bedeutender regionaler Integrationsvereinbarungen, vor allem in der Nachkriegszeit.

Neigung zum extraregionalen Handel nach Regionen
1948-1990

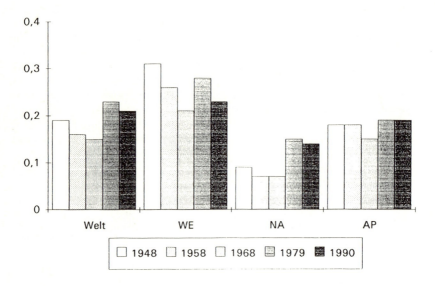

Jahre	Welt	WE	NA	AP
1928	0,21	0,30	0,09	0,21
1938	0,16	0,21	0,06	0,16
1948	0,19	0,31	0,09	0,18
1958	0,16	0,26	0,07	0,18
1968	0,15	0,21	0,07	0,15
1979	0,23	0,28	0,15	0,19
1990	0,21	0,23	0,14	0,19

Quelle: Norheim, Finger, Anderson (1992).

Europäische Gemeinschaft: Präferentielle Handelsregelungen

---

1. EG-EFTA: Von Freihandelsabkommen zum Europäischen Wirtschaftsraum (EWR):

Freihandelsabkommen	**EWR**
Finnland	Finnland
Island	Island
Norwegen	Norwegen
Österreich	Österreich
Schweden	Schweden
Schweiz/Liechtenstein	(Liechtenstein)

---

2. Europa-Abkommen (Assoziierungsabkommen neuen Typs)

Polen
Ungarn
CSFR*
Rumänien
Bulgarien

* Nach Auflösung der CSFR hat die EG mit Tschechien und der Slowakei getrennte Assoziierungsverträge abgeschlossen.

Allgemeines Präferenz-System gegenüber Entwicklungsländern (APS)

Fast allen Entwicklungsländern (allen "least developing countries") gewährte Präferenz: Teilnehmerkreis gut 180 Länder und Regionen.*

* Südkorea ist formell APS-Staat, aber vom System ausgeschlossen; Taiwan nimmt nicht teil.

4. Viertes AKP-EWG-Abkommen von Lomé vom 15.12.1989

Afrika (46): Angola, Äquatorialguinea, Äthiopien, Benin, Botswana, Burkina Faso, Burundi, Dschibuti, Elfenbeinküste, Gabun, Gambia, Ghana, Guinea, Guinea-Bissau, Kamerun, Kap Verde, Kenia, Komoren, Kongo, Lesotho, Liberia, Madagaskar, Malawi, Mali, Mauretanien, Mauritius, Mosambik, Namibia, Niger, Nigeria, Ruanda, Sao Tomé und Principe, Senegal, Seschellen, Sierra Leone, Simbabwe, Somalia, Sudan, Swasiland, Tansania, Tschad, Togo, Uganda, Zaire, Zentralafrikanische Republik.
Karibik (15): Antigua u. Barbuda, Bahamas, Barbados, Belize, Dominica, Dominikanische Republik, Grenada, Guyana, Haiti, Jamaika, St. Kitts-Nevis, St. Lucia, St. Vincent und die Grenadinen, Surinam, Trinidad und Tobago.
Pazifischer Raum (8): Fidschi, Kiribati, Papua-Neuguinea, Salomonen, Samoa, Tonga, Tuvalu, Vanuatu.

5. EG-Mittelmeerpolitik: Assoziierungsabkommen (A) und Kooperationsabkommen (K)

Südeuropa: Türkei (A), Malta (A), Zypern (A), Jugoslawien (K);
Maghreb-Staaten: Algerien (K), Marokko (K), Tunesien (K);
Mashrek-Staaten: Ägypten (K), Jordanien (K), Libanon (K), Syrien (K)
Israel: Präferenzabkommen

Geschätzte Auswirkungen von NAFTA

Arbeitsmärkte

ITC: Erhöhung des langfristigen Arbeitsangebots in Mexiko
um 7%, in den USA und in Kanada um je 1%

HS: Verlust von 160 000 unqualifizierten Arbeitsplätzen in den USA
und zusätzliche Beschäftigung von 325 000 Arbeitnehmern durch
erhöhten Handel (bis 1995)

EPI: Verlust von 550 000 Hochlohnarbeitsplätzen in den USA in den
nächsten 10 Jahren

Besonders betroffene Sektoren

		Mexiko	USA
ITC:	negativ:	Textilindustrie	Automobilindustrie
	positiv:		Pharmazeutische Industrie Maschinenbau, Stahl Holzverarbeitende Industrie

Reallöhne

		Mexiko	USA
ITC:		bis zu + 16%	+ 0.3%

Exporte

		Mexiko	USA
ITC:	jährlich	+ 3,4-15,4%	+5,2-27,1%
1.-11.92	(gegenüber Vorjahr)	+ 13%	+ 22%

Quellen: ITC = International Trade Commission (zitiert in: FAZ vom 8.2.1993).
EPI:= Economic Policy Institute (zitiert in: The Economist vom 1.8.1992).
HS: = Hufbauer und Schott (1992).

Anhang III-3

Abbau tarifärer und nicht-tarifärer Handelshemmnisse in Lateinamerika, Ende 1992

Land	Zölle	Nicht-Tarifäre Handelshemmnisse
Argentinien	1992 Höchstzoll von 35 auf 20 v.H.gesenkt. Gewogener Durchschnittszoll sank von 11 auf 10,4 v.H.	Importlizenzen bis auf 25 Produkte, u.a. Papier, Kraftfahrzeuge und Ersatzteile, abgeschafft.
Belize	5-45 v.H. (CARICOM); für ausgewählte Waren: 5-25 v.H.	Importlizenzen für ca. 26 Produkte und Exportlizenzen für bestimmte Waren.
Bolivien	1990 für sämtliche Waren (ohne Kapitalgüter) von 15 auf 10 v.H., für Kapitalgüter von 10 auf 5 v.H. gesenkt.	Sämtliche Importbeschränkungen eliminiert; Ausnahme: Importe im Zusammenhang mit Gesundheits- und Sicherheitswesen.
Brasilien	Im Oktober 1992 durchschnittlich von 21,2 auf 17 v.H. reduziert Bis Juli 1993 Durchführung sämtlicher geplanter Zollsenkungen.	Oktober 1992: verbleibende Hemmnisse des "Informatik-Gesetzes" abgeschafft, das für den Import von Computern, deren Zusatzgeräte und -teile galt.
Chile	Einheitlicher Tarif von 11 v.H.	Mengenmäßige Hemmnisse gesetzlich untersagt (*Ley Orgánica Constitucional 18840*).
Costa Rica	Mehrzahl bei 10-27 v.H.; Höchstsatz soll im April 1993 auf 20 v.H. sinken. Ausnahmen: Zwischenprodukte mit 1 v.H., Luxusgüter, Kleidung, Textilien und Schuhwerk mit höheren Raten. Die Zuschläge auf Importzölle wurden 1992 eliminiert.	Von geringem Gewicht, erscheinen jedoch in Form administrativer Maßnahmen, die sowohl protektionistische als auch legitime Beweggründe aufweisen.
Ecuador	Zollunion mit Kolumbien, Venezuela und Bolivien: • Außenzölle 5-20 v.H. • 40 v.H. für PKW's.	Importverbot für PKW's und LKW's wurde im Februar 1992 aufgehoben.
El Salvador	Überwiegend 5-20 v.H., mit Ausnahme einiger Luxusgüter, die höher belastet werden.	

Land	Zölle	Nicht-Tarifäre Handelshemmnisse
Guatemala	Zwischen 1987 und 1990 von maximalen 154 v.H. auf 37 v.H. reduziert. Zölle innerhalb regionaler Abkommen wurden auf 5-30 v.H. reduziert (Februar 1992) und sollen weiter auf 5-20 v.H. zurückgehen (März 1993). Zum 1.11.1992: • Importzölle auf vom intraregionalen Wettbewerb nicht betroffene Güter (wie Erdöl, PKW´s und Luxusgüter) auf 5-20 v.H. gesenkt • Abschaffung des allgemeinen Importzuschlags von 3 v.H.	Nur geringe Anzahl, da größtenteils zwischen 1991-92 abgeschafft. Es bestehen noch Importlizenzen für Zusätze und Produkte aus der Landwirtschaft, sowie für Fleischprodukte. Regierung strebt für 1993 die Aufhebung der verbleibenden Hemmnisse an (bis auf jene mit Sicherheits-, Umwelt- oder Gesundheitscharakter).
Honduras	• bis 1.12.1990 von 2-40 v.H., • bis 31.12.1991 von 4-35 v.H. • ab 1.1.1992 von 5-20 v.H.	
Jamaika	Nach dem CARICOM-Abkommen (Oktober 1992): Reduktion von 0-45 v.H. auf 5-20 v.H. zum 1.4.1993.	Im November 1992 wurden die Lizenzen für zahlreiche Importe und Exporte abgeschafft. Devisenumtauschkontrollen entsprechend der "Bank of Jamaica Act".
Kolumbien	Durchschnittlicher Handelszoll von 23,3 v.H. (1989) auf 10,2 v.H. (1991) und auf 4,6 v.H. (1992) reduziert.	Importverbote aufgehoben und diskretionäre Lizenzen schrittweise abgeschafft. Anteil von Erzeugnissen unter automatischer Lizensierung: Zunahme von 30 v.H. (1989) auf 96,7 v.H. (1990). Zuschlagsteuer: von 18 v.H. auf 10 v.H. (Juli 1991) und schließlich auf 8 v.H. (September 1991) gesenkt.
Mexiko	0-20 v.H.	
Nicaragua	0-20 v.H.; selektive Konsumsteuer auf importierte Güter: 0-20 v.H. Schrittweise Aufhebung von indirekten Importzöllen bis Ende 1993.	
Panama	Von durchschnittlich 88,2 v.H. (1989) auf 59,8 v.H. (Ende 1991) gesenkt. Für verarbeitete Produkte und für agroindustrielle Güter: Höchstbelastung von 60 bzw. 90 v.H.	Bestehen für Getreide, Sorghum, Bohnen, Kartoffeln, sowie für Hühner- und Schweinefleisch. Regierung plant für Anfang 1993 die Einführung von Zöllen.

Land	Zölle	Nicht-Tarifäre Handelshemmnisse
Paraguay	Die Zollreform (Juli 1992) senkte die Tarife auf 0-20 v.H.	
Peru	Zollsenkung und Vereinfachung der Tarifstruktur (September 1990): 15, 25 und 50 v.H.; für die meisten Güter jedoch bei 25 v.H.	Importverbote zum Zahlungsbilanzausgleich und andere Maßnahmen wie Lizenzvergaben wurden 1990 aufgehoben.
Trinidad & Tobago	Gemeinsame Außenzölle (CARICOM) ersetzten quantitative Hemmnisse und liegen nun bei 10-25 v.H. (1.1.1993). Stempelgebühren: 10 v.H. für Kapitalgüter und 20 v.H. für sonstige Güter.	Die schon 1989 und 1991 erheblich verkleinerte "negative Liste", ist bis auf wenige Waren von geringer wirtschaftlicher Bedeutung abgeschafft worden.
Uruguay	Außerhalb MERCOSUR: deutlicher Rückgang seit 1990. Im April 1992 für Rohstoffe, Kapitalgüter, Zwischen- und Endprodukte jeweils Belastungen von 10, 17 und 24 v.H. Ab Januar 1993: 6, 15 und 20 v.H. Innerhalb MERCOSUR: Reduktion entsprechend des vereinbarten Zeitplans auf 1,92-6,4 v.H. (Januar 1993). Rund 576 Produkte sind hiervon ausgeschlossen, was bis Ende 1995 aufgehoben werden soll. Über einen gemeinsamen Außenzoll wird momentan verhandelt.	• Bestimmungen für Export und inländischen Eigenbeitrag für PKW-Montagewerke im Juli 1992 abgeschafft. • Importpreisempfehlungen von 140 Waren (1990) auf 90 (1992) reduziert. • Mindestexportpreise gingen von 94 auf 34 Waren zurück.
Venezuela	Durchschnittlicher nominaler handelsgewichteter Zollsatz von 40 v.H. (1988) auf unter 10 v.H. (1992) reduziert. Bis auf bestimmte PKW-Modelle mit 25 v.H., liegt die Höchstbelastung derzeit bei 20 v.H.	Quantitative Beschränkungen im Laufe des Jahres 1992 so gut wie aufgehoben.

Quelle: Beetz, Van Ryckeghem (1993, Appendix III).

Anhang III-4

Statistische Basisdaten für Lateinamerika, 1990

	Fläche 1000 km²	%	Bevölkerung Mio. (Mitte 1990)	%	BIP (1990) Mrd. US$	%	BIP pro Kopf US$ (1990)	BIP Wachstum % (1980-90)
MERCOSUR	**11.863**	**59,9**	**190,1**	**44,9**	**520,8**	**55,9**		
Argentinien	2.767	14,0	32,3	7,6	93,3	10,0	2.370	-0,4
Brasilien	8.512	43,0	150,4	35,5	414,1	44,4	2.680	2,7
Paraguay	407	2,0	4,3	1,1	5,3	0,6	1.110	2,5
Uruguay	177	0,9	3,1	0,7	8,2	0,9	2.560	0,3
G-3	**4.009**	**20,1**	**138,2**	**32,7**	**327,1**	**35,1**		
Kolumbien	1.139	5,7	32,8	7,6	41,1	4,4	1.260	3,7
Mexiko	1.958	9,8	86,2	20,4	237,7	25,5	2.490	1,0
Venezuela	912	4,6	19,7	4,7	48,3	5,2	2.560	1,0
AG	**4.719**	**23,7**	**91,2**	**21,5**	**109,8**	**11,8**		
Bolivien	1.099	5,5	7,2	1,7	4,5	0,5	630	-0,1
Ecuador	284	1,4	10,3	2,4	10,9	1,2	980	2,0
Kolumbien	1.139	5,7	32,3	7,6	41,1	4,4	1.260	3,7
Peru	1.285	6,5	21,7	5,1	5,0	0,5	1.160	-0,3
Venezuela	912	4,6	19,7	4,7	48,3	5,2	2.560	1,0
CACM	**423**	**2,1**	**26,2**	**6,2**	**21,1**	**2,2**		
Costa Rica	51	0,3	2,8	0,7	5,7	0,6	1.900	3,0
El Salvador	21	0,1	5,2	1,2	5,4	0,6	1.110	0,9
Guatemala	109	0,5	9,2	2,2	7,6	0,8	900	0,8
Honduras	112	0,6	5,1	1,2	2,4	0,2	590	2,3
Nicaragua	130	0,6	3,9	0,9	o.A.		o.A.	-2,2
Panama	77	0,4	2,4	0,6	4,8	0,5	1.830	0,2
Chile	757	3,8	13,2	3,1	27,8	3,0	1.940	3,2
Dominik. Republik	49	0,2	7,1	1,7	7,3	0,8	830	2,1
Haiti	28	0,1	6,5	1,5	2,8	0,3	370	-0,6
LAIA	**19.297**	**97,2**	**380,7**	**89,9**	**791,1**	**96,2**		
Lateinamerika	**19.874**	**100,0**	**423,0**	**100,0**	**932,0**	**100,0**		

o.A. = ohne Angaben. Quelle: Weltbank (1992); eigene Berechungen.

269

Anhang III-5
Handelsströme (Exporte) innerhalb der Sub-Regionen Lateinamerikas, 1985 und 1991
(in Millionen US-$)

a: MERCOSUR

Intra-MERCOSUR von / nach	Argentinien 1985	Argentinien 1991	Brasilien 1985	Brasilien 1991	Paraguay 1985	Paraguay 1991	Uruguay 1985	Uruguay 1991	Bolivien 1985	Bolivien 1991	Chile 1985	Chile 1991	Insgesamt 1985	Insgesamt 1991
Argentinien			548,0	727,0	15,9	44,9	63,1	163,1	375,9	203,3	84,5	257,4	1.087,4	1.395,7
Brasilien	496,3	1.684,3			60,1	203,0	143,4	381,8	4,5	31,3	211,3	447,6	915,6	2.748,0
Paraguay	72,2	154,6	302,0	238,0			6,1	10,4	0,0	1,2	5,8	37,9	386,1	442,1
Uruguay	99,0	284,2	140,0	344,0	6,4	11,4			213,1	599,3	12,3	27,1	470,8	1.266,0
Insgesamt	667,5	2.123,1	990,0	1.309,0	82,4	259,4	212,6	555,3	593,5	835,1	131,9	770,0	2.859,9	5.851,9
Bolivien	69,3	72,4	171,0	190,0	0,3	---	1,0	3,0			14,3	112,5	255,9	377,9
Chile	111,1	503,5	238,0	634,0	13,1	---	4,0	21,4	5,6	24,9			371,8	1.183,8
MERCOSUR	847,9	2.699,0	1.399,0	2.133,0	95,8	259,4	217,6	579,7	599,1	860,0	328,2	882,5	3.487,6	7.413,6

b: G-3

Intra-G-3 von / nach	Kolumbien 1985	Kolumbien 1991	Mexiko 1985	Mexiko 1991	Venezuela 1985	Venezuela 1991	Insgesamt 1985	Insgesamt 1991
Kolumbien			121,0	99,0	225,0	337,0	346,0	436,0
Mexiko	6,4	45,0			13,0	183,0	19,4	228,0
Venezuela	129,0	224,0	39,0	135,0			168,0	359,0
Insgesamt	153,4	269,0	39,0	135,0	13,0	183,0	187,4	587,0

c: Andengruppe (AG)

Intra-AG von / nach	Bolivien 1985	Bolivien 1991	Ecuador 1985	Ecuador 1991	Kolumbien 1985	Kolumbien 1991	Peru 1985	Peru 1991	Venezuela 1985	Venezuela 1991	Insgesamt 1985	Insgesamt 1991
Bolivien			0,1	0,4	0,7	5,8	13,1	22,2	0,0	0,1	13,9	28,5
Ecuador	0,1	0,3			56,3	82,0	74,9	48,1	2,0	79,0	133,3	209,4
Kolumbien	4,1	27,6	65,2	29,0			75,5	115,6	225,0	337,0	369,8	509,2
Peru	12,6	37,1	5,9	128,1	31,9	189,7			27,0	88,0	77,4	442,9
Venezuela	0,0	1,7	2,6	17,5	129,0	224,0	41,6	80,4			173,2	323,6
Insgesamt	16,8	66,7	73,8	175,0	217,9	501,5	205,1	266,3	254,0	504,1	767,6	1.513,6

d: CACM

Intra-CACM von / nach	Costa Rica 1985	Costa Rica 1991	El Salvador 1985	El Salvador 1991	Guatemala 1985	Guatemala 1991	Honduras 1985	Honduras 1991	Nicaragua 1985	Nicaragua 1991	Insgesamt 1985	Insgesamt 1991
Costa Rica			24,7	46,9	45,2	75,3	11,4	1,2	15,5	10,1	96,7	133,5
El Salvador	46,3	42,7			120,2	154,7	16,4	14,0	3,8	11,0	186,7	222,4
Guatemala	39,2	53,8	61,4	88,6			33,4	12,5	10,4	---	144,4	154,9
Honduras	30,8	17,2	6,4	13,8	21,8	43,9			5,6	7,6	64,6	82,5
Nicaragua	27,2	54,0	3,2	3,9	15,8	50,2	11,4	0,8			57,6	108,9
Insgesamt	143,5	167,7	95,7	153,2	203,0	324,1	72,5	28,5	35,3	28,8	550,0	702,3

Quelle: IRELA (1993).

Anhang III-6

Sonstige Kooperations- und Integrationsabkommen in Lateinamerika, Juni 1993

Organisation	Gründungsdatum	Aufgaben & Ziele	Wichtigste Einrichtungen	Mitgliedsstaaten
Organisation Amerikanischer Staaten (OAS)	30. April 1948	Wichtigster Träger der inter-amerikanischen Kooperation; Stärkung von Frieden und Sicherheit des Kontinents; Förderung und Konsolidierung der Demokratie; Vorbeugen von Konflikten; Förderung der Entwicklung in den Mitgliedsländern	Generalversammlung; beratende Versammlungen der Außenminister; Generalsekretariat; Ständiger Rat, Rat für Wirtschaft und Soziales; Rat für Bildung, Wissenschaft und Kultur; Rechtsausschuß; spezialisierte Organisationen und Komitees	Antigua-Barbuda, Argentinien, Bahamas, Barbados, Bolivien, Brasilien, Chile, Costa Rica, Dom. Republik, Ecuador, El Salvador, Grenada, Guatemala, Haiti, Honduras, Jamaika, Kanada, Kolumbien, Mexiko, Nicaragua, Panama, Paraguay, Peru, St. Kitts-Nevis., St. Lucia, St. Vincent and the Grenadines, Suriname, Trinidad & Tobago, Uruguay, USA, Venezuela
Lateinamerikanisches Wirtschaftssystem (SELA)	18. Oktober 1975	Förderung regionaler Kooperation zur Beschleunigung wirtschaftlicher und sozialer Entwicklung; ständige Einrichtung für Beratung und Koordination zur Unterstützung gemeinsamer Positionen und Strategien gegenüber internationalen Einrichtungen und Drittländern	Lateinamerikanischer Rat; Ständiges Sekretariat; Arbeitsgemeinschaften	Argentinien, Bolivien, Brasilien, Chile, Ecuador, Kolumbien, Mexiko, Paraguay, Peru, Uruguay, Venezuela

Organisation	Gründungsdatum	Aufgaben & Ziele	Wichtigste Einrichtungen	Mitgliedsstaaten
Rio-Gruppe	18. Dezember 1986	Förderung der Koordination und Harmonisierung bei internationalen Angelegenheiten; Förderung der Koordination unter den verschiedenen Kooperations- und Integrationseinrichtungen; Lösungsmechanismen für regionale Konflikte	Jährliche Präsidialtagung, Treffen der Außen- und Finanzminister; Ad-hoc-Komitees; Interparlamentarische Gruppe	Argentinien, Bolivien, Brasilien, Chile, Ecuador, Kolumbien, Mexiko, Paraguay, Peru, Uruguay, Venezuela und je eine zentralamerikanische und eine CARICOM-Nation als Beobachter
Lateinamerikanische Organisation für Energie (OLADE)	2. November 1973	Kooperationsinstrument zur Nutzung und Erhaltung regionaler Energieressourcen; Förderung der Entwicklung von Energieressourcen und -kapazitäten; Stärkung von Energiepolitik und -planung	Jahrestreffen der Energieminister; Sachverständigenrat; Generalsekretariat	Argentinien, Barbados, Bolivien, Brasilien, Chile, Costa Rica, Dom. Republik, Ecuador, El Salvador, Grenada, Guatemala, Haiti, Honduras, Jamaika, Kolumbien, Kuba, Mexiko, Nicaragua, Panama, Paraguay, Peru, Suriname, Trinidad & Tobago, Uruguay, Venezuela
Amazonas-Kooperationsabkommen (TCA)	3. Juli 1978	Zusammenarbeit zur Entwicklungsförderung der Amazonasregion; Erhaltung des ökologischen Gleichgewichts: Nutzung von Umweltressourcen; Sicherstellung der freien Navigation auf dem Amazonas	Amazonas-Kooperationsrat; Präsidialtagungen; Treffen der Außenminister; ständige nationale Kommissionen; Amazonas-Parlament	Bolivien, Brasilien, Ecuador, Guyana, Kolumbien, Peru, Suriname, Venezuela

Fortsetzung Anhang III-6

Organisation	Gründungsdatum	Aufgaben & Ziele	Wichtigste Einrichtungen	Mitgliedsstaaten
Plata-Becken Abkommen	23. April 1969	Förderung harmonischer und ausgeglichener Entwicklung und Integration der Regionen an und um den *Rio de la Plata*; Nutzung von Umweltressourcen und des Potentials hydraulischer Energie; Identifizierung gemeinsamer Interessen; Durchführung von Studien, Programmen und Bauvorhaben	Konferenz der Außenminister; Zwischenstaatlichees Koordinations-Komitee; nationale Räte und Sekretariate; Plata-Becken Fonds (FONPLATA)	Argentinien, Bolivien, Brasilien, Paraguay, Uruguay
Lateinamerikansiches Parlament (PARLATINO)	11. Dezember 1964	Konsolidierung der Demokratie und Stärkung nationaler und subregionaler Parlamente; Förderung der umfassenden wirtschaftlichen, politischen und kulturellen Integration Lateinamerikas; Untersuchung von Fragen der regionalen Integration und Koordination zwischen den Parlamenten der Region	Generalversammlung; Leitender Rat; ständige Ausschüsse; beratende Komitee; Generalsekretariat	Argentinien, Aruba, Bolivien, Brasilien, Chile, Costa Rica, Dom. Republik, Ecuador, El Salvador, Guatemala, Holl. Antillen, Honduras, Kolumbien, Kuba, Mexiko, Nicaragua, Panama, Paraguay, Peru, Suriname, Uruguay, Venezuela

Quelle: IRELA (1993).

Anhang III-7

Die wichtigsten Handelspartner Lateinamerikas für Exporte und Importe,
nach Subregionen und ausgewählten Ländern, 1991
(in Mrd. US-$ und in prozentualer Verteilung)

	Gesamt-exporte (Mrd US$)	USA (%)	EG (%)	LA (%)	Japan (%)	Gesamt-importe (Mrd US$)	USA (%)	EG (%)	LA (%)	Japan (%)
Lateinamerika	13,2	41,3	21,2	12,5	6,0	12,2	46,4	17,6	14,0	6,3
LAIA	12,1	41,1	20,9	12,2	6,3	10,7	47,3	17,8	12,9	6,2
G-3	5,6	67,1	9,6	6,6	3,6	5,8	66,4	14,4	4,7	5,9
MERCOSUR	4,8	16,8	31,9	17,6	7,2	3,4	23,9	23,1	20,6	6,0
AG	2,5	44,4	14,7	14,7	3,5	1,7	42,2	21,4	18,5	6,0
CACM	1,0	40,3	25,5	16,9	3,9	1,1	37,8	17,8	23,2	7,9
Argentinien	1,3	9,7	32,0	28,6	4,2	0,8	28,2	28,8	21,5	6,2
Brasilien	3,2	20,3	32,3	11,6	8,9	2,3	23,6	21,9	18,3	5,7
Chile	0,9	17,7	31,9	14,1	18,2	0,8	20,6	18,3	26,5	8,4
Kolumbien	0,7	40,5	28,2	14,2	3,8	0,6	37,7	21,0	18,0	9,6
Mexiko	3,9	74,5	8,6	3,6	4,1	4,7	70,8	12,6	2,9	6,0
Venezuela	1,6	50,7	10,3	13,0	2,7	0,9	49,4	23,9	8,3	5,6

Quelle: IRELA (1993).

Intra- und Extrahandel der EG[a] im Welthandel, 1958-92

	Intrahandel		Extrahandel	
	in v.H. vom			
	Gesamtexport EG	Weltexport	Weltexport[b]	Weltimport[b]
1958	32	6	14	15
1959	34	7	14	16
1960	34	8	16	15
1961	37	10	20	19
1962	40	11	19	19
1963	42	12	18	20
1964	43	12	18	19
1965	43	13	19	19
1966	44	13	19	18
1967	44	13	19	17
1968	45	14	19	17
1969	48	15	19	18
1970	49	15	19	18
1971	49	16	20	18
1972	50	17	20	18
1973	52	21	25	24
1974	50	19	23	24
1975	49	19	24	23
1976	52	19	22	23
1977	51	18	22	22
1978	52	20	23	22
1979	54	20	22	23
1980	53	18	20	23
1981	51	17	20	21
1982	52	18	20	21
1983	52	18	20	20
1984	52	17	19	19
1985	52	18	20	20
1986	57	23	23	21
1987	59	24	22	22
1988	59	24	21	21
1989	60	23	21	21
1990	61	25	22	23
1991	62	25	20	23
1992	61	24	20	22

a) EG-6 von 1958-72, EG-9 von 1973-80, EG-10 von 1981-85, EG-12 von 1986-92.

b) Weltex- und -import ohne EG-Intrahandel.

Quelle: IMF: Direction of Trade Statistics; eigene Berechnungen.

Anhang IV-2
Intra- und Extrahandel Westeuropas (WE)[a] im Welthandel, 1973-92

	Intrahandel		Extrahandel	
	in v.H. vom			
	Gesamtexport	Weltexport	Weltexport[b]	Weltimport[b]
1973	65	31	24	26
1974	63	27	22	26
1975	61	28	25	24
1976	63	27	22	24
1977	62	27	22	24
1978	62	28	23	23
1979	65	29	22	25
1980	65	27	20	24
1981	62	24	20	22
1982	63	25	20	22
1983	63	26	20	21
1984	63	24	19	19
1985	63	26	20	20
1986	68	32	22	20
1987	69	33	22	21
1988	70	32	20	21
1989	70	32	20	21
1990	71	34	21	22
1991	72	33	20	19
1992	71	33	20	18

a) Westeuropa = EG + EFTA.

b) Weltex- und -import ohne WE-Intrahandel.

Quelle: IMF: Direction of Trade Statistics.

Bestand an internationalen Direktinvestitionen 1980 bis 1992

	im Ausland			im Inland		
	1980	1985	1992	1980	1985	1992
	Wert (in Mrd. US-$)					
Vereinigte Staaten[a]	220	251	487	83	185	411
Kanada	23	36	78	52	59	107
Deutschland	43	60	180	37[b]	37[b]	135[b]
Großbritannien	79	107	231	63	63	199
Niederlande	40	50	118	20	25	78
Frankreich	14	19	138	16	20	108
Italien	7	18	54	9	19	49
Schweiz	22	24	72	9	11	33
Japan	20	44	240	3	5	23
Summe neun Länder	470	610	1590	290	420	1130
Übrige Industrieländer[c]	25	40	160	70	80	230
Entwicklungsländer[c]	8	20	75	120	185	320
Welt[c]	510	670	1830	480	685	1700
	Bedeutung (in % vom BIP)					
Vereinigte Staaten	8	6	9	3	5	8
Kanada	8	10	14	20	17	20
Deutschland	5	10	11	5[b]	6[b]	8[b]
Großbritannien	15	24	26	12	13	22
Niederlande	24	39	38	12	20	25
Frankreich	2	4	11	2	4	9
Italien	2	4	5	2	5	5
Schweiz	22	26	31	9	12	14
Japan	2	3	6	-	-	1
Summe neun Länder	7	8	11	4	5	8
Übrige Industrieländer[c]	3	5	9	8	10	13
Entwicklungsländer[c]	-	1	2	5	9	6
Welt[c]	5	6	9	5	6	8

a) Direktinvestitionen im Ausland ohne Finanzinvestitionen in den Niederländischen Antillen.

b) Ohne indirekte Direktinvestitionen.

c) Übrige Industrieländer und Entwicklungsländer sowie einige nationale "Bestände" der Direktinvestitionen im Inland berechnet auf der Grundlage von jährlichen Kapitalzu- und abflüssen. Die Angaben für Entwicklungsländer enthalten die osteuropäischen Reformländer und Schätzungen für Taiwan und Honkong. Angesichts großer nationaler Erfassungsunterschiede und Datenlücken sind die Werte nur als Größenordnungen zu interpretieren.

Quelle: Berechnet aus nationalen Quellen; UNCTC; IMF.

Anhang V-2

Direktinvestitionen in und aus den OECD-Ländern, 1989-1992 (jährliche Zu- und Abflüsse), in Mio. Dollar

	Zuflüsse				Abflüsse			
	1989	1990	1991	1992	1989	1990	1991	1992
Australien	7289	6549	4763	4641	2831	1284	2026	-629
Österreich	578	647	359	888	855	1663	1288	1959
Belgien-Luxemburg[a]	6731	7517	8923	7959[b]	6114	5957	6068	6699[b]
Kanada	2027	5845	5141	3903	4603	4371	3840	2760
Dänemark	1084	1207	1530	1015	2027	1509	1851	2225
Finnland	488	787	-247	180	3106	3283	1064	975
Frankreich[a]	9552	9231	11073	16323	18137	27112	20529	18205
Deutschland[a]	6997	2313	2919	2967	14536	22905	21535	17234
Griechenland	752	1005	1135	1000	..	..	..	..
Island[a]	-27	6	35	15[c]	8	9	10	..
Irland	85	99	97	50[d]	..	..	..	..
Italien[a]	2529	6316	2542	3154	2003	7245	6672	5634
Japan[a]	-1054	1753	1368	2721	44130	48024	30726	17248
Niederlande	6367	8703	5058	5221	11538	13020	11976	10841
Neuseeland	434	1686	1724	..	135	2365	528	..
Norwegen	1511	881	-379	..	1352	1458	1842	..
Portugal	1740	2608	2451	1438[b]	85	165	474	370[b]
Spanien[a]	8433	13681	15695	11934	1470	2845	4263	3301
Schweden	1523	1960	5727	262	9738	14056	6751	1337
Schweiz	2254	4451	1996	..	7852	6376	4502	..
Türkei	663	700	783	656[b]	56	182	53	93[b]
Vereinigtes Königreich	30369	33099	21141	19148	35191	16969	17865	15138
Vereinigte Staaten	69010	46108	12619	-3948	30167	34111	28197	35310
Total	159335	157152	106453	79527	195934	214909	172059	138700

a) Reinvestierte Gewinne sind in den nationalen Statistiken nicht enthalten. b) Januar-September. c) Saldo der Zu- und Abflüsse.
d) Januar-Juni.

Quelle: OECD/DAF auf der Grundlage nationaler Zahlungsbilanzdaten, umgerechnet in US Dollar mit dem Durchschnitt der täglichen Wechselkurse.

Anhang V-3

Direktinvestitionen der OECD-Länder - Abflüsse in % des BIP - 1981-1992

	1981	1982	1983	1984	1985	1986	1987	1988	1989	1990	1991	1992
Australien	0,4	0,4	0,3	0,7	1,1	1,9	2,4	1,8	1,0	0,4	0,7	0,0
Österreich	0,3	0,2	0,3	0,1	0,1	0,3	0,3	0,2	0,7	1,1	0,8	1,1
Belgien-Luxemburg	0,0	-0,1	0,4	0,4	0,3	1,4	1,8	2,3	3,8	3,0	2,9	..
Kanada	2,0	0,2	0,8	0,7	0,8	1,1	1,7	1,1	0,8	0,8	0,7	0,5
Dänemark	0,2	0,1	0,3	0,2	0,5	0,8	0,6	0,7	1,9	1,2	1,4	1,6
Finnland	0,3	0,2	0,3	1,0	0,7	1,1	1,3	2,5	2,7	2,4	0,9	0,9
Frankreich[a]	0,8	0,6	0,4	0,4	0,4	0,7	1,0	1,3	1,9	2,3	1,7	1,4
Deutschland[a]	0,6	0,4	0,5	0,7	0,8	1,1	0,8	1,0	1,2	1,6	1,4	1,0
Italien[a]	0,3	0,3	0,5	0,5	0,4	0,4	0,3	0,6	0,2	0,7	0,6	0,0
Japan[a]	0,4	0,4	0,3	0,5	0,5	0,7	0,8	1,2	1,5	1,6	0,9	0,5
Niederlande	2,6	1,9	1,6	2,0	2,2	1,8	3,3	1,8	5,1	4,7	4,1	3,4
Neuseeland	0,4	0,4	1,7	0,1	0,8	0,3	1,5	1,4	0,3	5,4	1,2	..
Norwegen	0,3	0,6	0,7	1,1	2,1	2,3	1,1	1,1	1,5	1,4	1,7	..
Portugal	0,1	0,0	0,1	0,0	0,1	0,0	0,0	0,2	0,2	0,3	0,7	..
Spanien[a]	0,1	0,3	0,2	0,2	0,2	0,2	0,3	0,4	0,4	0,6	0,8	0,6
Schweden	0,7	1,2	1,6	1,6	1,8	2,8	2,8	4,0	5,1	6,2	2,8	0,5
Schweiz	0,0	0,0	0,5	1,3	4,9	1,1	0,7	4,7	4,5	2,8	1,9	..
Türkei	0,0	0,0	0,0	0,0	0,0	0,0	0,0	0,0	0,1	0,2	0,0	..
Vereinigtes Königreich	2,4	1,5	1,8	1,9	2,4	3,1	4,6	4,5	4,2	1,7	1,8	1,3
Vereinigte Staaten	0,3	0,0	0,2	0,3	0,3	0,4	0,7	0,4	0,6	0,6	0,5	0,6
OECD Durchschnitt	**0,6**	**0,4**	**0,6**	**0,7**	**1,0**	**1,1**	**1,3**	**1,6**	**1,9**	**2,0**	**1,4**	**1,1**

a) Reinvestierte Gewinne sind in den nationalen Statistiken nicht enthalten.

Quelle: OECD/DAF auf der Grundlage nationaler Zahlungsbilanzdaten.

Direktinvestitionen in den OECD-Ländern - Zuflüsse in % des BIP - 1981-1992

	1981	1982	1983	1984	1985	1986	1987	1988	1989	1990	1991	1992
Australien	1,3	1,3	1,7	0,2	1,3	2,0	1,8	2,9	2,5	2,2	1,6	0,0
Österreich	0,5	0,3	0,3	0,2	0,3	0,2	0,3	0,3	0,5	0,4	0,2	0,5
Belgien-Luxemburg	1,3	1,6	1,5	0,4	1,1	0,5	1,6	3,2	4,2	3,7	4,3	..
Kanada	-1,2	-0,3	0,1	0,4	-0,6	0,3	0,8	0,7	0,4	1,0	0,9	0,7
Dänemark	0,2	0,2	0,1	0,0	0,2	0,2	0,1	0,5	1,0	0,9	1,2	0,7
Finnland	0,2	0,0	0,2	0,3	0,2	0,5	0,3	0,5	0,4	0,6	-0,2	0,2
Frankreich[a]	0,4	0,3	0,3	0,4	0,4	0,4	0,5	0,7	1,0	0,8	0,9	1,2
Deutschland[a]	0,1	0,1	0,3	0,1	0,1	0,1	0,2	0,1	0,6	0,2	0,2	0,2
Griechenland	1,4	1,1	1,3	1,4	1,3	1,2	1,5	1,7	1,4	1,5	1,6	1,3
Irland	1,1	1,3	0,9	0,7	0,8	-0,2	0,3	0,3	0,2	0,2	0,2	..
Italien[a]	0,3	0,2	0,3	0,3	0,2	0,0	0,5	0,8	0,3	0,6	0,2	0,0
Japan[a]	0,0	0,0	0,0	0,0	0,0	0,0	0,0	0,0	0,0	0,1	0,0	0,1
Niederlande	1,1	0,7	0,6	0,5	0,5	1,1	1,1	1,8	2,8	3,1	1,7	1,6
Neuseeland	0,7	1,2	1,0	0,5	1,0	1,4	0,7	0,4	1,0	3,8	4,0	..
Norwegen	1,2	0,8	0,6	-0,4	-0,7	1,5	0,2	0,3	1,7	0,8	-0,4	..
Portugal	0,7	0,6	0,7	1,0	1,3	0,8	1,3	2,2	3,8	4,4	3,6	2,0
Spanien[a]	0,9	1,0	1,1	1,1	1,2	1,5	1,6	2,0	2,2	2,8	3,0	2,0
Schweden	0,2	0,4	0,2	0,3	0,4	0,7	0,4	0,8	0,8	0,9	2,4	0,1
Schweiz	0,0	0,0	0,3	0,6	1,1	1,3	1,2	0,0	1,3	2,0	0,9	..
Türkei	0,2	0,1	0,1	0,2	0,2	0,2	0,2	0,5	0,8	0,6	0,7	..
Vereinigtes Königreich	1,2	1,1	1,1	-0,1	1,3	1,5	2,2	2,6	3,4	3,4	2,1	1,7
Vereinigte Staaten	0,8	0,4	0,3	0,7	0,5	0,9	1,3	1,2	1,3	0,9	0,2	-0,1
OECD Durchschnitt	**0,6**	**0,6**	**0,6**	**0,4**	**0,6**	**0,7**	**0,8**	**1,1**	**1,4**	**1,6**	**1,3**	**0,8**

a) Reinvestierte Gewinne sind in den nationalen Statistiken nicht enthalten.
Quelle: OECD/DAF auf der Grundlage nationaler Zahlungsbilanzdaten.

Literaturverzeichnis

Aitken, N.; Lowry, W. (1972)
"A Cross Sectional Study of the Effects of LAFTA and CACM on Latin American Trade". Journal of Common Market Studies, Vol. 11, S. 326-336

Allen, James Jay (1961)
"The European Common Market and the General Agreement on Tariffs and Trade: A Study in Compatibility". Law and Contemporary Problems, Vol. 26, No. 3

Amelung, Torsten (1990)
Explaining Regionalization of Trade in Asia Pacific: A Transaction Cost Approach. Kieler Arbeitspapiere, No.423, Kiel
(1992)
"Regionalization of Trade in the Asia-Pacific, A Statistical Approach". ASEAN Economic Bulletin, Vol. 9, No. 2, S. 133-148

Anderson, Kym (1991)
"Is an Asian-Pacific Trade Bloc Next?". Journal of World Trade, Vol. 25, No. 4, S. 27-40

Anderson, Kym; Blackhurst, Richard (eds.) (1993)
Regional Integration and the Global Trading System, New York usw.

Anderson, Kym; Norheim, Hege (1993)
"History, Geography and Regional Economic Integration". In: Anderson, Blackhurst (1993)

Ariff, Mohamed; Tan, Joseph L.M. (1992)
"Introduction". ASEAN Economic Bulletin, Vol. 8, S. 262, Special Focus: ASEAN and the Pacific

Armington, Paul S. (1969)
"A Theory of Demand for Products Distinguished by Place of Production". IMF Staff Papers, Vol. 56, S. 150-178

Baily, Paul u.a. 1993
Multinationals and Employment - The Global Economy of the 1990s -, Genf

Balassa, Bela (1961)
The Theory of Economic Integration, Homewood Illinois
(1967)
"Trade Creation and Trade Diversion in the European Common Market". The Economic Journal, Vol. 77, S. 1-21
(1987)
"Economic Integration". In: John Eatwell, Murray Milgate, Peter Newman (eds.): New Palvgrave Dictionary of Economics. Vol. 2, London, New York, Tokio

Balassa, Bela; Bauwens, Luc (1988)
"The Determinants of Intra-European Trade in Manufactured Products". European Economic Review, Vol. 32

Baldwin, Richard E. (1992)
"Measurable Dynamic Gains from Trade". Journal of Political Economy, Vol. 100, No. 1, S. 162-174

Bartlett, C.A; Ghoshal, S. (1989)
Managing Across Borders: The Transnational Solution, Boston

Beetz, Caroline; van Ryckeghem, Willy (1993)
"Trade and Investment Flows Between Europe and Latin America and the Caribbean". In: Fischer, von Gleich, Grabendorff (1994)

Behrman, J.N. (1986)
Industrial Policies: International Restructuring and Transnationals, Kingston, Toronto

Bellers, Jürgen; Häckel, Erwin (1990)
"Theorien internationaler Integration und internationaler Organisationen". In: Volker Rittberger, (Hrsg.): Theorien der internationalen Beziehungen. Politische Vierteljahresschrift: Sonderheft 21, Opladen

Berg, Hartmut (1976)
Internationale Wirtschaftspolitik, Göttingen

Bhagwati, Jagdish N. (1990)
"Departures from Multilateralism: Regionalism and Aggressive Unilateralism". The Economic Journal, Vol. 100, December, S. 1304-1317

(1991)
The World Trading System at Risk, New York usw.

(1992)
"The Threats to the World Trading System". The World Economy, Vol. 15, No. 4, July, S. 443-456

(1992a)
Regionalism and Multilateralism: an Overview. Paper presented to the World Bank and CEPR Conference on New Dimensions in Regional Integration, Washington, D.C., April 2-3

Blackhurst, Richard; Henderson, David (1993)
"Regional Integration Agreements, World Integration and the GATT". In: Anderson, Blackhurst (1993)

Bollard, Alan; Mayes, David (1992)
"Regionalism and the Pacific Rim". Journal of Common Market Studies, Vol. 30, No. 2, S. 195-209

Borrmann, Axel; Jungnickel, Rolf (1992)
Auslandsinvestitionen im asiatisch-pazifischen Integrationsprozeß. HWWA-Report Nr. 102, Hamburg

Bortz, J. (1985)
Lehrbuch der Statistik für Sozialwissenschaftler. 2. Aufl., Berlin u.a.

Bradford, C.J. (1993)
Mobilising International Investment for Latin America. Paris

Brown, Drusilla K.; Deardorff, Alan V.; Stern, Robert M. (1992)
"North American Integration". The Economic Journal, Vol. 102, S. 1507-1518

Buigues, Pierre; Sheehy, J. (1994)
"Recent Developments and Trends in European Integration". In: Fischer, von Gleich, Grabendorff (1994)

Cantwell, John (1992)
"The Effects of Integration on the Structure of Multinational Corporation Activity in the EC". In: M.W. Klein, P.J.J. Welfens (eds.): Multinationals in the New Europe and Global Trade. Heidelberg, S. 193-235

Cecchini, Paolo; Catinat, Michel; Jacquemin, Alexis (1988)
The European Challenge, 1992: The Benefits of a Single Market. Aldershot

Cooper, C. A.; Massel, B.F. (1965)
"Towards a General Theory of Customs Unions for Developing Countries". Journal of Political Economy, Vol. 73, S. 461-447

Corden, Warner Max (1972)
    "Economies of Scale and Customs Union Theory". Journal of Political Economy, Vol. 80

Cornes, Richard; Sandler, Todd (1986)
    The Theory of Externalities, Public Goods, and Club Goods. Cambridge (Mass.) usw.

Dam, Kenneth W. (1970)
    The GATT. Law and International Economic Organization. Chicago und London

De la Torre, Augusto; Kelly, Margaret R. (1992)
    Regional Trade Arrangements. International Monetary Fund. Occasional Paper No. 93, Washington, D.C., March

De Melo, Jaime; Panagariya, Arvind; Rodrik, Dani (1992)
    The New Regionalism: A Country Perspective. Paper presented to the World Bank and CEPR Conference on New Dimensions in Regional Integration. Washington, D.C., April 2-3

Devuyst, Youri (1992)
    "GATT Customs Union Provisions and the Uruguay Round: The European Community Experience". Journal of World Trade, Vol. 26, No. 1, S. 15-34, February

Die Zeit (1993)
    Siegele, Ludwig: Freihandel passé. 25.6.1993

DIW (1993)
    "Industriegütereinfuhren der EG aus Ost und Süd: Handelspolitik und Entwicklung" (bearbeitet von Uta Möbius). Wochenbericht Nr. 23, 10. Juni

Dobson, Wendy (1992)
    "North American Economic Integration in the 1990s". In: OECD (ed.): Long-Term Prospects for the World Economy. Paris, S. 101-117

Drysdale, Peter; Garnaut, Ross (1982)
    "Trade Intensities and the Analysis of Bilateral Trade Flows in a Many-Country World: A Survey". Hitotsubashi Journal of Economics, S. 62-84

Drysdale, Peter (1991)
    Open Regionalism: A Key to East Asia's Economic Future. Pacific Economic Papers, No. 197, Canberra

EFTA (1987)
    The European Free Trade Association. 3. Aufl., Genf

El-Agraa, Ali M. (1989)
    The Theory and Measurement of International Economic Integration. Houndmills und London

Elek, Andrew (1992)
    "Trade Policy Options for the Asia-Pacific Region in the 1990's: The Potential of Open Regionalism". AEA Papers and Proceedings, Vol. 82, No. 2

Eliasson, G. (1991)
    "The International Firm: A Vehicle for Overcoming Barriers to Trade and a Global Intelligence Organization Diffusing the Notion of a Nation". In: Mattsson, Stymne (eds.): Corporate and Industry Strategies for Europe. Amsterdam, S. 139-170

Emerson, Michael u.a. (1988)
    The Economics of 1992. Oxford, New York, Toronto

Erbe, Susanne, u.a. (1991)
    Drittlandunternehmen im europäischen Binnenmarkt. Hamburg

Ernst, Angelika; Hilpert, Hanns Günther; Laumer, Helmut (1993)
"Japans Wirtschaft im strukturellen Wandel: Wettbewerbsposition, Ungleichgewichte, Reformbedarf". In: Hanns W. Maull (Hrsg.): Japan und Europa: Getrennte Welten?, Schriften des Forschungsinstitutes der Deutschen Gesellschaft für Auswärtige Politik e.V., Frankfurt, S. 51-84

FAZ (19.1.1993)
VW de México plant die "Reconquista" des amerikanischen Marktes
(23.2.1993)
In der dünnen Luft Mexikos rollt der Stern nur mit acht Zylindern

Financial Times (17.7.1992)
Japan to import US-made Toyotas
(9.12.1992)
There are some Flies in the Nafta Ointment
(11.6.1993)
Barber, Lionel: Balladur Urges Caution in Market Access Talks
(12.10.1993)
Bell Atlantic pays $ 1bn in Mexican cellular deal
(23.6.1993)
Baxter, Andrew: Some Bend in a Hard Market Debate
(1993/1994)
Gowers, Andrew; Buchan, David: EU Action over "Unfair" Trade Urged by Balladur. 31.12.1993/1.1.1994
(4.2.1994)
Uruguay Deal Boosts World Standardization

Finger, J. Michael (1992)
GATT's Influence on Regional Arrangements. Paper presented to the World Bank and CEPR Conference on New Dimensions in Regional Integration, Washington, D.C., April 2-3

Fischer, Bernhard; von Gleich, Albrecht; Grabendorff, Wolf (eds.) (1994)
Latin America´s Competitive Position in the Enlarged European Market, Baden-Baden

Fischer, Bernhard (1993)
"Finanzielle Zusammenarbeit zwischen den Entwicklungsländern". Die Weltwirtschaft, Heft 1, S. 160-176

Fisher, Stanley (1992)
Prospects for Integration in the Middle East, Paper presented to the World Bank and CEPR Conference on New Dimensions in Regional Integration, Washington, D.C., April 2-3

Fishlow, Albert; Haggard, Stephan (1992)
The United States and the Regionalisation of the World Economy. OECD, Development Centre Documents, Paris

Foroutan, Faezeh (1992)
Regional Integration in Sub-Saharan Africa: Past Experience and Future Prospects, Paper presented to the World Bank and CEPR Conference on New Dimensions in Regional Integration, Washington, D.C., April 2-3

Frankel, Jeffrey A. (1991)
"Is a Yen Bloc Forming in Asia Pacific?". In: Richard O'Brien (ed.): The AMEX Bank Review Prize Essays, Finance and the International Economy, Vol. 5, Oxford, S. 1-20

Gasiorek, Michael; Smith, Alasdair; Venables, Anthony J. (1992)
"1992: Trade and Welfare: A General Equilibrium Model". In: L. Alan Winters (ed.): Trade Flows and Trade Policy after 1992, Cambridge, S. 35-63

GATT (1958) und (1959)
Basic Instruments and Selected Documents. Sixth Supplement, Genf
(1985)
Trade Policies for a Better Future. Proposals for Action. Genf, March
(1991) und (1993)
Trade Policy Review. European Communities, Genf
(1993a)
International Trade 91-92, Statistics, Genf
(1993)
International Trade and the Trading System. Report by the Director-General 1992-93, Genf, Juli

Gehrels, Franz (1956-57)
"Customs Unions from a Single Country Viewpoint": The Review of Economic Studies, No. 24, S. 61-64

Giersch, Herbert (1987)
"Eurosclerosis - What are the Cures?". In: International Management Institute (ed..): The Renewal of Europe in a World Perspective: 1946-86. Geneva, S. 20-22

Government of Canada (1992)
North American Free Trade Agreement. An Overview and Description, Montreal

Grossmann, H.; Koopmann, G. (1991)
"Regionalisierung, Globalisierung und die Uruguay-Runde des GATT". Hamburger Jahrbuch für Wirtschafts- und Gesellschaftspolitik, 36. Jahr, Tübingen, S. 169-192
(in Vorbereitung)
Protektionismus - Begriff, Formen und Wirkungen.

Gujarati, D.N. (1988)
Basic Econometrics. 2nd ed., Singapore, Chapter 14, S. 431-466

Gumpel, Werner (1993)
The Black Sea Economic Cooperation Zone, Outline of a New Community of States, in: Intereconomics, Vol.28, No.4, S. 178-182

Gundlach, Erich; Hiemenz, Ulrich; Langhammer, Rolf J.; Nunnenkamp, Peter (1993)
"Regional Integration in Europe and its Impact on Developing Countries". In: Koichi Ohno (ed.): Regional Integration and its Impact on Developing Countries. Institute of Developing Economies, Tokyo, March

Haaland, Jan I.; Norman, Victor D. (1992)
"Global Production Effects of European Integration". In: L. Alan Winters (ed.): Trade Flows and Trade Policy after 1992, Cambridge, S. 67-91

Haberler, Gottfried (1933)
Der internationale Handel, Berlin

Härtel, Hans-Hagen (1993)
Industrie und Wettbewerb: Handlungsbedarf durch den vollendeten Binnenmarkt. In: Werner Weidenfeld (Hrsg.): Der vollendete Binnenmarkt - eine Herausforderung für die Europäische Gemeinschaft, Gütersloh

Haight, F.A. (1972)
"Customs Unions and Free-Trade Areas under GATT". Journal of World Trade Law, Vol. 6

Halvorsen, R.; Palmquist, R. (1980)
   "The Interpretation of Dummy Variables in Semilogarithmic Equations". American Economic Review, Vol. 70, No. 3, S. 474-475

Hamilton, Bob; Whalley, John (1985)
   "Geographically Discriminatory Trade Arrangements". Review of Economics and Statistics, Vol. 67, S. 446-455

Hamilton, Carl; Whaller, John (1992)
   The Future of the World Trading System, Washington

Handelsblatt (23.10.1992)
   Goldstar verlegt Werk nach Mexiko

Handbuch für Internationale Zusammenarbeit
   Regionale Zusammenarbeit in Asien II C 8033 (Loseblattsammlung), Baden-Baden

Harbrecht, Wolfgang (1984)
   Die Europäische Gemeinschaft. 2. Aufl., Stuttgart

Harris, R.G.; Cox, D. (1984)
   Trade, Industrial Policy and Canadian Manufacturing, Toronto

Harris, R. (1985)
   "Summary of a Project on the General Equilibrium Evaluation of Canadian Trade Policy". In: John Whalley (ed.): Canada-United States Free Trade, Toronto

Harrison, G.; Rutherland, T.; Wooton, I. (1989)
   "The Economic Impact of the EC". American Economic Review, Vol. 79, S. 288-294

Harrison, G.W.; Rutstrom, E.E. (1991)
   "Trade Wars, Trade Negotiations and Applied Game Theory". The Economic Journal, Vol. 101, May, S. 420-435

Henderson, David (1992)
   "International Economic Integration: Progress, Prospects and Implications". International Affairs, Vol. 68, No. 4

Hessler, Stephan; Menzel, Ulrich (1992)
   Regionalisierung der Weltwirtschaft, Frankfurt

Hilpert, Günter (1992)
   Wirtschaftliche Integration und Kooperation im asiatisch-pazifischen Raum, Ifo-Studien zur Japanforschung 5, München 1992

Hilpold, Peter (1993)
   "Regionale Integrationszonen und das GATT". Recht der Internationalen Wirtschaft, Heft 8

Hindley, Brian; Messerlin, Patrick (1993)
   Guarantees of Market Access and Regionalism. In: Anderson, Blackhurst (1993)

Hine, R. C. (1985)
   The Political Economiy of European trade: An Introduction of the Trade Policies of the EEC, Brighton.

Hoekman, Bernard M.; Leidy, Michael P. (1992)
   "Holes and Loopholes in Regional Trade Arrangements and the Multilateral Trading System". Außenwirtschaft, 47. Jahrgang, Heft III, S. 325-360

Huber, Jürgen (1981)
   "The Practice of GATT in Examining Regional Arrangements under Article XXIV". Journal of Common Market Studies, Vol. 19, No. 3, March, S. 281-298

Hudec, Robert (1975)
   The GATT Legal System and World Trade Diplomacy, New York

Hufbauer, Gary C. (1990)
> "An Overview". In: G.C. Hufbauer (ed.): Europe 1992. An American Perspective, Washington, D.C., S. 1-64

Hufbauer, Gary Clyde; Schott, Jeffrey J. (1992a)
> "Free Trade Areas, the Enterprise for the Americas Initiative, and the Multilateral Trading System". In: Colin I. Bradford (ed.): Strategic Options for Latin America in the 1990s, Paris, S. 249-277

> (1992)
> American Free Trade: Issues and Recommendations. Institute for International Economics, Washington, D.C.

> (1993)
> "Regionalism in North America". In: Koichi Ohno (ed.): Regional Integration and its Impact on Developing Countries, Tokyo

> (1993a)
> NAFTA. An Assessment, Washington, D.C., February

IDB (1992)
> Economic and Social Progress in Latin America. 1992 Report, Washington, D.C.

Imada, Peral; Naya, Naya (Ed.) (1992)
> AFTA, The Way Ahead, Singapur

Inter-American Development Bank (1992)
> Development Policy, Washington, D.C., September

International Trade Reporter (1986)
> Shultz rejects Delors bid for GATT talks

IRELA (1991)
> A New Attempt at Regional Integration: The Southern Cone Common Market. Dossier No. 30, Madrid

> (1992)
> Prospects for the Processes of Sub-Regional Integration in Central and South America, Madrid

> (1993a)
> Integration and Cooperation in Latin America: New Concepts, Multiple Efforts. Dossier No. 44, Madrid

> (1993b)
> Foreign Direct Investment in Latin America and the Caribbean: An Overview of Flows from Europe, Japan and the United States, 1979-90, Madrid, Paris

Jackson, John H. (1989)
> The World Trading System. Law and Policy of International Economic Relations, Cambridge und London

Jacquemin, Alexis, Sapir, André (1988)
> "International Trade and Integration of the European Community". European Economic Review, Vol. 32

> (1991)
> "Europe Post 1992: Internal and External Liberalization". American Economic Review, Vol. 81, No. 2, S. 166-170

Jaspersen, Frederick-Z.; Ginarte, Juan Carlos (1993)
> "Capital Flows to Latin American 1982-92: Trends and Prospects". In: Fischer, von Gleich, Grabendorff (1994)

Jetro (1993)
The 9th Survey of European Operations of Japanese Companies in the Manufacturing Sector, o.O.

Johnson, Harry G. (1953)
"Optimum Tariffs and Retaliation". The Review of Economic Studies, Vol. 21, S. 142-153

(1958)
"The Gains from Free Trade with Europe: An Estimate". Manchester School, Vol. 26, S. 247-255

(1967)
Economic Policies toward Less Developed Countries, Washington

(1976)
Trade Negotiations and the New International Monetary System, Leiden

Johnston, J. (1984)
Econometric Methods. 3rd ed., Singapore

Julius, DeAnne (1990)
Global Companies and Public Policy: The Growing Challenge of Foreign Direct Investment. The Royal Institute of International Affairs, London

(1991)
Foreign Direct Investment: The Neglected Twin of Trade, Washington, D.C.

Jungnickel, Rolf; Koopmann, Georg (1993)
"Globalization of Business: Implications for International Competition and Related Policies". In: E. Kantzenbach, H.-E. Scharrer, L. Waverman (eds.): Competition Policy in an Interdependent World Economy, Baden-Baden

Jungnickel, Rolf (1993)
Foreign Direct Investment: Recent Trends in a Changing World. HWWA-Report Nr.115, Hamburg

Kantzenbach, Erhard (1994)
"Germany as a Business Location". Intereconomics, No. 1, January/February

Kaufmann, H.; Pape, H. (1984)
"Clusteranalyse". In: L. Fahrmeier, A. Hamerle (Hrsg.): Multivariate statistische Verfahren. Berlin, New York. S. 371-472

Kemp, Murray C. (1964)
The Pure Theory of International Trade, Englewood Cliffs

Kemp, M.C.; Wan, H. (1976)
"An Elementary Proposition Concerning the Formation of Customs Unions". Journal of International Economics, Vol. 6, S. 95-97

Kim, Duk-Choong (1992)
"Open Regionalism in the Pacific: A World of Trading Blocs?". AEA Papers and Proceedings, Vol. 82, No.2

Kommission der Europäischen Gemeinschaften (1985)
Vollendung des Binnenmarktes. Weißbuch der Kommission an den Europäischen Rat, Luxemburg

(1993)
Vermerk. Nordamerikanisches Freihandelsabkommen (NAFTA). KOM (93) 188 endg., Brüssel, 12. Mai

Koopmann, Georg; Menck, Karl Wolfgang; Sandelius, Stephen (1993)
Wirtschaftsgroßmacht Europa: Herausforderung für die USA?, Bergisch Gladbach

Kotz, Hans-Helmut (1994)
"Wenn Maastricht scheitert". Frankfurter Allgemeine Zeitung, 21.2.1994
Kowalczyk, C. (1990)
Welfare and Customs Unions. NBR Working Papers No. 3476, Cambridge (Mass.)
KPMG (versch. Jahrgänge)
Deal Watch, Amsterdam
Kreinin, Mordechai E.; Plummer, Michael G. (1992)
"Effects of Economic Integration in Industial Countries on ASEAN and the Asian NIEs." World Development, Vol. 20, No. 9
(1993)
"A Reply to Richard Pomfret's Comment." World Development, Vol. 21, No. 9
Krägenau, Henry; Wetter, Wolfgang (1993)
Europäische Wirtschafts- und Währungsunion: Vom Werner-Plan zum Vertrag von Maastricht, Baden-Baden
Krenzler, Horst Günther (1992)
"Der Europäische Wirtschaftsraum als Teil einer gesamteuropäischen Architektur". Integration, 15. Jg., H. 2 (April), S. 47-51
Krugman, Paul (1991)
"Is Bilateralism Bad?". In: E. Helpman, A. Razin. (eds.): International Trade and Trade Policy, Cambridge (Mass.), S. 9-23
(1991)
Geography and Trade, Leuven/Cambridge
(1991a)
"Regional Blocs: The Good, the Bad and the Ugly". The International Economy, November/December, S. 54-56
(1991b)
"The move to free trade zones". Federal Reserve Bank of Kansas City Review, December
(1992)
Regionalism vs. Multilateralism: Analytical Notes. Paper presented to the World Bank and CEPR Conference on New Dimensions in Regional Integration, Washington, D.C., April 2-3
Kwan, C.H. (1991)
"The Emerging Pattern of Trade and Interdependence in the Pacific Region", Tokyo Club Papers, No. 4, Part 2, S. 121-155
Lafay, Gérard; Unal-Kesenci, Deniz (1993)
Repenser l' Europe, Paris
Lal, Deepak (1993)
"Trade Blocs and Multilateral Free Trade". Journal of Common Market Studies, Vol. 31, No. 3, September
Langhammer, Rolf; Hiemenz, Ulrich (1990)
Regional Integration Among Developing Countries. Opportunities, Obstacles and Options, Kieler Studien, Nr. 232, Tübingen
Langhammer, Rolf (1990)
"ASEAN Economic Co-operation, A Stock-Taking from a Political Economy Point of View", ASEAN Economic Bulletin Vol. 8, No. 2, S. 137-150
(1992a)
"The Developing Countries and Regionalism". Journal of Common Market Studies, Vol. 30, Nr. 2, S. 211-231

(1992b)

The NAFTA: Another Futile Trade Area (AFTA) or a Serious Approach Towards Regionalism? Kieler Diskussionsbeiträge, Nr. 195, Kiel

(1993)

Die Handelspolitik der EG nach 1992. Die "Integrationsdividende" in Gefahr, Kieler Diskussionsbeiträge Nr. 214, Kiel

Läufer, Thomas (1992)

Europäische Gemeinschaft - Europäische Union: Die Vertragstexte von Maastricht, Bonn

Lawrence, Robert Z. (1991)

"Emerging Regional Trading Arrangements: Building Blocs or Stumbling Blocs?". In: Richard O'Brien (ed.): The AMEX Bank Review Prize Essays, Finance and the International Economy, Vol. 5, Oxford

(1991a)

Scenarios for the World Trading System and their Implications for Developing Countries. OECD Development Centre, Technical Paper No. 47, Paris

Lefeldt, M. (1978)

Analysekonzepte für den Außenhandel, Hamburg

Lemper, Alfons (1974)

Handel in einer dynamischen Weltwirtschaft, München

Lincoln, Edward. J. (1992)

Japan's Radically Emerging Strategy Toward Asia, Paris

Lipsey, R.G.; Lancaster, K.J. (1956-57)

"The General Theory of Second Best". The Review of Economic Studies, Vol. 24, S. 11-32

Lipsey, R.G. (1960)

"The Theory of Customs Unions: A General Survey". The Economic Journal, Vol. 70, S. 496-513

Lloyd, Peter J. (1992)

"Regionalisation and World Trade". OECD Economic Studies, No. 18, Paris

Lorenz, Detlef (1991)

"Regionalisation versus Regionalism - Problems of Change in the World Economy". Intereconomics, Vol. 26, S. 3-10

(1993)

"Europe and East Asia in the Context of Regionalisation: Theory and Economic Policy". Journal of Asian Economics (in Vorbereitung)

Lustig, Nora (1991)

Bordering on Partnership: the US-Mexican Free Trade Agreement. Brookings Discussion Paper

Manager Magazin (1992)

New Mexico. Nr. 11

Mataloni, J. Raymond (1993)

"U.S. Multinational Companies: Operations in 1991". Survey of Current Business, July 1993

McCarthy, F.D. (1991)

Problems of Developing Countries in the 1990's. World Bank, Washington, D.C.

McCleery, Robert K. et al. (1993)
"NAFTA and its Effect on Other Regions: U.S. Trade Policy and Asia's Concerns in a Global Context". In: Koichi Ohno (ed.): Regional Integration and its Impact on Developing Countries, Tokyo, March

McMillan, John (1993)
"Does Regional Integration Foster Open Trade? Economic Theory and GATT's Article XXIV". In: Anderson, Blackhurst (1993)

Meade, J. (1955)
The Theory of Customs Unions, Amsterdam

Meller, Patricio (1993)
"Latin American Policy Reforms and their Effect Upon International Competitiveness". In: Fischer, von Gleich, Grabendorff (1994)

Mercenier, J. (1992)
Completing the European Internal Market: A General Equilibrium Evaluation under Alternative Market Structure Assumptions. Working Paper No. 0892, Centre de Recherche et Développement en Economique, Université de Montréal

Messerlin, Patrick A. (1989)
"The EC Antidumping Regulations: A First Economic Appraisal, 1980-85". Weltwirtschaftliches Archiv, Vol. 125, S. 563-587

Miller, M.; Spencer, J. (1977)
"The Static Economic Effects of the UK Joining the EEC: A General Equilibrium Approach". Review of Economic Studies, Vol. 44, S. 71-93

Minx, E.P.W. (1980)
Von der Liberalisierungs- zur Wettbewerbspolitik. Internationale Wirtschaftspolitik zwischen Industrieländern nach dem Zweiten Weltkrieg, Berlin

MITI (versch. Jahrgänge)
Survey of Japanese Business Activities Abroad, Tokyo

Mucha, H.-J. (1992)
Clusteranalyse mit Mikrocomputern, Berlin

Nachrichten für Außenhandel (1992)
MS-Kritik an EG-Assoziierung für Polen, 5.10.1992
(1994)
Freihandelsabkommen wurde vereinbart, 9.2.1994

Nagl, W. (1992)
Statistische Datenanalyse mit SAS. Frankfurt, New York

Neven, Damien J.; Röller, Lars-Hendrik (1991)
"European Integration and Trade Flows". European Economic Review, Vol. 35

Nicolaides, Phedon; Thomsen, Stephen (1991)
Can protectionism explain direct investment? Mimeo, February

Nicolaides, Phedon (1993)
"Industrial Policy in an Interdependent World". Intereconomics. No. 3, S. 269-273

Nogués, Julio; Quintanilla, Rosalinda (1992)
Latin America's Integration and the Multilateral Trading System. Paper presented to the World Bank and CEPR Conference on New Dimensions in Regional Integration, Washington, D.C., April 2-3

Nohlen, Dieter (Hrsg.) (1989)
Lexikon Dritte Welt, Hamburg, S. 59-60

Nomura Research Institute (1989)
Nomura Medium-Term Outlook for Japan and the World, Tokyo

Norheim, Hege; Finger, Karl-Michael; Anderson, Kym (1993)

"Trends in the Regionalisation of World Trade, 1928-1990". In: Anderson, Blackhurst (1993)

Nunnenkamp, Peter (1993)

The World Trading System at the Crossroads. Multilateral Trade Negotiations in the Era of Regionalism. Kiel Discussions Papers No. 204, March

(1993a)

"Handelspolitischer Kompensationsbedarf aufgrund des EG-Binnenmarktprogramms". Die Weltwirtschaft, Nr. 3

OECD (1992)

Long-Term Prospects for the World Economy, Paris

(1992)

Industrial Policy in OECD Countries. Annual Review 1992, Paris.

(1993)

"Direct Investment Plans in 1992: Overall Decline Continues". OECD, Financial Market Trends, No. 55

Okamoto, Yumiko (1992)

"Economic Cooperation Schemes in the Asia-Pacific Region: Historical Review and Prospects in the Future". In: Koichi Ohno (ed.): Regional Integration and its Impact on Developing Countries, Tokyo, S. 103-128

Oman, C. (1993)

Globalisation and Regionalisation. Mimeo, OECD, DAC, Paris

Owen, N. (1983)

Economies of Scale, Competitiveness and Trade Patterns within the European Community, Oxford

Ozawa (1993)

FDI and Super-growth in South East Asia and the Role of Domestic and External Factors: Lessons for Latin America. Paper for IRELA-Conference "FDI in the Third World", June 10-11, 1993, Segovia, Spain

Park, Jong H. (1992)

"Trading Blocs and U.S.-Japan Relations in Pacific Trade and Cooperation". World Competition, Vol. 15, No. 3, S. 39-58

Patterson, Gardner (1966)

Discrimination in International Trade. The Policy Issues, Princeton (NJ.)

Pelkmans, Jacques (1992)

Regionalism in World Trade: Vice or Virtue? Paper for Conference "Europe and Global Economic Interdependence", January 16-18, College of Europe, Bruges

Petith, Howard C. (1977)

"European Integration and the Terms of Trade". The Economic Journal, Vol. 87, June, S. 262-72

Pomfret, Richard (1988)

Unequal Trade. The Economics of Discriminatory International Trade Policies, Oxford und New York

(1993)

"Measuring the Effects of Economic Integration on Third Countries: A Comment on Kreinin and Plummer". World Development, Vol. 21, No. 9

Preeg, Ernest H. (1992)

"U.S. Leadership in World Trade: Past, Present and Future". Washington Quarterly, Vol. 15, No. 2

(1993)

"The Compatibility of Regional Economic Blocs and the GATT". The Annals of the American Academy, Vol. 526, March, S. 164-171

Primo Braga, Carlos Alberto (1992)

"NAFTA and the Rest of the World". In: Nora Lustig, Barry P. Bosworth, Robert Z. Lawrence: North American Free Trade. Assessing the Impact, Washington, D.C.

Proff, Harald Victor (1994)

"The North American Trade Region. The Reasons for its Creation and its Initial Economic Repercussions". Intereconomics, November/December

Prognos (1990)

World Reports 1991. Vol. 1 und 2, Basel

Resnick, Stephen A.; Truman, Edwin M. (1975)

"An Empirical Examination of Bilateral Trade in Western Europe". In: Bela Balassa (ed.): European Economic Integration, Amsterdam usw.

Rieger, Hans-Christoph (1989)

"Regional Economic Co-operation in the Asia-Pacific Region" Asian-Pacific Economic Literature, Vol. 3, No. 2, S. 5-33

Robson, Peter (1987)

The Economics of International Integration, London

Rössler, Frieder (1993)

"The Relationship between Regional Integration Agreements and the International Trade Order". In: Anderson, Blackhurst (1993)

Safadi, Raed; Yeats, Alexander (1993)

The North American Free Trade Agreement: Its Effect on South Asia. World Bank Policy Research Working Paper WPS 1119, Washington, D.C., March

Sapir, André (1992)

"Regional Integration in Europe". The Economic Journal, Vol. 102, November, S. 1491-1506

(1993)

"Regionalism and the New Theory of International Trade: Do the Bells Toll for the GATT? A European Outlook". The World Economy, Vol. 16, No. 4, July

SAS User's Guide (1985)

Statistics, Version 5 Edition. Cary, N.C.

Sautter, Hermann (1983)

Regionalisierung und komparative Vorteile im internationalen Handel, Tübingen

Scharrer, Hans-Eckart (1973)

"Europäische Wirtschafts- und Währungsunion: Pragmatismus ohne politisches Konzept". In: H.-E. Scharrer (Hrsg.): Europäische Wirtschaftspolitik: Programm und Realität, Bonn

(1993)

"Existing Economic Blocs: A Building Block or a Stumbling Block to Wider Forms of Multilateral Trade Forum?" In: Jang-Won Suh (ed.): Korea's New International Economic Diplomacy and Globalization Policy, Seoul

Schneider, Heinrich (1977)

Leitbilder der Europapolitik 1: Der Weg zur Integration, Bonn

Schomerus, Lorenz (1994)

Die multilaterale Handelsordnung nach der Uruguay-Runde, in: Wirtschaftsdienst, Nr. 2, Februar

Schoneveld, Frank (1992)

"The EEC and Free Trade Agreements. Stretching the Limits of GATT Exceptions to Non-Discriminatory Trade?" Journal of World Trade, Vol. 26, No. 5, October

Schott, Jeffrey J. (1991)

"Trading Blocs and the World Trading System". The World Economy, Vol. 14, No. 1, March, S. 1-17

(1992)

Study Paper ("The Single Market and the Uruguay Round: Implications for the Structure of World Trade") for Committee of Foreign Affairs, U.S. House of Representatives ("Europe and the United States: Competition and Cooperation in the 1990s"), Washington, D.C., June

Scitovsky, Tibor (1941)

"A Note on Welfare Propositions in Economics". Review of Economic Studies, Vol. 8

(1958)

Economic Theory and Western European Integration. London

Senti, Richard (1993)

Im Widerstreit zwischen GATT und Integration. Artikel 24 des GATT und die Entwicklung der wirtschaftlichen Integrationsräume. Zürich

Siebert, Horst (1983)

"Zölle IV: Zollunionen und Präferenzzonen." In: Handwörterbuch der Wirtschaftswissenschaften (HdWW), 9. Band Stuttgart, S. 666-678

Smith, Alasdair; Venables, Anthony J. (1988)

"Completing the Internal Market in the European Community: Some Industry Simulations". European Economic Review, Vol. 32

Smith, Murray (1993)

"The North American Free Trade Agreement: Global Impacts". In: Anderson, Blackhurst (1993)

Snape, Richard H. (1993)

"History and Economics of GATT's Article XXIV". In: Anderson, Blackhurst

SPSS (1985)

X Advanced Statistics Guide, Chicago, Il.

Srinivasan, T.N.; Whalley, John; Wooton, Ian (1993)

"Measuring the Effects of Regionalism on Trade and Welfare". In: Anderson, Blackhurst (1993)

Stehn, Jürgen (1993)

America's Departure from Multilateralism. Highway or First Road to Free Trade? Kieler Diskussionsbeiträge, Nr. 212, Kiel

Stoeckel, Andrew; Pearce, David; Banks, Gary (1990)

Western Trade Blocs. Game, Set or Match for Asia-Pacific and the World Economy? Canberra

Südostasien Aktuell (1992)

Materialien, Fourth ASEAN Summit, Singapore, Ausgabe März, S. 194-215

Svehlik, Jan (1993)

"Mitteleuropäisches Freihandelsabkommen". Außenhandel der Tschechischen Republik, H. 4

Tejima, Shigeki (1992)

"Japanese Foreign Direct Investment in the 1980s and its Prospects for the 1990's". EXIM Review, Nr. 2, S. 25-51

The Wall Street Journal Europe (1994)
Baltic Trade Pact Nears Inauguration Date. 22.2.1994

Thomsen, S. (1992)
"Integration through Globalisation". National Westminster Bank, Quarterly Review, February, S. 73-83

Thomsen, Stephen; Nicolaides, Phedon (1991)
The Evolution of Japanese Direct Investment in Europe: Death of a Transistor Salesman, Hempstead

Thorbecke, Erik (1960)
The Tendency Towards Regionalization in International Trade 1928-1956. The Hague

Thurow, Lester C. (1992)
Head to Head. The Coming Battle among Japan, Europe and America, New York

Truman, E.M. (1975)
"The Effects of European Economic Integration on the Production and Trade of Manufactured Products". In: Bela Balassa (ed.): European Economic Integration, Amsterdam, S. 3-40

UNCTAD (1991)
An Evaluation of the ASEAN Experience, Report by the UNCTAD Secretariat, UNCTAD/ECDC/331, Genf 1992

(1992)
Regional and Subregional Economic Integration and Cooperation among Developing Countries: Adjusting to Changing Realities, The African Case, TD/ECDC/228, Geneva

(1993a)
Regional Integration Issues in Africa,TD/B/39(2)/11, Geneva

(1993b)
Follow-Up to the Recommendations Adopted by the Conference at its Eighth Session: Evolution and Consequences of Economic Spaces and Regional Integration Process, TD/B/40(1)7, Geneva

UNCTC (1990)
Regional Economic Integration and Transnational Corporations in the 1990's: Europe 1992, North America and Developing Countries, New York

(1991)
World Investment Report 1991, New York

UNTCMD (1992)
World Investment Report 1992, New York

U.S. Department of Commerce (1992)
U.S. Direct Investment Abroad. 1989 Benchmark Survey, Final Results, Washington

Vanek, Jaroslav (1965)
General Equilibrium of International Discrimination: The Case of Customs Unions, Cambridge (Mass.)

Vanston, Nicholas (1993)
"What Price Regional Integration?". The OECD Observer, No. 181, April/May

Verdoorn, P. (1954)
"A Customs Union for Western Europe: Advantages and Feasibility". World Politics, Vol. 6, S. 482-506

Viner, Jacob (1950)
The Customs Union Issue, New York

Watanabe, Susumu (1993)
"Growth and structural changes of Japanese overseas direct investment: Implications for labour management in host economics." In: Baily et al. (eds.), S. 125-160

Weidenfeld, Werner (1992)
"Europäische Einigung im historischen Überblick". In: W. Weidenfeld, W. Wessels (Hrsg.): Europa von A-Z. 2. Aufl., Bonn

Weinstock, Ulrich (1973)
"Bilanz der ersten Generation". In: Ders. (Hrsg.): Neun für Europa: Die EWG als Motor der europäischen Integration. 2. Aufl., Düsseldorf und Köln

Weiss, John (1992)
"Trade Liberalization in Mexico in the 1980s: Concepts, Measures and Short-Run Effects". Weltwirtschaftliches Archiv, Vol. 128, Heft 4, S. 711-725

Welge, M. (1989)
Globales Management, Stuttgart

Wells, L.T. (1992)
Conflict or Indifference: US Multinationals in a World of Regional Trading Blocs. OECD, Development Centre, Technical Paper No. 57, Paris

Wessels, Wolfgang; Welz, Christian (1992)
"EFTA und Europäischer Wirtschaftsraum". In: W. Weidenfeld, W. Wessels (Hrsg.): Europa von A-Z. 2. Aufl., Bonn

Whalley, John (1985)
Trade Liberalization Among Major World Trading Areas, Cambridge (Mass.)
(1992)
Regional Trade Arrangements in North America: CUSTA and NAFTA. Paper presented to the World Bank and CEPR Conference on New Dimensions in Regional Integration, Washington, D.C., April 2-3
(1992)
"CUSTA and NAFTA: Can WHFTA Be Far Behind?" Journal of Common Market Studies, Vol. 30, No. 2, S. 125-141

Wilcox, Clair (1949)
A Charter for World Trade, New York

Winters, Alan (1992)
The European Community: A Case of Successful Integration? Paper presented to the World Bank and CEPR Conference on New Dimensions in Regional Integration, Washington, D.C., April 2-3

Wong, Steven (1992)
"The Asia-Pacific Region in the 1990s". In: OECD: Long-Term Prospects for the World Economy, Paris, S. 171-189

Woolcock, Stephen (1993)
"The European Acquis and Multilateral Trade Rules: Are they Compatible?" Journal of Common Market Studies, Vol. 31, No. 4, December

World Bank (1993)
Global Economic Prospects and the Developing Countries, Washington

Yeboah, Dickson (1993)
"Regional Economic Integration and the GATT". World Competition, Vol. 17, No. 1

Abkürzungen

ACM	Arab Common Market
AEC	African Economic Community
AFTA	ASEAN Free Trade Agreement
AG	Anden-Gruppe
AKP	Afrika-Karibik-Pazifik
ANCZERTA	Australia-New Zealand Closer Economic Relations Trade Agreement
AP	Asien-Pazifik
APEC	Asian-Pacific Economic Cooperation
ASEAN	Association of Southeast Asian Nations
BFH	Bilateraler Freihandel
BIP	Bruttoinlandsprodukt
BSECZ	Black Sea Economic Cooperation Zone
BSP	Bruttosozialprodukt
CACEU	Central African Customs and Economic Union
CACM	Central American Common Market
CARICOM	Caribbean Community and Common Market
CARIFTA	Caribbean Free Trade Agreement
CBERA	Caribbean Basin Economic Recovery Act
CBI	Caribbean Basin Initiative
CEFTA	Central and Eastern European Free Trade Area
COMESA	Common Market for Eastern and Southern Africa
CSSR	Tschechoslowakische Sozialistische Republik
CUSTA	Canada-US Trade Agreement
DI	Direktinvestitionen
EAC	East African Community
EAEC	East Asian Economic Caucus
EAEG	East Asian Economic Grouping
EAG	Europäische Atomgemeinschaft
EAGFL	Europäischer Ausrichtungs- und Garantiefonds für die Landwirtschaft
EAI	Enterprise for the Americas Initiative
ECCAS	Economic Community of Central African States
ECLA	Economic Commission for Latin America
ECO	Economic Cooperation Organization

ECOWAS	Economic Community of West African States
EEA	Einheitliche Europäische Akte
EFTA	European Free Trade Association
EG	Europäische Gemeinschaft
EGKS	Europäische Gemeinschaft für Kohle und Stahl
EPU	European Payment Union
EU	Europäische Union
EWA	Europäisches Währungsabkommen
EWG	Europäische Wirtschaftsgemeinschaft
EWR	Europäischer Wirtschaftsraum
EWS	Europäisches Währungssystem
EZU	Europäische Zahlungsunion
FE	Forschung & Entwicklung
FHA	Freihandelsabkommen
FHZ	Freihandelszone
FONPLATA	Fonds Financiero para el Desarrollo de la Cuenca de la Plata
FT	Financial Times
G-3	Group of Three (Colombia, Mexico and Venezuela)
GAP	Gemeinsame Agrarpolitik
GASP	Gemeinsame Außen- und Sicherheitspolitik
GATT	General Agreement on Tariffs and Trade
GB	Großbritannien
GCC	Gulf Cooperation Council
GSP	Generalized System of Preferences
IDB	Inter-American Development Bank
IMF	International Monetary Fund
IRELA	Institute for European-Latin American Relations
ITO	International Trade Organization
KSE	Konstante Skalenerträge
LA	Lateinamerika
LAFTA	Latin American Free Trade Association
LAIA	Latin American Integration Association
LUX	Luxemburg
M & A	Mergers and Acquisition
MA	Mittelamerika
MCU	Maghreb Customs Union
Memo	Memorandum

MERCOSUR	Mercado Común del Sur
MFH	Multilateraler Freihandel
MITI	Ministry of International Trade and Industry (Tokio/Japan)
NA	Nordamerika
NAFTA	North American Free Trade Area
NIE	Newly Industrializing Economy
OAS	Organisation of American States
OE	Osteuropa
OECD	Organisation for Economic Cooperation and Development
OECS	Organisation of Eastern Caribbean States
OEEC	Organisation for European Economic Cooperation
OKB	Organization for the Development of the Kagera River
OLADE	Organización Latinoamericana de Energía
OMVG	Organization for the Development of the River Gambia
OMVS	Organization for the Development of the Senegal River
OPEC	Organisation of Petroleum Exporting Countries
PAFTA	Pacific Free Trade Area
PARLATINO	Parlamento Latinoamericano
PTA	Preferential Trade Area
RGW	Rat für gegenseitige Wirtschaftshilfe
RIV	Regionale Integrationsvereinbarung
SAARC	South Asian Association for Regional Cooperation
SADC	Southern African Development Community
SELA	Sistema Económico Latinoamerica
SFH	Sektoraler Freihandel
SII	Structural Impediments Initiative
SSE	Steigende Skalenerträge
TCA	Tratado de Cooperación Amazónica
UdFH	Unilateraler Freihandel
UDSSR	Union der Sozialistischen Sowjetrepubliken
UFH	Unilateraler Freihandel
UN	United Nations
UNCTAD	United Nations Conference on Trade and Development
UNCTC	United Nations Centre on Transnational Corporations
UNTCMD	United Nations Transnational Corperations and Managment Division
VN	Vereinte Nationen

VO	Verordnung
WAEC	West African Economic Community
WE	Westeuropa
ZU	Zollunion